SÖLTENFUSS:
GRUNDLAGEN HANDLUNGSORIENTIERTEN LERNENS

GRUNDLAGEN HANDLUNGSORIENTIERTEN LERNENS

Dargestellt an einer didaktischen Konzeption
des Lernens im Simulationsbüro

von

Gerhard Söltenfuß

KLINKHARDT

1983

VERLAG JULIUS KLINKHARDT · BAD HEILBRUNN/OBB.

CIP-Kurztitelaufnahme der Deutschen Bibliothek

Söltenfuss, Gerhard:
Grundlagen handlungsorientierten Lernens : dargest.
an e. didakt. Konzeption d. Lernens
im Simulationsbüro / von Gerhard Söltenfuss.
– Bad Heilbrunn/Obb. : Klinkhardt, 1983.
ISBN 3-7815-0530-8

Gesamtherstellung: Philipp Reclam jun., Ditzingen
Printed in Germany 1983
ISBN 3-7815-0530-8

Vorwort

> "Ein Gramm Erfahrung ist besser als eine Tonne Theorie, einfach deswegen, weil jede Theorie nur in der Erfahrung lebendige und der Nachprüfung zugängliche Bedeutung hat. Eine Erfahrung, ... kann Theorie in jedem Umfange erzeugen und tragen, aber eine Theorie ohne Bezugnahme auf irgendwelche Erfahrung kann nicht einmal als Theorie bestimmt und klar erfaßt werden."
> (J. DEWEY/Demokratie und Erziehung)

Das Simulationsbüro (auch Lernbüro, Übungskontor oder Übungsfirma genannt) findet als Lernort im kaufmännisch-verwaltenden Bereich sowohl im schulischen wie im außerschulischen Bereich zunehmendes Interesse. Im Rahmen der wirtschaftsberuflichen Aus- und Weiterbildung ist der Lernort auf allen Ebenen, von der Berufsvorbereitung bis zur Weiterbildung zumindest programmatischer, in vielen Fällen aber bereits konkreter Bestandteil wirtschaftsberuflicher Bildungsprozesse.

Trotz der hohen Aktualität des Simulationsbüros fehlte es bislang an einer didaktischen Grundlegung dieses Lernortes, aus der sich auch Konsequenzen für unterrichtliche Konzeptionen ableiten lassen. Mit der vorliegenden Arbeit wird versucht, auf der Basis psychologischer Handlungstheorien dieses Defizit aufzuarbeiten.

Ausgehend vom Primat der Handlung für menschliche Lern- und Entwicklungsprozesse haben für berufspraktische Bildungsgänge berufliche Arbeitshandlungen im didaktischen Zentrum zu stehen. Eine "Didaktik des Handelns" hat sowohl praktisches Tun lernwirksam zu organisieren als auch Handeln und Denken, Praxis und Theorie unterrichtlich zusammen zu binden.

Mein Dank gilt besonders meinem Lehrer Franz-Josef Kaiser, aus dessem Einfluß nicht nur die Problemstellung dieser Arbeit erwuchs, sondern neben einer Fülle von Einsichten auch konstruktive Kritik und menschliche Unterstützung. Desweiteren gilt mein Dank Wilfried Buddensiek für das kritische Lesen des Manuskripts und Waltraud Wieneke für die Erledigung der Schreibarbeiten.

Paderborn-Benhausen, im Februar 1983 G. Söltenfuß

INHALTSVERZEICHNIS

1. EINLEITUNG

1.1 DIE IDEE DES PRAXISNAHEN ÜBENS IN DER WIRTSCHAFTSBERUFLICHEN AUSBILDUNG UND IHRE JEWEILIGE HISTORISCHE VERWIRKLICHUNG[1])

In der wirtschaftsberuflichen Ausbildung ist der Gedanke des praxisnahen Übens seit dem 17. Jahrhundert lebendig und wurde in den folgenden Epochen jeweils unter anderen Stichworten, wie z.B. "Übungskontor", "Musterkontor", "Schulungsbüro", "Lehrbüro", "Büroübungen", "Scheinfirma", "Simulationsbüro" und "Übungsfirma" diskutiert. Bereits im Jahre 1610 konstruierte der Danziger Rechenmeister LERICE ein Buchführungswerk mit dem Titel "Commission und Factorey" und ließ einen erdachten Kaufmann namens Peter Winst fiktive Kommissionsgeschäfte durchführen. Die Schüler hatten die Inhalte der Briefe zu erfassen und zu verstehen, um sie entsprechend verbuchen zu können. Wesentliche Elemente des Übungsbürogedankens, das Anschauungsprinzip mittels fingierter Geschäftsvorfälle sowie das Konzentrationsprinzip kaufmännischer Lehrgegenstände (Buchführung, Rechnen und Schriftverkehr), zeigten sich deutlich in diesem Buchführungswerk von LERICE.

Zusammen mit dem Kaufmann WURMB institutionalisierte BÜSCH im Jahre 1768 als erster im deutschsprachigen Raum den Gedanken des Übungskontors, um vornehmlich rechnungstechnische Unterrichtsfächer, wie Buchhaltung und Warenkalkulation "musterkontormäßig" zu betreiben. Im Jahre 1795 errichtete LEUCHS in Nürnberg eine Handelsakademie, die gleichzeitig eine der ersten Handelsschulen in Bayern war, und stellte ebenfalls praktische buchhalterische Übungen in den Vordergrund der Arbeit im Übungskontor, die er allerdings mit den dabei anfallenden Korrespondenztätigkeiten verband (vgl. SIEKAUP 1975, 69 f.). HOPF (1973, 20) erwähnt in diesem Zusammen-

1) vgl. hierzu ausführlich HOPF 1973, 17 ff.

hang, daß "bei der historischen Betrachtung über die Entwicklung des Übungskontorgedankens immer wieder festzustellen (ist), daß das Übungskontor eng mit der Geschichte der Handelsschule verbunden ist."

Ein weiteres geschichtliches Stadium des Übungskontorgedankens war das von J. ODENTHAL an der Prager Handelsakademie im Jahre 1856 gegründete "Musterkontor", dessen Begriff sich durch die Arbeitsweise nach Vorlagen (= Mustern) erklären läßt. Es zeigte folgende Besonderheiten auf (vgl. SIEKAUP 1975, 70):

- Das Musterkontor dient den Schülern vorwiegend als Anschauungsort.
- Die Arbeit im Musterkontor wird zu einem selbständigen Unterrichtsfach.
- Leitende didaktische Idee für die Arbeit im Musterkontor ist das Konzentrationsprinzip. Den Schülern soll gleichsam fächerübergreifend der innere Sachzusammenhang zwischen den verschiedenen kaufmännischen Unterrichtsfächern aufgezeigt werden.
- Die Schüler werden in der Unterstufe durch die Vermittlung von Kenntnissen in doppelter Buchführung und in Korrespondenz auf die Arbeit im Musterkontor vorbereitet. In der Mittelstufe arbeiten alle Schüler zusammen in einem Kontor, d.h. in einer einzigen Firma. In der Oberstufe teilen sich die Schüler in Gruppen auf, die verschiedene Kontore an unterschiedlichen Orten repräsentieren, und die untereinander in Geschäftsbeziehungen stehen.

In der Folgezeit blieb eigentlich das Hauptziel, nämlich eine unmittelbare berufspraktische Vorbereitung von zukünftigen Kaufleuten durch die didaktischen Prinzipien Anschauung, Konzentration und - im Zuge der Forderung der Arbeitspädagogik - mehr Selbständigkeit der Schüler erhalten, wenn sich auch der Übungskontorgedanke durch organisatorische Formen verfeinerte. So kann z.B. nach dem bereits um die Jahrhundertwende praktizierten "Wiener System" funktionsparallel gearbeitet werden oder nach dem "Züricher System" eher funktionsdifferenziert, wobei sich diese Variante noch dadurch auszeichnet, daß ein Übungskontor fingierten Geschäftsverkehr mit wirklich existierenden Unternehmungen betreibt. Insbesondere in den fünfziger und Anfang der sechziger Jahre wurden an kaufmännischen Berufsschulen zunehmend Übungskontore eingerichtet[1], wo unter Verwendung praxisgerechter Formulare und mit Hilfe einer entsprechenden technischen Ausstattung - die dem damaligen Stand der Bürotechnik entsprach - Geschäftsvorfälle und deren Bearbeitung simuliert wurden. Im Zuge der Curriculumrevision gegen Ende der sechziger und Anfang der siebziger Jahre, die unter dem Vorzeichen einer Verwissenschaftlichung der Inhalte stand, wurden praktische Übungen kaum mehr für nötig erachtet. Anstelle der bis dahin lehrplanmäßig ausgewiesenen Arbeit im Übungskontor bzw. Übungsbüro enthielten die "neuen" Lehrpläne für Handelsschulen, Höhere Handelsschulen und Fachoberschulen für Wirtschaft Unterricht in "Organisationslehre" bzw. "Bürowirtschaft", die als wissenschaftliche Fächer aufgefaßt und daher vor allem theoretisch erteilt wurden (vgl. HOPF 1973, 56 f.).

In jüngster Zeit wird die bildungspolitische und berufspädagogische Diskussion um das schulisch geprägte Übungskontor im wesentlichen <u>außerhalb</u> ihres historischen Entwicklungszusammenhangs, nämlich den kaufmännischen Berufsfachschulen, unter dem Stichwort "Übungsfirma", geführt (vgl. z.B. ZIMMERMANN/HEMMERLING 1979; FIX 1979; KUTT/SELKA 1981). Im Gegensatz zum Übungskontor ist man in der Übungsfirma bestrebt, berufspraktische kaufmännische Arbeit zu prakti-

---

1) Die Investitionskosten für eine Ersteinrichtung erreichten Summen bis zu DM 100.000,-- (vgl. HOPF 1973, 54, 57).

zieren, "d.h. die kaufmännischen Arbeitsplätze, Arbeitsmittel und Arbeitsabläufe sind konkret vorhanden und bedürfen keiner Simulation" (ÜBUNGSFIRMA 1978, 34). Dies soll vor allem dadurch erreicht werden, daß

- die Übungsfirma nicht als einzelnes, isoliertes Unternehmen arbeitet, sondern innerhalb eines Übungsfirmenringes mit einer Vielzahl von anderen Übungsfirmen korrespondiert und Geschäfte abwickelt;
- die Übungsfirmen administrativen und behördlichen Maßnahmen und Aufforderungen nachzukommen haben, wie z.B. des Übungs-Finanzamtes, des Übungs-Arbeitsamtes, des Übungs-Zollamtes, der Übungs-Krankenkasse;
- der Aufbau einer Übungsfirma betriebswirtschaftlichen Erkenntnissen entsprechen soll, wie sie auch in den realen Wirtschaftsunternehmen Anwendung finden.

Übungsfirmen werden momentan vor allem betrieben zur Ergänzung der beruflichen Erstausbildung, zur Umschulung und zur Weiterbildung arbeitsloser kaufmännischer Angestellter (vgl. KUTT/SELKA 1981, 28).

1.2 Vorläufige Begriffsbestimmung

Für die objektsprachliche Bezeichnung der Idee des praxisnahen Übens in der wirtschaftsberuflichen Ausbildung wurden - wie bereits erwähnt - sowohl in der Literatur als auch in der Schulpraxis eine Vielfalt unterschiedlicher Begriffe verwendet. HOPF (1973, 13 ff.) hat versucht, die begriffliche Verwirrung durch "eine Modernisierung der Terminologie" zu vereinheitlichen und zu präzisieren. In Anlehnung an neuere pädagogische Simulationsmethoden überträgt HOPF das Wort "Simulation" auf das Übungsbüro. Simulation wird dabei als Lernmethode verstanden. Folgende Begriffe werden vorgeschlagen (vgl. HOPF 1973, 15 f.; dies. 1976, 127; dies. 1977, 161 f.):

- Bürosimulation: "Schüler"-aktive Lernmethode zur pädagogisch intentionalen Nachahmung kaufmännischer Ernstsituationen, um berufliche Qualifikationen zu erwerben.
- Simulationsbüro: Der Lernort, "der zum Zwecke der Bürosimulation das wirkliche Büro realitätsnah abbildet, jedoch pädagogisch-modellhaft und didaktisch-medial reduziert ausgestattet ist" (HOPF 1977, 161).
- Bürowirtschaft: Bezeichnung für das Curriculum, des Lernziel- und Lerninhaltsbereichs der Bürosimulation.
- Übungsbüro: Als Oberbegriff für Simulationsbüro, Bürosimulation und Bürowirtschaft, also für den Lernort, die Methode und den Lerninhalten.

Die aktuelle Diskussion zeigt allerdings, daß diese Begriffe kaum aufgenommen wurden. Die Ursache für die geringe Akzeptanz der von HOPF vorgeschlagenen Begriffe liegt u.E. in dem Versuch, begriffliche Etiketten einfach "modernisieren" zu wollen, ohne damit neue inhaltliche Aspekte zu verbinden. Statt dessen wird versucht, sich insbesondere mit dem Begriff "Übungsfirma" von dem Begriff "Simulation" zu distanzieren (vgl. ÜBUNGSFIRMA 1978, 34; ZIMMERMANN/HEMMERLING 1979, 513; WASCHER 1982, 23). Bei näherer Analyse zeigt sich jedoch, daß sich hinter dem Konzept einer Übungsfirma auch eine Simulation verbirgt.

Von Simulation kann immer dann gesprochen werden, wenn Personen Handlungen in einem inhaltlich reduzierten Modell vornehmen, welches ein originales oder "reales" System intentional nachkonstruiert[1] (vgl. LEHMANN 1975, 40, 129 f.;

---

1) Modelle werden in der neueren modelltheoretischen Literatur nicht mehr einfach als reduzierte Abbildungen von Originalen bzw. von Wirklichkeit definiert, sondern vielmehr als bestimmte Systeme von Annahmen aufgefaßt, die dem Frageschema: "Modell wovon, für wen, wann und wozu" unterliegen (STACHOWIAK 1980, 29; vgl. auch EICHHORN 1979, 75; BUDDENSIEK u.a. 1980, 93, 96 f., 98 ff.).

PORTELE 1977, 14 f.; TAYLOR/WALFORD 1974, 17). Simulationen können somit als dynamische Modelle charakterisiert werden.

In der Aus- und Weiterbildung verfolgen Simulationen insbesondere den Zweck, Lernenden die Möglichkeit einzuräumen, durch eine aktive Auseinandersetzung mit den jeweiligen Lerngegenständen, ihre Handlungskompetenz zu erhöhen (vgl. BUDDENSIEK 1981, 264). In diesem Sinne sind auch Übungsfirmen Simulationsmodelle. Grundlegendes Element ist das jeweilige Modell, welches durch die Handlungen der Teilnehmer dynamisiert und damit zur Simulation wird.

Übungsfirmen lassen sich daher charakterisieren als unter ganz bestimmten Aspekten (z.B. Zweck, Benutzer) konstruierte Modelle von realen Wirtschaftsunternehmen. Gegen den Modellcharakter spricht also nicht, daß auch Übungsfirmen mit anderen Übungsfirmen untereinander Geschäfte abwickeln, und daß der Aufbau der Übungsfirma betriebswirtschaftlichen Erkenntnissen gerecht wird. Vielmehr sprechen <u>für</u> den Modellcharakter gerade folgende Eigenschaften von Übungsfirmen:

"Im Vergleich mit realen Wirtschaftsunternehmen weist die Übungsfirma - ihrer Aufgabenstellung entsprechend - kleinere Dimensionen auf. Dies bezieht sich auf die Zahl der Arbeitsplätze und auf den Umfang der Arbeitszeit. Die Übungsfirma ist üblicherweise mit 15 bis 30 Arbeitsplätzen ausgestattet, durch die sämtliche betrieblichen Funktionen abgedeckt werden. Die Arbeitszeit beträgt bei den meisten Übungsfirmen zwischen sechs und 40 Stunden pro Woche." (ÜBUNGSFIRMA 1978, 34).

Den Modellcharakter stützen ferner: Zentrale Verteilung der Übungsfirmen-Post; Ausstattung der Firmen mit Eigenkapital durch die Zentralstelle der Übungsfirmen, sowie die Fiktion des Endverbrauchers durch die "Personaleinkäufe", mit denen die Löhne und Gehälter der fiktiv Beschäftigten als Kaufkraft in den Übungsfirmenkreislauf zurückgeschleust werden und die wieder für "neue" Geschäftsvorfälle sorgen.

Es scheint somit berechtigt, den Terminus Simulationsbüro als Kennzeichnung eines Lernortes im kaufmännisch-verwaltenden Bereich beizubehalten, in dem auf der Basis eines Modells bürowirtschaftliche bzw. kaufmännische Handlungen unter didaktischen Gesichtspunkten organisiert werden, mit dem Ziel, berufsorientierende Inhalte zu vermitteln, sowie grundlegende berufliche Handlungskompetenzen auszubilden.

1.3 Problemstellung

1.3.1 Gegenwärtiger Begründungs- und Entwicklungsstand des Simulationsbüros

Überblickt man die gegenwärtige bildungspolitische und berufspädagogische Literatur, so läßt sich für den Lernort Simulationsbüro zur Zeit wieder ein zunehmendes Interesse konstatieren, wenn auch aus unterschiedlichen Perspektiven:

- Innerhalb der Arbeitslehre wird das Ziel verfolgt, die Hinführung zur modernen Arbeits- und Berufswelt "auf dem Wege über ein spezifisches Ineinander von elementarer praktischer Arbeit einerseits - (...) - und Reflexion auf diese praktische Arbeit andererseits" (SCHRAMM 1970, 330) unterrichtlich zu realisieren. Dabei geht es allerdings nicht so sehr um das Erlernen von Fertigkeiten bzw. um den Aufbau von Handlungskompetenz für spätere Erwerbsarbeit, sondern vielmehr um eine Auseinandersetzung mit den möglichen Formen der Arbeit, ihren ökonomischen sowie sozialen Voraussetzungen und Folgen unter Beachtung der gesellschaftspolitischen Zusammenhänge und Entscheidungen. Dies impliziert zum einen eine Ausrichtung auf simulative Bereiche, in denen Schülern auch praktische Arbeitserfahrungen mit unterschiedlichen Organisationsformen sammeln und reflektieren können, und zum anderen eine Lehrerausbildung für das Fachgebiet Arbeitslehre, die entsprechende Praxisbezüge als konstitutiven Bestandteil in die Ausbildung integriert. Vor diesem Hintergrund zeichnet sich ein Aufbau von Simulationsbüros an den Hochschulen ab (vgl. WASCHER 1982)[1].

- Ausgehend von dem bildungspolitischen Auftrag, daß Fachhochschulen für Wirtschaft möglichst praxisorientierte Studiengänge zu gestalten haben, und an die These anknüpfend, daß sich berufsbezogenes Lernen am ehesten an verschiedenen Lernorten realisieren läßt (Konzept von der Pluralität der Lernorte[2]), arbeiten die Fachhochschule Bremerhaven, die Fachhochschule Heilbronn und die Fachhochschule des Berufsförderungswerks Heidelberg mit eigenen Simulationsbüros (vgl. ZIMMERMANN/HEMMERLING 1979, 515). Das Simulationsbüro erfüllt in den anwendungsbezogenen Studiengängen der Fachhochschulen für Wirtschaft vor allem eine praktikumsersetzende Funktion in Form einer pädagogisierten Alternative der Verbindung von Theorie und Praxis. Gegen den Einbezug von Praxissemestern in die Studiengänge wird kritisch eingewendet, "daß die betrieblichen Praktikantenplätze im Rahmen fachhochschulischer Ausbildung nichtpädagogisierte Arbeitsplätze darstellen" und sich somit in einem System der Berufsbildung i.d.R. als systemfremd erweisen (a.a.O., 512). Mit dem Simulationsbüro kann durch die Verbindung von Theorie und Praxis eher ein Beitrag zum Erwerb von Sach- und Sozialkompetenz im fachhochschulischem Studium erworben werden, als dies durch die reine Übertragung theoretischen Wissens von Kopf zu Kopf der Fall wäre. Auch die wirtschaftswissenschaftliche Lehre könnte nicht darauf vertrauen, "daß das von ihr vermittelte Wissen ihre Studenten automatisch befähigt,

---

1) Im Bereich der Didaktik der Polytechnik/Arbeitslehre an der Universität Gießen befindet sich die Einrichtung eines Simulationsbüros bereits in der Anfangsphase (vgl. BEINKE 1982, 253, 256; WASCHER 1982, 27). Entsprechende Überlegungen werden im Bereich Arbeit/Wirtschaft (Arbeitslehre) an der Universität Oldenburg angestellt.

2) vgl. DEUTSCHER BILDUNGSRAT 1974

die vielfältigen beruflich orientierten Situationen ihres späteren Lebens zu bewältigen. In der Übungsfirma jedoch können die intendierten Lernprozesse transfergerecht strukturiert werden, indem in ihrer Lernsituation tatsächliche oder gewünschte Verwendungssituationen strukturähnlich nachgebildet und den Studenten als zu lösendes Problem vorgegeben werden" (a.a.O., 517 f.).

- Mit dem Berufsvorbereitungsjahr, das im Schuljahr 1976/77 im Land Nordrhein-Westfalen eingeführt wurde, soll den Schülern in verschiedenen Berufsfeldern berufsorientierende Inhalte aus Theorie und Praxis vermittelt werden. Für das Berufsfeld Wirtschaft und Verwaltung wird damit eine verstärkte Beziehung zur Berufspraxis unumgänglich. Wenn auch der Einbezug der Fachpraxis im Berufsfeld Wirtschaft und Verwaltung aufgrund des besonderen Charakters der kaufmännischen Tätigkeiten problematischer erscheint als in anderen Berufsfeldern, weil Handeln hier nicht auf die Erstellung eines physischen Produkts, sondern im wesentlichen auf symbolische Informationsverarbeitung und auf das Treffen von wirtschaftlichen Entscheidungen gerichtet ist, so wird doch betont, daß kaufmännische Praxis in diesem Berufsfeld nicht aus Buch und Tafel allein bestehen dürften. Von daher gewinnt auch hier das Simulationsbüro für den Einbezug der Fachpraxis als Lernort zunehmende Bedeutung (vgl. HALFPAP 1979, 196; ders. 1980, 213 ff., 222, 281 ff.; TÖBBE 1980).

- In einem rein schulischen Berufsgrundschuljahr[1] ist die Situation im Berufsfeld Wirtschaft und Verwaltung ähnlich wie die im Berufsvorbereitungsjahr (vgl. z.B. LUNGERNHAUSEN 1980; ZIMMERMANN 1982). Im Zusammenhang des Forschungsprogramms des Bundesinstituts für Berufsbildungsforschung über "Ziele und Inhalte des Berufsgrundbildungsjahres in

---

1) Die berufliche Grundbildung stellt nach § 26 Berufsbildungsgesetz die erste Stufe der beruflichen Erstausbildung dar.

der Sekundarstufe II" wurde von HOPF (vgl. 1973, insbes. 70 ff.) für das Berufsfeld Wirtschaft und Verwaltung bereits Anfang der siebziger Jahre ein Projekt durchgeführt, um mit dem Simulationsbüro einen Lernort im kaufmännisch-verwaltenden Bereich zu erproben, der die bildungspolitische Forderung nach Integration von theoretischer und praktischer Berufsbildung entsprechen kann, und um curriculare Vorschläge zur praxisnahen Unterrichtsgestaltung im Berufsfeld Wirtschaft und Verwaltung zu konkretisieren und zu überprüfen. Und obwohl ZIMMERMANN (1982, 12) im Rahmen eines anderen vom BMBW geförderten Modellversuchs am Staatlichen kaufmännischen Berufsbildungszentrum Memmingen jüngst feststellt, daß "die Übungsfirma zum didaktischen Zentrum der Unterrichtsarbeit im Berufsgrundschuljahr Wirtschaft und Verwaltung" werden müßte, konnte bislang das Implementierungsproblem des Lernortes für das Berufsfeld Wirtschaft und Verwaltung nicht gelöst werden, was bedeutet, daß sich das Simulationsbüro bis heute an den kaufmännischen Schulen nicht grundlegend durchsetzen konnte. Einen wesentlichen Grund für die geringe Verbreitung und Akzeptanz des Simulationsbüros sieht HOPF (vgl. 1973, 29, 59, 114 f.) darin, daß sowohl Lehrern oft selbst die praktische Erfahrung fehlt, um im Simulationsbüro zu unterrichten, als auch in dem geringen Bekanntheitsgrad des Lernortes und seinen curricularen Konzeptionen bei Lehrern.

- Im Gegensatz zur gewerblichen Berufsausbildung im "dualen System", wo in den letzten Jahren verstärkt besondere Organisationsformen und Lernorte entstanden, blieb kaufmännische Berufsausbildung bis heute vorwiegend eine en passant-Ausbildung am Arbeitsplatz. Nur in der kaufmännischen Ausbildungspraxis einiger Großunternehmen wird die betriebliche Ausbildung durch das Simulationsbüro ergänzt (so z.B. bei Siemens, Daimler-Benz, Schering, Nixdorf, Audi NSU, Zahnradfabrik Friedrichshafen). Das Simulationsbüro erfüllt hier vor allem die Funktion einer methodischen Variante (vgl. KUTT/SELKA 1981, 30), um die Komplexität moderner Großbetriebe auf überschaubare und vereinfachte Abläufe und Zusammenhänge zu reduzieren und um Auszubildenden grössere Spielräume für eigenverantwortliches wirtschaftliches Handeln einzuräumen (vgl. FIX 1980, 90).

Wenn aber die zu erwartenden Rationalisierungsmaßnahmen im kaufmännisch-verwaltenden Bereich durch die moderne Bürotechnik (= integrierte Systeme von EDV, Textverarbeitung und Kommunikation) zu standardisierten und weitgehend automatisierten Arbeitsabläufen führen, die zudem grundlegende Veränderungen der Arbeitsinhalte und -strukturen bedingen, stellt sich nicht nur die Frage nach einer inhaltlichen Neuordnung der kaufmännischen Berufsausbildung, sondern auch nach den organisatorischen Konsequenzen. Das vor diesem Hintergrund jüngst entstandene Diskussions- und Arbeitspapier des DGB "Zur Neuordnung der Berufsbildung im kaufmännischen und verwaltenden Bereich" betont die Notwendigkeit weiterer Lernorte für die kaufmännische Ausbildung (vgl. ZUR NEUORDNUNG ... 1980, 253). Ebenfalls vor dem skizzierten Problemkreis der technologisch-organisatorischen Entwicklung im kaufmännischen und verwaltenden Bereich bereitet gegenwärtig das Bundesinstitut für Berufsbildung einen Modellversuch vor, mit dem herausgefunden werden soll, "welchen Beitrag reale Übungsfirmen zur Ergänzung der kaufmännischen Erstausbildung leisten können, welchen Einfluß diese Methode auf eine Erweiterung der sozialen und kommunikativen Fähigkeiten einerseits und eine Erweiterung der spezifischen kaufmännischen Fähigkeiten und des wirtschaftlichen Denkens andererseits hat, welches Ausmaß die wirtschaftlichen Aktivitäten der realen Übungsfirmen annehmen müssen, um einen nennenswerten Beitrag zur Reduzierung der Ausbildungskosten zu leisten und welche inhaltlichen, organisatorischen, zeitlichen und personellen Rahmenbedingungen erfüllt sein müssen" (KUTT/SELKA 1982, 99).

Die geringe gegenwärtige theoretische Absicherung des Simulationsbüros in der wirtschaftsberuflichen Ausbildung wird deutlich, wenn sich KUTT und SELKA von der Diskussion[1] kritische Anregungen erhoffen, "die zu einer theoretischen Fundierung und praktischen Realisierbarkeit" des Projektes beitragen könnten (a.a.O., 99).

- Im Bereich der kaufmännischen Weiterbildung und Umschulung werden Simulationsbüros vor allem von Trägereinrichtungen der Gewerkschaften als außerbetriebliche Einrichtungen für arbeitslose kaufmännische Angestellte bzw. für Umschulungszwecke geführt, die überwiegend von der Bundesanstalt für Arbeit finanziert werden. Ziel ist es, den Betroffenen zusätzliche Qualifikationen vorwiegend aus den betrieblichen Funktionsbereichen zu vermitteln, in denen sie während ihrer Erwerbsarbeit kaum tätig waren, sowie die Vermittlung grundlegender EDV-Kenntnisse, um ihre Beschäftigungschancen auf dem Arbeitsmarkt zu erhöhen. Als Vorläufer dieser heutigen arbeitsmarktpolitischen Maßnahmen können die bereits im Jahre 1931 auf Initiative der Arbeitsämter gegründeten "Tagesscheinfirmen für Stellenlose" gelten (vgl. KUTT/SELKA 1981, 28).

Sieht man einmal von dem Sonderfall der Arbeitslehre ab, so zeigt sich, daß es sich bei dem Simulationsbüro um einen Lernort handelt, der im kaufmännisch-verwaltenden Bereich auf allen Ebenen, von der Berufsvorbereitung bis zur Weiterbildung, zumindest programmatischer, in vielen Fällen bereits konkreter Bestandteil beruflicher Ausbildung ist, wenn auch mit unterschiedlichem Stellenwert. Die Bedeutung dieses Lernortes innerhalb der beruflichen Erstausbildung dürfte aber aufgrund der zunehmenden Fragwürdigkeit einer kaufmännischen Ausbil-

---

1) Gemeint war hier die Diskussion während der Hochschultage "Berufliche Bildung vom 29.09. - 02.10.1982, veranstaltet von der Universität Hannover.

dung am Arbeitsplatz durch die moderne Bürotechnik mit grosser Sicherheit zunehmen. KUTT/SELKA (1981, 27) gehen bereits einen Schritt weiter: Es drängt sich ihnen "die Frage auf, ob mit der Übungsfirma ein Lernort gefunden ist, der die berufliche Bildung des Kaufmanns an einem einzigen Lernort zuläßt und damit die Mängel, die sich aus einem Nebeneinander von Schule und Betrieb ergeben, überwindet." Dies ist aber bereits eine hochbrisante bildungspolitische Frage um das "duale System" der beruflichen Bildung, deren Antwort zunächst einmal eine gründliche pädagogisch-didaktische Analyse der kaufmännischen Berufsausbildung im "dualen System" voraussetzt. Dieser bildungspolitische Problemkreis kann hier nicht voll entfaltet werden, wird aber zumindest mit angeschnitten.

Im Bereich der beruflichen Erstausbildung - auf den wir uns im folgenden schwerpunktmäßig beziehen wollen - wurde der Lernort Simulationsbüro im wesentlichen pädagogisch-didaktisch wie folgt begründet (vgl. HOPF 1973, 26 ff., dies. 1977, 164 f.; FIX 1979; ders. 1980):

- Didaktische Reduktion komplexer und undurchschaubarer Büroabläufe auf das Elementare, um den Sinn einzelner Tätigkeiten sowie deren Zusammenhänge wieder transparent zu machen.
- Herstellung konkreter Bezüge des Lehrstoffes zur Umwelt des Schülers durch Anschauung und Übung im berufsbezogenen Unterricht.
- Abbau einer möglicherweise zu großen Spezialisierung und Abhängigkeit der Ausbildung vom Betrieb zugunsten einer stärkeren Pädagogisierung und systematischeren Fundierung der kaufmännischen Berufsbildung.
- Vermittlung grundlegender bürotechnischer Kenntnisse und Fertigkeiten durch praxisgerechte Aufgaben.

- Erzeugung höherer Motivation durch stärkere Selbsttätigkeit und Verantwortung der Schüler.
- Erhöhung sozialer Qualifikationen, wie z.B. Kooperations- und Kommunikationsfähigkeit; speziell die Entwicklung von Teamfähigkeit, ohne die ein moderner Betrieb kaum mehr funktionieren könnte.
- Integration von Theorie und Praxis.

Bei der Arbeit im Simulationsbüro können Schüler erfahren, daß theoretisches Wissen zur Aufgabenbewältigung abgerufen werden muß. "Wissen kann nicht als Selbstzweck oder Ballast empfunden werden, sondern es wird als Voraussetzung für Aktion erfahren. Problemlösendes Denken und Handeln tritt an die Stelle der Aneignung reproduzierbaren Wissens" (FIX 1979, 528). Bisher wurde aber kaum aufgezeigt, wie die Zusammenhänge von Wissen und Aktion, von Theorie und Praxis, die zu problemlösendem Denken und Handeln führen sollen, aussehen. Desweiteren blieb bisher theoretisch defizitär, welche Anforderungen an praktische Handlungen im Simulationsbüro zu stellen sind, damit sie einen möglichen Beitrag zur Ausdifferenzierung kognitiver Strukturen leisten können. Dabei dürfte besonders die Aufarbeitung dieser Frage erst eine didaktisch begründbare Wahl eines Grundmodells für die Simulation zulassen.

Betrachtet man den derzeitigen Entwicklungsstand zum Simulationsbüro, läßt sich feststellen, daß kaum Einrichtungs- und Ausstattungsvorschläge vorliegen, über einige organisatorische Grundmodelle hinaus (vgl. HOPF 1973, 32 ff.; dies. 1977, 162 f.), kaum entwickelte Curriculumsequenzen für die Arbeit im Simulationsbüro vorhanden sind und Vorschläge zu einem Einbezug des Simulationsbüros in ein Lernortverbundsystem sind ebenfalls nur sehr rudimentär zu finden (vgl. hierzu HOPF 1977, 165 ff.).

1.3.2 Neuere Begründungsperspektiven als Aufgabenstellungen

Es wurde bereits darauf hingewiesen, daß die Frage, ob das Simulationsbüro eine "Alternative zur herkömmlichen kaufmännischen Ausbildung" im "dualen System" darstellen könnte (KUTT/SELKA 1982, 99), zunächst eine gründliche Untersuchung der derzeitigen Arbeits- und Ausbildungssituation im kaufmännischen Bereich und deren Einflüsse auf die Persönlichkeitsentwicklung von Jugendlichen voraussetzen müßte, um mögliche defizitäre Entwicklungsbedingungen aufzeigen zu können, die es unter berufspädagogischer Perspektive gerechtfertigt erscheinen lassen, andere organisatorische Formen der kaufmännischen Berufsausbildung zu fordern. Dies macht aber ein umfassenderes Verständnis von beruflicher Bildung erforderlich, das nicht mehr nur den Erwerb von fachlichem Wissen und praktischen Fähigkeiten zur Ausübung beruflicher Tätigkeiten umfaßt, und als berufliche Sozialisation bezeichnet werden soll. Berufliche Sozialisation kann mit LEMPERT/FRANZKE (vgl. 1976, 100) ganz allgemein als Berufserziehung im weitesten Sinne aufgefaßt werden, oder in Anlehnung an BAETHGE (vgl. 1979, 1) spezifischer als den komplexen Prozeß der Persönlichkeitsentfaltung und gesellschaftlichen Integration des Jugendlichen in einer bestimmten Lebensaltersphase mit dem Ziel, eine Erweiterung seiner Handlungskompetenzen sowohl zur Berufsausübung als auch als Voraussetzung für eine gesellschaftliche Existenz als Erwachsener über die Vermittlung beruflicher Qualifikationen zu schaffen. Eine Theorie beruflicher Bildungsprozesse bzw. der beruflichen Sozialisation liegt allerdings bisher nicht vor, allenfalls einige Ansätze, die in unterschiedlichen Begrifflichkeiten die sozialisatorischen Auswirkungen beruflicher Ausbildung zu erfassen suchen (vgl. LEMPERT/FRANZKE 1976, 100; TIPPELT 1981, 12 f.). Gesonderte Untersuchungen über die Sozialisationswirkungen der kaufmännischen Berufsausbildung existieren bisher so gut wie nicht.

Wenn auch nicht primär mit dieser Studie berufliche Sozialisationsforschung für die kaufmännische Berufsausbildung betrieben werden soll, um damit den Lernort Simulationsbüro näher zu begründen - dies soll vielmehr unter didaktischen Aspekten erfolgen -, so stellen sich doch im Endeffekt plausibel gemachte Auswirkungen der Arbeitshandlungen auf Lernen und Persönlichkeit heraus und damit starke Bezüge zur beruflichen Sozialisationsforschung. Die Ursache für diese Affinität gründet sich auf die Wahl einer metatheoretisch zu verortenden handlungspsychologischen Person-Umwelt-Beziehung, die den Ausgangspunkt der didaktischen Überlegungen darstellt und die innerhalb der beruflichen Sozialisationsforschung die wesentliche Grundlage der objekttheoretischen Analysen zu sein scheint, auch wenn dies nicht immer explizit herausgestellt wird (vgl. TIPPELT 1981, 11 f.; LEMPERT 1974, 62 ff.).

Ein anderer - hier verfolgter - Begründungsversuch für den Lernort Simulationsbüro ergibt sich vor dem Hintergrund des bislang noch ungelösten didaktischen Problems beruflichen Lernens. Bezeichnet man mit FRANZKE (vgl. 1981, 74) den Gegenstand einer allgemeinen Didaktik beruflicher Lernprozesse mit der Vorbereitung Jugendlicher auf Arbeit und Beruf, wo im Zentrum eine didaktische Analyse des Verhältnisses von Berufsausbildung und Erwerbstätigkeit zu stehen hat, lassen sich nach dem heutigen Stand folgende Defizite ausmachen:

- Die vorliegenden (fach)didaktischen Konzeptionen beschäftigen sich hauptsächlich mit der Analyse und Konstruktion des Berufsschulunterrichts, der Lehrpläne und Rahmenrichtlinien, der Medien und vernachlässigen den betrieblichen Teil der Ausbildung.
- Die Inhalte orientieren sich oftmals an der Systematik relevanter Fachwissenschaften. Dabei wird einfach unreflektiert unterstellt, daß durch die Wissenschaftsbezogenheit der Inhalte automatisch berufliche Handlungskompetenz er-

zeugt wird.

- Durch die starke Konzentrierung auf inhaltliche Aspekte wird der didaktische Problemzusammenhang verkürzt, d.h. Aneignungs-, Vermittlungs- und Zweckaspekte des Lernens geraten aus dem Blickfeld.
- Durch die Ignorierung der betrieblichen Ausbildung bei den "Berufsschuldidaktikern" wurde die Frage, ob die Gestaltung betrieblicher Arbeitsabläufe eher eine Förderung oder eine Deformierung der Persönlichkeitsentwicklung bei den Auszubildenden bewirken, erst gar nicht diskutiert.
- Eine berufliche Qualifikationsvermittlung durch das Muster eines ergebnisorientierten fachwissenschaftlichen Lernens führt zu einer zunehmenden Entberuflichung von Ausbildungsgängen und damit tendenziell zu einem weiteren Auseinanderfallen von Theorie und Praxis.

Nach DRECHSEL (vgl. 1982, 18) haben didaktische Konzeptionen beruflicher Lernprozesse auf einer Analyse der beruflichen Lern- und Handlungschancen an konkreten betrieblichen Arbeitsplätzen aufzubauen und sind mit politischen Strategien zur Erweiterung der Lern- und Handlungspotentiale zu verbinden. Mit einer Analyse von Lernen und Handeln an Arbeitsplätzen wäre zum einen wieder auf den allgemeinen beruflichen Sozialisationszusammenhang zurückverwiesen[1], zum anderen aber auch auf einen Mikrobereich, nämlich auf erkenntnis- und kognitionstheoretische Zusammenhänge von Lernen und Handeln, von Wissen und Aktion. Erst wenn auf dieser Ebene theoretisch nachgewiesen werden kann, daß zwischen Kognitionen und Handeln eine wechselseitige Beziehung existiert, und wenn deren spezifischen Verknüpfungen offengelegt sind, können Folgerungen für die Organisation beruf-

---

1) Zu den komplexen Problemen einer theoretischen und empirischen Analyse der Beziehungen von Arbeit und Lernen, von Qualifikationen und Sozialisation vgl. LEMPERT 1974, 62 ff.; ders. 1979 a; FEUERSTEIN 1977.

licher Lernprozesse gezogen werden.

Ein holistischeres Nachdenken über eine Didaktik beruflichen Lernens scheint daher erforderlich und macht einen erkenntnistheoretischen Rückbezug notwendig und darauf aufbauend eine erziehungswissenschaftliche Reflexion zur Förderung individueller Entwicklungschancen. Aus einem solchen theoretischen Bezugsrahmen sollten begründbare Aussagen möglich sein, vor allem über

- das zugrundeliegende Subjektmodell und damit über die Subjekt-Objekt-Relation und die hiermit konstitutiv zusammenhängenden erkenntnistheoretischen Fragen;
- das Verhältnis und die Bedeutung von wissenschaftlichem Wissen und psychologischem Alltagswissen bzw. von wissenschaftspropädeutischem Lernen und handlungsorientiertem Lernen, also letztlich von Theorie und Praxis.

Ausgehend von dieser theoretischen Basis sind dann lerntheoretische Schlußfolgerungen zu ziehen, in deren Zusammenhang Lernortfragen relevant und begründbar werden.

1.3.3 Zielsetzung, methodisches Vorgehen und Aufbau der Arbeit

1. Ziel dieser Arbeit ist der Entwurf einer didaktischen Grundlegung für den Lernort Simulationsbüro im kaufmännisch-verwaltenden Bereich auf der Basis einer psychologischen Handlungstheorie. Obwohl das Simulationsbüro - wie aufgezeigt - "äußerst traditionsreich und mit der Geschichte der kaufmännischen Erziehung und Bildung unlösbar verbunden (ist)" (HOPF 1977, 161), blieb dieser Lernort in der berufs- und wirtschaftspädagogischen Diskussion und Reflexion weitgehend unberücksichtigt. Dualistische Auffassungen über eine Trennung von Theorie und Praxis dürften dabei eine nicht unerheb-

liche Rolle gespielt haben. So hat u.a. das dualistische Prinzip im System der bundesrepublikanischen Berufsausbildung zu der Konsequenz geführt, daß didaktische Konzeptionen nur für die Vermittlung von Theorie entworfen wurden, die damit kaum über die Grenzen des Berufsschulunterrichts hinausreichten. Praxis wurde didaktisch unreflektiert dem Lernort "Betrieb" überlassen, in der Auffassung, daß die Erlernung von konkreten beruflichen Tätigkeiten mehr oder weniger eine mechanische Aneignung von motorischen Bewegungsabläufen durch Anschauung und Übung darstellt.

In jüngster Zeit hat sich in den Sozialwissenschaften ein Forschungszweig entwickelt, der versucht, anstelle von dualistischen Erklärungsansätzen, handlungsorientierte Theorien der Persönlichkeitsentwicklung zu entwerfen und zu begründen. Durch diese Ansätze wird der Mensch-Umwelt-(bzw. Situations-)Interaktion eine größere Aufmerksamkeit geschenkt und damit die Einheit von Tun und Denken, von Planen und Ausführen stärker betont. Eine solche Auffassung impliziert, daß es Gemeinsamkeiten zwischen Handeln und Denken, zwischen Handeln und Sprache, zwischen Handeln und Begriff geben muß. Es stellt sich somit die Frage, wie durch praktisches Handeln und deren Wahrnehmung die kognitiven Strukturen <u>mit</u> aufgebaut werden können, d.h. es ist u.a. zu klären, welche gemeinsamen Strukturierungs- bzw. Organisationsprinzipien Handlung, Sprache und Denken zugrunde liegen, welches Verhältnis zwischen Handlung und Begriff existiert, in welchen Modalitäten das Wissen des Menschen repräsentiert wird. Erst wenn diese Beziehungen und Probleme theoretisch geklärt sind, können Schlußfolgerungen für die Struktur praktischer Handlungen gezogen werden, d.h. es können Anforderungen an Handlungen formuliert werden, denen lernrelevante Wirkungen zugeschrieben werden können.

Mit der Aufarbeitung der Problemstellung sind für das Simulationsbüro als Lernort im kaufmännisch-verwaltenden Bereich vor allem zwei praktische Konsequenzen verbunden:

a) Den lernrelevanten Anforderungsmerkmalen an Handlungen lassen sich die zukünftigen Handlungsstrukturen an kaufmännischen Arbeitsplätzen, die durch die Organisationsformen moderner Bürotechnik präformiert werden, gegenüberstellen, so daß eingeschätzt werden kann, ob es unter berufspädagogischer Perspektive weiterhin sinnvoll sein kann, kaufmännische Berufsausbildung - wie bisher - noch überwiegend als eine en passant-Ausbildung am Arbeitsplatz zu betreiben, oder ob nicht das Simulationsbüro als Ausbildungsort - zumindest zeitweise - vorzuziehen wäre.

b) Mit den lernrelevanten Anforderungsmerkmalen lassen sich didaktisch begründete praktische Handlungen im Simulationsbüro organisieren. Dies involviert gleichzeitig eine Hilfestellung bei der Wahl von möglichen Grundmodellen für den Lernort sowie bei der Konstruktion von Curriculumelementen.

2. Der methodischen Vorgehensweise liegt das Verfahren der geisteswissenschaftlichen Pädagogik zugrunde, das generell als "Hermeneutik der Erziehungswirklichkeit"[1)] bezeichnet werden kann (KLAFKI 1981, 93). Dieses wissenschaftliche Erkenntnisverfahren läßt sich vor allem durch folgende Prinzipien charakterisieren (vgl. KLAFKI 1981, 85 ff.; ders. 1971, 126 ff.):

- Der hermeneutische Ansatz in der Erziehungswissenschaft versteht sich als "Theorie der pädagogischen Praxis und als Theorie für die Praxis" (KLAFKI 1981, 87), d.h. pädagogische Theorie soll Lösungsmöglichkeiten für prak-

---

1) Erziehung wird hier im weitesten Sinne als komplexer Prozeß der Persönlichkeitsentfaltung aufgefaßt, d.h. insbesondere als Sozialisation begriffen.

tische Probleme entwickeln und mögliche Lösungen begründen. Dies schließt die Kritik an Praxis und den vorliegenden Theorieansätzen ein, die es konstruktiv weiterzuentwickeln gilt.

- Der hermeneutische Ansatz in der Erziehungswissenschaft geht vom "relativen Autonomieprinzip" der Pädagogik aus, d.h. Anerkennung des Anspruchs des Menschen auf seine Entfaltungsmöglichkeiten, auf Selbstbestimmung bzw. Mündigkeit. Aspekte der Normativität sind somit pädagogischen Prozessen immanent. Die Ansprüche der "gesellschaftlichen Mächte" auf die jungen Menschen können nur insoweit und nur in solchen Formen geduldet werden, wie sie mit pädagogischen Kriterien vereinbar sind.

- Erziehungswirklichkeit und pädagogische Theorie - einschließlich der Pädagogik selbst - sind historische Erscheinungen. Daraus ergibt sich, daß es kein allgemeingültiges System von Erziehungszielen, Erziehungsinstitutionen und -methoden geben kann. Vielmehr sind diese immer wieder zu hinterfragen und auf neue Erziehungssituationen weiterzuentwickeln und zu begründen.

- Die Quellen bzw. das Material für Erkenntnis innerhalb des hermeneutischen Ansatzes in der Erziehungswissenschaft stellen vor allem Texte, aber auch eigene pädagogische Erfahrungen und Beobachtungen dar, ferner Institutionen, Bilder sowie Handlungen von Erziehern und Jugendlichen. Bei der hermeneutischen Auslegung der Quellen ist von der ideologiekritischen Generalhypothese auszugehen, "daß menschliches Denken und Handeln, menschliche Lebensformen, Institutionen und kulturelle Objektivationen aller Art bis hin zu den Fragen, Verfahrensweisen und Ergebnissen der Wissenschaft durch die jeweiligen gesellschaftlich-politischen Verhältnisse, durch gesellschaftlich vermittelte Interessen, Abhängigkeiten, Herrschaftsverhältnisse, Zwänge oder auch Chancen bestimmt oder doch mitbestimmt sind" (KLAFKI 1981, 108).

Dieser hermeneutische Ansatz im weiteren Sinne unterscheidet sich also von einer historisch-hermeneutischen Arbeitsweise (bzw. einem hermeneutischen Ansatz im engeren Sinne) insbesondere dadurch, daß nicht nur speziell Texte und deren Entstehungssituationen gedeutet und ausgelegt werden.

Auf die praxisnahe Problemstellung sowie auf die praktischen Konsequenzen der vorliegenden Arbeit wurde bereits oben verwiesen. Besonders im 5. Abschnitt der Arbeit wird versucht, die aus dem Gang der Untersuchung gewonnenen Erkenntnisse konstruktiv zu wenden.

3. Der Aufbau der Arbeit ist durch sechs Abschnitte gekennzeichnet: Einleitung; Metatheoretische Grundlagen; Konkretisierung des Handlungsansatzes; Handlungsaspekt in der beruflichen Bildung; Stellung und Bedeutung des Simulationsbüros in der wirtschaftsberuflichen Ausbildung; Zusammenfassung der Ergebnisse.

Das Problem, welches die metatheoretischen Überlegungen notwendig werden läßt, besteht darin, daß mehrere Typen von Individuum-Umwelt-Verknüpfungen unterschieden werden können, in denen auch jeweils bestimmte Vorstellungen vom Menschen eingeflossen sind. Auf der Basis dieser Vorstellungen, die sowohl auf das "Alltagswissen" als auch auf eine explizite Theorie gründen können, wird die konkrete Planung und Gestaltung von Lernprozessen arrangiert, deren Grundannahmen aber i.d.R. kaum reflektiert werden. Die hier eingebrachte erkenntnistheoretische Frage ist dabei auf einen Verknüpfungstyp der Person-Umwelt-Beziehung konzentriert, der sowohl die Veränderung individueller Strukturen als auch die aktive "Schaffung" von Umwelt gleichzeitig erklären kann. Zum Schluß dieses Abschnittes wird noch einmal auf den Sozialisationsaspekt zurückzukommen sein, aber mit dem Ziel, sowohl spezifische Persönlichkeitskomponenten als auch entwicklungsdominierende Umweltaspekte für die weiteren Überlegungen herauszustellen.

Nach der metatheoretischen Festlegung der für einen Handlungsansatz typischen Person-Umwelt-Verknüpfung und eines entsprechenden Subjektmodells wird dieses Menschenbild durch spezifischere Theorieansätze aus unterschiedlichen psychologischen Entwicklungstraditionen präzisiert. Die Skizzierung der kognitiven Handlungs- und Wissenstheorie führt zu AEBLI, der von der These ausgeht, daß sich das Denken kontinuierlich aus dem praktischen Handeln und Wahrnehmen entwickelt. Damit überwinden AEBLI u.a. den in der PIAGET'schen Epistemologie immer wieder kritisierten "Spontaneitätsaspekt", mit dem PIAGET die Entwicklung der kognitiven Strukturen zu erklären versuchte. Die Aufarbeitung der dialektisch-materialistischen Psychologie führt zu der Konzeption von RUBINSTEIN, die noch am ehesten zur Abstützung des dem Handlungsansatz zugrundeliegenden Subjektmodells beitragen kann. Es wird aber zu zeigen sein, daß die theoretischen Analysen von AEBLI nicht nur bei einer Postulierung des Zusammenhangs von Denken und Handeln stehenbleiben - wie im Ansatz von RUBINSTEIN -, sondern vielmehr ihre strukturellen Affinitäten offenlegen können. Durch propositionelle Analysen kann aufgezeigt werden, daß die "Tiefenstrukturen" des praktischen Handelns, des Wahrnehmens, des Sprechens und des Denkens identische Züge in Form von Schemata besitzen. Wenn im praktischen Handeln die Urform menschlichen Tuns gesehen wird, kann die semantische Organisationsform des menschlichen Gedächtnisses aus dem praktischen Handeln erschlossen werden. Aus diesem Zusammenhang von kognitiven semantischen Konstruktionssystemen und dem praktischen Handeln werden dann allgemeine lerntheoretische Konsequenzen abgeleitet, in deren Mittelpunkt eine enge Verbindung von Praxis und Theorie steht.

Im Anschluß an einige Begriffsklärungen geht es im ersten Teil des 4. Abschnittes zunächst um die Aufarbeitung folgender Fragen: Welche konkreten Tätigkeitsarten gewährleisten im Laufe der Ontogenese eine Einheit von Handeln und Denken? Inwieweit wird im Wirtschaftslehreunterricht an kaufmännischen Berufsschulen eine Verbindung von Praxis und Theorie erreicht? Welche Bedeutung besitzt das psychologische "Alltagswissen" und das wissenschaftliche Wissen für die erfolgreiche Bewältigung von praktischen Handlungen? Insbesondere die letzte Frage berührt direkt das didaktische Orientierungsproblem beruflicher Lernprozesse; nämlich entweder primäre Ausrichtung am Prinzip der Wissenschaftsbezogenheit der Inhalte oder primäre Ausrichtung am Prinzip der Handlungsorientierung, d.h. an konkreten beruflichen Handlungssituationen. Es wird zu zeigen sein, daß, wenn Kognitionen ihre handlungsleitenden Funktionen behalten und sich nicht zu idealistischen Modellen verselbständigen sollen, sie vom konkreten Handeln abzuleiten sind. Dem in Handlungsansätzen besonders schwierigen Problemkreis der Beziehung zwischen Motiv und Handlung ist der Abschnitt 4.3.3 gewidmet. Im Vordergrund steht hier die Explikation eines Motivationskonzeptes, das mit den Prämissen des unterstellten Subjektmodells vereinbar ist und eine theoretische Alternative zum behavioristisch orientierten Konzept der Leistungsmotivationstheorie darstellt.

Im zweiten Teil des 4. Abschnittes wird vor allem die Frage nach lernrelevanten Merkmalen von Arbeitshandlungen, aber auch die Frage nach der Bedeutung von sozialen Prozessen in Handlungsvollzügen erkenntnisleitend. Ausgehend von der Kritik der Handlungsregulationskonzeption innerhalb der Arbeitspsychologie (HACKER) und der Offenlegung theoretischer Beziehungen zwischen Begriffsbildungsprozessen und praktischen Handlungen werden aus empirischen Ergebnissen der Beziehungen zwischen Arbeitshandlungen und Persönlichkeit sowie aus kognitions- und sozialisationstheoretischen Konzepten der Humanisierungsdiskussion Arbeitshandlungen abgeleitet, deren Struktur persönlichkeitsfördernde Wirkungen zugeschrieben werden können. Damit wird sowohl ein Analyseinstrument zur Beurteilung von Arbeitsabläufen und Handlungsstrukturen innerhalb der Erwerbsarbeit im Büro- und Verwaltungsbereich bereitgestellt, als auch ein Hilfsmittel für die didaktische Organisierung persönlichkeitsfördernder praktischer kaufmännischer Handlungen im Simulationsbüro.

In sozialen Handlungszusammenhängen, d.h. im Umgang mit Personen, werden sozial-kognitive Prozesse ausgelöst, weil der Handelnde mit den ebenfalls zielgesteuerten Reaktionen des Anderen zu rechnen hat. Dabei ist wesentlich, inwieweit der Aktor auch über die Handlungsantizipationen anderer nachdenkt und seinerseits in seiner Handlungsbewertung berücksichtigt, indem er möglicherweise seine eigenen antizipierten Pläne ändert. Diese Einstellung des Aktors im sozialen Handlungsfeld (z.B. eher egozentrische oder eher soziozentrische) kann als moralisches Bewußtsein interpretiert werden. Da die Entwicklung des moralischen Bewußtseins durch äußere Entwicklungsbedingungen mit beeinflußt wird, sind auch die sozialen Strukturen betrieblicher Handlungsvollzüge auf ihre Persönlichkeitswirkungen für Jugendliche in der Adoleszenz einzuschätzen. Desweiteren werden gerade in den sozialen Interaktionsprozessen kommunikative Kompetenzen vermittelt und ausgebildet, die für Organisation und Ablauf komplexer arbeitsteiliger Prozesse im Betrieb an Bedeutung gewinnen, aber die bisher in der kaufmännischen Ausbildung zu sehr vernachlässigt wurden.

Im letzten Abschnitt wird zunächst versucht, die zu erwartenden Veränderungen der Arbeitsinhalte und -strukturen durch die moderne Bürotechnik herauszuarbeiten, um ihre persönlichkeitsfördernden bzw. -deformierenden Wirkungen abzuschätzen. Unter Einbeziehung von vorliegenden Reformvorstellungen der kaufmännischen Berufsausbildung soll dann die didaktische Einbindung des Simulationsbüros im Rahmen zukünftiger kaufmännischer Berufsausbildung skizziert werden. Mögliche Modell- und Arbeitsformen im Simulationsbüro bilden den Abschluß der Überlegungen.

2. Metatheoretische Grundlagen von Entwicklungs- und Lernkonzepten

Es gibt eine Anzahl unterschiedlicher Theorien, die auf eine Erklärung menschlichen Verhaltens ausgerichtet sind. Dabei blieben Kontroversen über die Determinanten, die an einer Verhaltensvariation beteiligt sind, nicht aus. Schließlich kamen fast alle Wissenschaftler zu der Auffassung, "daß das Verhalten aus der Wechselwirkung von Personen und Situationen resultiere und nicht nur aus einem der Faktoren herzuleiten sei (...). Der Konsens hat die Gemüter zwar beruhigt, doch bleibt die grundlegende Frage zu klären, in welcher Form diese beiden Einflußquellen bei der Verhaltensdetermination interagieren" (BANDURA 1979, 19). So lassen sich nach JANICH (vgl. 1979, 93 ff.) vier Verknüpfungstypen zwischen Individuum und Umwelt konstatieren, die auf unterschiedlichen Paradigmen hinauslaufen:

- "Umweltkausalisten" ($\underline{U} \rightarrow I$), die die Ursache für Verhaltensänderungen primär auf Umweltkomponenten zurückführen;
- "Individuenkausalisten" ($U \rightarrow \underline{I}$), die die Ursachen für Verhaltensänderungen primär bei den Individuen vermuten;
- "Deskriptivisten" (U : I), die die vorhandenen Strukturen beschreiben und durch Korrelationen Zusammenhänge aufweisen, die aber keine Erklärungen für vorgefundene Verknüpfungen anbieten können. Daher soll dieser Typ nicht weiter verfolgt werden.
- "Relativisten" ($U \rightleftarrows I$), die durch das Kriterium der Handlung die Umwelt auf Individuen relativieren, d.h. daß es "die Umwelt" nicht gibt, sondern nur die "eines jemanden Umwelt" (vgl. ECKENSBERGER 1979, 279).

Während die beiden Typen kausalistischer Verknüpfungen prinzipiell dem "mechanischen" und dem "organismischen" Modell entsprechen, wie sie insbesondere von REESE/OVERTON (1970,

1972) und in Anschluß daran von LOOFT (1973) als paradigmatische Orientierungen im Bereich entwicklungspsychologischer Theorienbildung herausgearbeitet wurden, soll der "relativistische" Verknüpfungstyp hier in Anlehnung an die ökologische Richtung innerhalb der Psychologie (vgl. WALTER/OERTER 1979, GRAUMANN 1978) als dialektische Person-Umwelt-Beziehung charakterisiert werden. Im folgenden werden diese Modelle nun expliziert, wobei zunächst auf die Leitfunktion von allgemeinen Weltbildern für die Formulierung von spezifischeren Theorien hingewiesen werden soll.

2.1 Die Beziehungen zwischen allgemeinen Weltbildern und Theorieansätzen

Jeder Mensch hat eine ganz bestimmte Vorstellung vom Menschen, vom Wesen der menschlichen Natur. Diese allgemeinen Vorstellungen nennen REESE/OVERTON (1979, 56 ff.) "Modelle", in der Terminologie von KUHN (1976) werden sie "Paradigmen" oder "Weltbilder" genannt. Diese allgemeinsten Weltbilder oder Modelle stellen den Rahmen dar für alle darunterliegenden spezifischeren und konkreteren theoretischen Konzepte. "Dieser kategoriale Determinismus reicht von den metaphysischen und epistemologischen Niveaus über die wissenschaftlichen Theorien bis "hinunter" zu der Art und Weise, wie man analysiert, interpretiert und Schlüsse aus empirischen Daten zieht" (REESE/OVERTON 1979, 57). Modelle auf höchstem Niveau und von solcher Allgemeinheit, daß sie in der Lage sind, jedes Phänomen in sich aufzunehmen, sind nach REESE/OVERTON das "mechanische" und das "organismische" Weltbild. "Innerhalb des mechanischen Weltbildes ist das Modell für alle Phänomene die Maschine; innerhalb des organismischen Weltbildes ist es der unter biologischen Aspekten betrachtete Organismus und seine Aktivitäten" (a.a.O., 57). Unterhalb dieser "philosophischen" Modelle folgen die spezifischeren und anschaulicheren "pragmatischeren" Modelle innerhalb einer Wissenschaft.

ECKENSBERGER/SILBEREISEN (1980, 18 ff.) heben in Anlehnung an BUNGE (1973) beispielsweise drei Theorieebenen innerhalb des organismischen Ansatzes voneinander ab (vgl. Abb. 1).

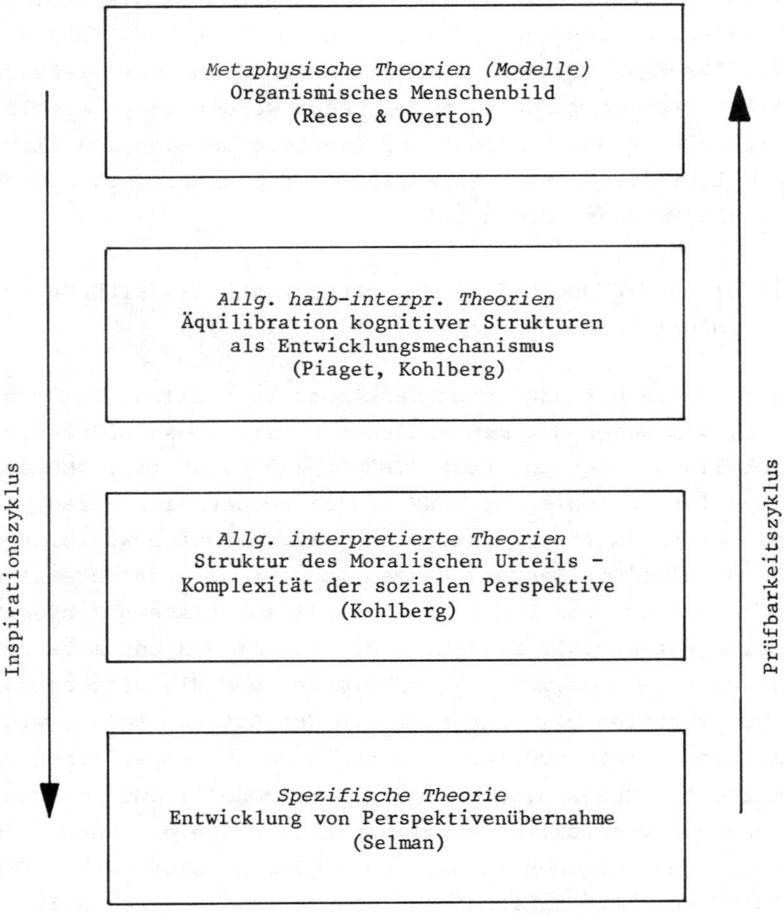

Abb. 1: Spekulative Beispiele von Theorien im organismischen Ansatz (vgl. BUNGE 1973)

Als Unterscheidungskriterium dient der Gesichtspunkt der empirischen Prüfbarkeit der Theorien. Der "Prüfbarkeitszyklus" und der "Inspirationszyklus" sind gegenläufige Prozesse und aufeinander bezogen. Einerseits sind die allgemeineren

Theorien durch die spezielleren Theorien auszufüllen und zu interpretieren, und andererseits beeinflussen die allgemeineren die spezifischeren Konzepte. Die empirisch nicht direkt testbaren Theorien sind aufgrund ihrer stimulierenden und inspirierenden Kraft für den wissenschaftlichen Prozeß unersetzbar. "Wissenschaftliches empirisches Arbeiten kommt erst an zweiter Stelle, vorrangig ist die Bildung eines Modells oder die Übernahme eines Modells" (LOOFT 1979, 336).

Auf der Grundlage desselben metaphysischen Modells können innerhalb einer einzigen wissenschaftlichen Disziplin unterschiedliche Theorien ausgebildet werden, die als "Theoriefamilie" bezeichnet werden (vgl. REESE/OVERTON 1979, 65). Kontroversen zwischen Theorien derselben Modellfamilie implizieren in der Regel theoretische und empirische Fragen und sind grundsätzlich lösbar. Kontroversen zwischen Theorien unterschiedlicher Modellfamilien werfen dagegen metaphysische oder epistemologische Probleme auf und führen zu einer Paradigma-Debatte.

Wenn nun im folgenden die metaphysischen Modelle und deren Annahmen ausführlich behandelt werden, so geschieht dies

a) um die Grundannahmen des traditionellen schulischen Lernverständnisses und des im folgenden hier explizierten offenzulegen;

b) um die unterschiedlichen Lernkonzeptionen (z.B. Reiz-Reaktions-Lernen, kognitives Lernen) metatheoretisch verorten zu können;

c) zur Bestimmung des logischen Rahmens, innerhalb dessen wir unser Lern- und Erkenntnisverständnis zu präzisieren haben.

2.2 Das mechanische Weltbild

Die dem mechanischen Modell zugrundeliegende Vorstellung ist die einer universellen Maschine. Die hervorstechendsten Merkmale des Maschinenmodells sind nach REESE/OVERTON (vgl. 1979, 72):

- das Grundsystem, welches aus den einzelnen Teilen und ihrer Beziehungsstruktur besteht und auf das letztlich alle weiteren komplexen Erscheinungen zurückzuführen sind;
- die prinzipiell vollständige Vorhersage über den Zustand der Maschine zu einem bestimmten Zeitpunkt;
- die besonders gute Quantifizierung über die Beziehungsstruktur der Elemente.

2.2.1 Das "behaviorale Subjektmodell" in der Erziehungswissenschaft als Kennzeichen des allgemeinen Maschinenmodells

Bei der Übernahme des mechanischen Weltbildes in die Psychologie entstand ein spezifisches Menschenbild, das GROEBEN als das "behaviorale Subjektmodell" (GROEBEN/SCHEELE 1977, 14) bezeichnet und das durch folgende zentrale Annahmen gekennzeichnet ist (vgl. REESE/OVERTON 1979, 73; GROEBEN/SCHEELE 1977, 14 f.; auch LEONHARD 1978, 64):

- Der Mensch wird als reaktives, passives Wesen bezeichnet, der für sich genommen im Ruhestand verharrt.
- Nur von außen auf den Organismus einwirkende Kräfte führen ihn zur Aktivität. Das menschliche Verhalten wird demnach allein von der Umwelt determiniert: Wer das Verhalten ändern will, muß die Umgebung ändern.
- Da das "behaviorale Subjektmodell" nach dem Menschen unter der Kontrolle der Umgebung fragt, ist dies der Versuch, Psychologie als Naturwissenschaft zu konstituieren. Die

Präzisions- und Überprüfungsanforderungen dieser Wissenschaftskonzeption läßt nur direkt beobachtbare Ereignisse von menschlichem Verhalten gelten. Qualitative Veränderungen innerhalb der Struktur des Organismus gelten daher als Epiphänomene; Geist, Bewußtsein, Wille als Determinanten eines autonomen Menschen werden geleugnet.

- Die dem Modell zugrundeliegende epistemologische Position ist eine Abbild-Erkenntnistheorie. "Der Erkennende spielt im Erkannten keine aktive Rolle und nimmt die Welt zwangsläufig in vorherbestimmter Weise wahr" (REESE/OVERTON 1979, 73).
- Kennzeichen des "behavioralen Subjektmodells" ist ferner eine antagonistische Polarität zwischen Erkenntnissubjekt und Forschungsobjekt. Während der Forscher für sich eine aktiv-realisierende Realitätskonstruktion voraussetzt, wird die Versuchsperson als ein von der Umwelt abhängiges und konstruierendes Individuum angesehen.

2.2.2 Unterrichtliche Lernprozesse im mechanischen Weltbild

Auf den Grundannahmen des "behavioralen Subjektmodells" entstanden verhaltenspsychologische Lerntheorien, die menschliches Verhalten durch Reiz-Reaktions-Verbindungen erklärten. Nach Ansicht vieler Verhaltensforscher verfügt die Lernpsychologie über geeignete Erkenntnisse zur Verbesserung des Unterrichts, wobei sich die lernpsychologischen Gesetzmäßigkeiten insbesondere durch spezifische informationstheoretische und curriculare Didaktikansätze realisieren lassen, in deren Mittelpunkt vor allem Konditionierungsprozesse stehen. Nach SKINNER (1972, 253 f.) regen die Fortschritte, die die Verhaltensforschung "im Sinne einer Steuerung des Lernens" erzielen konnten, "zu einer gründlichen Revision der im Klassenunterricht angewandten Methoden an ...". Dabei wird Unterricht aus der Sicht des Lehrers zur schematischen Instruktion: Er legt das Zielverhalten fest, das die Schüler nach

Ablauf des Unterrichtsprogramms beobachtbar zeigen sollen und legt die Lernschrittsequenzen innerhalb einer bestimmten Zeit fest (vgl. KEIL 1977, 11 f.; WEINERT 1980, 742). Der Unterricht ist damit ausgesprochen lehrer- bzw. programmzentriert. Der Lehrer hält die Stimuli unter Kontrolle, die das Verhalten der Schüler beeinflussen (vgl. CORRELL 1978, 225). Der Schüler kann daher als ein technisches Trichtersystem angesehen werden, der auf die Stimuli entsprechend der vom Lehrer vorausgeplanten Reaktionen zu reagieren hat, wenn er nicht als "Störenfried" desavouiert werden will (vgl. WINKEL 1980). "Zweck des Unterrichts ist es nicht, ihm Wissen beizubringen, sondern ihn mit einem Arsenal von Verhaltensweisen auszustatten, die er später auf gegebene Reize hin abspulen soll" (LEONHARD 1978, 148). In diesem "simplen Klipp-Klapp-Schema einer dubiosen Verhaltenspsychologie" (WINKEL 1980, 38) darf der autonome, selbst handelnde Mensch erst gar nicht ins Blickfeld kommen, gefährdet er doch die zugrundeliegende Beeinflussungsabsicht (vgl. LEONHARD 1978, 64 ff.): Denn Wille, Bewußtsein, Denken könnten den Schüler dazu bewegen, "sich dem Manipulationsprogramm nicht zu unterwerfen, Erklärungen für die abverlangten Lernstoffe zu fordern und dadurch die psychologisch fundierten Sequenzen des Unterrichtsverlaufs empfindlich stören" (a.a.O., 133).

Weil bei den verhaltenspsychologischen Lerntheorien das lernende Individuum weitgehend unbeachtet blieb, und weil man die Elemente des Verhaltens vor allem auf einer molekularen Ebene eher physikalisch-physiologisch definierte und analysierte, führte die Kritik an diesen Lerntheorien und ihren metatheoretischen Grundlagen[1)] zu einem anderen Menschen-

---

1) Der metatheoretische Überbau der Erziehungspraxis - hier konkretisiert durch das "behaviorale Subjektmodell" - wird auch mitverantwortlich gemacht für die heutige "Krise der Schule". Dies stellt R. VOSS in seinem Aufsatz: "Schulverdrossenheit - Signal für den notwendigen Paradigmawechsel" deutlich heraus, wenn er betont: "Eine andere Intention dieses Beitrages war, dazu beizutragen, daß die von so vielen subjektiv empfundene Schulverdrossenheit nicht als persönliches Versagen, sondern de facto als Resultat des vorherrschenden Paradigmas gesehen wird" (VOSS 1978, 108).

bild und damit zu einem kognitiv ausgerichteten Lernverständnis (Lernen als Erwerb einer "cognitiv map" (TOLMAN)).

2.3 Das organismische Weltbild

Die Metapher, die dem organismischen Modell zugrundeliegt, ist der lebende, aktive Organismus. Durch seine Monadenlehre hat LEIPNIZ dieses Modell als erster ausgearbeitet. Er behauptete, daß das Wesen aller Substanz Aktivität sei und verstand darunter einen kontinuierlichen Übergang von einem Zustand in einen anderen, wobei die Aktivität die Zustände aus sich selbst in permanenter Weise hervorbringt (vgl. REESE/OVERTON 1979, 73 f.). Dieses Modell unterscheidet sich vom mechanischen Weltbild insbesondere dadurch, daß

- die Entwicklungsdynamik vom Organismus selbst ausgeht;
- der Organismus eine strukturierte Ganzheit darstellt, und demnach die Bedeutung einzelner Teile sich nur aus dem Ganzen ableiten läßt;
- "die wirkende Ursache ersetzt wird durch die formale Ursache" (REESE/OVERTON 1979, 74), d.h. daß ein teleologischer Punkt der Entwicklung angestrebt wird;
- durch die qualitativen Unterschiede eine kausale Erklärung nicht möglich ist.

Das organismische Weltbild wurde - wie das mechanische - in verschiedene Gebiete übernommen und hier durch konkretere Modellkonstruktionen weiterentwickelt.

2.3.1 Das "humanistische Subjektmodell" in der Erziehungswissenschaft als Kennzeichen des allgemeinen organismischen Weltbildes

Die Spezifizierung des allgemeinen organismischen Modells

führte in der Erziehungswissenschaft in Anlehnung an die "humanistische Psychologie" (BÜHLER/ALLEN 1974) zur "Nondirektiven Pädagogik" (HINTE 1980; vgl. auch ROGERS 1979). Das leitende Paradigma dieser Richtungen soll hier als das "humanistische Subjektmodell" bezeichnet werden, das sich durch folgende zentralen Prämissen ausweist:

- Die Grundnatur des Menschen ist vertrauenswürdig und konstruktiv. Vom Organismus selbst gehen alle Tätigkeiten aus und werden durch ihn selbst reguliert (vgl. ROGERS 1979, 111, 116, 159, 278, 281; HINTE 1980, 49 ff.).
- Der Organismus wird als strukturierte Ganzheit aufgefaßt, der die Tendenz zur Persönlichkeitsentwicklung bzw. zur Selbstverwirklichung aufweist (vgl. ROGERS 1979, 211, 243). Von daher richten sich die Forschungsbemühungen "auf die Aufdeckung der Organisationsprinzipien, auf die Erklärung der Eigenart und der Relationen von Teilen und Ganzheiten, Strukturen und Funktionen, und nicht auf deren Ableitung aus elementaren Prozessen" (REESE/OVERTON 1979, 74 f.).
- Durch die Veränderung des Organismus aus sich selbst heraus kann eine vollständige Vorhersagbarkeit menschlichen Verhaltens nicht gelingen. ROGERS sieht daher in der Psychologie auch "eher eine verstehende als eine voraussagende Wissenschaft" (a.a.O., 283).
- Die erkenntnistheoretische Position des "humanistischen Subjektmodells" ist die des Konstruktivismus. Der Erkennende ist kein passiver Speicher, sondern konstruiert Realität aktiv durch seine eigenen kognitiven Strukturen. Durch die entwicklungsbedingten Veränderungen der kognitiven Strukturen ergeben sich dabei qualitative Veränderungen in der Art, wie Realität wahrgenommen wird (vgl. PIAGET 1974, 39 f.).

Es sei hier noch besonders betont, daß die PIAGET'sche Theorie der kognitiven Entwicklung eine Spezifizierung im organismischen Weltbild darstellt (vgl. Kap. 3.2.4).

2.3.2 Unterrichtliche Lernprozesse im organismischen Weltbild

Pädagogische Prozesse, die nach den Prämissen des "humanistischen Subjektmodells" initiiert werden, unterscheiden sich grundlegend von denen, die auf der Basis des "behavioralen Subjektmodells" organisiert werden. Während im letzteren Fall die Fragestellung für unterrichtliches Vorgehen hieß: "'Was muß der Lehrer tun, welche 'Reize' muß er den Schülern vorlegen, damit es zu günstigen Reaktionen kommt (die er dann verstärken kann)?', denkt man jetzt vom Schüler her: Was kann der Schüler tun, in welcher Richtung kann er aktiv werden (oder: in welche Richtung muß seine Aktivität gelenkt werden), wenn er zu einer Einsicht kommen soll?" (KUBLI 1980, 357). Von dieser Fragestellung aus verliert das oktroyierte Lehren an Bedeutung (vgl. ROGERS 1979, 104, 152; PIAGET 1974, 113 f., 125 ff.) zugunsten des selbständigen, aktiven Lernens der Individuen. Aus entwicklungspsychologischer Sicht hat PIAGET darauf hingewiesen, daß sich die Veränderung der kognitiven strukturellen Niveaus außerhalb des Labors und außerhalb der Schulräume vollziehen und vielmehr in der spontanen Erfahrung des Kindes begründet sind (vgl. MONTADA 1970, 27 f.). Daraus folgt, daß schulische Lernprozesse von bestimmten Strukturen des kindlichen Denkens auszugehen haben, um durch entwicklungsadäquate Aufgaben selbständige Aktivitäten zu mobilisieren, damit der Lernende sowohl auf intellektueller als auch auf moralischer Ebene sich selbst "aufbauen" kann (vgl. PIAGET 1974, 125 ff.). Über das Vorliegen einiger allgemeiner Prinzipien über die Gestalt eines entwicklungsfördernden Unterrichts hinaus (wie z.B. Offenheit, "forschendes Lernen", "signifikantes Lernen"), gibt es allerdings keine entwicklungsangemessene Curriculum-, Unterrichts- und Schulorganisationstheorie. Einer konsequenten Planung der schulischen Bildungsprozesse als Entwicklungsprozesse stehen auch nach wie vor strukturelle bildungsorganisatorische Hindernisse und wissenschaftsinterne Traditionen entgegen (vgl. EDELSTEIN 1980, 340 ff.; BECKER 1980, 327; HENECKA/WÖHLER 1978, insbes. 74 ff.). Somit kam es im Rahmen des organismischen Weltbildes zu Lernkonzepten, die ihr Ziel zwar vorwiegend im Aufbau von kognitiven Strukturen sahen, den Organismus aber auf die intellektuelle Dimension (d.h. auf Denkprozesse) beschränkten oder wie ROGERS formuliert: auf Lernen, "das 'vom Hals ab aufwärts' stattfindet" (a.a.O., 12). Auch in der Berufs- und Wirtschaftspädagogik finden kognitionsorientierte Lernmethoden zunehmend an Bedeutung (vgl. TÜMMERS 1980). Im didaktischen Zentrum steht hier die Vermittlung von analytischem und produktivem Denken mittels Problemaufgaben, vor allem mit solchen Inhalten, die auf mathematisch-logische Größen reduziert werden können. Durch die Umorganisation von Wissen, Regeln und Fakten im kognitiven System eines Individuums, durch die die Lösung der Problemstellung erreicht werden soll, vollziehen sich neue Erkenntnisse. Dabei wird betont, daß das problemlösende Denken Wissen und Verstehen von Fakten und Regeln bereits voraussetzt (vgl. TÜMMERS 1980, 9). Wie es aber zu der Genese der a priori gesetzten Wissens- und Kenntnisstrukturen gekommen ist, wird dabei nicht reflektiert. Wir gehen zunächst mit PIAGET davon aus, daß sich die Wissens- und Denkstrukturen aus verinnerlichten Handlungen aufbauen, diese aber nicht zu Universalien des Denkens führen, sondern "bereichsspezifisch" (SEILER), d.h. handlungsraumbezogen bleiben, und sich durch Wechselbeziehungen mit der Bezugswelt konstituieren und modifizieren. Dies erfordert aber ein allgemeines Modell, welches die soziale und geistige Entwicklung des Menschen als ein Produkt wechselseitiger Interaktionsprozesse mit sich verändernden Umweltsystemen (z.B. sozialer, kultureller, historischer Art) darstellen kann. Dies führt uns zu einem neuen Weltbild, dem Person-Umwelt-Modell.

2.4 Grundlage eines Handlungskonzeptes auf der Basis einer dialektischen Person-Umwelt-Beziehung

In den beiden vorstehend skizzierten Modellen werden zwar Organismus-Umwelt-Beziehungen betrachtet, doch ist primär die interessierende Größe der Mensch, dem "Umwelt" stets nur gegenübergestellt wird. Selbst die Wechselwirkungsprozesse bei PIAGET (Assimilation und Akkomodation) zwischen Individuum und Umwelt bleiben zentriert auf das Individuum: Der "Rekonstruktion" von Wirklichkeit im Subjekt gilt das alleinige Interesse. Die Veränderung bzw. die aktive "Schaffung" von Umwelt wird jedoch nicht erklärt. Das mechanische und das organismische Modell bleiben somit ahistorisch, weil sie die Veränderungen der Umweltbedingungen, unter denen sich die Entwicklung von Individuen vollzieht, nicht berücksichtigen (vgl. LOOFT 1979, 357 ff.; ECKENSBERGER 1978, 56 f.; ders. 1979, 276 ff.). Gesucht wird also ein "echtes Wechselwirkungsmodell", das einerseits den Aufbau und die Veränderung individueller Strukturen und andererseits die Herstellung von materieller und sozialer Umwelt gleichzeitig erklären kann. Diese Fragestellung führt zum ökologischen Denkmodell, dessen zentrales Merkmal ECKENSBERGER (1978, 54) wie folgt charakterisiert:

"Eine Organismus-Umwelt-Gegenüberstellung wird soweit als möglich aufgehoben, indem man beide Phänomene in einem Denkmodell abbildet, also Organismus-Umwelt-Verknüpfungen sowohl praktisch-technisch als auch erkenntnistheoretisch als die eigentliche Analyseeinheit ansieht und möglichst nie eines ohne das andere 'denkt' und auch nicht mehr versucht, den Organismus einerseits und die Umwelt andererseits als zwei getrennte Gegebenheiten aufzufassen, die man erst in einem zweiten Schritt aufeinander bezieht."

Die gesuchte Analyseeinheit der Organismus-Umwelt-Verknüpfung sieht ECKENSBERGER (vgl. 1978, 68 ff.; 1979, 279 f.) in Anlehnung an BOESCH (1971; 1976) in der Handlung und bezeichnet diesen Verknüpfungstyp sowohl als "relativistische" (a.a.O., 1979, 279; vgl. auch LOOFT 1979, 358) als auch als "dialektische" (ECKENSBERGER/SILBEREISEN 1980, 39) Verknüpfung von

Umwelt und Individuum. Die diesem Ansatz zugrundeliegende Metapher ist das "reflexive Menschenbild", d.h. jene Modellvorstellung vom Menschen, "der potentiell reflektiv ist (sich selbst als in einer Situation befindlich denken kann) und der intentional auf die Umwelt bezogen handelt" (a.a.O., 24, 39).

Dieser Denkansatz ist nicht neu. Bereits in der materialistischen Psychologie wurde das zweigliedrige Schema (Objektwirkung → Zustandsveränderung des Subjekts), dessen philosophische Grundlage der Dualismus von Geist und Materie darstellte, überwunden. Auch hier steht das Interaktionsmodell von Subjekt und Objekt im Vordergrund:

"Wer demnach die Notwendigkeit des Entstehens, der Weiterentwicklung und der Veränderung des Psychischen begreifen will, sollte nicht von der Organisation des Subjekts an sich und auch nicht von der losgelöst vom Subjekt betrachteten Wirklichkeit, der Umwelt, ausgehen, sondern mit der Analyse des Prozesses beginnen, der beides real miteinander verbindet." (LEONTJEW, A.N. 1980, 21).

Das entscheidende Bindeglied stellt für LEONTJEW die Tätigkeit des Organismus dar (vgl. a.a.O., 33). In der dialektisch und historisch-materialistischen Erkenntnistheorie stellt die Tätigkeit eine gegenständliche Aktivität dar, mit der sich der Mensch aktiv die Wirklichkeit aneignet. Durch die äußere praktische Tätigkeit wird die geistige Tätigkeit, das Denken, ausgebildet, wobei letztere die weiteren neuen äußeren Tätigkeiten modifiziert und steuert.

Auf den Tätigkeits- sowie den Regulationsaspekt werden wir später zurückkommen. Nachstehend soll zunächst die metatheoretische Modellvorstellung für unser Lern- und Erkenntnisverständnis präzisiert werden.

2.4.1 Das "epistemologische Subjektmodell" als Kennzeichen eines Handlungsansatzes

Als allgemeines Kennzeichen einer dialektischen Person-Umwelt-Beziehung wurde die Handlung/Tätigkeit herausgestellt. Sowohl die Umwelt oder Ausschnitte aus ihr, als auch das Individuum sind a priori Teil der Handlung und existieren daher nur in ihrer funktionellen Verknüpfung: "Das Individuum setzt die Handlung in Gang, es sorgt für Handlungsregulationen; die Effekte der Handlung wirken einerseits auf das Subjekt zurück, andererseits sind sie bezogen auf Gegenstände und andere Personen; Handlungen finden statt in Raum und Zeit. 'Bedeutung der Umwelt' (Umwelttaxonomie) wird hier erst durch den Bezug zur Handlung selbst bestimmbar" (ECKENSBERGER 1979, 28O). Aus diesem handlungstheoretischen Zusammenhang lassen sich insbesondere drei Prämissen ableiten, die die Kernannahmen für ein neues Paradigma in den Erziehungswissenschaften sein könnten, das in Anlehnung an GROEBEN (GROEBEN/SCHEELE 1977, 22 ff., insbes. auch 98 ff.) als "epistemologisches Subjektmodell" bezeichnet werden soll:

- Dem Erkenntnissubjekt wird sowohl Reflexivität als auch Intentionalität zugestanden, d.h. Akzeptierung des denkenden und handelnden Menschen. Das reflexive Subjekt prüft durch sein Handeln seine impliziten Hypothesen, die es durch seine "Alltagstheorien" gebildet hat.

- Aufgabe der Trennung von erkennendem Subjekt und Objekt. Die "Rekonstruktion der Wirklichkeit im Subjekt" erfolgt in Wechselwirkung mit der "Konstruktion der Wirklichkeit selbst" (ECKENSBERGER 1979, 28o).

- Lösung von einem ausschließlich an den Naturwissenschaften orientierten wissenschaftlichen Rationalitätsbegriffs, da Handlungen Gründe bzw. Motive als Ausgangspunkt haben, die möglicherweise nicht deduktiv-nomologisch erklärbar sind, sondern "nur" zu verstehen sind (vgl. hierzu z.B. WERBIK 1978, 32 ff.).

Dieses Subjektmodell, mit seinen anthropologischen Prämissen, läßt die derzeitige Organisation des schulischen Lernens fraglich werden. Das Modell impliziert nämlich, daß das Individuum mit einer planvoll-bewußten, kognitiven Aktivität seiner Umwelt gegenübertritt und aufgrund seines Handelns Erfahrungen sammelt, auf denen sich sein Wissen summiert und mit dem es die Umwelt verändert. Damit wird nicht nur die Frage nach der Struktur von Denken, sondern auch nach den Inhalten des Alltagsdenkens/der Kognitionssysteme relevant (vgl. GROEBEN/SCHEELE 1977, 23).

2.4.2 Vorüberlegungen für die Konstruktion von Lernprozessen auf handlungstheoretischer Basis

Auf handlungstheoretischer Basis ist Persönlichkeitsentwicklung als lebenslanger Prozeß der Veränderung in Abhängigkeit von der Umwelt zu interpretieren und kann allgemein als Sozialisation definiert werden (vgl. GYLDENFELDT 1981, 11; GEULEN 1981, 58). Der Begriff "Sozialisation" signalisiert eine Überwindung der traditionell biologisch orientierten Entwicklungslehren, die sich insbesondere mit den Phasen der Kindheit und der Pubertät beschäftigten und die durch verschiedene Stufentheorien verstärkt, von der irrigen Annahme ausgingen, daß die mittlere und spätere Lebensspanne eine Zeit geringer intraindividueller Veränderung sei. Die Erweiterung der herkömmlichen entwicklungspsychologischen oder pädagogischen Fragestellung durch den Terminus "Sozialisation" kann mit GEULEN (vgl. 1981, 57) vor allem durch drei Annahmen deutlich gemacht werden:

1. Menschliche Entwicklungsprozesse sind nicht mehr ausschließlich normativ-postulatorisch, sondern erfahrungswissenschaftlich zu betrachten.
2. Entwicklung erstreckt sich nicht nur auf der Ebene des Bewußtseins, sondern prinzipiell auch auf unbewußte Per-

sönlichkeitsbereiche.

3. Die Bedingungen von Entwicklungsprozessen umfassen prinzipiell die Totalität der gesellschaftlichen Realität und deren Aneignung, d.h. ihrer jeweiligen subjektiven Verarbeitung, und lassen sich nicht auf intendiertes Lehren beschränken.

Die Erweiterung des Verständnisses von menschlicher Entwicklung als Sozialisation bedingt, daß theoretisch-analytisch zunächst von zwei Kontexten auszugehen ist: a) Von einem ökologischen bzw. soziologischen Kontext, sowie b) von einem psychologischen Kontext. In einem zweiten Schritt sind diese Bereiche dann aufeinander zu beziehen, so daß analysiert werden kann, welche Einflüsse die Umweltsysteme (z.B. Familie, Ausbildungs- bzw. Arbeitsplatz, Peer-Groups usw.) bzw. eine konkrete "Entwicklungsaufgabe" (z.B. Entscheidung für einen Ausbildungs- oder Arbeitsplatz, Berufs- oder Schulwechsel, arbeitslos zu werden, zu heiraten usw.) auf bestimmte Persönlichkeitsvariablen ausüben, d.h. wie Erfahrungen verarbeitet und zu Strukturmomenten der Persönlichkeit werden. Nun sind aber bei dem gegenwärtigen Kenntnisstand in beiden Kontexten noch erhebliche Probleme und Forschungslücken festzustellen.

Für den Umweltbereich wurden erst in jüngster Zeit erste allgemeine theoretische Aussagen zur Ökologie menschlicher Entwicklung (vgl. BRONFENBRENNER 1981) bzw. spezifischere ökologische Modelle zur Entwicklung bestimmter Persönlichkeitsmerkmale (vgl. OERTER 1979 a; OERTER/DREHER/DREHER 1977) vorgelegt, die noch weitgehendst empirisch zu überprüfen sind. Liegen dagegen empirische Untersuchungen vor, wie z.B. zum Sozialisationspotential beruflicher Arbeit (vgl. z.B. KOHN 1981), die ebenfalls erst in den letzten Jahren vorgenommen wurden, so lassen diese ein holistisches, theoretisches Konzept zur Persönlichkeitsentwicklung vermissen. Diese Untersuchungen bleiben daher aus handlungstheoretischer Sicht zumindest in zweifacher Hinsicht unzureichend: Erstens werden die Auswirkungen nichtsozialer Umweltaspekte, zu denen insbesondere die Modalitäten der konkreten Tätigkeiten gehören, mit denen die Beteiligten befaßt sind, kaum beachtet; zweitens wird Umwelt auf den untersuchungsrelevanten Lebensbereich eingeschränkt. So vernachlässigen die Untersuchungen, daß sich menschliche Persönlichkeitsentwicklung immer gleichzeitig auch in verschiedenen Lebensbereichen (z.B. Arbeit, Familie, Freizeit) vollzieht und mögliche negative Entwicklungschancen in einem Bereich (z.B. Arbeit) durch positive Entwicklungschancen in einem anderen Bereich (z.B. Freizeit) durchaus kompensiert werden können. BRONFENBRENNER hat nach unserer Kenntnis bisher das umfassendste und komplexeste theoretische Modell für menschliche "Entwicklung im ökologischen Kontext" ausgearbeitet und dabei die Umweltgröße ausdifferenziert. Umwelt wird als ein Komplex ineinandergeschachtelter, vielfältig zusammenhängender und untereinander eingebetteter Strukturen konzeptualisiert (vgl. a.a.O., 24, 38). Diese Strukturen umfassen Mikrosysteme (unmittelbare Lebensbereiche, wie z.B. Elternhaus, Schule, Arbeit, Bekanntenkreis), Mesosysteme (die Wechselbeziehungen zwischen solchen unmittelbaren Lebensbereichen, an denen die sich entwickelnde Person aktiv beteiligt ist), Exosysteme (einen oder mehrere Lebensbereiche, an denen die sich entwickelnde Person nicht selbst beteiligt ist, von denen sie aber beeinflußt wird, wie z.B. Einflüsse der Berufsbedingungen der Eltern auf die kindliche Entwicklung) und das Makrosystem (Kultur einschließlich der ihnen zugrundeliegenden Weltanschauungen und Ideologien, in denen alle Systeme eingebettet sind und von denen aus die anderen Systeme konstruiert werden).

Eine solche ganzheitliche Erfassung und Beschreibung menschlicher Umweltkontexte kann und soll hier nicht geleistet werden. Mit Blick auf berufliche Lernprozesse zielen wir auf die Mikrosysteme des dualen Systems, nämlich "Betrieb" und "Schule". Von daher schränken auch wir Umwelt auf diese Lebensbereiche ein. Nach BRONFENBRENNER (vgl. 1981, 38 ff., 60 ff., 71 ff., 95 ff.) sind die entwicklungsdominierenden Elemente eines Mikrosystems die konkreten Aktivitäten (= Tätigkeiten), zwischenmenschliche Beziehungen und eingenommene Rollen. Dies bedeutet, daß ein rollen- und interaktionstheoretisches Erklärungsmuster, das berufliche Sozialisation vorwiegend über soziale Interaktionsbeziehungen mit anderen Personen bzw. Personengruppen erklärt (vgl. z.B. ULLRICH 1978, VOIGT 1977, 99 ff.) als nicht ausreichend angesehen werden muß, weil es die gegenständliche Auseinandersetzung mit physischen Dingen in der Berufsausbildung und deren Handlungsstruktur weitgehend ausblendet. Berufliche Sozialisation aus handlungspsychologischer Sicht umfaßt sowohl die Internalisation von Werten und Normen durch vorwiegend soziale Prozesse, als auch die Entwicklung individueller Handlungs- und Denkstrukturen aufgrund von Aktionen mit physischen Dingen und Sachen, wobei durch das praktische Handeln und deren Anforderungen kognitive Strukturen aufgebaut und elaboriert werden, um die Handlung zu leiten (vgl. VOLPERT 1979, 30). Denn Motorik allein bewirkt nichts, erst gesteuertes und kontrolliertes Tun führt zum Ziel.

Aus dem psychologischen Kontext eines Handlungsansatzes ergibt sich das Problem der Spezifizierung des Begriffs "Persönlichkeit", d.h. welche Persönlichkeitsvariablen im einzelnen anzusetzen sind. Dieses Problem der Kategorienbildung zur Beschreibung von "Persönlichkeit" konnte bisher im Rahmen der Sozialisationstheorie nicht gelöst werden (vgl. GEULEN 1981, 58 ff.). Wird handlungstheoretisch davon ausgegangen, daß die sich entwickelnde Person mittels ihrer Tätigkeiten/Handlungen ihre Umwelt erkennt, sie auf einem nach Form und Inhalt ähnlichem komplexen Niveau verarbeitet, wobei die Person ständig differenziertere und verläßlichere Vorstellungen über ihre Umwelt erwirbt (vgl. BRONFENBRENNER 1981, 44), können u.E. zwei zentrale Kategorien zur Beschreibung von "Persönlichkeit" herangezogen werden: a) Handlungsfähigkeit und b) Identität.

Handlungsfähigkeit beinhaltet die subjektiven Voraussetzungen für die selbständige Lebensbewältigung. Dies setzt nicht nur entsprechendes Wissen und Können voraus, sondern auch die Auseinandersetzung mit gesellschaftlichen An- und Aufforderungen. Aufgrund der dialektischen Person-Umwelt-Beziehung wäre es aber falsch, Handlungskompetenz unabhängig von objektiven Gegebenheiten zu betrachten, weil die Strukturen der Umwelten ihr Gegenstück in den Strukturen des handelnden und sich entwickelnden Menschen haben (vgl. LEMPERT 1978, 448; BRONFENBRENNER 1981, 44; AEBLI 1981, 354). In der kritischen sozialwissenschaftlichen Literatur wird im allgemeinen darauf hingewiesen, daß in der kapitalistischen Gesellschaft keine "optimalen Voraussetzungen" für die handelnde Lebensbewältigung und damit der Persönlichkeitsentwicklung gegeben sind. Wegen den aus den ökonomischen Verhältnissen resultierenden Fremdbestimmungen sei der Mensch mit wesentlich eingegrenzten Handlungsspielräumen konfrontiert, weshalb HOLZKAMP-OSTERKAMP (1976, 79) von "relativer Handlungsfähigkeit" sprechen. Die Kategorie "Handlungsfähigkeit" werden wir später in die beiden Zielsetzungen beruflicher Bildungsprozesse (Berufliche Tüchtigkeit und politische Mündigkeit) ausdifferenzieren, wobei der historisch-gesellschaftliche Aspekt der Handlungsfähigkeit in unserem Zusammenhang in Form der Rationalisierung im Büro- und Verwaltungsbereich aufgrund der modernen Bürotechnik relevant wird.

Die menschliche Identität besteht ganz allgemein aus dem Selbstbild einer Person bzw. ist deren Selbstdefinition. Sie kann deshalb als die Gesamtheit eigener Qualitäten aufgefaßt werden, denen sich ein Erwachsener bewußt ist (vgl. WHITBOURNE/WEINSTOCK 1982, 30). Die sozialisationstheoretische Relevanz dieses Begriffes hängt einerseits ab von dem faktischen Handeln eines Menschen in seinen Lebenszusammenhängen, womit sich zugleich eine Aneignung von Wirklichkeit vollzieht, und andererseits von "den Zuschreibungen von Identität ("sozialer Identität") durch signifikante andere in alltäglichen, weitgehend gesellschaftlich vorbestimmten Handlungskontexten" (GEULEN 1981, 61 f.; vgl. auch HOCHSTRASSER 1981, 144). Die Identität beeinflußt in hohem Maße die Wahrnehmung als auch die Handlungsziele, weil oft nur das wahrgenommen bzw. realisiert wird, was mit den eigenen Bedürfnissen, Wünschen und Interessen, also dem Selbstkonzept, übereinstimmt. Identitätsveränderungen werden im allgemeinen als Ergebnis eines Differenzierungsprozesses von Identitätskomponenten - Fähigkeiten, Motive, Ziele, Einstellungen und Werthaltungen sowie soziale Rollen - aufgefaßt (vgl. WHITBOURNE/WEINSTOCK 1982, 30 ff., 43 f.).

Im folgenden werden wir die Identität bzw. Identitätsveränderungen auf kognitive Prozesse einschränken, weil letztlich alle Identitätskomponenten von kognitiven Prozessen beeinflußt werden. Der Begriff "Kognition" soll die Art und Weise umfassen, wie Menschen ihre Lebenswelt begreifen, wie sie Informationen aufnehmen und verarbeiten, und wie sie sich an sie erinnern. Kognitive Prozesse sollen den Differenzierungsvorgang bezeichnen, d.h. die aktive interne Strukturierung von Wahrnehmungen, Handlungen, Problemen, wie sie ein Individuum vollbringt. Diesen Differenzierungsvorgang, der zu immer feineren und verläßlicheren Vorstellungen über die Umwelt einer Person führt, bezeichnen wir als Lernen; die Summe der Lernprozesse eines Individuums dagegen als Entwicklung. Die zunehmend differenzierteren Vorstellungen über die Umwelt führen intern zu einem kognitiven Strukturaufbau und -ausbau, weshalb hier auch von strukturellem Lernen gesprochen werden kann. Es wird zu zeigen sein, daß sich strukturelles Lernen insbesondere durch konkrete Tätigkeiten/Handlungen vorbereiten und unterstützen läßt. Von besonderer Bedeutung ist dabei, daß die kognitiven Strukturierungen eines Individuums in hohem Maße von den semantischen Strukturen des Alltagsbewußtseins geprägt sind.

3. Konkretisierung der Handlungs- bzw. Tätigkeitstheorie

3.1 Der Handlungs- bzw. Tätigkeitsaspekt vor dem Hintergrund zweier psychologischer Entwicklungstraditionen

Im allgemeinen Person-Umwelt-Modell wurde als Bindeglied zwischen Individuum und Umwelt sowohl die "Handlung" als auch die "Tätigkeit" herausgestellt. Während die Begriffe für diesen Verknüpfungszusammenhang durchaus zunächst als synonym angesehen werden können, verbergen sich doch hinter ihnen unterschiedliche psychologische Entwicklungstraditionen: vor allem die der angloamerikanischen und der sowjetischen, osteuropäischen Psychologie.

Grundlegend für die beiden psychologischen Entwicklungsrichtungen scheint zur Zeit das Definitionsproblem der Begriffe "Handlung" und "Tätigkeit" zu sein. Betrachtet man Wörterbuchdefinitionen, so erscheinen kaum inhaltliche Unterschiede:

In der Brockhaus-Enzyklopädie (1969, 132) heißt es:

> "Handeln, Handlung: im allgemeinen Sinne jedes tätige Verhalten, im engeren Sinne jedoch nur das bewußte, zielgerichtete, willentliche, menschliche Tun, das auf Gestaltung der Wirklichkeit gerichtet ist."

In der Großen Sowjetenzyklopädie (zit. nach JUDIN 1977, 293) heißt es:

> "Tätigkeit ist die spezifisch menschliche Form des aktiven Verhaltens zur Umwelt; Inhalt der Tätigkeit ist die zielstrebige Veränderung und Umgestaltung dieser Welt."

Diese Definitionen zeichnen sich durch ihre Universalität aus. Wer aber nach fachspezifischen Verwendungen der Begriffe sucht, der findet bald so viele unterschiedliche Definitionen wie Vorstellungen von den Begriffen vorhanden sind. So konstatiert z.B. THOMAS nach einem kurzen Überblick über handlungspsychologische Ansätze, daß es schwierig ist, "einen einheitlichen Handlungsbegriff und eine verbindliche Auffassung von dem, was Handlung ausmacht, zu finden" (THOMAS 1976, 7); und SAGATOWSKI (1979, 81) resümiert: "In der Tat gibt es in der sowjetischen Literatur keine allgemein anerkannte Definition des Begriffs 'Tätigkeit'".

Bevor wir für unseren Zusammenhang begriffliche Präzisierungen vornehmen, wollen wir zunächst in groben Zügen die Entwicklungslinien der beiden psychologischen Richtungen skizzieren, um zu zeigen, daß sich heute die handlungsorientierte Richtung innerhalb der Psychologie in ihren Grundannahmen prinzipiell nicht mehr von der materialistischen Psychologie unterscheidet, so daß es im weiteren Verlauf unserer Arbeit gerechtfertigt ist, Erkenntnisse und Ergebnisse aus beiden Richtungen in unseren Ansatz aufzunehmen. Damit soll eventuellen Vorwürfen begegnet werden, daß unsere Argumentation sich auf zwei unterschiedliche paradigmatische Konzeptionen stütze und von daher logisch nicht haltbar sei. Desweiteren wollen wir mit den folgenden Überlegungen eine Ausgangsposition für die Konkretisierung des "epistemologischen Subjektmodells" schaffen, von wo aus mögliche handlungstheoretische Ableitungen auf berufliche Lernprozesse vorgenommen werden können.

3.2 SKIZZIERUNG DER ENTWICKLUNGSLINIE DER KOGNITIVEN HANDLUNGS- UND WISSENSTHEORIE

3.2.1 DIE SYSTEMTHEORETISCHE PERSPEKTIVE DES HANDELNS
(Ansatz von MILLER/GALANTER/PRIBRAM)

Die Entwicklungsetappen psychologischer Theorienbildung können gewissermaßen an dem jeweils charakteristischen Grundbegriff "behavior", "Kognition", "Handlung" festgemacht werden. Ausgangspunkt war die Abkehr von behavioristischen Grundauffassungen. Es wurde von der "kognitiven Wende" gesprochen, die insbesondere durch das Werk von MILLER/GALANTER/PRIBRAM (deutsch: 1973) eingeleitet wurde. Die zentrale Fragestellung der Autoren war der Versuch, das "theoretische Vakuum" zwischen Kognition und Aktion zu überwinden (a.a.O., 20). Dazu nahmen sie den Gedanken der Hypothesenprüfung, der vorher im Buch von BRUNER "A study of thinking", das 1956 erschienen war, auf, und legten ihn der entwickelten TOTE-Einheit (d.h. die Handlungen (Operationen) werden solange ausgeführt, bis die Prüfungen (Tests) ein befriedigendes Resultat (Exit) ergeben haben) zugrunde, wobei sich der Mensch als rational, hypothesenprüfender Akteur darstellt. Damit stellen die Autoren den aus der Kybernetik bekannten Rückkoppelungskreis anstelle des einfachen Reflexes.

"Unsere Argumentationsweise nähert sich nun der Auslegung, welche die 'kybernetische Hypothese' genannt wird. Demnach ist der Rückkoppelungskreis der grundlegende Baustein des Nervensystems." (MILLER/GALANTER/PRIBRAM 1973, 34).

Neben dem Rückkoppelungskreis wird betont, daß der Handlungsprozeß selbst hierarchisch organisiert ist. "Ein Leitgedanke dieses Buches besagt, daß die Handlungskomponente der TOTE-Einheit selber auch wieder TOTE-Einheiten sind" (a.a.O., 39). Der Aufbau eines hierarchischen Handlungsplanes wird am Beispiel des Nagel-Einschlagens dargestellt (vgl. Abb. 2). Komplexere Pläne werden demnach als eine Abfolge ineinanderverschachtelter TOTE-Einheiten aufgefaßt, d.h. Handeln entpuppt sich als ein hierarchisch ausdifferenzierter Prozeß von Zielen in Teilzielen und damit von Handlungsplänen in Teilhandlungsplänen bis hinunter zu einfachen Bewegungsabläufen (vgl. Kap. 4.4.1). MILLER/GALANTER/PRIBRAM weisen bereits darauf hin, daß der Mensch durch seine Fähigkeiten, Symbole zu schaffen und zu verändern, in die Lage versetzt wird, neue Pläne zu bilden bzw. sie anders anzuordnen. Gerade die sprachlichen Fähigkeiten eines Menschen sind eng mit seinen Planungsfähigkeiten verknüpft (vgl. a.a.O., 44). Wie sich allerdings diese Fähigkeiten in der individuellen Genese entwickeln und ausdifferenzieren, zeigen die Autoren nicht.

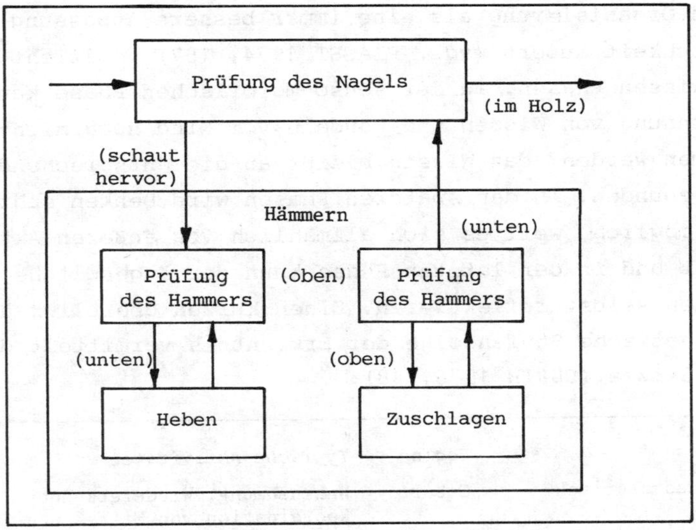

Abb. 2: Der hierarchische Plan für das Nageleinschlagen (nach MILLER/GALANTER/PRIBRAM 1973, 42)

3.2.2 "WIRKLICHKEIT" ALS KONSTRUKTION DES HANDELNDEN SUBJEKTS (Ansatz von PIAGET)

Weitere wichtige Entwicklungsphasen stellten die Aufarbeitung der PIAGET'schen Theorie sowie die Beiträge der Linguisten zu den Organisationsmodellen der Gedächtnisinhalte dar. Der PIAGET'sche Ansatz ist vor allem eine genetische Erkenntnistheorie, die von einem aktiven Erkenntnisprozeß durch das Subjekt ausgeht, welcher auf eine zweifache Adaption ausgerichtet ist:

- der Assimilation, d.h. Objekte werden in kognitive Schemata eingefügt;
- der Akkomodation, d.h. die Anpassung des kognitiven Schemas in bezug auf die Umwelterfahrung.

Diese geistige Entwicklung, die sich mithin in ihrer zunehmenden Organisierung als eine immer bessere Anpassung an die Wirklichkeit äußert (vgl. PIAGET 1974, 157) vollzieht sich in gewissen Phasen. In der senso-motorischen Phase kann eine Trennung von Wissen und Handeln vom Kind noch nicht vorgenommen werden; das Wissen bleibt an die entsprechende Handlung gebunden. In den späteren Phasen wird Denken schrittweise möglich, weil es sich allmählich von äußeren Aktionen loslöst und in der letzten Phase kann der Jugendliche Operationen selbst reflektieren. Einen kurzen Überblick über die genetische Stufenfolge der Erkenntnis vermittelt die folgende Skizze (FURTH 1976, 48):

Phase	*Beginn*	*Typische Aktivitäten*
sensomotorisch	Geburt	Wahrnehmung, Wiedererkennen, Koordination von Mittel und Zweck
prä-operational	1 - 2	Verständnis funktionaler Beziehungen, symbolisches Spiel
konkret-operational	6 - 7	invariante Strukturen von Klassen, Relationen, Zahlen
formal-operational	11 - 13	urteilendes und hypothetisches Denken

Die Grundthese PIAGET's besagt, daß das Denken (Problemlösen, Begriffsbildung) unter dem Aspekt der Operationen zu sehen ist. Operationen sind interiorisierte Handlungen, die sich entwicklungspsychologisch jeweils auf einer anderen Stufe von der tatsächlich ausgeführten Phase entfernen. Damit richtet sich die genetische Epistemologie PIAGET's gegen den sensualistisch-empiristischen Standpunkt, der den Zusammenhang zwischen Subjekt und Realität als Abbild (Abbildtheorie) auffaßt. Nach PIAGET ist die Wirklichkeit eine Konstruktion des Subjekts durch sensomotorische und intellektuelle Aktivität. Da die Dinge erst mit Hilfe der Schemata konstruiert werden, kann es Erkenntnisse nur insoweit geben, als Assimilationsschemata sie vermitteln (vgl. MONTADA 1970, 33). Erkenntnisgewinn resultiert nur aus der Möglichkeit zur Erfahrungsaufnahme. Die Funktion der Erfahrung beruht auf allen

Entwicklungsstufen darauf, die kognitiven Strukturen (Schemata) zu verifizieren bzw. zu falsifizieren (vgl. Abb. 3).

Funktionen der Erfahrungsaufnahme

Empiristen:	*Piaget:*
- Abbilden der Wirklichkeit - primäre Rolle für die Vermittlung von Kenntnissen über die Wirklichkeit	- Konstruktion von Wirklichkeit mit Hilfe der Assimilationsschemata - Veränderung der Schemata durch die Möglichkeit zu scheitern

Abb. 3: Interpretationen über die Bedeutung der Erfahrungsaufnahme

PIAGET beschäftigte sich hauptsächlich mit logisch-strukturalistischen Analysen von Denkprozessen. Lernprozesse in seiner Theorie bestehen in einer Veränderung der Ausgangsstrukturen (-schemata). Da sich die kognitiven Strukturen durch die genetische Entwicklung verändern und dabei auf "notwendigen Entwicklungspfaden" (PIAGET) verlaufen, nimmt PIAGET gegenüber pädagogischen Vermittlungsbemühungen eine sehr skeptische Haltung ein.

"Piaget bindet in gewisser Weise dem Lernforscher und dem Didaktiker die Hände. Alles, was an Entwicklungsveränderungen geschieht, geschieht außerhalb des Laboratoriums und außerhalb der Schulklasse. Der Psychologe und der Lehrer müssen warten, bis sich eine bestimmte Struktur in der spontanen Erfahrung des Kindes gebildet hat, die dann zu diagnostizieren und pädagogisch zu nutzen ist. Piaget rät also dem Lehrer zu warten, bis sich ein Verhalten entwickelt hat." (MONTADA 1970, 28).

Insbesondere bleibt hier festzuhalten:

a) Die eigene empirische Erfahrung stellt ein wichtiges Erklärungsmoment bei der kognitiven Entwicklung dar.

b) Im Verlauf der Ontogenese setzt in der PIAGET'schen Epistemologie eine aufkeimende Denktätigkeit ein, die auf sich selbst gerichtet ist und die zu neuen Strukturierungen führt. Diese zweite Erfahrungsquelle im Ansatz von PIAGET kann ebenfalls Veränderungen der Assimilationsschemata bewirken, ohne daß eine direkte Befragung der Wirklichkeit zustande zu kommen braucht (vgl. Kap. 3.2.4).

PIAGET zeigte, daß Handlungs- und Denkstrukturen subjektive Konstruktionsprozesse sind. Die Frage, wie aber die Konstruktion des Wissens, vor allem des sprachlich-begrifflich gefaßten Wissens, im Gedächtnis sich vollzieht, konnte nur unvollkommen gelöst werden. Die Theorie des semantischen Gedächtnisses, die in den letzten Jahres das Ergebnis verschiedener Forschungen darstellt (z.B. der Aussagenlogik, der "Künstlichen Intelligenz" (Computersimulation), Untersuchungen der Linguisten), verspricht hier weiterzuhelfen. Innerhalb dieses Ansatzes wurde ein technisches Instrumentarium zur Analyse von Wissensstrukturen und von Gedächtnis- und Denkprozessen entwickelt, das im Prinzip auch "zur durchsichtigen Beschreibung von Prozessen des Aufbaus von Strukturen des Handelns und des Denkens im Lernen und in der Entwicklung" geeignet erscheint (AEBLI 1979. 105).

Gerade die Kasus-Grammatik von FILLMORE (1968) machte deutlich, daß die universellen Tiefenstrukturen, die für alle Sprachen charakteristisch sind, semantischer Natur seien. Der Satz "Bernd kauft vom Bäcker ein Brot" ist eine Aussage und enthält mehrere Argumente und ein Prädikat (vgl. Abb. 4).

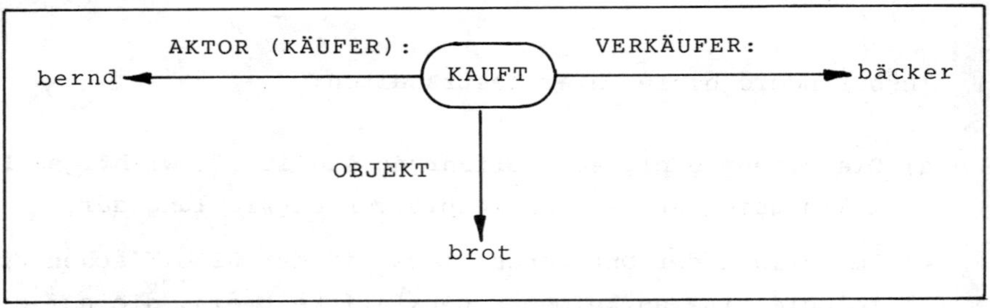

Abb. 4: Netzdarstellung der obigen Aussage. Das Oval enthält das Prädikat der Aussage. In Kleinbuchstaben notiert wurden die Argumente. Ihre Kasus-Rolle ist über dem Pfeil angegeben; sie bilden das Kasusmilieu.

Der Aufbau sprachlich gefaßter Gedächtnisinhalte konstituiert sich somit aus den elementaren Einheiten einer Aussage: aus einem Prädikat und einem oder mehreren Argumenten. Die Bildung von Einheiten höherer Ordnung geschieht durch die kausale Verknüpfung zweier Aussagen, die dann die übergeordnete Aussage darstellt; sie bilden hierarchische Netze.

Diese Deutung sprachlicher Gebilde enthält implizit eine Handlungstheorie. Sie kann unmittelbar zu einer Deutung der Handlung verallgemeinert werden (vgl. AEBLI 1979, 106 f.; ders. 1980, 62 f.):

"Im Zentrum des Satzes steht das Verb. Handlungstheoretiker werden sagen: Der Kern einer Handlung ist das Handlungsschema. Jedes Verb hat seine charakteristischen Leerstellen, es fordert gewisse Kasuspositionen: So auch das Handlungsschema. Die Handlung des Gebens impliziert einen Geber, einen Nehmer und ein gegebenes/genommenes Objekt. Verschiedene individuelle Personen und Objekte können in die Leerstellen eingesetzt werden." (AEBLI 1980, 63).

3.2.3 KOGNITIVE ASPEKTE DES HANDELNS
(Ansatz von AEBLI)

AEBLI's handlungspsychologischer Ansatz bezieht sich - wie der PIAGET'sche Ansatz - auf kognitive Prozesse, d.h. insbesondere darauf, wie man sich den kontinuierlichen entwicklungsbedingten Aufbau der Handlungs-, Wahrnehmungs- und Sprachstrukturen vorzustellen hat. PIAGET war hauptsächlich an nomothetischen Erklärungen über den Entwicklungsfortschritt von Denkprozessen interessiert und betrieb daher größtenteils logische Analysen (vgl. WETZEL 1980, 77). Die Abstraktion von den elementarsten Inhalten und Formen des Erkennens ließen die für den Lernprozeß wichtigen Fragen des "Wie, Wann und Wo" (AEBLI) der psychischen Entwicklungsfortschritte unberücksichtigt. Aus den assimilativen Aktivitäten des Organismus entwickeln sich nach PIAGET die logisch-mathematischen Denkstrukturen, die losgelöst von besonderen Inhalten der

Wirklichkeit zu allgemeinen Erkenntnissen führen. In ihnen sieht PIAGET "das auf der Welt einzigartige Beispiel einer evolutionären Entwicklung ohne Brüche" verwirklicht (PIAGET 1967, 407; zit. nach WETZEL 1980, 71), womit er eine autonome Entwicklung der operatorischen Strukturen annimmt, oder negativ ausgedrückt: In der PIAGET'schen Theorie der kognitiven Entwicklung wird letztlich nicht aufgezeigt, wie und wodurch sich die Strukturen verändern bzw. wie es zur Entwicklung neuer Strukturen kommt (vgl. AEBLI 1980, 10, 218).

AEBLI's Theorie der kognitiven Prozesse geht nicht von der Annahme aus, daß der Aufbau der Denkstrukturen weitgehend den mechanischen und logischen Gesetzen folgt, sondern sich in gewisser Freiheit aus verinnerlichten gegenständlichen Handlungen entwickeln (vgl. AEBLI 1980, 32). Seine Theoriebildung zur Herkunft und Entwicklung des Denkens basiert demnach auf einer pragmatischen Grundhaltung: "Denken geht aus dem Handeln hervor, und es trägt - als echtes, d.h. noch nicht dualistisch pervertiertes Denken - noch grundlegende Züge des Handelns, insbesondere seine Zielgerichtetheit und seine Konstruktivität" (a.a.O., 26).

Konsequenterweise kritisiert AEBLI den Dualismus, dem eine Trennung von Denken und Handeln zu eigen ist und der kaum erklären könnte, wie der Mensch von der wahrnehmenden bzw. der im Geist gedachten Wirklichkeit zur Handlung gelangt. Fehlt aber die Handlung, dann ist das Gedachte kaum zu überprüfen. Denn wo es keine Handlung gibt, "da gibt es keine Bewährung, und wo das Denken handlungsfern verstanden wird, da geschieht es leicht, daß auch die Bewährung des Gedankens, die man die Verifikation nennt, nicht hoch im Kurse steht" (a.a.O., 16).

AEBLI's Kritik richtet sich auch gegen das derzeitige gesellschaftliche Schulsystem, welches gewissermaßen das in den westlichen und östlichen Kulturen tief verwurzelte dualististische Denken zum Ausdruck bringt. "Das Gymnasium repräsentiert in dieser Sicht das Denken und die Berufsbildung das Handeln. Es gibt eine Bildungselite, die für sich den Geist in Anspruch nimmt und die das praktische Tun dem "Volk" zuweist: ein zweitausendjähriges soziales und politisches Denkmuster" (a.a.O., 15).

Wenn sich das Denken kontinuierlich aus dem praktischen Handeln entwickeln soll, muß dieses bereits wesentliche Züge des Denkens enthalten. AEBLI sieht diese Entsprechung

- in einer gemeinsamen Funktion,
- in einer gemeinsamen Zielsetzung und
- in Gemeinsamkeiten der Struktur.

Beim Handeln und Denken werden permanent Beziehungen zwischen den vorgefundenen oder selbst erzeugten Elementen (den Handlungsteilnehmern) gestiftet, darin liegt deren gemeinsame Funktion. Wer z.B. Kaffee kochen will, stellt Beziehungen zwischen den Elementen Kaffeemehl, Filter, Filtertüte, kochendes Wasser und Kanne her. Wer spricht, stiftet Beziehungen zwischen den Bedeutungen der Worte, die er erzeugt. Die Beziehungsstiftung zwischen den Elementen erfolgt jeweils unter einem Ziel, oder anders formuliert: Die hergestellte Beziehung ist zugleich das Ziel von Handeln und Denken. Über das Ziel werden die Beziehungen zwischen den Elementen beim Handeln und Denken in eine Struktur gebracht. Durch die Verwendung der Aussagenlogik innerhalb der Theorie des semantischen Gedächtnisses gelingt es AEBLI die gemeinsame Struktur von Handlungs- und Denkakten deutlich zu machen.

Handeln definiert AEBLI als ein absichtsvolles, zielgeleitetes Verhalten mit einem hohen Bewußtseinsgrad. Der Kern einer Handlung besteht letztlich in der Erzeugung einer Struktur, die sich durch die Stiftung von Beziehungen zwischen den Handlungselementen ergibt. Dieses Streben eines handelnden Menschen nach Ordnung und Struktur setzt sich bei ihm im Denken fort; kurz in der "Zentrierung der Struktur" (a. a.O., 22). Denken wird als eine Metatätigkeit über das konkrete Handeln angesehen. Diese kognitiven Prozesse sind unverzichtbarer Bestandteil einer Handlung. Ihr Ziel ist es, die Struktur des Handlungsablaufs (= Beziehungsstiftung) zu sichern und auszubauen, sowie mögliche Dissonanzen durch die Elaborierung neuer Strukturen des Handelns und Wahrnehmens zu beseitigen. Die dabei sich vollziehende Entwicklung der Kognitionen erfolgt unter zwei voneinander abhängigen Faktoren: unter einem strukturellen und einem medialen. Aus den einfachen praktischen Handlungsstrukturen entwickeln sich differenzierte und elaborierte Denkstrukturen. Dieser strukturelle Ausbau der Kognitionen ist abhängig von der Übersetzung der primären Handlung in abstraktere Medien. Das Denken stellt hier aber keine andere vom Handeln völlig losgelöste Verhaltensform dar, wie es Dualisten bejahen würden, sondern die gegenständliche Handlungsstruktur (= Beziehungsstiftung) wird in medialer Form vergegenwärtigt. Drei unterschiedliche Reflexionsstufen werden unterschieden:

a) Die praktische Handlung wird einfach verinnerlicht und vorstellungsmäßig vollzogen.
b) Die Handlungsgegebenheiten werden durch symbolische Objekte ausgetauscht (z.B. durch Modelle, wie Stadtplan, Skizzen usw.), mit denen dann weiter operiert wird.
c) Die gegenständliche Handlung wird mit Begriffen der natürlichen Sprache oder mit Codes einer Kunstsprache (z.B. der Mathematik) nachkonstruiert.

Der Vorteil des Denkens gegenüber dem Handeln liegt in der Beweglichkeit und Schnelligkeit. "Im innerlichen und abstrakten Probehandeln - im "Operieren" - werden die wesentlichen Beziehungen rascher und sicherer geknüpft. Die Struktursicherung und -verbesserung gelingt eher als in der schwerfälligen, praktischen Handlung" (a.a.O., 23).

Die These, daß das Denken aus dem Handeln hervorgeht, beruht hauptsächlich auf dem Gedanken der "Tiefenstruktur", den AEBLI von den Linguisten übernimmt. Damit erweitert AEBLI den Begriff des PIAGET'schen Handlungsschemas und legt diesen modifizierten Schemagedanken seiner Handlungstheorie zugrunde. Bei PIAGET erfährt das Kleinkind die Welt über Handlungsschemata und in der Folge überträgt das Kind seine erworbenen Handlungsschemata auf neue Gegenstände und erkennt so, welche Handlungen mit diesen ausgeführt werden können und welche nicht. Hierfür verwendet PIAGET den speziellen Begriff der Assimilation, der etwas über das Verhältnis von Handlung und Handlungsgegenstand aussagt. Das Handlungsschema versucht den Gegenstand in sich aufzunehmen (zu assimilieren) und erfährt dabei, ob es sich für die Handlung eignet oder nicht. Es ergibt sich so ein "Passen des Gegenstandes in ein Handlungsschema" (a.a.O., 96 f.): eine Schere eignet sich zum Schneiden, Buntstifte zum Malen und Schreiben, Steine zum Werfen. Wo ein Gegenstand nicht zum Assimilationsschema paßt, kann der Gegenstand als ungeeignet aufgegeben werden, oder das Handlungsschema kann sich dem Gegenstand anpassen (Akkomodation). Das Ziel der Assimilation besteht in der Suche nach Gegenständen, die sich für die beabsichtigte Handlung eignen; das Ergebnis besteht im passenden Einbezug eines Gegenstandes in ein Handlungsschema.

Demgegenüber geht AEBLI von einem Handlungsschema aus, das der Kasus-Grammatik der Linguisten entspricht. Der Handelnde verfügt in seinem Verhaltensrepertoire über ein Handlungsschema, dessen Kern ein bestimmtes strukturelles Wissen darstellt, ein Wissen über die Beziehungen zwischen den Handlungsteilnehmern. Das Handlungsschema "Bernd verkauft an Karl sein Fahrrad" besitzt eine Struktur mit 3 Leerstellen: eine für Bernd, eine für das Fahrrad und eine für Karl. Assimiliert wird hier nicht nur ein Gegenstand, sondern drei Elemente zugleich. Dabei weist das Handlungsschema jedem Element seine spezifische Rolle zu: Bernd die Rolle des Verkäufers, Karl die Rolle des Käufers und dem Fahrrad die Rolle des Verkaufsobjekts. Für die Handlung ist die Rollenzuteilung zentral, sie stiftet zugleich die Beziehungen zwischen den Handlungselementen. Die temporäre oder dauernd aufrechterhaltende Beziehung zwischen den Elementen ist das Handlungsergebnis. Die Handlungsschemata werden im Lern- und Entwicklungsprozeß des Menschen erworben und erweitern sich durch Wiederholungen ständig, indem immer neue Rollen von Teilnehmern an der Handlung und immer neue Beziehungen zwischen den Teilnehmern definiert werden (vgl. a.a.O., 94). Durch die vorgeformte schematische Struktur sind die Handlungsschemata ein Teil des Handlungswissens des Handelnden. Sie machen seine Handlungskompetenz aus. Konkretisiert werden die Handlungsschemata jeweils durch die Einführung der realen Handlungsteilnehmer.

Wie findet der Aktor aber seine Handlungselemente? Denn wer ein Handlungsschema realisieren will, muß prüfen, ob sich die Handlungselemente und -teilnehmer eignen, in der geplanten Handlung die entsprechende Rolle zu spielen. Dies ist das Problem der gezielten Wahrnehmung, d.h. der Beurteilung der Handlungskandidaten. Handlungselemente sind dem Handelnden u.U. durch eine Vielzahl von Merkmalen bekannt, mit denen er in anderen Handlungssituationen erfolgreich operiert hat. Sie sind für ihn Erfahrungsgegenstände. Während der Handelnde zunächst gedanklich die wesentlichen Merkmale eines ihm bekannten Erfahrungsgegenstandes für die geplante Handlung analytisch vorwegnimmt, erwirbt der Gegenstand in der Durchführungsphase der Handlung die neue Eigenschaft dinglich materiell. "In jedem Akt, den wir am Gegenstand erfolgreich vollziehen und mit jedem Vorgang, den wir an ihm beobachten, bereichern wir unser Wissen von ihm durch ein Merkmal" (a.a.O., 133). In Handlungen werden Gegenstände aber nicht nur modifiziert, d.h. die Zahl ihrer Merkmale wird vermehrt, sondern auch Gegenstände erzeugt; sie sind dann das Ergebnis der Handlung (Beispiel: Bau einer Gartenbank).

Von MILLER/GALANTER/PRIBRAM wissen wir, daß sich eine komplexe Handlung durch Teilhandlungen hierarchisch auf ein Ziel hin aufbaut. Diese einzelnen Teilhandlungen stellen nach AEBLI Handlungsschemata dar, die er entsprechend den Theorien semantischer Gedächtnismodelle als propositionelle Gebilde deutet (s.S.62f.).Das zusammenfassende hierarchische Schema (Handlungsziel) kann auch für das Handlungswissen eines Menschen stehen, sofern dieser einen solchen Handlungsablauf auszuführen gelernt hat, und der daher den Gesamtablauf als komplexes Handlungsschema besitzt. Das Handlungswissen enthält das in jeder Handlung implizit enthaltene bestimmte Wissen über die Handlungsobjekte, über die Prozesse, die die einzelnen Schemata auslösen bis zum Ergebnis. Dieses Handlungswissen ist in netzartiger Form im Gedächtnis gespeichert, deren technische Schreibweise hier nicht weiter interessieren soll. Hervorzuheben ist aber, daß AEBLI eine Form der Netzdarstellung vorschlägt, die sowohl abstraktionshierarchische (= kumulatives Wissen) als auch komplexionshierarchische (= echtes bzw. hierarchisches Handlungswissen) Beziehungen deutlich machen kann. Die zwei Arten von Wissensstrukturen werden folgendermaßen unterschieden:

a) Die "einstöckigen" Strukturen, d.h. Netze des kumulativen Wissens, die nicht hierarchisch strukturiert sind. Sie enthalten lediglich eine Anhäufung der Merkmale eines Gegenstandes (vgl. Abb. 5). Es ist ein assoziatives Wissen, ein "enzyklopädisches", das keine Tiefendimension besitzt. Es "ist kein Denken, es ist Gedankenflucht, ..." (AEBLI 1980, 158).

b) Die "hierarchischen" Strukturen, d.h. das echte Handlungswissen. Es ist dadurch charakterisiert, daß es eine Unterordnung von Handlungen gibt, die für die Folgehandlungen die Voraussetzungen liefern (vgl. Abb. 6).

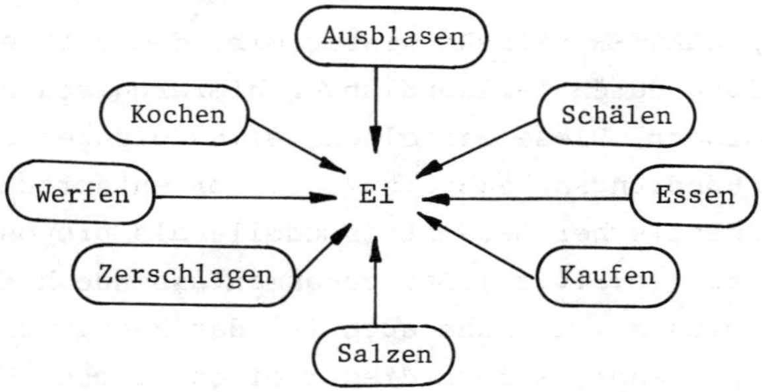

Abb. 5 : Teil eines kumulativen Wissens darüber, was man mit einem Ei tun kann (vgl. AEBLI 1980, 161)

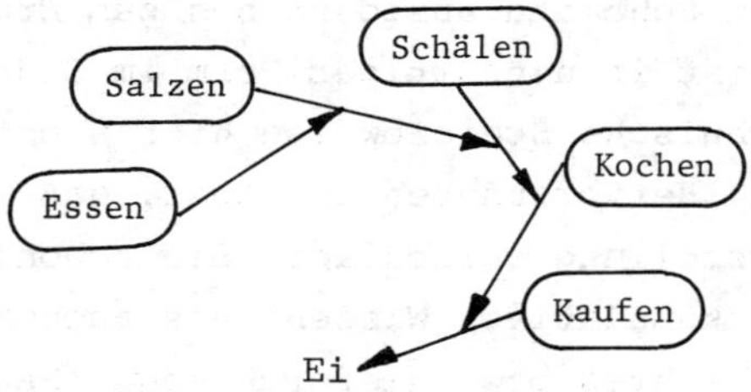

Abb. 6 : Bild eines hierarchischen Handlungsnetzes, das Elemente aus dem kumulativen Wissensnetz benützt und strukturell integriert (vgl. AEBLI 1980, 161)

Aus den Abbildungen wird der hypothetische Zusammenhang des Verhältnisses der beiden Wissensstrukturen von kumulativem Wissen und Handlungswissen deutlich. Die kumulativen Wissensnetze liefern das Material für die hierarchischen Handlungsstrukturen. Das Wissen, das bei der Realisation komplexer Handlungen erworben wurde, zerfällt teilweise wieder zum assoziativen Wissen und steht dem Aufbau neuer Handlungs- und Denkstrukturen zur Verfügung.

Unter didaktischem Gesichtspunkt kann hier konstatiert werden, daß es sinnvoller ist, bei den Lernenden Handlungs- und Denkstrukturen aufzubauen, als unverbundenes, assoziatives Wissen zu vermitteln. Denn durch Handlungsakte wird Merkmalswissen über die Handlungsteilnehmer erworben (= kumulatives Wissen) bzw. neue Handlungsteilnehmer gesucht, wobei sich dieses Wissen gleichzeitig durch die Handlung bewähren kann und nach erfolgreicher Durchführung anderen Aktionen zur Verfügung steht. Allein kumulatives Wissen, ohne entsprechende Kenntnis über deren Einbindung in Handlungsschemata bzw. in funktionalen Regelsystemen, dürfte zudem keinen Beitrag leisten zur subjektiven Handlungsfähigkeit.

Im Gegensatz zu den Dualisten sucht AEBLI den Ursprung des Denkens nicht in einer idealen Wirklichkeit, sondern im praktischen Handeln selbst. Ziel des Denkens ist die Verbesserung und Sicherung von Handlungs- und Sachstrukturen. Dies setzt aber voraus, daß in der Reflexionsphase die Struktur der problematischen Handlung erhalten bleibt. Dazu bedarf es Modalitäten bzw. Medien zur Vergegenwärtigung der Struktur. AEBLI nimmt hier von BRUNER den Gedanken der Darstellungsmittel für die Erfahrung und des Wissens des Menschen auf. Nach BRUNER organisiert und vergegenwärtigt sich der Mensch im Laufe der ontogenetischen Entwicklung sein Wissen auf drei Darstellungsmedien:

"Zuerst kennt das Kind seine Umwelt hauptsächlich durch die gewohnheitsmäßigen Handlungen, die es braucht, um sich mit ihr auseinanderzusetzen. Mit der Zeit kommt dazu eine Methode der Darstellung in Bildern, die relativ unabhängig vom Handeln ist. Allmählich kommt dann eine neue und wirksame Methode hinzu, die sowohl Handlung wie Bild in die Sprache übersetzt, woraus sich ein drittes Darstellungssystem ergibt. Jede dieser drei Darstellungsmethoden, die handlungsmäßige, die bildhafte und die symbolische, hat ihre eigene Art, Vorgänge zu repräsentieren. Jede prägt das geistige Leben des Menschen in verschiedenen Altersstufen, und die Wechselwirkung ihrer Anwendungen bleibt ein Hauptmerkmal des intellektuellen Lebens des Erwachsenen." (BRUNER 1971, 21; Hervorhebungen d.d. Verf.).

Bei BRUNER bleibt jedoch unklar, was auf den unterschiedlichen Darstellungsmedien repräsentiert wird. Nach AEBLI (1980, 122 ff. sind die Inhalte der Medien Handlungsschemata, d.h. die Struktur der Handlung:

- Die handlungsmäßige Darstellung enthält das spezifische Handlungswissen. Da alle Elemente in der Handlungsstruktur spezifiziert sind, ist eine Übertragung auf neue Situationen nicht möglich. Das spezifische Handlungswissen führt zu statischem Verhalten und wird im allgemeinen als "Können" bezeichnet.
- Die bildhafte Darstellung repräsentiert die Handlungsstruktur mit bestimmten Merkmalen gekennzeichneten Personen und Objekten, die in bestimmten Situationen vorkommen. Es enthält ein episodisches bzw. situatives Handlungswissen und resultiert aus spezifischen Wahrnehmungen.
- Die symbolische Darstellung schließlich enthält nur noch das Schema, sprich einen Begriff. An die Stelle der spezifischen Elemente treten Leerstellen oder Variable. "Dadurch wird aus der spezifisch reproduzierbaren Handlung oder Vorstellung ein Handlungs- oder Vorstellungsschema, das auf neue Gegenstände und Situationen angewendet werden kann. Die neuen Gegenstände werden als Handlungsteilnehmer ins Schema aufgenommen, und neue Situationen werden im Lichte der begrifflichen Schemata gedeutet." (AEBLI 1980, 126)

Das Vorstellungs- und das begriffliche Schema enthalten also keine anderen Elemente, welche der Handlung fremd wären. Grundlegendes Merkmal der Aktivität bleibt die Beziehungsstiftung. Während das Vorstellungsschema die Wahrnehmung nach den Partizipianten der Handlung leitet, leiten die begrifflichen Schemata das Deuten, d.h. das Verstehen einer Situation auf dem Hintergrund eines umfassenden Handlungs- und Sachwissens (vgl. a.a.O., 182). Dies alles zeigt, daß das Wahrnehmen und Deuten dem Handeln stark gleicht. Aber wodurch unterscheiden sie sich vom Handeln und wodurch erfolgt letztlich ein Erkenntnisgewinn durch die Handlung?

Wahrnehmung und Deuten nehmen die Handlung auf. Sie verfolgen das Ziel, "ein Bild der Situation zu gewinnen" (AEBLI 1980, 121), indem sie die Handlung nachkonstruieren. Die Handlung bleibt dagegen nicht bei der gegebenen Situation stehen, sondern greift in sie ein und stiftet neue Beziehungen. Die Erzeugung einer Handlung ist somit ein konstruktiver und kreativer Akt und nicht wie Wahrnehmung und Deutung lediglich "abbildend", d.h. ein Vorgang der Nachkonstruktion. Dies ist der Kern eines handlungsorientierten Ansatzes: Der Mensch wirkt aktiv auf seine Umwelt (Situation) ein und die zielbezogenen Veränderungsprozesse wirken auf ihn zurück, indem er diese wahrnimmt und ideell nachkonstruiert. Auf der Basis dieser "internen Modelle", der Orientierungsgrundlage, werden dann neue Handlungen konstruiert und gesteuert (vgl. a.a.O., 165 f.). In didalektisch-materialistischen Tätigkeitskonzeptionen wird uns dieser Gedanke wieder begegnen (vgl. Kap. 3.3.2).

In der handlungstheoretischen Konzeption AEBLI's stellen Handlungen, Wahrnehmungen und Deutungen Beziehungen her, wenn auch auf unterschiedlichen Ebenen. Die Beziehungsstruktur ist aber bereits durch die Intention im Handlungsschema implizit enthalten (vgl. AEBLI 1980, 13, 87, 99, 157, 214, 228). Es stellt sich die Frage, wie denn eine Handlung zu einem intentionsübergreifenden Ergebnis führen kann. AEBLI sieht den Erkenntnisgewinn durch neue Beobachtungen an der Verknüpfungsstruktur der Handlung, d.h. letztlich durch ihren hierarchischen Aufbau vermittelt:

"Am Objekt oder in der Situation, die durch die Handlung erzeugt worden sind, kann ich eine neue Handlung vollziehen. Sie bezieht das Ergebnisobjekt in ihren Ablauf ein und lernt es dadurch kennen. Oder aber: Die Situation, die durch die erste Handlung geschaffen worden ist, wird im Fortgang der Handlung ausgestaltet. Mein Kontakt mit Berlin wird zum Kontakt mit seinen Kulturgütern oder seiner politischen Lage. Die neue Handlung "assimiliert" das Ergebnis der vorangehenden Handlung, wie PIAGET sagen würde. Das bloße Handeln am Ergebnis kann verschieden grundlegende "Erfahrungen" oder "Kenntnisse" liefern. Je zentraler sich die neue Handlung auf das Ergebnis bezieht, desto besser erfaßt sie dieses. Man könnte mit WITTGENSTEIN sagen: Ich erfahre die Bedeutung eines Handlungsergebnisses in seinem Gebrauch. Indem ich das Büchergestell brauche, um Bücher darauf zu stellen, erfahre ich das Ergebnis meines Bauens." (AEBLI 1980, 228 f.).

Der Erkenntnisgewinn durch die Assimilation eines Handlungsergebnisses durch einen neuen Handlungsakt trägt "synthetischen Charakter". "Die Abfolge 'erste Handlung - Erfassung ihres Ergebnisses in einem zweiten Akt' ist das pragmatische Äquivalent eines synthetischen Urteils" (a.a.O., 229). Die neuen "Erfahrungen" und "Kenntnisse", die an der Verknüpfungsstruktur gewonnen werden, führen uns wieder direkt zu dem Aufbau von Wissensstrukturen zurück (s.S. 69 f.). Nicht isoliertes, angehäuftes Merkmalswissen von Gegenständen bedingt Erkenntnis, sondern das Zueinander-in-Beziehung setzen der Merkmale, sie miteinander zu vergleichen, sprich deren Verknüpfung innerhalb von Handlungsstrukturen.

Fassen wir zusammen: AEBLI's Handlungsansatz entstammt der Sprachtheorie. Durch die "semantische Wende" (AEBLI 1979 a, 319) enthält ein Sprachgebilde implizit eine Handlungstheorie. Handlungen stellen Beziehungen her. Das Ergebnis der Handlung, die Beziehungsstruktur, ist durch die Intention der Handlung implizit gegeben. Die aus einer praktischen Handlung entstehende Beziehungsstruktur wird im Laufe der geistigen Entwicklung des Individuums auf die kognitiven Systeme (bildhafte und symbolische) "übersetzt", die sich in flexible und reversible Strukturen ausdifferenzieren. Weil demnach Begriffsinhalte den strukturellen Kern von Handlungen wiederspiegeln, können mit praktischen Handlungen auch Begriffsbildungsprozesse unterstützt werden (vgl. Kap. 4.4.2).

Kognitive Prozesse haben gegenüber dem praktischen Handeln den Vorteil, daß sie mit Symbolen (z.B. Begriffe) operieren, die die wesentlichen Beziehungen schneller und sicherer knüpfen können. Desweiteren sind die Begriffe Voraussetzung für weitere Strukturbildungen. Da aber Handlungsstrukturen hierarchische Gebilde sind, werden die praktische Handlungen vorbereitenden und steuernden sowie kontrollierenden kognitiven Prozesse durch interne Begriffshierarchien repräsentiert. Aus dem Speicher des "assoziativen Wissens" werden die hierarchischen Handlungsnetze konstruiert, die nach erfolgter Realisation wieder ganz oder teilweise in das "assoziative Wissen" zerfallen. In den Handlungssituationen erfolgt Erkenntnis über die gemachten Erfahrungen durch neue Beobachtungen an der Verknüpfungsstruktur.

3.2.4 Der Übergang zum "epistemologischen Subjektmodell" innerhalb der kognitiven Psychologie

In der pragmatischen These, daß das Denken aus dem Handeln und Wahrnehmen hervorgeht, weil z.B. die Begriffsinhalte den Kern praktischer Handlungsstrukturen widerspiegeln, liegt ein radikaler Unterschied zu PIAGET, der unserer Meinung nach sogar den Übergang von dem "humanistischen Subjektmodell" zu dem "epistemologischen Subjektmodell" charakterisiert.

Erinnern wir uns: PIAGET's Erkenntnisinteresse war darauf ausgerichtet, die allgemeinsten entwicklungspsychologischen Gesetzmäßigkeiten bei der Herausbildung von Denkstrukturen zu eruieren. Dabei kristallisierte er zwei Faktoren heraus (vgl. MONTADA 1970, 34; WETZEL 1980, 116 ff.):

- die physische Erfahrung oder Objekt-Abstraktion ("abstraction à partir de l'objekt")
- die logisch-mathematische Erfahrung oder Handlungs-Abstraktion ("abstraction à partier de l'action")

Die physische Erfahrung bezieht sich darauf, im handelnden Umgang mit den Gegenständen ihre Eigenschaften zu entdecken. Die logisch-mathematische Erfahrung geht über die empirisch gewonnenen Feststellungen hinaus und führten mittels der logischen Operationen zu Ergebnissen, die ohne eine direkte Befragung der Wirklichkeit zustande kommen. Die Unterscheidung dieser zwei Erfahrungsquellen deckt sich in etwa mit derjenigen zwischen Akkomodation und Assimilation.

Da aber die physische Erfahrung im Rahmen der PIAGET'schen Theorie "- ähnlich wie die Akkomodation im Verhältnis zur Assimilation - als eine Art residualer Kategorie erscheint" (WETZEL 1980, 116; Hervorheb. d.d. Verf.), erfolgt die Denkentwicklung - nachdem die Operationen aus den interiorisierten Umwelterfahrungen in der senso-motorischen Phase ausgebildet worden sind - quasi autonom innerhalb des Organismus. Die Ausdifferenzierung der Denkstrukturen bindet PIAGET an den mathematischen Gruppenbegriff (vgl. PIAGET 1974, 42 ff.), wobei das mathematische System der Gruppierungen (vgl. a.a.O., 49 ff.) im menschlichen Geist a priori vorhanden ist, bzw. biologisch vorgegeben ist. Mit dem mathematischen Denken "werden unbegrenzte, erfahrungsunabhängige Weiterentwicklungen und die rein deduktive Konstruktion beliebig neuer Operationen möglich" (WETZEL 1980, 118). Die dabei entdeckten und erkannten Begriffe und Bedeutungen sind losgelöst von besonderen Inhalten der Wirklichkeit. Bei PIAGET erhält das Denken eine völlig selbständige Funktion, d.h. Denken wird selbst zum Handeln und dient nicht dem Handeln (vgl. FURTH 1972, 93).

AEBLI's kognitiver Handlungsansatz bindet die Wahrnehmung und das Denken wieder an spezifische Handlungsinteressen zurück. Die Begriffe enthalten wieder spezifische Inhalte. Zwar konstatiert auch AEBLI (1980, 168), daß es dazu kommen kann, daß sich der Mensch ein "Bild der Wirklichkeit" aufbauen kann, "das nach objektiven, nicht oder nur mehr lose von Handlungsn abhängigen Gesetzen geordnet ist" und wo sich "reine Erkenntnisinteressen" entfalten können, warnt aber auch gleichzeitig davor, daß "Wahrnehmung und Erkenntnis ihre Motive und ihren Sinn verlieren und leer zu drehen beginnen (können)" (vgl. auch a.a.O., 22, 217). Prinzipiell sind die Wahrnehmung und das Denken aber bei AEBLI im Gegensatz zu PIAGET "die Magd des Handelns" (a.a.O., 168). Kognitive Prozesse dienen also dem praktischen Handeln, und kognitive Strukturen werden erst durch das Handeln und Wahrnehmen aufgebaut und sind nicht wie bei PIAGET a priori völlig mathematisch determiniert. Daher vollzieht sich der Aufbau der Denkstrukturen in gewisser Freiheit und wird durch die Erfahrungen, die ein Individuum in seiner Umwelt sammelt, mitbestimmt.

BRUNER, der sich wohl mit als einer der ersten Psychologen kritisch mit der PIAGET'schen Theorie auseinandergesetzt hat, vertrat die Ansicht, "daß kognitive Entwicklung in allen ihren Erscheinungen ebensosehr von außen wie von innen her bestimmt ist" (BRUNER 1971, 22). So sieht er die Entwicklung der Denkstrukturen auch von kulturellen Einflüssen abhängig, wobei insbesondere die Sprache und die Erfindung und der Gebrauch von Werkzeugen das Denken mit prägen. Die weitere post-PIAGET'sche Theoriebildung über kognitive Prozesse zeigte immer mehr den Zusammenhang von Individuum-Umwelt-Beziehungen auf, d.h. etwas präziser gesprochen: von Denkprozessen und Handlungen (vgl. dazu auch die Sammelbände von MONTADA 1979 sowie UECKERT/RHENIUS 1979), so daß DOERNER (1979, 112) resümmiert:

"Kognitive Prozesse dienen der Handlungsregulation und sind mit dem Handeln so untrennbar verbunden, daß man eigentlich, wenn man korrekt sein wollte, so gar nicht von Kognitionsgeschehen sprechen dürfte, sondern von Kognitions-Aktionsprozessen. Bei solchen Prozessen interagieren im einzelnen Denk-, Entscheidungs-, Urteils-, Erinnerungs-, Reaktions-, Einspeicherungsprozesse usw. so eng miteinander und beeinflussen sich wechselseitig in ihrem Ablauf, daß man den Phänomenen Gewalt antut und sie denaturiert, wenn man sie allzu vorschnell isoliert studiert."

Wenn aber kognitive Prozesse so eng mit den praktischen Handlungen verbunden sind - einerseits gehen sie aus den Handlungen hervor, andererseits regulieren sie die Handlung -, müßte dieser Zusammenhang bei der Organisierung institutionalisierter Lernarrangements eigentlich zum leitenden Prinzip werden. Damit würden Lernprozesse auf handlungstheoretischer Basis gewissermaßen die pädagogischen Ideen der "Arbeitsschulen" (KERSCHENSTEINER, GAUDIG, DEWEY, MARX, BLONSKI u.a.) wieder aufleben lassen. AEBLI (vgl. 1981, 385) selbst hebt hervor, daß seine Handlungstheorie DEWEY's pragmatischer Grundhaltung entspricht, die dadurch charakterisiert werden kann, daß das Denken im Dienste des Handelns steht, bzw. daß die letzte Bewährung des Denkens im Handeln liegt. Ausgehend von dem Kerngedanken, daß man von Erfahrungen (= gegenständliches Handeln) dann lernt, wenn man das, was man mit einem Gegenstand tut, und das, was man von diesem erfährt, sowohl antizipativ als auch retrospektiv miteinander in Verbindung bringt, formulierte DEWEY bereits im Jahre 1915 über den Zusammenhang von Denken und Handeln (hier zit. nach DEWEY 1964, 202, 209, 216):

"Denken bedeutet die planmäßige und sorgfältige Herstellung von Beziehungen zwischen Handlungen und ihren Folgen"; sowie: "Der Stoff des Denkens besteht aber nicht aus Gedanken, sondern aus Handlungen, Tatsachen, Ereignissen und den Beziehungen der Dinge zueinander"; und: "Das Wissen wird lebendig, indem es zur Wirkung kommt, indem es bei der Regelung des Handelns mitspricht".

Während DEWEY's handlungstheoretische Aussagen über den Zusammenhang von Tun und Denken allgemeinen philosophischen Überlegungen entstammen und eher intuitiv begriffen werden, entwickelte AEBLI dagegen seine handlungstheoretischen Vorstellungen vor dem Hintergrund der semantischen Sprachtheorie. Weil er sprachliche Gebilde durch propositionelle Analysen als Kern praktischer Handlungen deutet, bindet AEBLI die Entwicklung kognitiver Strukturen - im Gegensatz zu PIAGET - wieder stärker an individuelle Umweltauseinandersetzungen. Indem AEBLI jüngst durch Einzelanalysen die innere Verwandtschaft von Handlung und Begriff aufzeigen konnte (vgl. insbes. Kap. 4.4.2), dürfte DEWEY mit seiner Aussage, die er 1938 im Vorwort zur amerikanischen Ausgabe seines Werkes "Erfahrung und Erziehung" traf, rechtbehalten haben:

" Jede Bewegung in Richtung auf eine Neuordnung des Denkens und Tuns (ruft) früher oder später eine Rückwendung zu scheinbar einfacheren und grundlegenden Ideen und Praktiken der Vergangenheit hervor." (zit. nach DEWEY 1974, 247).

Wenn wir später aus pädagogischer und didaktischer Sicht vor allem Arbeit und Spiel als grundlegende Elemente eines handlungsorientierten Unterrichts ansehen, befinden wir uns damit auch in Übereinstimmung mit DEWEY, wenn er resümmiert: "Spiel und Arbeit müssen einen bestimmten Platz im Lehrplan der Schule haben, nicht weil sie zeitweilige Erleichterungen und angenehme Abwechselung schaffen, sondern aus intellektuellen und sozialen Gründen"(DEWEY 1964, 258). Doch zuvor sollen Tätigkeitskonzeptionen innerhalb der dialektisch-materialistischen Psychologie dargestellt und analysiert werden, um möglicherweise das "epistemologische Subjektmodell" auf eine breitere Basis stellen zu können und um eventuell noch weiterführende Aspekte eines Handlungsansatzes zu gewinnen.

3.3 Skizzierung der Entwicklungslinie der dialektisch-materialistischen Psychologie

3.3.1 Grundlagen der dialektisch-materialistischen Psychologie

"Die Geschichte der sowjetischen Psychologie ist ein erster Versuch, marxistische philosophische Prinzipien auf eine psychologische Theorie anzuwenden. Gleichzeitig ist es auch der erste Versuch, eine marxistische Psychologie unter den Bedingungen einer neuen Gesellschaftsordnung zu entwickeln" (BUDILOWA 1977, 144). Dieses Zitat macht deutlich, daß eine Betrachtung der Entwicklung der sowjetischen Psychologie nicht losgelöst werden kann von ihrer philosophischen Basis, der marxistisch-leninistischen Weltanschauung. Dieses gründet letztlich in dem philosophischen Problem zum Verhältnis von Geist und Materie, von Sein und Bewußtsein. Dieses philosophische Problem wurde für die Psychologie in dem Moment bedeutsam, als Bewußtseinserscheinungen Gegenstand psychologischer Forschungen wurden. Die unterschiedlichen metatheoretischen Entscheidungen über die philosophische Interpretation der Natur des Psychischen - die subjektiv-idealistische Auffassung führte zu einer Trennung des Bewußtseins von der objektiven Welt, während die materialistische Auffassung einen Zusammenhang von Psyche und objektive Realität postulierte - verursachten auch unterschiedliche Interpretationen über den Gegenstand, die Methoden und die Aufgaben der Psychologie. Somit erscheint verständlich, daß nach der Oktoberrevolution und die damit verbundene Ausrichtung der Wissenschaft an der marxistischen Philosophie in den dreißiger und vierziger Jahren zunächst marxistische Prinzipien der psychologischen Theorie erarbeitet wurden. "Der Aufbau der Psychologie unter den neuen gesellschaftlichen Verhältnissen machte die Befreiung der Psychologen aus dem Banne der bürgerlichen Ideologie, ihre Abwendung von der idealistischen Philosophie notwendig. Die Psychologen mußten sich die Philosophie des Marxismus aneignen und erstmals die methodologischen Grundlagen für den Aufbau des neuen Systems der marxistischen materialistischen Psychologie erarbeiten" (BUDILOWA 1975, 16).

Es sind vor allem folgende methodologische Prinzipien, die in der 50jährigen Entwicklungsgeschichte der sowjetischen Psychologie herausgearbeitet wurden und heute als allgemeine Grundlagen für die weitere theoretische und empirische Forschung gelten (vgl. Sammelband von SCHOROCHOWA 1977):

(1) Prinzip des Determinismus in seiner dialektisch-materialistischen Auffassung. Es beinhaltet in allgemeinster

Form die These der Wechselbeziehung zwischen den psychischen Erscheinungen und der materiellen Welt.

(2) Prinzip der Einheit von Bewußtsein und Tätigkeit. Dieses Prinzip ergibt sich aus der Wirkung der deterministischen Auffassung und gründet auf der spezielleren These, daß bei der Herausbildung des Bewußtseins die aktive praktische Tätigkeit Priorität besitzt.

(3) Entwicklungsprinzip. Die Psyche des Individuums wird als sozial-historisches Phänomen betrachtet. Von daher betont dieses Prinzip die phylogenetische und ontogenetische Entstehung des Psychischen.

(4) Persönlichkeitsprinzip. Es beinhaltet die These, daß auch isolierte psychische Erscheinungen (z.B. psychische Funktionen, eine Fähigkeit usw.) stets von den Besonderheiten der Persönlichkeit als Ganzem abhängen. Somit dürfen Untersuchungen von psychischen Teilprozessen bzw. isolierten Faktoren nicht die Persönlichkeit ignorieren.

3.3.2 DETERMINATIONSPROBLEM DER PSYCHISCHEN TÄTIGKEIT

Die deterministische Auffassung in der Psychologie ist zwar mit der dialektisch-materialistischen Weltanschauung eng verbunden, stellt aber innerhalb der sowjetischen Psychologie eines der wesentlichsten Probleme dar.

In den zwanziger Jahren wurde das Prinzip des Determinismus als Verhältnis von Bewußtsein und Verhalten, als Wechselwirkung zwischen äußeren Impulsen und Reaktionen des Menschen aufgefaßt. Durch die Einführung sozialer Verhaltensfaktoren durch BLONSKI und durch die kulturell-historische Konzeption WYGOTSKI's wurden die psychologischen Untersuchungen zur Erklärung psychischer Erscheinungen und des menschlichen Verhaltens auf die allgemeinen natürlichen und spezifisch gesellschaftlichen Existenzbedingungen des Menschen ausgedehnt. Damit einher ging der Gedanke, "daß die natürlichen Mechanismen psychischer Prozesse in der Ontogenese des Menschen unter dem Einfluß gesellschaftlich-historischer Faktoren umgewandelt werden, und zwar als Resultat der Aneignung von Produkten menschlicher Kultur durch den Menschen im Prozeß der Kommunikation" (SCHOROCHOWA 1977, 17). Es ist aber zu betonen, daß die Entwicklung des Psychischen bei WYGOTSKI im Gegensatz zu der Auffassung von Vertretern des Symbolischen Interaktionismus (vgl. z.B. MEAD 1978, 230 ff., insbes. 235) keinesfalls auf die von historisch-gesellschaftlichen Formen äußerer Tätigkeit losgelöste sprachlich-begrifflichen Interaktionsprozesse zurückgeführt wird. Vielmehr wird die Entstehung der inneren Prozesse und damit auch der Sprache aus der äußeren Tätigkeit hervorgehoben. Indem sich WYGOTSKI kritisch mit organismischen Konzeptionen - insbesondere der Theorie PIAGET's - auseinandersetzte, entwickelte er die Interiorisierungshypothese, nach der sich die Umbildung äußerer in innere, geistige Tätigkeiten durch die drei Stadien: Arbeit - Sprache - Denken vollzieht (vgl. WYGOTSKI 1934; verwendete deutsche Ausgabe von 1979). Damit machte er den Prozeß der Interiorisierung zur erkenntnisleitenden Fragestellung der materialistischen Psychologie (vgl. WILHELMER 1979, 128), was aber bei der Weiterentwicklung des Determinismusprinzips zu Kontroversen führte.

Eine neue Entwicklungsetappe des Prinzips des Determinismus erfolgte vor allem durch RUBINSTEIN und A.N. LEONTJEW. Sie gingen davon aus, daß der mit Bewußtsein ausgerüstete Mensch nicht nur der Außenwelt gegenübergestellt wird und diese wahrnimmt, sondern der Mensch diese durch seine Tätigkeit auch aktiv umgestaltet. Beide betonen zwar die Rolle der Tätigkeit bei der Bildung psychischer Erscheinungen, wobei RUBINSTEIN erstmals das Prinzip der Einheit von Bewußtsein und Tätigkeit formulierte: "Tätigkeit und Bewußtsein sind nicht zwei nach verschiedenen Seiten gerichtete Aspekte. Sie bilden ein organisches Ganzes, sie sind nicht identisch, sondern eine Einheit" (RUBINSTEIN 1973, 29), und LEONTJEW erstmals eine Tätigkeitstheorie mit "vorläufigen Charakter" entwickelte (LEONTJEW, A.N. 1979, 405). Einigkeit besteht auch darüber, daß die mittels der praktischen Tätigkeit ausgebildeten psychischen Abbilder jeweils die weiteren äußeren Tätigkeiten modifizieren und steuern (vgl. RUBINSTEIN 1977, 285 f.; LEONTJEW, A.N. 1977, 44 f.). Unterschiedliche Auffassungen lassen sich aber bei der Frage nach der Determination des Psychischen konstatieren:

- In der Lehre A.N. LEONTJEW's, die auf den Ideen WYGOTSKI's von der sozialhistorischen Entwicklung der Psyche aufbaut, wird die wechselseitige Verbindung von Bewußtsein und materieller Welt "als Verwirklichung der Determination des Psychischen durch die Produkte der sozialhistorischen Tätigkeit des Menschen über den Prozeß ihrer Aneignung gestellt" (BUDILOWA 1975, 241). Als Hauptproblem ergibt sich hier die Untersuchung der Interiorisation äußerer Tätigkeit (vgl. LEONTJEW, A.N. 1977, 29 ff.).
- Demgegenüber interpretiert RUBINSTEIN das Determinismusprinzip kurz durch die Formel: "Äußere Ursachen wirken über die inneren Bedingungen" (RUBINSTEIN 1977, 9). Das konkrete Indiviuum wird also nicht aus der Untersuchung ausgeblendet. Als Hauptaufgabe dieser Determinismusauffassung ergeben sich damit psychologische Untersuchungen über die inneren psychischen Bedingungen und Gesetzmäßigkeiten der von außen bedingten psychischen Tätigkeiten.

Für unseren Zusammenhang ist das Problem nach der Determiniertheit der psychischen Erscheinungen von hoher Bedeutung, weil es

1. praktisch gesehen die Frage nach der Lenkbarkeit psychischer Systeme und somit auch von pädagogischen Prozessen beinhaltet;

2. die Antwort mitenthält, inwieweit Lernvoraussetzungen der Schüler bei der didaktischen und methodischen Planung von Lernprozessen überhaupt berücksichtigt werden müssen.

Im folgenden haben wir uns daher mit den vorstehend herausgearbeiteten, alternativen Entwicklungswegen kritisch auseinanderzusetzen, um die Forschungsrichtung der dialektisch-materialistischen Psychologie zu bestimmen und herauszustellen, die in ihren theoretischen Annahmen größtenteils mit der handlungstheoretischen Richtung innerhalb der Psychologie identisch erscheint, um dann von dieser gemeinsamen theoretischen Basis aus erste Folgerungen für Lernprozesse in der beruflichen Bildung abzuleiten.

3.3.2.1 DIE ÄUSSERE DETERMINATION DER PSYCHISCHEN TÄTIGKEIT UND DER INTERIORISATIONSPROZESS (Ansatz von A.N. LEONTJEW und GALPERIN)

Es wurde bereits darauf hingewiesen, daß die Richtung der materialistischen Theorie, die die Bestimmung der geistigen Funktionen durch die äußere Tätigkeit annimmt, in der theoretischen Tradition WYGOTSKI's steht. Weiterentwickelt wurde diese kulturgeschichtliche Konzeption insbesondere auf drei Ebenen (vgl. BUDILOWA 1975, 224):

1. Durch die philosophisch-theoretischen Arbeiten A.N. LEONTJEW's über die sozialhistorische Entwicklung der Psyche;
2. durch die ontogenetischen Forschungen ELKONIN's und seiner Mitarbeiter;
3. durch die Ausarbeitung der Interiorisationshypothese durch GALPERIN: Der Lehre von der etappenweisen Herausbildung geistiger Handlungen.

A.N. LEONTJEW sieht die Entwicklung geistiger Funktionen des Menschen unmittelbar mit dem Entwicklungsprozeß der menschlichen Arbeit verbunden, wobei er herausstellt, daß sowohl das "Objekt" als auch das Tun selbst historisch-gesellschaftlich eingebunden und bestimmt sind. Er führt den Begriff der gegenständlichen Tätigkeit als wesentliches Erklärungsprinzip in die Psychologie ein (vgl. JUDIN 1977), um die Lücke zwischen Subjekt und Objekt zu schließen. Die Kategorie der gegenständlichen Tätigkeit, die beinhaltet, daß das Subjekt in einen unmittelbaren praktischen Kontakt zu einem äußeren Gegenstand tritt, der seinerseits historisch-gesellschaftlich bestimmt ist, gestattet es, aus psychologischer Sicht einerseits die Psyche als funktionelles "Abbild" der Tätigkeit aufzufassen und andererseits die Entstehung und Entwicklung des Psychischen zu erklären (vgl. LEONTJEW, A.N. 1977, 26 ff.). Die Tätigkeit, als Interaktionsmedium zwischen Subjekt und Objekt, weist einen doppelten Vermittlungszusammenhang auf:

a) Tätigkeit → Objekt (Umwelt): Die Tätigkeit sichert durch die Gestaltung der äußeren materiellen und sozialen Umwelt die Lebensexistenz des Menschen. Diese auf die "äussere Natur" gerichtete Tätigkeit kann als Arbeit bezeichnet werden.

b) Tätigkeit → Subjekt: Die Tätigkeit ist Mittel zur Veränderung der "inneren Natur" des Menschen, d.h. sie dient der Herausbildung und Modifizierung individueller Handlungs- und Erkenntnissysteme; ganz allgemein: sie dient der Persönlichkeitsentwicklung. Unter diesem Gesichtspunkt kann Tätigkeit als Lernen verstanden werden.

Dieser Zusammenhang wird von A.N. LEONTJEW (1977, 25) selbst als "Ringstruktur" bezeichnet und kann in Anlehnung an STADLER/OFFE (1980, 8) wie folgt dargestellt werden:

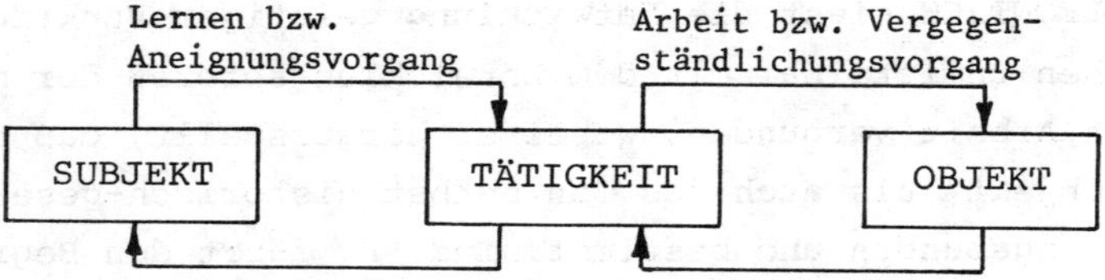

Abb. 7: Interaktionsstruktur im Ansatz von A.N. LEONTJEW

Für LEONTJEW ist die gegenständliche Tätigkeit, also die Beziehung der Tätigkeit zum Objekt, wichtiger als die Beziehung der Tätigkeit zum subjektiven Abbild, weil durch die praktische Tätigkeit erst das antizipierende Bewußtsein entsteht bzw. modifiziert wird.

"Die Übergänge Subjekt - Tätigkeit - Gegenstand bilden gewissermaßen einen Kreis. Es mag daher unerheblich erscheinen, welches Glied als das erste genommen wird. Doch das ist keineswegs so. Der Kreis öffnet sich, er öffnet sich in der praktisch-sinnlichen Tätigkeit. In direkter Berührung mit der gegenständlichen Realität und sich dieser Realität unterordnend, wird die Tätigkeit verändert, bereichert. In dieser bereicherten Form eben kristallisiert sie sich im Produkt. Die realisierte Tätigkeit ist reicher, wahrer als das sie antizipierende Bewußtsein. Dem Subjekt jedoch wird der Beitrag seiner Tätigkeit nicht bewußt, wodurch der Anschein erweckt wird, als sei das Bewußtsein Grundlage der Tätigkeit." (LEONTJEW, A.N. 1977, 44 f.).

Aus historisch-materialistischer Sicht unterscheidet A.N. LEONTJEW (vgl. 1974, 19 ff.; insbes. 1980, 262 ff.) vor allem zwei Arten von Lernen:

- Das Lernen auf tierischem Niveau: Auf der Grundlage des Erbgutes besteht die Möglichkeit auf die Umwelt zu reagieren und dadurch individuell hinzuzulernen.
- Das Lernen auf menschlichem Niveau: Diese Lernmöglichkeit liegt im Spezifikum der Tätigkeit begründet. Durch die bearbeiteten Gegenstände wird eine Weitergabe des individuell Erlernten möglich.

Menschliches Lernen, das demnach aus der aktiven Veränderung und Umgestaltung der Naturbedingungen resultiert, kann in komprimierter Form anhand der "Ringstruktur" erklärt werden: Die Beziehung 'Tätigkeit - Objekt' beinhaltet die phylogenetische Rekonstruktion der kooperativen Werkzeugherstellung und den damit verbundenen historisch-gesellschaftlichen Vergegenständlichungsprozeß. Demgegenüber drückt die Beziehung 'Tätigkeit - Individuum' die ontogenetische Entwicklung über die Wiederaneignung der in den Arbeitsprodukten vergegenständlichten Fähigkeiten und Erfahrungen der Menschen aus (Aneignungskonzept). Als Grundbedingung für die individuelle geistige Entwicklung wird der unmittelbare Umgang mit den gegenständlichen Produkten angesehen:

"Die geistige, die psychische Entwicklung einzelner Menschen ist demnach das Produkt eines besonderen Prozesses - der Aneignung -, den es beim Tier nicht gibt, ebenso wie bei diesem auch der entgegengesetzte Vorgang - die Vergegenständlichung von Fähigkeiten in den Produkten der Tätigkeit - nicht existiert." (LEONTJEW, A.N. 1980, 282).

Mit diesem Zitat wird auch deutlich, daß nach LEONTJEW die inneren geistigen Funktionen aus dem Aneignungsprozeß hervorgehen. Mit der These, "daß den inneren, den geistigen Prozessen die äußeren genetisch vorausgehen" (LEONTJEW, A.N. 1977, 30), setzt er die Konzeption WYGOTSKI's fort (vgl. BUDILOWA 1975, 225) und betont, daß für die Entwicklung dieser Hypothese die Einführung des Interiorisationsbegriffes in die Psychologie bedeutsam war. Unter Interiorisation wird der Prozeß der allmählichen Transformation äußerer Handlungen in eine innere geistige Handlung verstanden (vgl. LEONTJEW, A.N. 1977, 30; ders. 1980, 295 ff.).

Sofern sich die Bildung individueller Handlungssysteme auf die Aneignung der historisch-gesellschaftlichen Erfahrungen beschränkt, kann der LEONTJEW'sche Lernprozeß lediglich als ein reproduktiver Vorgang aufgefaßt werden, wovor KOSSAKOWSKI warnt:

"Persönlichkeitsentwicklung ist also stets ein dialektischer Prozeß, in dem Interiorisation und Anpassung sowie aktive Exteriorisation und schöpferische Umweltveränderung in echter Wechselwirkung zueinander stehen. Aus diesen Gründen sind erziehungstheoretische Modelle, in denen die Persönlichkeitsentwicklung überwiegend als erzieherisch sanktionierte 'Anpassung' des Individuums an seine Lebensbedingungen, als bloße 'Aneignung' der materiellen und ideellen gesellschaftlichen Objekte und in denen Verhaltensentwicklung in erster Linie als Interiorisation von gesellschaftlichen Verhaltensnormen angesehen wurde, einseitig." (KOSSAKOWSKI 1975, 25).

Vermutlich hat die Kritik vor der passivistischen Auslegung des Aneignungskonzepts dazu geführt, daß LEONTJEW in den letzten Jahren der Interiorisationshypothese der äußeren Handlung die These der Exteriorisation der inneren, ideellen Denktätigkeit hinzufügte (vgl. BUDILOWA 1975, 226). Während eine äußere Handlung demonstriert und in ihren Ablauf eingegriffen werden kann, ist dies bei den ideellen Erscheinungen nicht ohne weiteres möglich. LEONTJEW vertritt hier die Vorstellung, daß bei der Vermittlung einer ideellen Denktätigkeit diese erst in eine entsprechende äußere Handlung exteriorisiert werden muß (vgl. LEONTJEW, A.N. 1980, 299).

Mit dem Exteriorisationsmoment wird dem Individuum zwar nun auch eine aktive Rolle zugeschrieben, trotzdem bleibt offen, wann und wo der grundsätzlich passive und reproduktive Aneignungsprozeß in einen aktiven und konstruktiven umschlägt. Bevor wir uns weiter mit diesem Ansatz kritisch auseinandersetzen, wollen wir noch näher auf das Kernstück der sogenannten kulturhistorischen Schule, der Interiorisationshypothese, eingehen, die von GALPERIN und seinen Mitarbeitern ausgearbeitet wurde. Es bleibt hier aber festzuhalten, daß als determinierendes Element in der psychischen Entwicklung des Menschen - in der durch Vergegenständlichung und Aneignung charakterisierten Lerntheorie LEONTJEW's - die gegenstandsbezogene Tätigkeit steht.

Nach der Auffassung A.N. LEONTJEW's entstehen die kognitiven

Abbilder über die gegenständliche Tätigkeit, wobei ihre Funktion darin besteht, den jeweiligen äußeren Tätigkeitsablauf zu steuern. Die Regulation des materiellen Tätigkeitsvollzuges kann demnach um so effektiver ausgeführt werden, je besser und vollständiger die handlungsregulierenden Abbilder sind. Desweiteren wird die Persönlichkeitsentwicklung determiniert durch den gegenständlichen Aneignungsprozeß. Weil GALPERIN's Konzeption von der etappenweisen Ausbildung geistiger Handlungen den Verinnerlichungsprozeß äußerer in innere Handlungen umfaßt und die inneren Abbilder dabei die individuelle Orientierungsgrundlage des Handelns darstellen, deren Ausbildung pädagogisch gesteuert werden kann (vgl. GALPERIN 1969; 1974), nimmt sie innerhalb der materialistischen Psychologie einen zentralen theoretischen Stellenwert bei der Erklärung der kognitiven Persönlichkeitsveränderung ein.

"Die etappenweise Ausbildung von Handlungen, die aus äußeren, materiellen in innere, ideelle Handlungen umgewandelt werden, stellt den Hauptinhalt des Aneignungsprozesses dar, und eine sinnvolle Organisation der äußeren, gegenständlichen Tätigkeit der Schüler, die eine solche Umwandlung gewährleistet, ist das wichtigste Prinzip einer rationellen Steuerung des Lernprozesses." (GALPERIN u.a. 1974, 68).

Wie hat man sich nun diesen Prozeß der Aneignung von Wissen, Fähigkeiten, Fertigkeiten, Einstellungen usw. vorzustellen und wo liegen die Eingriffsmöglichkeiten für die rationale Steuerung des Lernvorgangs? Die Umbildung äußerer in innere, geistige Handlungen vollzieht sich in der Theorie GALPERIN's grundsätzlich nach der erstmals von WYGOTSKI formulierten allgemeinen historisch-materialistischen Grundidee der Entwicklung durch die drei Stadien: Arbeit - Sprache - Denken. Die pädagogische Lenkung des Aneignungsprozesses (Lernprozesses) erfolgt hauptsächlich in der Art und Weise der Schaffung einer Orientierungsgrundlage der Handlung.

Bei der Ausbildung geistiger Handlungen hat es sich als zweckmäßig erwiesen, folgende Handlungsphasen zu unterscheiden (vgl.

GALPERIN 1974, 36 ff.):

- Schaffung einer Orientierungsgrundlage
- die eigentliche Handlungsrealisation (Arbeitshandlung)
- die Kontrollhandlung

Für das Gelingen einer Handlung und ihrer Interiorisation ist die Schaffung einer Orientierungsgrundlage der Handlung entscheidend. Sie umfaßt 1.) das Handlungsziel, 2.) das Objekt der Handlung und seine Eigenschaften und 3.) die zur Zielerreichung notwendigen Mittel und wird daher als ein inneres Modell der Handlung aufgefaßt. "Jede menschliche Handlung wird - das können wir jetzt mit Sicherheit behaupten - auf der Grundlage einer bestimmten Orientierung vollzogen, die die Qualität der Handlung bestimmt" (GALPERIN 1974, 36). Eine Orientierungsgrundlage kann mehr oder weniger vollständig sein, planmäßig oder mehr spontan ausgebildet werden. GALPERIN (vgl. 1969, 376 ff.) unterscheidet drei verschiedene Typen von Orientierungsgrundlagen, die zu qualitativ anderen Lernprozessen und -ergebnissen führen:

- Typ I der Orientierungsgrundlage vermittelt dem Lernenden lediglich das Handlungsziel der Problemlösungsaufgabe. Die hier vollzogenen Lernhandlungen entsprechen einem trial-and-error-Verfahren, da viele Lernoperationen erprobt werden. Dem Schüler bleiben letztlich die Ursachen für seinen Erfolg bzw. für seinen Mißerfolg unbewußt.
- Beim zweiten Typ der Orientierungsgrundlage werden dem Lernenden von Anfang an die für die Erreichung des Handlungsziels wesentlichen Merkmale des Lernobjektes, die Mittel und die Abfolge, also ein 'Muster der Handlung', bekannt gegeben. Die Ausführung entspricht daher die eines reproduktiv-gelenkten Lernens, was zwar das Tempo des Lernprozesses beschleunigt und zu einer erhöhten Stabilität im Transfer auf andere Aufgaben führt, aber nicht zum bewußten und eigenständigen Erkenntnisprozeß führt.

- Typ III der Orientierungsgrundlage ist dadurch charakterisiert, "daß hier an die erste Stelle die planmäßige Unterweisung in der Analyse neuer Aufgaben tritt, die es gestattet, die Stützpunkte, die Voraussetzungen für die richtige Ausführung der Aufgaben herauszuarbeiten; danach folgt anhand dieser Hinweise die Bildung der Handlung, die der gegebenen Aufgabe entspricht" (GALPERIN 1969, 377). Diese Form der Orientierungsgrundlage enthält keine vollkommene Vorgabe von Ziel-Weg-Systemen, sondern nur eine allgemeine theoretische Einführung in die Problemstrukturen der Lernaufgabe und die Strategien und Mittel zu ihrer Bewältigung. Bei der Ausführung der Handlung eignet sich der Lernende nicht nur bestimmtes Wissen, Kenntnisse und Fertigkeiten an, sondern lernt auch Methoden zu entwickeln, mit denen er selbständig die neuen Lerngegenstände analysieren und deren Struktur und Merkmale erfassen kann. Der Aneignungsprozeß, der nach diesem Orientierungstyp organisiert wird, entspricht dem etappenweisen Bildungsprozeß geistiger Handlungen, da der Lernprozeß bei allen Schülern rationeller und effektiver verläuft, weil durch diese Orientierungsform die qualitativen Unterschiede zwischen den Leistungen lernschwächerer und lernstärkerer Schüler abgebaut werden (vgl. LOMPSCHER 1972, 11).

Der Vorteil des dritten Typs der Orientierungsgrundlage gegenüber den beiden anderen sieht GALPERIN vor allem darin, daß die 'Orientierungspunkte' der Handlung (Ziel, Objekte, Bedingungen, Verfahren) dem Schüler bewußt gemacht werden und der Aneignungsvorgang planmäßig und stufenweise gesteuert werden kann. Der Lernvorgang, d.h. die Ausbildung geistiger Operationen durch die Verinnerlichung äußerer Handlungen, wird durch die etappenweise Aneignungsmethode vollständig determiniert, so daß die spezifischen individuellen Voraussetzungen des Lernenden unberücksichtigt bleiben und die gewünschten geistigen Operationen zu jedem beliebigen

Zeitpunkt ausgebildet werden können. Im Gegensatz zu PIAGET seiht GALPERIN in der spontanen Aktivität des handelnden Subjekts die Hauptfehlerquelle bei der Aneignung geistiger Operationen. Die Aneignungsmethode gewährleistet letztlich selbst den Lernerfolg.

Nach der Ausbildung der Orientierungsgrundlage erfolgt der Aneignungsprozeß geistiger Operationen durch vier Etappen:

1. Etappe: Auf der untersten Stufe, der materiellen Ebene, werden praktische Handlungen mit Gegenständen, bzw. ihren (symbolischen) Darstellungen vollzogen (materielle bzw. materialisierte Handlungen). Dabei wird der konkreten Handlung des Lernsubjekts eine entscheidende Bedeutung beigemessen. "Wir eignen uns das Neue (eine neue geistige Handlung oder etwas, wozu eine neue geistige Handlung erforderlich ist) nur auf der Grundlage seiner materiellen oder materialisierten Form an" (GALPERIN 1974, 38).

2. Etappe: Die Umsetzung der gegenstandsbezogenen Handlungen geschieht hier über die Form des "äußeren Sprechens". Durch die Loslösung von sinnlich-gegenständlichem Handeln auf den sprachlichen Vollzug erfolgt eine erste Abstraktionsleistung. Durch die Widerspiegelung des gegenständlichen Inhalts in Wortbedeutungen wird er bereits Inhalt des Denkens.

3. Etappe: Auf dieser Stufe wird die Lernhandlung in das innere Sprechen, des "Sprechens für sich", wie GALPERIN sagt, übertragen. Damit ist eine Verkürzung und Effektivität der Handlungsvollzüge verbunden, weil der Lernende nur noch Zwischenergebnisse lautsprachlich mitteilt. Mit der Verlagerung der Artikulation von der lautsprachlichen in die innere Form wird Sprache zum Mittel des Denkens und verliert damit die Funktion als Kommunikationsmittel.

4. Etappe: Auf diesem höchsten Niveau erhält die Lernhandlung

ihre innere, geistige Form. Durch Automatisierung wird die sprachliche Ausdrucksform gänzlich abgelegt, was dazu führt, daß der sprachliche Prozeß nicht mehr Gegenstand des Bewußtseins ist. Die geistigen Operationen treten nun selbständig auf, ohne Verbindung mit dem gegenständlichen Inhalt der Handlung, durch die sie erst ausgebildet wurden (vgl. GALPERIN 1974, 40 f.).

Die Arbeitshandlung, dessen Ziel die Umbildung einer materiellen bzw. materialisierten Handlung zur geistigen Operation beinhaltet, wird von einer Kontrollhandlung begleitet. "In den Bestand einer menschlichen Handlung geht nicht nur die Arbeits-, sondern auch die Kontrollhandlung ein" (a.a.O., 41). Die Funktion der Kontrollhandlung besteht darin, den Handlungsvollzug mit dem "inneren Modell" permanent zu vergleichen. Sie entwickelt sich ebenfalls stufenweise im Verlauf des Interiorisationsprozesses, nur viel schneller und ohne ausführliches Üben und vereint sich letztendlich mit der Arbeitshandlung.

Für GALPERIN ist die etappenweise Bildung geistiger Handlungen gleichbedeutend mit den verschiedenen psychischen Widerspiegelungsformen und deren jeweiligen Resultaten, den psychischen Abbildern. Bei der Entstehung psychischer Abbilder spielen die Begriffe eine wesentliche Rolle:

"Die Begriffsbildung ist gleichsam ein entfaltetes Modell für die Bildung jeglicher ideeller Abbilder. Deshalb läßt sich der Verlauf dieser Prozesse am Beispiel der Begriffsbildung charakterisieren. (...)
Wir erläutern den Schülern die Merkmale eines neuen Begriffs und zeigten ihnen, wie damit zu arbeiten ist. Darauf folgte die Etappe der materialisierten Handlung. Die Schüler erhielten einen Zettel, auf dem die Begriffsmerkmale in einer bestimmten Reihenfolge (und numeriert) schriftlich fixiert waren. Das System der Merkmale (und mitunter auch ihr Inhalt) wurde also in materialisierter Form gegeben." (GALPERIN 1974, 45).

Zusammenfassend läßt sich feststellen, daß GALPERIN's Konzept letztlich eine Aneignungsmethode für die gelenkte und systematische Vermittlung von isolierten Begriffen darstellt. Die meisten experimentellen Untersuchungen des Konzepts der etappenweisen Ausbildung geistiger Handlung beschäftigen sich deshalb auch mit Begriffsbildungsprozessen (vgl. dazu z.B. den Sammelband von LOMPSCHER 1972). Wenn auch die experimentellen Untersuchungen belegen, daß durch gelenkte Begriffsbildungsprozesse teilweise bessere Erfolge bei den Lernenden zu erzielen sind, so bleibt doch offen, in welchem Zusammenhang die einzelnen ausgebildeten Begriffe untereinander stehen und wie ihre kognitive Struktur aussieht.

Bei unseren Überlegungen an dieser Stelle geht es nun nicht so sehr um eine detaillierte kritische Auswertung der Theorie der etappenweisen Ausbildung geistiger Handlungen selbst (vgl. zur Kritik und zur teilweisen Weiterentwicklung des Konzepts z.B. SCHMITZ 1977, WILHELMER 1979, 214 ff.; SIMON 1980, 95 ff.), als vielmehr um die Frage, wie die Determination der Psyche durch die äußeren Lebensbedingungen des Menschen aufzufassen sind. In der hier behandelten Konzeption A.N. LEONTJEW's und insbesondere GALPERIN's wird behauptet, daß die psychische Entwicklung des Menschen durch die interiorisierte äußere praktische Tätigkeit determiniert ist. Erkenntnistheoretisch reduzieren diese Konzeptionen die geistige Reproduktion auf die praktische Handlung. "Das genoseologische Charakteristikum in der Genese des Psychischen als dessen gnostische Beziehung zur Außenwelt geht verloren" (BUDILOWA 1975, 230). Für diese materialistischen Theorien ist das Denken in bezug zur Wirklichkeit sekundär. Priorität besitzt allein die gegenständlich-praktische Tätigkeit, die gegenüber der Denktätigkeit idealisiert wird. Defizitär bleibt ebenfalls die Frage, wie denn die interiorisierten materiellen äußeren Handlungen auf der inneren Ebene organisiert und strukturiert sind, und wie man sich die Entwicklung der kognitiven Persönlichkeitskomponenten vorzustellen hat. Selbst die Frage nach dem Inhalt der psychischen Tätigkeit bleibt in den beiden materialistischen Konzeptionen umstritten. Während in der Aneignungskonzeption von A.N. LEONTJEW die Objekte der Tätigkeit auf der inneren Ebene wiedergespiegelt werden, sind es in dem Interiorisationskonzept von GALPERIN die Gesamtheit der äußeren gegenständlichen Handlungen, wobei "die Objekte der Tätigkeit aus dem Inhalt der psychischen Tätigkeit ausgeschlossen werden" (BUDILOWA 1975, 234).

Das Aneignungs- nebst Interiorisationskonzept erklärt die Persönlichkeitsentwicklung ganz allgemein und abstrakt aus der historisch-gesellschaftlichen Entwicklung der Umwelt, in dem die gegenständlich-praktische Tätigkeit verabsolutiert wird. Dem Individuum selbst wird keine Bedeutung zuerkannt; Eigenaktivität gilt als Fehlerquelle.

Wenn in der nachfolgenden Übersicht (s.S. 96 f.) dieses "umweltkausalistische" Lernkonzept innerhalb der handlungstheoretischen bzw. dialektischen Person-Umwelt-Beziehung noch einmal idealtypisch mit dem PIAGET'schen Lernansatz verglichen wird, so deshalb, um zweierlei deutlich zu machen:

1.: Die Antwort auf die Frage, wie der Mensch zur Erkenntnis kommt, hat direkte Implikationen auf der lerntheoretischen Ebene zur Folge. Es wird hier deutlich, warum wir oben betont hatten, daß wir die epistemologische Dimension bei unseren Erörterungen zu reflektieren haben. Denn unser Bemühen, eine didaktische Begründung für das Lernen im Simulationsbüro zu erarbeiten, hängt konstitutiv mit erkenntnistheoretischen Fragen zusammen. Denn "Wer das 'Wie' der Vermittlung ohne das 'Wie' der Aneignung und beides ohne das 'Was' und 'Wozu' der Konstituierung eines Gegenstandes als Unterrichtsgegenstand betrachtet, verkürzt die Theorie des Unterrichts, den didaktischen Problemzusammenhang" (BONNE 1978, 189).

LERNKONZEPTE / UNTERSCHEIDUNGSDIMENSIONEN	"ORGANISMISCHES" LERNVERSTÄNDNIS (Ansatz von PIAGET)	"UMWELTKAUSALISTISCHES" LERNVERSTÄNDNIS INNERHALB DER DIALEKTISCHEN PERSON-UMWELT-BEZIEHUNG (Ansatz von LEONTJEW/GALPERIN)
Erkenntnistheoretische Dimension	Erkenntnis als individuelle Konstruktion der Wirklichkeit resultiert aus Assimilations- und Akkomodationsvorgängen im Individuum selbst. Nach der senso-motorischen Phase kann Erkenntnis letztlich aufgrund des a priori gegebenen mathematischen Denkens ohne jede physische Erfahrung erfolgen.	Erkenntnis als Abbild der gegenständlich-praktischen Tätigkeit, die sowohl den historisch-gesellschaftlichen Vergegenständlichungsprozeß als auch den individuellen Aneignungsprozeß beinhaltet. Sie wird also auf die praktische Tätigkeit/Handlung reduziert.
Kognitionstheoretische Dimension	Die Entwicklung der kognitiven Schemata sind genetisch bestimmt. Das Denken löst sich im Entwicklungsverlauf "stufenweise" von der praktischen Handlung und vollzieht sich letztlich ohne konkreten Bezug zur Wirklichkeit. Begriffe und Bedeutungen sind losgelöst von besonderen Inhalten der Wirklichkeit. Denken wird selbst zum Handeln und dient nicht dem Handeln.	Die kognitiven Abbilder gehen aus dem Aneignungsprozeß hervor. Sie entstehen mittels der Interiorisation, d.h. durch die Transformation äußerer Handlungen in eine innere geistige Handlung. Gleichzeitig haben die kognitiven Abbilder auch die Funktion, die materiellen Tätigkeitsvollzüge zu regulieren. Denken wird gleichgesetzt mit dem handlungsregulieren Abbild.
Lerntheoretische Dimension	Lernen kann nicht "von außen" erfolgen, sondern geschieht "von innen", d.h. durch eine Veränderung	Lernen geschieht nur durch aktive, praktische Tätigkeiten/Handlungen, also "von außen", entsprechend der

	Die kognitiven Strukturveränderungen vollziehen sich gewissermaßen durch spontane Erfahrungen des Kindes. Institutionalisierte Lernprozesse sind gebunden an die jeweilige altersspezifische Struktur des Denkens. Das Ziel des Lernens ist nicht mehr darauf ausgerichtet, den Lernenden mit Wissen und Kenntnissen "vollzustopfen", sondern ihm zu helfen, die strukturellen Veränderungen in intellektueller und moralischer Hinsicht zu erreichen, d.h. Hilfestellung zu geben, sich selbst "aufzubauen".	Die Regulation des äußeren Handlungsvollzuges funktioniert um so effektiver, je besser das handlungsregulierende Abbild, also das Denken, ausgebildet wird. Der Lernprozeß, der dies organisiert, ist die Methode von der etappenweisen Ausbildung geistiger Handlungen. Diese Aneignungsmethode steuert den Lernvorgang planmäßig und so umfassend, daß spezifische individuelle Voraussetzungen unberücksichtigt bleiben. Spontane Aktivität ist nicht nur nicht erwünscht, sondern wird als Hauptfehlerquelle bei der Aneignung geistiger Operationen angesehen.
Kern der Kritik	Umwelt wird dem Individuum nur gegenübergestellt und von ihm assimiliert; ein konkretes Eingreifen des Individuums in die Umwelt erfolgt nicht. Es werden innerhalb des Menschen einfach Kräfte angenommen, die für seine Entwicklung verantwortlich sind. Indem das Denken selbst zum Handeln wird und nicht dem Handeln dient, erfolgt einerseits keine Verifikation des Denkens und andererseits bedeutet dies, daß praktisches Handeln nur durch Bewegungen realisiert wird und nicht auch durch kognitive Prozesse begleitet wird. Bei PIAGET fehlt also ein äußeres Regulationskonzept.	Das Individuum greift zwar in die Umwelt durch Tätigkeiten/Handlungen aktiv ein, jedoch nur auf der Basis der vorher verinnerlichten Handlungen. Denken bleibt in bezug zur Wirklichkeit sekundär; idealisiert wird die gegenständlich-praktische Tätigkeit. Indem das Individuum nicht losgelöst von der praktischen Handlung denken kann, wird es durch die "geschaffene" Umwelt völlig determiniert, was zu einer ständigen Anpassung zwingt und damit zur Negation der Persönlichkeit, des Ichs.

2.: Die epistemologische Dimension ist abhängig von allgemeinen Weltbildern und Theorieansätzen. Wir hatten oben bereits (vgl. Kap. 2.) den PIAGET'schen Ansatz dem organismischen Weltbild zugeordnet. Der Ansatz von LEONTJEW/GALPERIN kann zwar dem Weltbild der dialektischen Person-Umwelt-Beziehung zugeordnet werden, doch betont diese Richtung der dialektisch-materialistischen Psychologie die gegenständlich-praktische Tätigkeit für die kognitive Entwicklung so kategorisch, daß die Reflexivität als eine Kernannahme des "epistemologischen Subjektmodells" kaum Bedeutung gewinnt. Wir wollen diesen Ansatz daher als 'naiven Materialismus' innerhalb der dialektischen Person-Umwelt-Beziehung kennzeichnen. Diese Einordnung der Theorie PIAGET's und die des 'naiven Materialismus' zu unterschiedlichen Weltbildern bringt Konsequenzen für die Integration bzw. Synthese dieser Theorien mit sich: "Theorien, die auf verschiedenen Weltbildern basieren, sind logisch unabhängig voneinander und können nicht ineinander überführt werden. Sie spiegeln unterschiedliche Weisen der Weltbetrachtung wider und sind als solche in ihren Implikationen unvereinbar " (REESE/OVERTON 1979, 55).

Gerade der unterschiedliche logische Status von Theorien aufgrund ihres anderen Weltbildes wird bei Handlungsansätzen, die eine Einheit von Tun und Denken, von Arbeiten und Lernen postulieren, nicht immer beachtet. Dies hängt u.E. damit zusammen, daß das Weltbild der handlungstheoretischen Person-Umwelt-Beziehung im Gegensatz zu dem mechanischen und organismischen Weltbild noch ein recht junges Paradigma darstellt (vgl. LOOFT 1979, 358), das in den Sozialwissenschaften allgemein, bzw. in der Psychologie speziell, noch nicht durch spezifischere und präzisere Theorien "ausgefüllt" werden konnte. Das unbefriedigende Vakuum zwischen dem allgemeinen Weltbild der dialektischen Person-Umwelt-Beziehung und dem Bedürfnis, dem Praktiker schnell theoriegeleitete Handlungsempfehlungen geben zu können, um damit auch die Praxisrelevanz des neuen Paradigmas zu bezeugen, wird oft voreiligt mit "pragmatischeren" Ansätzen aus den anderen Weltbildern behoben.

SIMON (1980) legt z.B. eine Studie zur Integration der Arbeitspsychologie HACKER's (1978) und der Entwicklungstheorie PIAGET's vor, um Kriterien für einen lernwirksamen, d.h. persönlichkeitsfördernden Arbeitsprozeß zu gewinnen. Der arbeitspsychologische Ansatz HACKER's baut aber auf den Annahmen und Ergebnissen der dialektisch-materialistischen Psychologie auf, insbesondere der Konzeption von LEONTJEW/GALPERIN, was auch von SIMON (1980, 21 f.) konstatiert und in einem Exkurs (vgl. a.a.O., 72 ff.) besonders expliziert wird. Nach SIMON bietet sich eine Konfrontation der arbeitspsychologischen Lernkonzeption und der Entwicklungstheorie PIAGET's an, "weil die entwicklungspsychologische Auffassung von kognitiver Erweiterung mit den zentralen Annahmen der materialistischen Persönlichkeitstheorie vereinbar ist" (a. a.O., 223). Als zentrale Annahme der beiden Konzeptionen wird die sich über Handeln realisierende kognitive Persönlichkeitserweiterung begriffen (vgl. a.a.O., 224). Dieser Zusammenhang ist auf der erkenntnistheoretischen Ebene zwar formal richtig, jedoch wird der Handlungsbegriff durch das allgemeine Weltbild, in dem er gebraucht wird, inhaltlich bestimmt; im organismischen Weltbild, also bei PIAGET, rein abstrakt. Denken und Erkenntnis vollzieht sich mittels Handlungen im Organismus selbst, entsprechend nach dem Aufbau der genetisch bestimmten kognitiven Strukturen und letztlich ohne konkreten Bezug zur Wirklichkeit. Im Weltbild der dialektischen Person-Umwelt-Beziehung sind Handlungen praktischer Natur. Mit ihnen wird aktiv in die Umwelt(Situation) eingegriffen. Die vom Individuum regulierten Handlungen wirken auf das Subjekt zurück. Der logische Status der Theorien aufgrund der unterschiedlichen Weltbilder wurde daher nicht genügend beachtet.

Ein anderes Beispiel liefert HALFPAP (1980). Er hat als erster ein am Berufsfeld Wirtschaft und Verwaltung exemplifiziertes handlungstheoretisches Modell für die Gestaltung des

Berufsvorbereitungsjahres erarbeitet und als methodische Realisierungsmöglichkeit den "Dynamischen Handlungsunterricht" vorgeschlagen (vgl. a.a.O., 248 ff.). Um das handlungstheoretische Modell zu differenzieren und zu erweitern, vergleicht er es mit vier Hauptmodellen neuerer Didaktiktheorien, dem geisteswissenschaftlichen, informationstheoretischen, curricularen und dem emanzipatorisch-kritischen Didaktikmodell (vgl. a.a.O., 340 ff.). Bei der Analyse wird der logische Status der genannten Didaktikmodelle, der aus der Zuordnung zu allgemeinen Weltbildern resultiert, nicht stringent beachtet. So weist bereits H.J. KAISER (1972) darauf hin, daß die These von der geisteswissenschaftlichen Didaktik vom Primat der Didaktik vor der Methodik auf einem technologischen Methodikverständnis beruht, was einer Individuum-Umwelt-Interaktion zuwiderläuft. Das geisteswissenschaftliche Didaktikmodell wäre demnach eher dem mechanischen Weltbild zuzuordnen.

Zusammenfassend ist hier festzuhalten, daß eine einfache Erweiterung bzw. eine Synthese von Theorien und Modellen, die auf unterschiedlichen Weltbildern konstruiert wurden, logisch nicht haltbar sind. Vielmehr sind Theorien von einem Weltbild auf ein anderes zu übersetzen, d.h. Begriffe und Aussagen der zu übersetzenden Theorie sind in dem entsprechenden neuen Weltbild neu zu definieren und mit den Begriffen des neuen Weltbildes in Verbindung zu bringen. "Übersetzung bedeutet also nichts anderes als die Bildung einer völlig neuen Theorie aufgrund eines unvermischten Modells" (REESE/OVERTON 1979, 61). AEBLI hat u.E. eine solche Übersetzung geleistet, indem er die kognitive Theorie PIAGET's aus dem organismischen Weltbild durch die handlungstheoretischen Aspekte in das dialektische Weltbild einer Person-Umwelt-Beziehung transformierte. Wir haben daher auch oben vom Übergang zum "epistemologischen Subjektmodell" innerhalb der kognitiven Psychologie gesprochen (vgl. Kap. 3.2.4).

3.3.2.2 DIE ÄUSSERE DETERMINATION DER PSYCHISCHEN TÄTIGKEIT - VERMITTELS DER INNEREN BEDINGUNGEN (Ansatz von RUBINSTEIN)

Die dialektisch-materialistische Psychologie stützt sich auf die Kernthese, daß die psychischen Systeme durch die interiorisierten praktischen Tätigkeiten determiniert werden. Wie wir oben dargestellt haben, gehen die Vergegenständlichungs- und Aneignungstheorie A.N. LEONTJEW's und die Interiorisationstheorie GALPERIN's von der Prämisse aus, daß die psychische Entwicklung unmittelbar durch die äußere konkrete Tätigkeit bestimmt wird. Die inneren psychischen Voraussetzungen und Bedingungen für die Aufnahme und den Vollzug der äußeren Tätigkeit - sprich das kognitive System eines Individuums bzw. ganz allgemein die Persönlichkeit - können nach dieser Auffassung vernachlässigt werden. Die Aneignungsmethode, d.h. die Theorie der etappenweisen Ausbildung geistiger Handlungen, entscheidet letztlich über den Lernerfolg. RUNBINSTEIN dagegen geht von der These aus, daß die äußeren Einwirkungen durch die inneren Bedingungen eines Individuums "gebrochen" werden (vgl. RUBINSTEIN 1977, 9 ff.; ders. 1977 a, 43, 246 ff.; ders. 1979, 121, 193 f.). Demzufolge verläuft die äußere Determination des Psychischen nicht mechanisch "von außen nach innen", sondern wird durch die inneren Bedingungen vermittelt.

Die RUBINSTEIN'sche Interpretation des dialektisch-materialistischen Prinzips des Determinismus, legt sofort die Frage nahe, was a) unter dem "Äußeren" und b) unter den "inneren Bedingungen" zu verstehen ist. RUBINSTEIN's Ausführungen bleiben hier sehr allgemein und abstrakt. Unter dem "Äußeren" werden die den Menschen umgebenden realen Objekte und Erscheinungen seiner Umwelt angesehen und deren vielfältigen Beziehungen und Zusammenhänge, seiner Kultur also im weitesten Sinne. Zu den "inneren Bedingungen" gehören die durch die individuelle Erfahrung eines Menschen akkumulierten Fertigkeiten, Gewohnheiten, Kenntnisse und Fähigkeiten, sowie seine Gefühle, Bedürfnisse und Einstellungen. Diesen "inneren Bedingungen" sind wir bei der Deskription der Entwicklungslinie der "westlichen" Psychologie ständig begegnet, wenn auch in anderen Terminologien. So haben wir von "kognitiven Strukturen", "inneren Modellen" oder von "Orientierungsgrundlage" gesprochen.

Die Auffassung des Prinzips des Determinismus, wonach die äußeren Einwirkungen durch den Einfluß der "inneren Bedingungen" vermittelt werden, führt zu zwei wesentlichen Konsequenzen innerhalb der materialistischen Psychologie:

1. Die Einführung der "inneren Bedingungen" eines Individuums führt zur Berücksichtigung des Persönlichkeitsproblems in der Psychologie: "Bei der Erklärung irgendwelcher psychischer Erscheinungen tritt die Persönlichkeit als zur Einheit verbundene Gesamtheit innerer Bedingungen auf, durch die alle äußeren Einwirkungen gebrochen werden" (RUBINSTEIN 1977, 11), was auch zu einer erweiterten Aufgabenstellung der psychologischen Forschung führt: "Die Untersuchung der inneren psychologischen Gesetzmäßigkeiten, die den psychischen Effekt einer äusseren Einwirkung bedingen, ist eine fundamentale Aufgabe der psychologischen Forschung" (RUBINSTEIN 1977 a, 246).

2. Betonung der Wechselbeziehungen zwischen den "äußeren Ursachen" und den "inneren Bedingungen" und damit zugleich Ablehnung des "mechanischen Determinismus" als auch von einseitigen organismischen Konzeptionen (vgl. RUBINSTEIN 1977, 10 f.). Die "inneren Bedingungen" entwickeln sich im Laufe der Ontogenese durch die praktische Tätigkeit. "Da die inneren Bedingungen, durch die in jedem Augenblick die äußeren Einwirkungen auf die Persönlichkeit gebrochen werden, abhängig von den voran-

gegangenen äußeren Wechselwirkungen entstanden sind, bedeutet der Satz von der Brechung der äußeren Einwirkungen durch die inneren Bedingungen zugleich, daß der psychische Effekt jeder äußeren Einwirkung (auch der pädagogischen) durch die Entwicklungsgeschichte der Persönlichkeit bedingt ist" (RUBINSTEIN 1979, 194).

Mit seiner "Zweifaktorentheorie" kritisiert RUBINSTEIN die Interpretation des Determinismusprinzips durch LEONTJEW/GALPERIN, die mit ihrer Interiorisationstheorie die äußeren Einflüsse zum Grundmechanismus der geistigen Entwicklung erheben:

"Es ist falsch, zu glauben, der Prototyp jeder geistigen 'Tätigkeit' sei die materielle Handlung. Ebenso falsch ist die Annahme, eine geistige Handlung könne ausschließlich entstehen durch die Hinwendung zu der ihr "entsprechenden" materiellen Handlung, die sie auf geistiger Ebene 'reproduziere' oder von der sie ausgehe. (...) Diese Theorie unterstreicht einseitig die Determination des Inneren durch das Äußere, ohne die innere Bedingtheit dieser äußeren Determination zu zeigen." (RUBINSTEIN 1979, 176).

RUBINSTEIN (vgl. 1979, 176 f.) kritisiert vor allem, daß die Anhänger des "mechanischen Determinismus" die Erkenntnis auf die Orientierungstätigkeit zurückführen. Indem es genügt, sich nach einem gegebenen Muster zu orientieren, wird es nicht notwendig, Wirklichkeit gründlich zu analysieren und zu erkennen. Somit wird die Erkenntnistätigkeit auf die Orientierungstätigkeit reduziert und nicht auch als analytisch-synthetische Tätigkeit aufgefaßt.

Diese unterschiedlichen Auffassungen vom Umfang und Wesen der Erkenntnistätigkeit findet auch seinen Niederschlag in der Widerspiegelungstheorie, d.h. in den Vorstellungen zur psychischen Repräsentation der realen Objektwelt. Einheitlich wird in der dialektisch-materialistischen Psychologie angenommen, daß sich die psychischen Abbilder mit ihrem gnostischen Inhalt nicht vom Gegenstand in der Realität trennen lassen. Während aber die psychischen Abbilder in der Konzeption A.N. LEONTJEW's mit den realen Gegenständen bzw. Objekten identisch sind, sprechen nach der Auffassung RUBINSTEIN's vom Prinzip des Determinismus zwei Gründe dagegen (vgl. RUBINSTEIN 1977 a, 45 f.):

1. Die Abbilder können "niemals den ganzen unendlichen Reichtum, die ganze Fülle seines Inhalts ausschöpfen";
2. der ursprüngliche, unmittelbar sinnlich gegebene Inhalt des Gegenstandes verändert sich mit Hilfe des Denkens (Analyse, Synthese, Abstraktion, Verallgemeinerung) im Erkenntnisprozeß selbst.

Erkenntnis resultiert nach RUBINSTEIN aus den Produkten der psychischen Tätigkeit, der Widerspiegelung der objektiven Realität in Form des Abbildes bzw. in Form eines Begriffes. Dabei ist die Widerspiegelung kein statisches Abbild, sondern ein Prozeß, Tätigkeit des Subjekts, in deren Verlauf sich die subjektive Erkenntis in zunehmendem Maß dem gegenständlichen Objekt annähert (vgl. RUBINSTEIN 1977, 23 f.; ders. 1977 a, 42). Mit der Auffassung des Psychischen als Prozeß wird die kognitive Entwicklung des Individuums gleichgesetzt mit einem spiralförmigen Entwicklungsprozeß der Widerspiegelungstätigkeit und damit der Erkenntnistätigkeit. RUBINSTEIN unterscheidet zwei Formen der Widerspiegelungstätigkeit:

- die sinnliche Widerspiegelung oder Erkenntnis; das psychische Ergebnis ist das Abbild eines Gegenstandes der Realität.
- die theoretische oder analytisch-synthetische Widerspiegelung oder Erkenntnis (= Denkprozeß); das psychische Ergebnis ist ein Begriff.

Die sinnliche Erkenntnis basiert auf den empirischen Empfindungen und Wahrnehmungen und spiegelt als ideelles Abbild Objekte der äußeren Realität wider. Von ihr geht jede Erkenntnis aus, darf sich aber - wie RUBINSTEIN immer wieder betont - nicht auf diese beschränken. In bezug auf die Konzeption von LEONTJEW/GALPERIN formuliert er nochmals:

"Die mechanistische Auffassung von der Determiniertheit der psychischen Erscheinungen unmittelbar durch die äußeren Einwirkungen, ohne Erkenntnistätigkeit des Subjekts, ohne die analytisch-synthetische Tätigkeit des Gehirns, zieht eine positivistische Gleichsetzung des Objektiven und des unmittelbar Gegebenen nach sich." (RUBINSTEIN 1977 a, 103 f.).

Die Objektivität eines Gegenstandes, d.h. die objektive Bestimmung eines Gegenstandes kann aber nicht allein durch die sinnliche Widerspiegelung erfolgen, weil im sinnlichen Abbild die Gegenstände entsprechend nach den Wahrnehmungsbedingungen des Subjekts widergespiegelt werden. Erst auf der theoretischen Ebene, im abstrakten Denken, können die Gegenstände "in reiner Form" erfaßt werden. Ferner werden zwar in der sinnlichen Erkenntnis die allgemeinen Eigenschaften der Dinge und Erscheinungen, wie das Einzelne, das Allgemeine, das Wesentliche, das Zufällige und Notwendige eines Objektes erkannt, "aber erst im Denken erscheint das Allgemeine als solches, in seinem Verhältnis zum Einzelnen" (RUBINSTEIN 1977 a, 116). Weil die sinnliche Widerspiegelung die Erkenntnisaufgaben nicht vollständig lösen kann, ergibt sich ein objektiv notwendiger Übergang zum abstrakten Denken, um das Sinnliche zu transzendieren (vgl. a.a.O., 114, 117, 118).

Die höchste Form der Widerspiegelung ist die theoretische Erkenntnis oder das Denken. Das Ergebnis dieses psychischen Prozesses stellen Begriffe dar. Die Wirklichkeit wird in Form begrifflich verallgemeinerter Bedeutungen widergespiegelt. Indem die realen Objekte durch die menschliche Erkenntnistätigkeit (durch sinnliche und theoretische Widerspiegelung) verinnerlicht und durch Begriffe objektiviert werden, werden sie wiederum zu Objekten der weiteren Denkarbeit. In dieser Eigenschaft können die ideellen Objekte der Denktätigkeit vom Subjekt isoliert sein und in den Bereich der Wissenschaften übergehen. Damit vollzieht sich ein Übergang des Ideellen - das aber immer einen bestimmten Aspekt des Seins objektiv widerspiegelt - in das System der wissenschaftlichen Erkenntis (vgl. RUBINSTEIN 1977, 24; ders. 1977 a, 46). Mittel des Denkprozesses sind vor allem Analyse und Synthese.

"Die Analyse irgendeines Ganzen hängt immer davon ab, nach welchen Merkmalen seine Teile vereinigt sind. Die richtige Analyse eines beliebigen Ganzen ist stets nicht nur eine Analyse der Teile, Elemente oder Eigenschaften, sondern auch eine ihrer Zusammenhänge oder Beziehungen. Sie führt daher auch nicht zum Zerfall des Ganzen, sondern zu einer Umstrukturierung des Ganzen, diese neue Korrelation der durch die Analyse ermittelten Komponenten des Ganzen, ist aber eine Synthese. Und ebenso wie die Analyse über eine Synthese, erfolgt die Synthese über eine Analyse, die die Teile, Elemente oder Eigenschaften in ihrem wechselseitigen Zusammenhang erfaßt." (RUBINSTEIN 1977, 25).

Die sinnliche und theoretische Erkenntnistätigkeit stehen in permanenter Wechselwirkung miteinander, wobei der Erkenntnisprozeß mit den sinnlichen Abbildern des Gegenstandes in Form der Empfindungen und Wahrnehmungen beginnt und sich im abstrakten Denken fortsetzt, wo sich die objektive Realität in Form der verallgemeinerten Begriffe widerspiegelt. Durch diese Art der Wechselwirkung des Menschen zum Objekt und der sukzessiven Veränderung dieses Verhältnisses differenzieren sich also die ideellen Abbilder, d.h. es werden neue Eigenschaften der Objekte wahrgenommen, einige Merkmale hervorgehoben, andere vernachlässigt, durch Umstrukturierungen werden neue Zusammenhänge und Beziehungen hergestellt. Die äußeren Objekte erscheinen in den kognitiven Abbildern daher nicht statisch, sondern in immer neuer Qualität, entsprechend den verschiedenen inneren Erkenntnisbedingungen des Subjekts.

Bisher haben wir versucht, die gnostische Verbindung des Materiellen mit dem Ideellen innerhalb der RUBINSTEIN'schen Determinismusinterpretation, zu klären. Die Frage nach der Beziehung von Äußerem und Innerem blieb dabei unbeachtet. Die Lösung dieses Problems ist - wie so vieles in der Konzeption RUBINSTEIN's - eine Wechselbeziehung. In diesem Fall eine Wechselbeziehung zwischen den kognitiven Abbildern und der konkreten Tätigkeit des Subjekts: Die Abbilder besitzen eine regulative Funktion in bezug auf die Handlungen des Menschen. Gerade weil der Psyche die Rolle des Regulators in der Auseinandersetzung des Individuums mit seiner Umwelt zukommt, muß sie das Sein objektiv widerspiegeln. Das Kriterium der Objektivität ist die Praxis.

"Die Widerspiegelung der Wirklichkeit durch ein Individuum und die Regulation seiner Tätigkeit lassen sich nicht voneinander trennen. Die objektive Bedeutung der Widerspiegelung im Leben besteht darin, die Tätigkeit zu regulieren; die Regulation der Tätigkeit ist jener Vorgang, der die Abbildung, die psychische Widerspiegelung praktisch gewährleistet." (RUBINSTEIN 1977 a, 286; vgl. auch a.a.O., 76).

Die kognitive Seite, die Regulation, ist konstitutiver Bestandteil einer Handlung. Die praktische Tätigkeit, die mittels physiologischer Bewegungen realisiert wird, kann nicht auf ihren äußeren Ausdruck reduziert werden. In der Vorstellung, daß bei den physiologischen Prozessen auch kognitive Momente, sprich Regulationen, eine wesentliche Rolle spielen, wird die eigentliche Abkehr vom Reiz-Reaktions-Schema deutlich und die Hinwendung zum Wechselwirkungsmodell zwischen Mensch und Welt.

Die Erkenntnis der Wirklichkeit durch ein Individuum und die Regulation seiner Tätigkeit lassen sich in der Determinismusauffassung von RUBINSTEIN nicht voneinander trennen. Dies wird besonders durch die Formen der Regulation deutlich.

RUBINSTEIN (1977 a, 286 f.) unterscheidet die Antriebs- oder Anregungsregulation und die Ausführungsregulation voneinander. Während die Antriebsregulation durch Bedürfnisse ausgelöst wird, sorgt die Ausführungsregulation dafür, daß das Handlungsziel entsprechend unter den vorgefundenen Bedingungen realisiert werden kann. Demnach sind an den Regulationsprozessen alle psychischen Komponenten eines Subjekts beteiligt: Wünsche, Bedürfnisse, Gefühle, als auch Wahrnehmungs- und Denkakte. Bei der Ausführungsregulation stehen die Erkenntnisprozesse im Vordergrund, d.h. die Handlungsbedingungen müssen wahrgenommen und analysiert werden, und bei der Antriebsregulation dominieren die "affektiven" Komponenten, wie Bedürfnisse, Wünsche, Emotionen. Die Wechselbeziehung von Äußerem und Innerem entpuppt sich also schließlich als ein äußerst komplexes Problem, das Problem der Kognitionen, ihres Aufbaues, ihrer Entwicklung und ihrer Funktionsweise. Eine differenzierte Vorstellung, d.h. eine explizite Theorie der kognitiven Entwicklung und ihres inneren Aufbaues entwickelte RUBINSTEIN nicht. Vielmehr betont er immer wieder ganz allgemein, daß die psychischen Prozesse durch die äusseren praktischen Handlungen entstehen und sich durch diese entwickeln (vgl. z.B. RUBINSTEIN 1979, 123).

Fassen wir zusammen: Mit der Aufarbeitung der Entwicklungslinien innerhalb der dialektisch-materialistischen Psychologie wollten wir diejenige theoretische Konzeption bestimmen, mit der wir das "epistemologische Subjektmodell", also das Menschenbild innerhalb der dialektischen Person-Umwelt-Beziehung - neben dem handlungstheoretischen Ansatz von AEBLI - mit abstützen können. Die Aneignungskonzeption von A.N. LEONTJEW und die Theorie der etappenweisen Ausbildung geistiger Handlungen von GALPERIN, die beide das Determinismusprinzip dahingehend interpretieren, daß die Psyche unmittelbar durch die äußere Tätigkeit determiniert ist, wurde von uns als "naiver Materialismus" bezeichnet. Diese Richtung in der materialistischen Psychologie scheiterte an dem Reflexivitätskriterium des "epistemologischen Subjektmodells", weil Denkprozesse hier kaum eine Rolle spielen. Wie verhält es sich nun aber mit dem Ansatz von RUBINSTEIN und seiner Auffassung vom Prinzip des Determinismus? Durch die These, daß die äusseren Einwirkungen über die "inneren Bedingungen" eines Subjekts vermittelt werden, spielen nicht nur die über Handlungen interiorisierten Objekte eine Rolle, sondern auch der Denkakt. "Jeder Denkakt verändert die Beziehungen zwischen Subjekt und Objekt; jeder Denkakt verändert die Problemsituation, und jede Veränderung der Problemsituation löst eine weitere Bewegung des Denkens aus" (RUBINSTEIN 1977, 24). So besitzt vor allem die Art und Weise, wie ein Objekt analysiert, synthetisiert und verallgemeinert wird, für den Erfolg einer Handlung große Bedeutung, weil Denkakte die Regulation der bewußten Handlung steuern. Durch den Denkprozeß als Teil der "inneren Bedingungen" wird der Mensch in der Konzeption RUBINSTEIN's reflexiv. Die im Begriff objektivierten Gegenstände und Erscheinungen der objektiven Umwelt können im Denkprozeß in immer neue Beziehungen gesetzt werden. Eine Problemsituation kann dadurch gedanklich verarbeitet werden und es lassen sich Lösungsmöglichkeiten konstruieren, die dann die Handlung regulieren. Somit läßt sich für unsere Zwecke aus der Konzeption RUBINSTEIN's hier folgendes festhalten:

1. Ein Handlungsakt ist immer ein individueller Akt, weil er von den "inneren Bedingungen" eines Individuums abhängt.

2. Die "inneren Bedingungen" (= kognitives System) regulieren einerseits die Handlung und andererseits erfolgt durch die Handlung die sinnliche Wahrnehmung der Objekte, die sich im Abbild widerspiegeln und mit denen im Denkakt in Form von Begriffen dann "operiert" werden kann. Im Denkprozeß werden die Objekte analysiert, verallgemeinert, synthetisiert, d.h. zu neuen Beziehungen wieder verknüpft. Die Entstehung der psychischen Systeme basiert auf der

"Entstehung des bewußten Handelns" (vgl. RUBINSTEIN 1977 a, 303). Dabei wird aber nicht die Handlung selbst widergespiegelt, sondern die Objekte und Erscheinungen der Realität. Das Wissen wird demnach durch die Objekte determiniert (vgl. RUBINSTEIN 1977, 21).

3. Die "inneren Bedingungen" resultieren aus der Erfahrungsgeschichte eines Individuums, also aus der Wechselwirkung zwischen Subjekt und Objekt und konstituieren die Persönlichkeit (vgl. RUBINSTEIN 1979, 194).

Diese zusammengefaßten Aussagen machen deutlich, daß die RUBINSTEIN'sche Konzeption diejenige Richtung innerhalb der dialektisch-materialistischen Psychologie darstellt, die in ihren Deutungsmustern den Annahmen des Menschenbildes innerhalb der handlungstheoretischen Person-Umwelt-Beziehung (Reflexivität und Intentionalität des Menschen, sowie die Wechselwirkung zwischen Subjekt und Objekt) am ehesten entspricht.

RUBINSTEIN hat zwar im Gegensatz zu den Vertretern des "mechanistischen Determinismus" das Konstrukt der "inneren Bedingungen" betont, was dazu führte, daß die Persönlichkeit und damit der einzelne, individuelle Mensch nicht aus dem Blickfeld materialistisch-psychologischer Forschung geriet, konkretisierte dieses Konstrukt selbst aber kaum. Defizitär in diesem Ansatz bleibt somit vor allem die Frage nach dem inneren Aufbau und der Entwicklung der psychischen Systeme. Weil in der Konzeption RUBINSTEIN's der Schemagedanke als wesentliches Ordnungselement des Wahrnehmens, Handelns, Verstehens und Denkens noch keine Verwendung findet[1], bleibt offen, wie die Vielzahl der Objekte in geordnete Zusammenhänge gebracht werden, um auch handlungsregulierend wirken zu können (s.S. 115 f., 117 ff.).

---

1) Der Schemagedanke dürfte erstmals von SELZ (1913) als Vorgang der Ordnungsbildung in der Psychologie verwandt worden sein (vgl. KLUWE 1979, 22 ff.).

Abschließend bleiben für unseren Zusammenhang hier bereits folgende Erkenntnisse aus der dialektisch-materialistischen Psychologie wesentlich: Es ist gerade das Verdienst der materialistischen Psychologie betont zu haben, daß sowohl das "Objekt" als auch das Tun selbst historisch-gesellschaftlich eingebunden und bestimmt sind, und die Entwicklung geistiger Funktionen des Menschen unmittelbar mit dem Entwicklungsprozeß der menschlichen Arbeit verbunden ist. Zu diesem Zweck führte A.N. LEONTJEW (1973, 1977) den Begriff der gegenständlichen Tätigkeit als wesentliches Erklärungsprinzip in die Psychologie ein (vgl. JUDIN 1977), um die Lücke zwischen Subjekt und Objekt zu schließen. Damit wurde ein wesentlicher Beitrag für die Analyse von Sozialisationsprozessen geleistet. Daraus darf allerdings nicht abgeleitet werden, daß

1. die gesellschaftlichen Arbeitsprozesse den einzigen Sozialisationszusammenhang bilden, aus dem bereits alle individuellen Unterschiede hinsichtlich kognitiver und affektiver Persönlichkeitskomponenten erklärbar werden (vgl. JUDIN 1977, 301; SIMON 1980, 74);

2. grundsätzlich alle Arbeitsprozesse konstruktive Lern- und Entwicklungsfortschritte auslösen. Denn unter den derzeitigen sozial-historischen Produktionsformen befinden sich gerade monotone, repetitive Arbeitsvollzüge, die eher persönlichkeitsretardierende Wirkungen auslösen dürften als vorhandene Handlungsdispositionen zu fördern und auszubauen (vgl. GROSKURTH 1979). Auf diesen Aspekt wird noch ausführlich zurückzukommen sein.

3.4 Zusammenfassung und erste allgemeine Konsequenzen für institutionalisierte Lernprozesse

Das Lernen im Simulationsbüro wird vorwiegend mit der didaktischen Idee des praxisnahen Übens legitimiert. Dieser im grossen und ganzen richtige Gedanke konnte sich in der wirtschaftsberuflichen Ausbildung bisher kaum durchsetzen, weil das "dualistische Prinzip" - in den vielfältigsten Formen - den Kern der bundesrepublikanischen Berufsausbildung darstellt, insbesondere auch auf der erkenntnistheoretischen Ebene (vgl. KELL 1971, 173 ff.). Sofern Theorie und Praxis, Denken und Handeln als zwei weitgehend unabhängige Bereiche angesehen werden, ist die Vorstellung von individueller Entwicklung - sowohl motorischer als auch geistiger Art - durch praktische Handlungen mehr oder minder fragwürdig. Wer deshalb didaktische Grundlagen für das Lernen im Simulationsbüro erarbeiten und theoretisch begründen will, muß von der Einheit von Theorie und Praxis, von Denken und Handeln ausgehen. Solche paradigmatische Vorstellungen sind Kennzeichen von Handlungstheorien.

Handlungstheorien gehen von einem bestimmten Menschenbild aus, das bestimmte anthropologische Grundannahmen voraussetzt. Wir sind allgemein von einer Modellvorstellung des Menschen ausgegangen, der sich selbst in einer Situation stehend denken kann (Reflexivität) und der zielbezogen auf seine Umwelt (Situationen) handeln kann (Intentionalität). Durch die bewußten, zielgerichteten Aktivitäten bilden sich die psychischen Prozesse und Strukturen aus, die dem Menschen Aufschluß über die Beschaffenheit seiner Umgebung vermitteln und die wiederum die Grundlage seiner Aktivitäten darstellen. Das psychische System wurde je nach betrachteter theoretischer Konzeption allgemein als Orientierungsgrundlage, inneres Modell bzw. Abbild oder als Kognitionen bzw. kognitives System bezeichnet. Aufgrund dieses Menschenbildes, auch "epistemologisches Subjektmodell" genannt, unterscheiden sich die handlungspsychologischen Ansätze von anderen psychologischen Theorien, die z.B. von mechanischen Annahmen ausgehen und den Menschen eher als einen Automaten betrachten (S-R-Schema) oder von mehr "individuumzentrierten Theorien, die gewissermaßen von einem statischen, "in sich ruhenden" Eigenschaftsmodell der Persönlichkeit ausgehen.

Aus den unterschiedlichen psychologischen Entwicklungstraditionen wurden zwei theoretische Konzeptionen vorgestellt bzw. herausgearbeitet, die das "epistemologische Subjektmodell" abstützen bzw. weiter ausdifferenzierten und konkretisierten. Es sind dies die handlungstheoretischen Ansätze von AEBLI und RUBINSTEIN, die folgende gemeinsame kognitionstheoretische Implikationen aufweisen:

- Interne Medien zur Rekonstruktion von Wirklichkeit sind letztlich semantische Systeme bzw. Modelle (z.B. Alltagssprache, Kunstsprachen der Wissenschaft). Sie gehen aus dem praktischen Handeln und der Wahrnehmung hervor und tragen als sekundäres Handlungssystem zur Erkenntnis und Deutung von Gegebenheiten und daher zur Effektivierung und Sicherung von praktischen Handlungen bei.
- Erkenntnis resultiert sowohl aus der praktischen Handlung mit den realen Objekten, sowie aus dem Denkprozeß als Metatätigkeit mittels der semantischen Modelle zur Planung, Steuerung und Kontrolle von Handlungen; letztere hat sich aber in praktischen Handlungen zu verifizieren.
- Kognitionen (bzw. die semantischen Konstruktionssysteme) lassen sich mit ihren erkenntnistheoretischen Inhalten nicht von realen Gegebenheiten trennen.
- Kognitive Prozesse stellen sich also heraus a) als zielbezogene Optimierung des Person-Umwelt-Bezuges innerhalb von Handlungen und b) als Orientierungsinstrument bei der Wahrnehmung von Situationen und bei der Deutung von Texten. Weil praktisches Handeln nicht allein auf Motorik reduziert werden kann, besitzen die kognitiven Konstruktionssysteme Dienstfunktion; sie sind die "Magd des Handelns" (AEBLI 1980, 91) bzw. übernehmen die "regulative Rolle" bei der Handlungsausführung (RUBINSTEIN 1977, 287).
- Eine Trennung von Objektbereichen des Denkens, d.h. ein spezifisches Denken über Objekte bzw. ein spezifisches Denken über Personen erfolgt nicht.

Bevor aus diesen gemeinsamen kognitionstheoretischen Schlußfolgerungen der beiden handlungstheoretischen Konzeptionen lerntheoretische Konsequenzen abzuleiten versucht werden, soll zunächst auch deutlich gemacht werden, wo die Konzeption AEBLI's gegenüber der RUBINSTEIN's sowohl a) in erkenntnistheoretischer und b) in kognitionstheoretischer Hinsicht weiterführend ist.

Zu a):

Durch die zielbezogene Einwirkung des Subjekts auf den Gegenstand entsteht eine Erkenntnisbeziehung im Subjekt, die AEBLI "Merkmalswissen" nennt. Die Gesamtheit der in der Welt vorfindlichen Tatsachen und Gegebenheiten bezeichnet AEBLI als Weltwissen; RUBINSTEIN dagegen als Bewußtsein. Einen entsprechenden Begriff für "Merkmalswissen" hat RUBINSTEIN nicht, weil er noch in einer "zweigliedrigen" Erkenntnisformel, der Subjekt-Objekt-Relation denkt. Die inhaltliche Unterscheidung zwischen AEBLI und RUBINSTEIN hinsichtlich der Erkenntnisdimension sehen wir gerade darin, daß AEBLI die Subjekt-Objekt-Dichotomie durch die "dreigliedrige" Erkenntnisformel, die Subjekt-Handlung-Objekt-Relation, ersetzt. Erinnern wir uns: RUBINSTEIN kritisierte an den Konzeptionen LEONTJEW's und GALPERIN's, daß durch die unmittelbare Determinierung der Psyche durch die äußeren Einwirkungen eine positivistische Gleichsetzung des Objektiven mit dem Gegebenen verbunden sei. Die sinnliche Erfahrung könnte aber nicht die ganze Vielfältigkeit der Objekte in der Realität erschließen. Von daher wird der Denkprozeß - Analyse, Synthese, Abstraktion und Verallgemeinerung - notwendig, um die Gegenstände "an sich" bzw. "in reiner Form" zu erkennen. Zwar stellt auch RUBINSTEIN (1977 a, 251) fest: "Das Abbild des Gegenstandes spiegelt den Gegenstand selbst wider, der im Handeln erscheint, und es spiegelt ihn so wider, wie er sich in der Handlung des Menschen zeigt." Die Implikationen dieser Einsicht, nämlich das Objekte selbst in Handlungsprozessen eingeschlossen sind, durch sie produziert bzw. verändert und bestimmt werden, und daß die Handlung selbst in den Erkenntnisvorgang eingeht, wird nicht konsequent problematisiert. Vielmehr steigt das sinnliche Abbild des Objektes, in dem das Objekt entsprechend den Wahrnehmungsbedingungen des Subjekts, die wiederum von den Handlungsvorgängen abhängig sind, widergespiegelt wird, umgehend in die Sphäre des abstrakten Denkens auf, wo das Objekt "in reiner Form" erkannt wird (vgl. RUBINSTEIN 1977 a, 116). Für RUBINSTEIN gibt es noch objektive Erkenntnis realer Objekte und Erscheinungen "an sich" (vgl. Abb. 8).

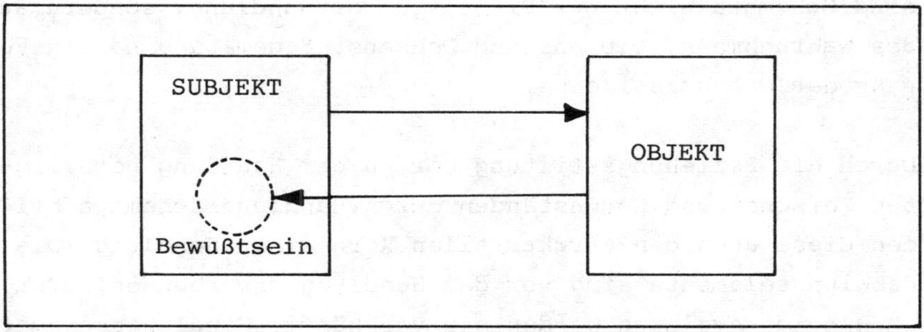

Abb. 8 : Objektive Erkenntnis realer Objekte "in reiner Form" bzw. "an sich"

Obwohl es das Verdienst der materialistischen Psychologie war, die "zweigliedrige" Formel (S-O-Beziehung) durch die "dreigliedrige" Formel (Subjekt-Tätigkeit-Objekt) zu ersetzen, und damit den gesamten Begriffsapparat der Psychologie änderte (vgl. LEONTJEW, A.N. 1977, 22f.) existiert bisher kaum eine materialistische Erkenntnistheorie, die auf der dreigliedrigen Formel gründet (vgl. LEISER 1978, 37 f.). Ein weiteres Problem der materialistischen Psychologie wird deutlich, fragt man nach den Beziehungen der erkannten Objekte, bzw. ihrer ausgebildeten Begriffe. Hierzu fehlen sowohl bei LEONTJEW und GALPERIN als auch bei RUBINSTEIN theoretische Vorstellungen. Was bleibt sind untereinander isolierte Begriffe, denen ein Ordnungsgerüst fehlt.

Im Ansatz von AEBLI tritt zwischen Subjekt und Objekt die Handlung, genauer: das Handlungsschema. Handlungsschemata sind die Bausteine des Handelns. Sie besitzen eine invariante Grundstruktur, sind wiederholbar und transferierbar. Das Verfügen über Handlungsschemata ist gleichzusetzen mit der Handlungskompetenz eines Menschen (vgl. AEBLI 1980, 81). Schemata sind hierarchisch gespeicherte Pläne von Handlungen im Sinne von MILLER/GALANTER/PRIBRAM (vgl. Kap. 3.2.1); sie leiten die Ausführung der Handlung sowie die systematische Suche von Informationen über einen Sachverhalt. Von daher sind Schemata nicht nur Einheiten der Handlung, sondern auch des Wahrnehmens, Deutens und Denkens. Schemata sind ein Vorgang der Ordnungsbildung.

Durch die Beziehungsstiftung der an der Handlung beteiligten Personen und Gegenständen durch Handlungsschemata bilden diese auch den strukturellen Kern einer Handlung. Die Handlungselemente sind vor der Handlung unverbunden; erst im Handlungsvollzug werden sie verknüpft. Handlungsschemata stiften daher Ordnung und teilen den beteiligten Handlungselementen Rollen zu. Innerhalb der Rollen, die die Elemente in Handlungen spielen, erwerben sie zum Teil neue Merkmale. Während einer "Schreibhandlung" kann z.B. ein Bleistift die Rolle des Schreibwerkzeuges besitzen; in einer anderen Handlungssituation kann ein Bleistift in Ermangelung eines Lineals deren Rolle übernehmen. Das erworbene Rollenmerkmal ist dasjenige des Lineals. Wir können auch sagen: Handlungsschemata konstituieren Merkmalswissen von Objekten. Denken wir nämlich alle Merkmale eines Objektes, die es durch vielfältigen Einbezug in verschiedenen Handlungssituationen gewonnen hat, weg, bleibt vom Gegenstand nichts übrig (vgl. AEBLI 1980, 134). Erkenntnistheoretisch betrachtet wird durch die Handlung jeweils nur ein Merkmal bzw. ein Aspekt des Gegenstandes durch das Subjekt erkannt. Auf der subjektiven Seite bedeutet die Handlung eine bestimmte Perspektive des Subjekts (vgl. Abb. 9).

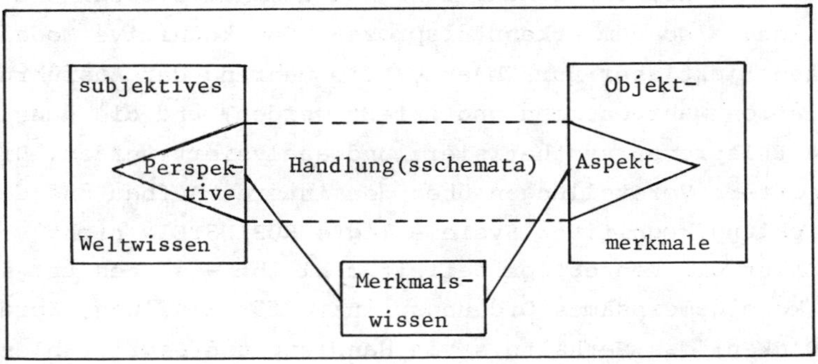

Abb. 9: Objektive Erkenntnis realer Objekte durch die Subjekt-Handlung-Objekt-Relation: Erkennen von Rollenmerkmalen

Der Einbezug der Handlung in den Erkenntnisvorgang führt zu der Konsequenz, daß das Wesen eines Objektes bzw. seine gesetzmäßige Funktionsweise weder "an sich" existiert, sondern daß es stets in bestimmten Handlungszusammenhängen eingebunden ist, die ihrerseits wiederum gesellschaftlich-historisch bestimmt sein können, und daß es daher erkenntnistheoretisch nicht <u>die</u> Umwelt gibt, sondern nur die durch Handlungen relativierte Umwelt. Somit gibt es kein Wissen "an sich", sondern immer nur ein Wissen "wozu" (vgl. auch die Erkenntnislehre des Systematischen Neopragmatismus bei STACHOWIAK 1980, 28). Kognitionstheoretisch (nach dem Ansatz von AEBLI) bedeutet dies, daß mit der Konstruktion bzw. Rekonstruktion eines Begriffes das Wesen eines Objektes niemals "völlig erfaßt" wird, sondern nur die entsprechende handlungsadäquate Perspektive.

<u>Zu b):</u>

Im Ansatz von RUBINSTEIN entwickelt sich das kognitive Modell aus einer zweifachen Wechselbeziehung: 1.) aus der Wechselbeziehung zwischen Äußerem und Innerem, der psychischen Regulation des menschlichen Handelns also und 2.) aus der gnostischen Wechselwirkung zwischen dem Materiellen und dem Ideellen, also dem Erkenntnisprozeß. Das kognitive Modell repräsentiert aber nur Objekte, die während der Ausführungsregulation wahrgenommen und erfaßt werden, und die dann im Erkenntnisprozeß synthetisiert und analysiert werden. Differenziertere Vorstellungen über den inneren Aufbau und der Entwicklung kognitiver Systeme legte RUBINSTEIN nicht vor. Weil hier die Konzeption defizitär bleibt - so besitzt sie z.B. kein gemeinsames Ordnungsprinzip für Handlung, Sprache und Denken; das Verhältnis von Handlung und Begriff bleibt ungeklärt - kann sie letztlich den Zusammenhang von Wissen und Aktion bzw. von Erkennen und Handeln nicht stringent ableiten; es bleibt hier ein theoretisches Vakuum.

Demgegenüber endet AEBLI's Handlungsansatz nicht damit, daß sich der Mensch in Auseinandersetzung mit Umweltbereichen ein internes Modell von Umwelt konstruiert, sondern er entwickelte explizite Vorstellungen über die strukturelle Organisation des Gedächtnisses und über die Affinität von Handlung und Begriff. Ausgehend von der These, daß Sprache ein "zweites Signalsystem der Wirklichkeit" (PAWLOW) ist, bzw. daß Sprache die Handlung mit anderen Mitteln fortsetzt, analysiert AEBLI eine Handlung genau mit dem gleichen formalen Gerüst, wie dies die Sprachtheoretiker unter semantischen Gesichtspunkten bei einem Sprechakt tun, nämlich mittels des Aussageformats. Weil die Speicherung von Handlungen, von sprachlich verschlüsselter Information und von Denkoperationen nach dem gleichen propositionellen Prinzip erfolgt, wird damit letztlich die Organisation des Gedächtnisses - die Wissensstrukturen können anschaulich als Netze dargestellt werden - aus der Organisation des Handelns erschlossen.

Das Verhältnis von Handlung und Begriff wird durch Handlungsschemata bestimmt. Handlungsschemata wie Begriffe sind reproduzierbar und übertragbar. Handlung und Begriff entstehen durch hierarchischen Aufbau, ihr struktureller Kern bildet ein Gefüge von Beziehungen. Daher ist es möglich, Begriffsbildungsprozesse durch praktisches Handeln zu unterstützen (vgl. Kap. 4.4.2).

Entwicklungstheoretisch betrachtet liegt der Ursprung der kognitiven Strukturen im Handeln und in der Wahrnehmung. So lernt das Kleinkind die ersten Objekte seines Wissens nur als geeignet für diese oder jene Handlung kennen. Auf dem Wege von der Handlung zum Denken ergeben sich im Laufe der Entwicklung Wandlungen der medialen Formen. Durch Begriffe und Denkoperationen (= abstrakte Handlungen) wird der interne Strukturaufbau effektiver und durchsichtiger.

Welche grundsätzlichen Implikationen lassen sich nun aus einem handlungsorientierten Ansatz der Persönlichkeitsentwicklung für berufliche Lernprozesse deduzieren? Nach dem Stand der Erörterungen lassen sich zumindest 5 Konsequenzen konstatieren:

1. Handeln und Denken, Praxis und Theorie, können nur im Zusammenhang gesehen werden. Die Trennung von fachpraktischer und fachtheoretischer Ausbildung ist daher zumindest partiell zu überwinden.
2. Aus dem handlungstheoretisch begründeten Zusammenhang von Handeln und Denken, von Praxis und Theorie ergibt sich, daß die beruflich zu verrichtenden Arbeitshandlungen potentielle Lernchancen für den Auszuführenden besitzen müssen; d.h. sie sollten zur Persönlichkeitserweiterung im Sinne der Differenzierung der kognitiven Strukturen des Ausführenden beitragen.
3. Der Einbezug von konkreten Handlungsvollzügen in den Lernprozeß dient als Grundlage für einen Abstraktionsprozeß, der abhängig ist von der Übersetzung der primä-

ren Handlung in medialen Formen, z.B. den Zeichensysteme. Weil das Denken eine Metatätigkeit über das konkrete Handeln ist, kann es keine vom Handeln völlig losgelöste Verhaltensform darstellen, und konkretes Handeln bietet von daher die Möglichkeit, Begriffsbildungsprozesse zu unterstützen (vgl. bes. Kap. 4.4.2).

4. Lernen ist als Handlungsprozeß zu organisieren, d.h. als ein bewußtes, zielorientiertes Tun. Dies führt dazu, daß didaktisch gesehen nicht mehr die Aufbereitung des Lehrstoffes im Mittelpunkt steht, sondern die zweckmäßige Organisation von Handlungen durch die Schüler bzw. Auszubildenden (vgl. LACHENMANN 1981, 313).

5. Die Rolle der Erfahrung, auch die im beruflichen Alltag gesammelten, müßte neu überdacht werden (vgl. WOHLWILL 1970, 237 f.). Dabei dürften Aussagen über die Erweiterung der kognitiven Persönlichkeitsmerkmale nicht nur isolierte Lernprozesse erfassen, in denen einzelne Fähigkeiten und Fertigkeiten erworben werden, sondern müßte die Gesamtheit der vorangegangenen und aktuellen Erfahrungen mit umfassen. Dies scheint nur mit einem "ökologischen Untersuchungsansatz" möglich zu sein, der die Mensch-Umwelt-Interaktion eines Individuums umfassen müßte (vgl. GRAUMANN 1978, BRONFENBRENNER 1981).

Diese lerntheoretischen Implikationen stellen die traditionellen schulischen Lernformen grundlegender in Frage, als man auf den ersten Blick vermuten kann. Denn mit dem handlungstheoretischen Ansatz wird die fundamentale Grundannahme der herkömmlichen schulischen Lernprinzipien zur Diskussion gestellt, nämlich das Konzept des Vorratswissens, d.h. es wird davon ausgegangen, daß im Unterricht für Situationen und Anforderungen gelernt werden kann, die erst in Zukunft auftreten können. Von daher spielen im heutigen Schulwesen weder das sogenannte Alltagswissen der Schüler, noch deren eigene Erfahrungsmöglichkeiten eine große Rolle. Das

Konzept des Vorratswissens, das metatheoretisch in dem organismischen bzw. mechanischen Weltbild zu verorten ist, kann vor allem auf vier Prämissen zurückgeführt werden:

a) DECARTES klassisches erkenntnistheoretisches Modell, das zwischen dem denkenden Subjekt und einer von diesem unabhängigen Außenwelt trennte, führte zu der Annahme, daß Erkenntnisse durch eine rein geistig ausgerichtete Aktivität des Bewußtseins zustande komme.

b) Auf der Grundlage des traditionellen erkenntnistheoretischen Modells fanden mechanische Erklärungsansätze aus der behavioristischen Richtung der Psychologie Eingang in entsprechende Lerntheorien. Durch die Annahme der Konstanz einer S-R-Verbindung, d.h. es wird ein Gleichbleiben der Reaktionen bei der Variation von Umweltbedingungen postuliert, wurde ein Kontakt mit der Welt für den Lernenden nicht für nötig erachtet (vgl. WERBIK 1978, 13).

c) Durch die Übernahme der neuhumanistischen Bildungskonzeption sollte jeglicher Einfluß von seiten der Arbeitswelt und der Herrschaftsverhältnisse (privater und staatlicher Art) vom Zögling ferngehalten werden, damit sich die im Heranwachsenden ruhenden Kräfte harmonisch zu einem idealen Menschsein entfalten könnten (vgl. BAUMGARDT 1977, 12 f.).

d) Die geisteswissenschaftliche Bildungstheorie lieferte die lernpsychologische Begründung für einen objektiven formalen Bildungswert bestimmter Stoffe, d.h. man ging von der Annahme aus, daß bestimmte Stoffe einen absoluten Transfereffekt besitzen.

Aus didaktischer Sicht führt das Konzept des Vorratswissens zu einer technologischen Sichtweise des unterrichtlichen Geschehens, weil

- Wissen, Kenntnisse, Einstellungen und Einsichten individuell für zukünftige Anwendungszusammenhänge akkumuliert werden sollen;
- der Lernstoff nur auf fachimmanente zu erreichende Ziele hin zweckrational instrumentalisiert wird;
- bei der Darstellung und Behandlung der Unterrichtsinhalte nicht die Sichtweise und die Wertungen der Schüler die maßgeblichen sind, sondern meist eine andere, quasi-objektive Perspektive;
- Unterrichtsgegenstände und -inhalte nach Fachdisziplinen ausgesucht werden, wobei meistens die historisch und sozial bedingten Erkenntnisinteressen, d.h. die handlungsadäquaten Perspektiven, ausgeklammert bleiben und somit ein Bild der Welt "an sich" vermittelt wird (vgl. DEWEY 1974, 248 ff.; GARLICHS/GRODDECK 1978, 11 ff.).

Es sind gerade aus Sicht des "epistemologischen Subjektmodells" die Erfahrungs- und Empfindungsfähigkeit der Lernenden, die durch das Konzept des Vorratswissens systematisch erschlagen wird, die aber für jeden Lernprozeß vorausgesetzt werden müßten.

Selbst im sogenannten dualen System der beruflichen Bildung, wo durch die Beteiligung mehrerer Lernorte noch am ehesten die Möglichkeit besteht, daß die Auszubildenden ihre berufliche Handlungskompetenz durch eigene Erfahrungen aufbauen können, wird dies durch strukturelle und organisatorische Mängel des dualen Systems gefährdet (vgl. PREYER 1978, 126 f.). Denn Dualität heißt nicht nur zwei Lernorte, und demnach das bisher kaum gelöste didaktisch-curriculare Problem der Abstimmung zwischen Berufsschulunterricht und der Betriebsausbildung, dessen zeitlicher Gleichlauf auch "didaktische Parallelität" genannt wird (vgl. KELL/LIPSMEIER 1976, 86), sondern auch Dualität der Erkenntnisgewinnung (vgl. KELL 1971, 173 ff.; ders. 1977, 70 ff.). Denn nach wie vor wird die berufliche Ausbildung in einen fachpraktischen Teil gegliedert, der dem Ausbildungsbetrieb zugeordnet wird und in einen theoretischen Teil, der durch den Berufsschulunterricht abzudecken ist. Da sich aber die Berufsausbildung nicht in zwei Arten der Erkenntnisgewinnung aufteilen läßt, und theoretische Aufarbeitung und Reflexion ohne Auseinandersetzung mit der Praxis und vice versa praktisches Handeln nicht theorielos ist, ist eine solche Dualität abzulehnen (vgl. PREYER 1978, 130). Weil "sich eine Unterscheidung zwischen fachpraktischer und fachtheoretischer Ausbildung immer weniger begründen und durchführen läßt" fordert LIPSMEIER (1978, 96) ein verstärktes Berufsbildungsangebot durch überbetriebliche Ausbildungsstätten. Eine solche Institution im kaufmännischen Bereich könnte das Lernbüro bzw. Simulationsbüro sein (vgl. LIPSMEIER 1978, 95).

Die metatheoretische Basis für dualistische Auffassungen liegt - wie für das Konzept des Vorratswissens - in mechanischen bzw. organismischen Weltbildern begründet (vgl. Kap. 2.). Wer die Trennung von Theorie und Praxis, von Denken und Handeln überwinden will, bedarf ein anderes metatheoretisches Konzept, das dann durch spezifische Theorien weiter zu präzisieren ist. Es wurde versucht, das dialektische Person-Umwelt-Modell durch handlungstheoretische Ansätze "aufzufüllen". Als lerntheoretische Implikation ergab sich ein enger Zusammenhang von Wissen und Aktion, sowie eine Reaktivierung der individuellen Erfahrungen, weil erst durch die Handlungen die speziellen psychischen Strukturen ausgebildet werden, die dann wiederum neue Handlungssequenzen organisieren und steuern. Aus didaktischer Sicht bedeutet dies, daß für den Erwerb beruflicher Kompetenzen nicht mehr begrifflich-abstrakte, allgemeine berufliche Inhalte den didaktischen Ausgangspunkt darstellen, sondern im Zentrum müßten die konkreten beruflichen Tätigkeiten stehen (vgl. auch HALFPAP 1980, 139). Weil der handlungstheoretische Ansatz die Erweiterung der kognitiven Persönlichkeitsmerkmale auf die Interaktion von Individuum und Umwelt zurückführt, darf sich eine Analyse der Entwicklungsvorgänge nicht nur auf den individuellen kognitiven Informationsverarbeitungsprozeß reduzieren, sondern hat auch die Umweltbereiche zu analysieren, die erst die psychischen Strukturen hervorgebracht haben. Von daher impliziert der Zusammenhang von Theorie und Praxis, von Lernen und Arbeiten letztlich, daß nicht mehr nur nach der Funktionalität institutionalisierter Lernprozesse für Arbeitsprozesse gefragt werden kann, sondern vice versa "auch Arbeitsprozesse nach ihrer Funktionalität für Lernprozesse, für die Entfaltung des Handlungs- und Lernpotentials der Individuen gestaltet und revidiert werden sollten" (LEMPERT 1974, 96).

Hinter diesen allgemeinen Schlußfolgerungen für berufliche Lernprozesse verbergen sich noch eine ganze Reihe offener Fragen und Probleme:

- Durch welche Unterschiede zeichnen sich die Begriffe "Tätigkeit" und "Handlung" aus? Welche strukturellen Komponenten umfassen sie?

- Welche Tätigkeitsarten in der individuellen Lerngeschichte gewährleisten die postulierte Einheit von Denken und Handeln? Welche didaktischen Konsequenzen sind daraus abzuleiten?

- Wann kann von persönlichkeitsförderlichen Arbeitsprozessen gesprochen werden? Aus welchen theoretischen Konzepten lassen sich Kriterien bzw. Anforderungen an Arbeitshandlungen ableiten?

- Welche Bedeutung besitzt das Alltagswissen und das wissenschaftliche Wissen für das "epistemologische Subjektmodell"?

- Werden die Handlungsteilnehmer (d.h. Personen und Sachen)

in einem einheitlichen Objektbereich des Denkens repräsentiert? Welche Rolle spielen dabei soziale Prozesse?

- Wie lassen sich Inhalte des Denkens, z.B. die Begriffe ausbilden? Können sie auch verbal vermittelt werden? Was ist dabei zu beachten?

- Welche Rolle spielen die motivationalen Aspekte in der menschlichen Tätigkeit?

- Zu welchen Konsequenzen führt ein handlungsorientierter Didaktikansatz für berufliches Lernen?

- Wie sollen curriculare Konzeptionen für institutionalisierte berufliche Lernprozesse gestaltet werden? Welche Lernorte erfordert ein handlungsorientierter Didaktikansatz im kaufmännisch-verwaltenden Bereich?

- Wie lassen sich auf der Basis einer "Didaktik des Handelns" eine inhaltliche Verknüpfung von Lernorten begründen?

- Wie sollten Lernprozesse im Simulationsbüro unter handlungsorientierten Gesichtspunkten arrangiert werden?

4. Der Handlungsaspekt in beruflichen Lernprozessen

4.1 Vorbemerkung

Ein handlungstheoretischer Ansatz der Persönlichkeitsentwicklung beinhaltet - wie abgeleitet wurde - eine Überwindung der Trennung von Theorie und Praxis, führt zu einer Neubetonung der individuell gesammelten Erfahrungen, setzt aus didaktischer Sicht bei beruflichen Lernprozessen an den konkreten zu erlernenden Fähigkeiten und Fertigkeiten an[1], und muß letztlich auch die Umweltbereiche analysieren, in denen sich durch die Subjekt-Objekt-Interaktion die psychischen Systeme ausbilden. Im folgenden soll versucht werden, mit vorliegenden theoretischen Konzepten und empirischen Ergebnissen über den Einfluß der beruflichen Arbeitserfahrungen auf die Persönlichkeitsentwicklung zu Anforderungskriterien zu gelangen, nach denen unter berufspädagogischer und didaktischer Perspektive der konkrete Erwerb beruflicher Kompetenzen zu organisieren ist. Damit wird gleichzeitig ein Analyseinstrument bereitgestellt, mit dem die derzeitige Berufsausbildung im kaufmännisch-verwaltenden Bereich beurteilt werden kann.

Bei der Darstellung allgemeiner handlungstheoretischer Kon-

---

1) Für Lernprozesse im allgemeinbildenden Bereich müßte ein handlungstheoretischer Ansatz aus didaktischer Sicht zumindest zu einer konsequenten "alltagsweltlichen" Orientierung führen, d.h. die inhaltlichen Ansatzpunkte im Unterricht müßten die konkreten Lebenssituationen und Probleme der Schüler sein und nicht eine fachwissenschaftliche Systematik. "Pädagogische Arbeit kann nur darin bestehen, die Alltagsspekulation der Kinder, die Phantasie als harte Materie aufzugreifen und umzustrukturieren, zu entwickeln, nicht einfach parallel dazu oder dagegen etwas zu setzen" (NEGT 1982, 134). Doch dürfte es für die Vermittlung von Handlungskompetenz nicht ausreichen, wenn nur mitgebrachte Denk- und Verhaltensverengungen aufgebrochen werden. Denn um von der "richtigen" Idee, vom "richtigen" Bewußtsein, zum Handeln zu kommen, müssen mit den Schülern die einzelnen konkreten Handlungsschemata, die Handlungspläne, die erst zum Handeln-Können führen, entworfen und aufgebaut werden. Dies ist aber in der Regel nur durch entsprechende Arbeits- oder Spielhandlungen möglich.

zepte zur Ausgestaltung des Weltbildes einer dialektischen Person-Umwelt-Beziehung waren wir aufgrund der unterschiedlichen Ansätze und der darin verwendeten Begriffssysteme weitgehendst gezwungen, auf die Anwendung einheitlicher Begriffe zu verzichten. Bei der nachfolgend zu entwickelnden Konzeption für berufliche Lernprozesse im kaufmännisch-verwaltenden Bereich bedarf es dagegen von vornherein präzisierter Begriffe.

4.2 Begriffsklärungen

4.2.1 Zum Bildungsbegriff

Als zentraler Gegenstand (berufs)pädagogischer Überlegungen und Auseinandersetzungen kann nach wie vor das Verhältnis von Allgemeinbildung und Berufsbildung angesehen werden. Die Trennung von allgemeiner und fachlicher Qualifizierung war die bildungspolitische Auswirkung der neuhumanistischen Position, die sich gegen eine utilitaristische Ausprägung der Pädagogik richtete. Nach der neuhumanistischen Bildungstheorie wurde in kritischer Distanz zu der Arbeitswelt und zu den Herrschaftsverhältnissen erzogen, womit diese Theorie "Berufsausbildung" bzw. "berufsbildende Schulen" aus ihrem Bildungsverständnis ausschloß. SPRANGER, KERSCHENSTEINER, FISCHER u.a. versuchten daher durch Berufsbildungstheorien die Berufsausbildung pädagogisch zu begründen und zu legitimieren. Die Integrationsproblematik dieser zwei Bereiche steht heute zwar im Vordergrund der bildungstheoretischen Diskussion[1], doch hat sich in der gesellschaftlichen Realität in der eindeutigen Vorrangstellung der auf Allgemeinbildung zielenden Bildungsgänge wenig geändert.

Die gegenwärtigen Integrationsbemühungen basieren auf einem

---

1) vgl. z.B. das am weitestgehendste Bildungsreformmodell des DEUTSCHEN BILDUNGSRATES 1974

Bildungskonzept, das nicht länger von der Annahme ausgeht, daß die Vermittlung humaner Kompetenz und fachlicher Kompetenz in getrennten Lernprozessen erfolgt. "Es gibt keinen abgrenzbaren Bereich von Disziplinen, Fächern oder Sachverhalten, deren Inhalte des Lernens die allgemeine menschliche Bildung fördern, während andere Inhalte und insbesondere jeder unmittelbare Berufsbezug den Lernprozeß zur blossen Ausbildung werden lasse" (DEUTSCHER BILDUNGSRAT 1974, 54). Die berufsbildenden Inhalte, die in der Sekundarstufe II angeboten und gelehrt werden, können und sollen demnach niemals nur sogenannte "fachliche Kompetenz" vermitteln, sondern zugleich "humane und soziale Kompetenz" (vgl. a.a.O., 57). So setzt sich mehr und mehr die Erkenntnis - gemäß der "neuen Bildungstheorie" - durch, daß das Allgemeine bzw. das Berufliche keine Gegensätze darstellen, sondern ein spezifischer Konkretisierungsgrad von Praxisbezug darstellen und daß demnach alle Schulen berufsqualifizierende Aufgaben besitzen (vgl. LIPSMEIER 1978, 144; TIPPELT 1981, 20 f.). Die grundlegenden Leitkategorien für berufliche Bildungsprozesse sind dabei "berufliche Tüchtigkeit" bzw. "berufliche Qualifizierung" und "Mündigkeit" bzw. "gesellschaftlich-politische Kompetenz", wobei die erste Kategorie die Gesamtheit der individuell auszubildenden Fähigkeiten, Kenntnisse und Fertigkeiten umfaßt, um berufliche Arbeitsfunktionen zu erfüllen und die zweite Kategorie zielt auf die Ausdifferenzierung von relativ selbständigen Persönlichkeiten, die in der Lage sind, ihre Bedürfnisse und Interessen zu artikulieren und durchzusetzen. Nach LIPSMEIER (1978, 147) "verweist dieses globale Doppelziel auf ein individuelles und gesellschaftliches Spannungsverhältnis", was "auch als eine neue Form der Aufhebung des alten Gegensatzes von Allgemeinbildung und Berufsbildung verstanden werden (kann)", und was auf der curricularen und organisatorischen Ebene vor allem zwei Probleme aufwirft, die die berufspädagogische Forschung vor neue Aufgaben stellt (vgl. KÄRTNER 1978, insbes. 9 ff.):

1. Erforschung des Zusammenhangs zwischen "berufsbezogenen" und "politisch-sozialen" Qualifikationen und deren Kombinierbarkeit.
2. Erforschung der Möglichkeiten und Grenzen der integrativen subjektiven Verarbeitung unterschiedlicher Lernanforderungen bzw. -erfahrungen an verschiedenen Lernorten der Berufsausbildung.

Im Mittelpunkt dieser Forschungsaufgaben steht das ambivalente Verhältnis der Lernorte "Betrieb" und "Schule", weil für den Erwerb der fachlichen Qualifikationen der Lernort "Betrieb" vom DEUTSCHEN BILDUNGSRAT als "unerläßlich" angesehen wird und "Schule" durch die Be- und Aufarbeitung der praktisch erfahrbaren Probleme und Konflikte allgemeine "gesellschaftlich-politische Kompetenz" vermitteln soll. Die berufspädagogische Kritik an der "neuen Bildungstheorie" entzündete sich dabei insbesondere

a) an dem Theoriedefizit in der Berufsausbildung und

b) an der Bildungsfunktion des Betriebes.

Zu a): Ausgehend von dem qualifikationstheoretischen Axiom der "neuen Bildungstheorie", daß die Kompetenzen des Subjekts grundsätzlich unteilbar sind, wird die Situation der Berufsausbildung im Hinblick auf das empirisch festgestellte Theoriedefizit gegenüber dem Bereich der höheren Schulbildung kritisiert. Die Argumentation lautet, daß gerade erst die theoretische Bildung

- die Voraussetzungen für höhere berufliche Flexibilität sei;
- die Fachkompetenz am Arbeitsplatz erhöhe;
- die "Entwicklung größerer politischer Autonomie" bedinge;
- die Fähigkeit fördere, die komplexen technischen, wirtschaftlichen und gesellschaftlichen Bedingungen der Arbeit

im Betrieb zu erkennen;
- Voraussetzung für betriebliche Demokratisierungsprozesse sei (vgl. KÄRTNER 1978, 10, 13).

Mit diesen Argumenten wird eine wesentlich verbesserte theoretische Ausbildung innerhalb der Berufsausbildung gefordert, um die Kompetenz-Defizite der Auszubildenden abzubauen, damit sie ihre "materiale Chancengleichheit" im Bereich der gesellschaftlich-politischen Kompetenz gegenüber den Abgängern aus den studienbezogenen Bildungsgängen wahren können. Damit wird auf das eigentlich pädagogisch-didaktische Problem, der Lernortfrage, verwiesen.

Zu b): In der kritischen berufspädagogischen Literatur wird dem Lernort "Betrieb" vor allem seine Bildungsfunktion bestritten, weil er

- diejenige Institution sei, in der die bewußtseins- und handlungsrelevanten Normen und Werte einer kapitalistischen Gesellschaft am unmittelbarsten zum Ausdruck kommen;
- durch kapitalistisches Konkurrenzverhalten und durch hierarchische und bürokratische Strukturen normative Orientierungen durchsetzt und damit die Entwicklung des moralischen Bewußtseins blockiert;
- diejenige Institution mit den geringsten Chancen einer Demokratisierung sei und demnach keine Lernprozesse ermögliche, die die gesellschaftlich-politische Kompetenz erhöhen könnte;
- aufgrund seiner Gewinnerzielungsabsichten selbst für gravierende Mängel der beruflichen Bildung verantwortlich ist, wie z.B. Übertretungen von rechtlichen Vorschriften des Jugendarbeitsschutz- und Berufsbildungsgesetzes;

- aufgrund seiner unmittelbaren Anschauung und Erfahrung nicht zu einer Reflektierung der betrieblichen Realität anhält, sondern zu einer unbefragten und als "sachnotwendig" angesehenen Verinnerlichung der Anforderungen führe (vgl. KÄRTNER 1978, 12 ff.; LEMPERT 1980, 90 ff.; TIPPELT 1981, 24 ff.; HOBBENSIEFKEN 1980, 365 ff.).

Die bildungstheoretisch-didaktische Konsequenz für den Erwerb der Leitkategorie "Mündigkeit" lautete deshalb: Die Vermittlung gesellschaftlich-politischer Kompetenz ist nur außerhalb des Betriebes denkbar, am Lernort "Schule", wo inhaltlich vor allem der Bereich der Arbeit und des Betriebes zu thematisieren sind, um kritisch die Konstitutionsprinzipien der betrieblichen Herrschafts- und Kooperationsstrukturen offenzulegen und damit die dieser Gesellschaft. Dem Lernort "Schule" wird damit eine "kompensatorische" Funktion gegenüber dem Lernort "Betrieb" zugewiesen (vgl. KÄRTNER 1978, 12). Diesem Kompensationsmodell immanent ist die Annahme, daß die Praxis, auf die sich Theorie bezieht, von einem Interesse an Mündigkeit im pädagogischen Sinne ausgeht. Wenn aber nun die Praxis, im Lernort "Betrieb", kein Interesse an einem kritischen Bewußtsein der Auszubildenden hat, lehnen die Auszubildenden das pädagogisch Wohlgemeinte ab, "weil es ihnen nicht hilft, ihre Lebenssituation in der Arbeitswelt zu bewältigen" und "die Anwendung des im Unterricht Gelernten im Extremfall dazu führt, daß man ... seine Existenz an den Hut stecken kann" (KUTSCHA 1980, 497). KUTSCHA, der die Frage nach den praktischen Bedingungen der Berufsausbildung konsequent aus der bildungstheoretischen Kategorie "Mündigkeit" ableitet, kommt daher zu einer das Kompensationsmodell überwindenden Schlußfolgerung, daß die Berufsausbildung "aus den Machtzentren unserer Gesellschaft, aus den auf Gewinnerzielung und Kapitalakkumulation, auf Verwertung von Arbeitskraft und Leistungssteigerung spezialisierten Wirtschaftsbetrieben herauszunehmen (sei) und Ausbildungseinrichtungen zu übertragen (ist), die

Berufsausbildung als kommunikatives Handeln in Verbindung mit praktischer Tätigkeit (...) ... zuläßt" (a.a.O., 498).

Wird die Entwicklung und Entfaltung der Persönlichkeit handlungstheoretisch interpretiert, so gewinnen auch die konkreten Arbeitstätigkeiten und deren Struktur Bedeutung. Sofern der Lernort "Betrieb" immer weniger Möglichkeiten zu eigenverantwortlichen komplexeren beruflichen Tätigkeiten läßt und weitgehend vorgegebene repetitive, monotone Arbeitsvollzüge zum Kennzeichen eines automatisierten Betriebes werden, nimmt der problematische Charakter dieses Lernortes für die Berufsausbildung auch auf der Ebene der fachlichen Qualifizierung zu. Wenn die Erreichung beider berufspädagogischen Leitkategorien, "berufliche Tüchtigkeit" und "Mündigkeit", innerhalb des derzeitigen Theorie-Praxis-Verhältnisses (zu den einzelnen Dimensionen dieses Verhältnisses vgl. KUTSCHA 1980), im sogenannten "dualen System", zunehmend fragwürdiger wird, stellt sich allgemein die Frage nach einer Reform der beruflichen Ausbildung und speziell auf unseren Untersuchungsgegenstand bezogen, die Frage nach einer Neuordnung der Berufsausbildung im kaufmännisch-verwaltenden Bereich. Wir werden auf diesen Aspekt weiter unten zurückkommen.

Kritisch gegen das neue bildungstheoretische Konzept kann nun eingewendet werden, daß es aufgrund des Postulats der materialen Chancengleichheit die Unterrichtsinhalte der Beliebigkeit preisgibt, oder daß die Ableitung der Zielkategorien vorwiegend unter wissenschaftstheoretischem Aspekt vorgenommen wurden und nicht vom Lernenden und seinen Interessen her. Auch erscheint die berufspädagogische Kritik an der Bildungsfunktion des Lernortes "Betrieb" überzogen und würde mit hoher Sicherheit durch eine kritische Analyse der Bildungsfunktion des Lernortes "Schule" relativiert werden. Denn pädagogische und soziologische Untersuchungen haben längst offengelegt, daß einerseits durch das sogenannte "hidden Curriculum" allzu oft die offiziellen pädagogischen Zielkategorien unterlaufen werden, und andererseits durch die zunehmende Orientierung der Schule an den Verwaltungszielen und deren bürokratischen Anforderungen die edukative Zielbestimmung des Lernortes "Schule" zunehmend gefährdet wird. Bereits vor 10 Jahren durchgeführte Untersuchungen zum Wirtschaftslehreunterricht in der kaufmännischen Berufsausbildung haben offengelegt, daß der Unterricht weder fachliche Qualifizierung noch gesellschaftlich-politische Kompetenz ausreichend vermittelt (vgl. KRUMM 1973; REETZ/WITT 1974). Daran hat sich bis heute wenig geändert (vgl. BOEHM 1982, 73 ff.); es muß sogar befürchtet werden, "daß im kaufmännischen Schulwesen alles noch formalistischer, unpersönlicher, normierter, bürokratischer und unwissenschaftlicher abläuft" (FUCHS 1982, 70). Von daher wäre auch der Lernort "Schule" mit in den Blick zu nehmen.

Aus handlungstheoretischer Sicht sind die Probleme der "neuen Bildungstheorie" nicht durch eine Vorrangigkeit der theoretischen Bildung zu lösen, die von einigen Berufspädagogen favorisiert wird. Es hat den Anschein, daß das seit über zweitausendjährige Denkmuster der Trennung von Theorie und Praxis selbst bei den Berufspädagogen noch nicht völlig überwunden ist, was zudem die Gefahr birgt, daß durch die Betonung der Theorie wieder in das klassische Bildungsverständnis zurückgefallen wird. Denn dieses Denkmuster beruht auf der irrigen Annahme, daß die richtige Idee, der richtige Gedanke, von sich aus ausreicht, handlungsleitende Kraft zu entfalten. Soll die pädagogische Leitkategorie "Mündigkeit" nicht Idee von einem relativ selbstgestalteten Leben bleiben und die Kategorie "berufliche Tüchtigkeit" nicht im Theoretisieren enden, erfordert es die Mobilisierung anderer Kräfte als nur die Hervorbringung des "bloßen" Denkens. Es erfordert vom Individuum darüber hinaus den praktischen Willen zum Handeln, d.h.

- die gedankliche Antizipation eines praktisch zu erreichenden Zieles;
- die gedankliche Bestimmung von Realisierungskonzepten und -mitteln;
- die Wahrnehmung von konkreten Sachen und Personen und deren gedankliche Einschätzung zum Gelingen des Tuns;
- die Koordination von sinnlichen und motorischen Abläufen zur Verwirklichung des Zieles oder anders formuliert: das praktische Inbeziehungsetzen der Handlungspartizipianten.

Sofern die Trennung von Allgemeinbildung und Berufsbildung durch materiale Chancengleichheit überwunden werden soll, und die inhaltliche Entzweiung durch eine relative Entspezialisierung und stärkere Theoretisierung der Berufsbildung angestrebt wird, durch den sogenannten didaktischen Kern der Wissenschaftspropädeutik (vgl. HOBBENSIEFKEN 1980, 375, 381 ff.), besteht nicht nur die Gefahr, daß insbesondere für die praktische Berufsausbildung die beiden Bereiche Denken und Handeln weiter auseinanderfallen, sondern daß sich bei den Auszubildenden auch der Eindruck verstärkt, daß Theorie und damit Reflexion als kaum hilfreich für die Bewältigung ihrer praktischen beruflichen und privaten Tätigkeiten angesehen wird. Sofern - gemäß der "neuen Bildungstheorie" - Bildung als ein jeweils spezifischer Konkretisierungsgrad von Praxisbezug verstanden wird, so impliziert dies Verständnis u.E. bereits eine Einheit von Wissen, Fähigkeiten und praktischem Handeln. Da in der Berufsausbildung der Praxisbezug am weitestgehendsten ist, muß hier das praktische berufliche Handeln-Können im Vordergrund stehen, wobei theoretisches Wissen (= begriffliches Denken) sowohl handlungsleitende und -kontrollierende Funktion besitzt, was voraussetzt, daß es "weltzugewandtes" Wissen ist, aber auch eine reflektierende Funktion zu erfüllen hat.

Bildung soll daher verstanden werden als die Einheit von Theorie und Praxis, als konkretes Handeln-Können und als Reflexion über dieses Handeln. Dieses Bildungsverständnis zielt auf die volle Handlungsfähigkeit des Menschen ab, nicht nur auf den "bloßen" Gedanken, auf die Schulung des kognitiven Apparates, sondern schließt die aktive Tatkraft, das Handeln, mit ein, was FUCKE (1981, 14) mit "Kultur der Handlungsfähigkeit" umschreibt. Von diesem Bildungsverständnis aus ist ein entsprechendes Lernverständnis zu konzipieren, dessen inhaltlichen und methodischen Implikationen nach adäquaten organisatorischen Bedingungen fragen lassen und in deren Zusammenhang die Lernortproblematik wieder zu stellen ist. Zunächst aber weitere Begriffsklärungen.

4.2.2 Zur Abgrenzung der Begriffe "Verhalten" - "Handeln"

Die Kernfrage einer allgemeinen Handlungstheorie: "Was tun wir, wenn wir etwas tun?" (LANG 1978, 3) wird von fast allen sozialwissenschaftlichen Disziplinen analysiert. Innerhalb der vielfältigen Disziplinen sind wiederum unterschiedliche Ansätze entwickelt worden, die das Handeln jeweils aus einem bestimmten disziplinären Aspekt bzw. Blickwinkel aus betrachten. Es erscheint somit nicht verwunderlich, daß bisher noch keine einheitliche Handlungstheorie vorliegt, in der die unterschiedlichsten theoretischen Ansätze zur Erfassung, Beschreibung, Erklärung und Rechtfertigung sowie zur Voraussage von Handlungen integriert wurden (vgl. LENK 1980; ders. 1981). Aber ebenso zielt die allgemeine Verhaltenstheorie auf die Erklärung und Vorhersage des menschlichen Verhaltens ab (vgl. CORRELL 1978, 11). Wenn beide Theorieansätze aber das gleiche Ziel verfolgen, warum dann eine begriffliche Unterscheidung? Das Problem, das hinter einer begrifflichen Präzisierung der beiden Termini "Verhalten" und "Handeln" steht, ist nach GRAUMANN (1979, 16 ff.) vor allem ein methodologisches.

Es sind besonders die nachwirkenden Konzeptualisierungen von Max WEBER und J.B. WATSON, die dazu geführt haben, "... daß Soziologie und Psychologie zwar beide menschliche Tätigkeit in den Mittelpunkt ihrer Untersuchungen rückten, dies jedoch in so unterschiedlicher Konzeption und Methodik, daß es bis heute schwerfällt, zu einer konzeptuellen und theoretischen Interpretation selbst da zu kommen, wo es geboten erscheint" (GRAUMANN 1979, 20). Während nämlich M. WEBER das soziale Handeln zum Grundbegriff einer verstehenden Soziologie erhob, beschloß J.B. WATSON die Psychologie zu einer Wissenschaft vom Verhalten einzuengen, wobei er "behavior" zum zentralen Erkenntnisobjekt der Psychologie machte, die er streng naturwissenschaftlich ausgerichtet sehen wollte.

Hinter den Begriffen "Verhalten" und "Handeln" steht somit die methodologische Auseinandersetzung um kausaler oder teleologischer Erklärung sozialwissenschaftlicher Analysen. Die "Handlungstheoretiker" sind durch die Auffassung verbunden, daß das in den Naturwissenschaften angewandte "deduktiv-nomologische" Erklärungsmodell, auch "Hempel-Oppenheim-Schema" genannt, für absichtlich, zielgerichtetes Verhalten (= Handlung) untauglich ist. "Die Erklärung einer Handlung aus einer identifizierten Absicht bzw. einem Zweck wird als teleologische Erklärung der Kausalerklärung als kategorial verschieden entgegengesetzt, weil zwischen Intention und Zweckhandlung nicht die kontingente Beziehung herrscht, wie sie zwischen antezendenter Ursache und nachfolgender Wirkung gelten soll, die beide völlig unabhängig voneinander bestimmt werden (können) müssen" (GRAUMANN 1979, 23). Wird menschliches Tun als Handlung interpretiert, so wird einerseits menschliche Subjektivität mitberücksichtigt, weil die Intentionen einer menschlichen Handlung nicht durch reine Beobachtung gewonnen werden können, und andererseits wird aber gerade dadurch eine verhaltenswissenschaftliche Kausalanalyse unterlaufen. Bei der Anwendung der Verhaltenstheorie wird dagegen zwar menschliche Tätigkeit mit Hilfe kausaler Gesetze zu erklären versucht, von subjektiven Einflüssen auf das Verhalten aber abstrahiert. Somit entscheidet nach GRAUMANN letztlich das Erkenntnisinteresse einer Wissenschaft bzw. eines Forschers darüber, "ob menschliche Tätigkeit als Handeln verstanden werden muß, oder als Verhalten erklärt werden kann" (a.a.O., 25).

Während in der Auseinandersetzung zwischen "Erklären" oder "Verstehen" des menschlichen Tuns die "Handlung" selbst noch vorwiegend als Untersuchungsgegenstand angesehen wird, den es zu erfassen, zu beschreiben und zu erklären gilt[1], wird auf der Basis des dialektischen Person-Umwelt-Modells die Handlung selbst zu einer erklärenden Größe, d.h. die individuellen Handlungen, mit der eine Person in Auseinandersetzung mit ihrer Umwelt tritt, dienen uns gewissermaßen als Ausgangspunkt für die Analyse der Persönlichkeitsentwicklung. Menschliches Wahrnehmen und Denken beziehen sich aber nicht auf das Verarbeiten beliebiger Informationen, sondern beschränken sich vorwiegend auf solche Informationsverarbeitungsprozesse, die Aufschluß über die natürlichen Handlungssituationen geben. Wahrnehmungs- und Denkprozesse ordnen und

---

1) MEGGLE (in: BECKERMANN/MEGGLE 1977, VII-X) klassifiziert die unterschiedlichen Ansätze in den Handlungswissenschaften in empirische, normative und rationale Handlungstheorien, wobei die analytische Handlungstheorie deren gemeinsame Metatheorie sei, die primär 1.) die handlungstheoretischen Grundbegriffe systematisch zu klären hat, 2.) die in den diversen Handlungstheorien zum Zwecke der Handlungsbegründung bzw. -erklärung aufgestellten Gesetze bzw. allgemeinen Prinzipien kritisch hinterfragen soll und 3.) die zur "Metaphysik der Handlung" gerechneten Probleme (z.B. der Willensfreiheit, das Leib-Seele-Problem, das Problem des Zusammenhangs von Handeln und Erkennen) behandeln soll. Die empirische Handlungstheorie hat nach MEGGLE das empirisch beobacht- und beschreibbare Verhalten der Menschen zu untersuchen, das Objekt der Verhaltensforschung, der Psychologie, der Soziologie, der Ethnologie usw. ist. Die normative Handlungstheorie (z.B. die Ethik) sucht nach Normen, "wie man sich verhalten muß, damit man normativ (z.B. moralisch) richtig handelt" (a.a.O., VII) und die rationale Handlungstheorie versucht Kriterien im Sinne einer Entscheidungstheorie zu formulieren, wann ein Verhalten als richtig, d.h. rational zu gelten hat.

regulieren also das konkrete individuelle Tun eines Menschen in spezifischen Handlungsbereichen bzw. -situationen. Erfordert die Interaktion mit der Umwelt geistige Vorgänge, impliziert dies, daß bei der Erforschung der Kognitionen die spezifischen Umweltgegebenheiten mit berücksichtigt werden müssen.

Die moderne kognitive Psychologie macht es u.E. erforderlich, den Verhaltensbegriff vorrangig im Zusammenhang mit tierischen Anpassungs- und Reaktionsniveaus zu verwenden und den Handlungsbegriff ausschließlich für die Kennzeichnung höchster kognitiver Leistungen im Zusammenhang mit der menschlichen Tätigkeit/Handlung zu verwenden (vgl. auch SCHURIG 1979, 105), weil menschliche Tätigkeit/Handlung aufgrund der Zielvorstellungen geordnetes und reguliertes Tun darstellt und nicht ausschließlich "blindes" und passives Reagieren. Dabei können die Intentionen einer menschlichen Handlung nicht durch reine Beobachtung gewonnen werden, sondern primär nur durch sprachliche Kundgaben des Handelnden, was zu grundlegend anderen Forschungsmethoden führt (vgl. dazu z.B. für den Zugang zur subjektiven Unterrichtswirklichkeit WAGNER u.a. 1981).

Nachfolgend wird der Verhaltensbegriff nicht mehr verwendet. Der Handlungsbegriff ist dagegen weiter zu präzisieren.

4.2.3 Zur Abgrenzung der Begriffe "Tätigkeit" - "Handlung"

LEONTJEW, A.N. (1973, 428 ff.; ders. 1977, 33 ff.) entwickelte eine in der materialistischen Psychologie allgemein anerkannte "allgemeine Struktur der Tätigkeit", die durch ein zweireihiges Schema dargestellt werden kann:

Tätigkeit - Motiv
| |
Handlung - Ziel
| |
Operation - Bedingung

Die gegenständlichen Tätigkeiten unterscheiden sich durch unterschiedliche Motive und werden durch Handlungen, die auf ein bewußtes Ziel hin orientiert sind, sowie durch Operationen, die die Bedingungen zur Zielerreichung bestimmen, realisiert. Die Tätigkeits-Motiv-Ebene unterscheidet sich aber von der Handlungs-Ziel-Ebene dadurch, daß auf der erstgenannten Ebene das Tun mit einem überindividuellen (gesellschaftlichen) konkreten Sinngehalt verbunden ist. "Die Entstehung von zielgerichteten Prozessen in der Tätigkeit war das historische Ergebnis des Übergangs des Menschen zum Leben in der Gesellschaft" (LEONTJEW, A.N., 1973, 429). Durch die sich entwickelnde Arbeitsteilung wurde die kollektive Arbeitstätigkeit in Zwischen- und Teilergebnisse zerlegt, die als solche aber nicht die Bedürfnisse zu befriedigen vermögen. "Befriedigt wird ihr Bedürfnis vielmehr durch ihren Anteil am Gesamtprodukt der gemeinsamen Tätigkeit, und dieser Anteil kommt ihnen also auf Grund gesellschaftlicher Beziehungen zu" (LEONTJEW, A.N., 1973, 429).

Nun besteht in der materialistischen Psychologie zur Zeit eine heftige Kontroverse darüber, welche der beiden selbständigen Realitätsbereiche (die Tätigkeitsebene oder die Handlungsebene) den eigentlichen Untersuchungsgegenstand der Psychologie darstellt. Während z.B. JUDIN (vgl. 1977, 303) den Begriff der gegenständlichen Handlung als Ausgangspunkt psychologischer Forschung betrachtet, verweist A.A. LEONTJEW (1979, 411) darauf, daß es sich bei der von A.N. LEONTjew ausgearbeiteten Tätigkeitsstruktur "nicht so sehr um eine Theorie <u>der</u> Tätigkeit als um eine Theorie <u>von</u> 'Tätigkeit - Bewußtsein - Persönlichkeit'" handelt (Hervorh. d.d. Verf.), und von daher die Struktur der Tätigkeit keine Taxonomie darstellt, sondern vielmehr eine untrennbare Theorie der Bewußtseinsstruktur und damit der Persönlichkeit. Diese Kontroverse hat mittlerweile auf die in der Bundesrepublik betriebene materialistische Psychologie übergegriffen und droht die zwei Grundrichtungen: einmal die "Psychologische Handlungstheorie"

(Hauptvertreter: VOLPERT) und zum anderen die im Westberliner FU-Institut für Psychologie entwickelte "Kritische Psychologie" (Hauptvertreter: HOLZKAMP) zu spalten[1] (vgl. BRANDES 1980, 7). Denn während die "Psychologische Handlungstheorie" den Begriff der Handlung als Analyseeinheit wählt (vgl. HACKER 1978, 60 ff.; VOLPERT 1974, 17 ff.), beschränkt sie sich vorwiegend auf die Untersuchung des individuellen Handelns in Form von psychischen Regulationsprozessen und blendet damit die gesellschaftliche Determiniertheit und Eigebundenheit des Handelns in Form von Motivlagen aus. Demgegenüber betonen gerade Vertreter der "Kritischen Psychologie" den Begriff der Tätigkeit als Untersuchungsgegenstand und damit primär die Frage nach den Bedürfnissen eines Menschen in konkreten gesellschaftlich-historischen Bezügen. Vereinfacht läßt sich sagen, daß die Vertreter der "Psychologischen Handlungstheorie" ihr Erkenntnisinteresse auf den Erwerb von individueller Handlungskompetenz ausrichten, während die Vertreter der "Kritischen Psychologie" sich vorwiegend an der Fragestellung der kultur-historischen Schule orientieren und Motivlagen zu erforschen suchen.

Wenn auch momentan der Ausgang der Kontroverse über die methodologische Grundfrage nach der adäquatesten Analyseeinheit der materialistischen Psychologie noch offen ist, so wird doch immer wieder darauf hingewiesen, daß die unterschiedlichen Fragestellungen, die nach den Motiven bzw. die nach den Regulationsprinzipien der Handlung, keine Gegensätze sind, sondern in bezug auf eine umfassende Persönlichkeitstheorie eine nötige gegenseitige Ergänzung darstellen (vgl. BRANDES 1980, 16; OFFE/STADLER 1981, 77). Dabei wird gewissermaßen eine Hierarchie von Analyse-Einheiten unter-

---

1) Zur Auseinandersetzung vgl. für die "Kritische Psychologie": HAUG/NEMITZ/WALDHUBEL 1980, 18 ff. und für die "Psychologische Handlungstheorie" vgl. z.B. GREIF 1981, DUNKEL 1981, OFFE/STADLER 1981.

stellt, was dazu führt, daß die Kategorie der gegenständlichen Tätigkeit zwar als Erklärungsprinzip die generelle theoretische Orientierung abgibt und von daher "als Perspektive für die Entwicklung motivationaler, emotionaler und kognitiver Aspekte des Handelns eine geeignete Grundlage zu sein (scheint)" (OFFE/STADLER 1981, 77), was aber nicht ausschließt, daß in bestimmten Bereichen (etwa der Arbeitspsychologie) Aspekte der Persönlichkeit mit handlungstheoretischen Begriffen erfaßt werden kann. In zunehmendem Maße wird daher das Tätigkeitsprinzip selbst zum Untersuchungsgegenstand, d.h. bestimmte Struktur- und Funktionsaspekte, innere Zusammenhänge und Elemente, werden theoretisch bestimmt und von verschiedenen Wissenschaften analysiert und in Begriffen und Aussagen abgebildet. LOMPSCHER (1979, 10) hat in diesem Zusammenhang folgende Ebenen der Tätigkeitsanalyse vorgeschlagen:

Ebene	Hauptinhalte
Subjekt-Objekt-Ebene	- Wesensmerkmale menschlicher Tätigkeit (Veränderungs-, Erkenntnis-, Kommunikations-, Wert- und Entwicklungsaspekt u.a.); - bio-soziale Determination; - allgemeine Systembeziehungen;
Tätigkeits-Persönlichkeits-Ebene (psychologische "Makrostruktur")	- Beziehungen von Tätigkeit, Bewußtsein, Persönlichkeit; - Tätigkeitskonstituenten (Gegenstand, Aufgabe, Bedingungen u.a.); - Motive, Ziele, Handlungen, Operationen und ihre Wechselbeziehungen; - Tätigkeitssystem und Wechselbeziehungen von Tätigkeitsarten
Handlungsregulationsebene (psychologische "Tiefenstruktur")	- Komponenten der psychischen Orientierung und Regulation der Tätigkeit; - Entstehung, Veränderung und Wirkung psychischer Inhalte, Prozesse, Zustände, Eigenschaften in und durch Tätigkeit
Informationsverarbeitungsebene (psychologische "Mikrostruktur")	- Ausbildung und Wirkung interner Strukturen; - Mechanismen und Regelsysteme der Aufnahme, Verarbeitung, Speicherung, Erzeugung anschaulicher und sprachlich-begrifflicher Information

Abb.10: Hierarchie von Ebenen der Tätigkeitsanalyse nach LOMPSCHER

Die jeweils "höheren" Ebenen stellen theoretisch-methodologische Orientierungen für die nachfolgenden Analyse-Einheiten dar, die ihrerseits eine Spezifizierung der vorangegangenen Ebenen bedeuten. "In diesem Sinne haben alle Analyse-Ebenen gegenüber den anderen eine spezifische Erklärungsfunktion, und die Verabsolutierung einer oder die Negierung einer anderen Ebene muß notwendigerweise zu der einen oder anderen Form des Reduktionismus (...) führen" (LOMPSCHER 1979, 11).

Für die didaktische Analyse beruflicher Lernprozesse sind im Kontext pädagogisch-psychologischer Fragestellungen - auf der Basis einer dialektischen Person-Umwelt-Beziehung - alle Analyse-Ebenen relevant:

- die Subjekt-Objekt-Ebene, die erst eine spezifische Problemstellung für eine adäquate Herangehensweise an menschliche Lernprozesse und ihre Determinationsbezüge liefert;
- die Tätigkeits-Persönlichkeits-Ebene, die die Ausbildungs- bzw. Arbeitsverhältnisse unter dem Ganzheitsaspekt der Tätigkeitsstruktur zu untersuchen hat, um Potenzen für die Persönlichkeitsentwicklung zu eruieren und offenzulegen, was sowohl eine Analyse der Antriebsregulation (Motivation) und der Ausführungsregulation (Handlungskompetenz) in der ontologischen Entwicklung bedeutet, als auch deren Beziehungen zueinander;
- die Handlungsregulationsebene, auf der sowohl Aussagen zu psychischen Voraussetzungen der eigenständigen bewußten Handlungsregulation, als auch zur Struktur und Steuerung von Handlungsregulationsprozessen im Hinblick auf das Ziel der Persönlichkeitsentwicklung zu formulieren sind;
- die Informationsverarbeitungsebene, auf der Zusammenhänge zwischen praktischer Handlung und Verarbeitung von semantischen Informationen erforscht wird, d.h. die Entwicklung und Elaborierung der kognitiven Strukturen handlungstheo-

retisch begründet wird und deren Erkenntnisse im pädagogisch-psychologisch angeleiteten Berufsausbildungsprozeß außerordentlich bedeutungsvoll sein dürften.

Die Tätigkeitsanalyse zeigt, wie umfassend und komplex sich ein handlungstheoretischer Ansatz der Berufsausbildung darstellt. Die bisher diskutierten und betrachteten allgemeinen Theorieansätze zur "Ausgestaltung" des "epistemologischen Subjektmodells" bewegten sich schwerpunktmäßig auf der Tätigkeits-Persönlichkeits-Ebene (Ansätze von LEONTJEW und RUBINSTEIN) und auf der Informationsverarbeitungsebene (Ansatz von AEBLI). Die für die Berufsausbildung und -ausübung notwendige individuelle Handlungskompetenz zur Bewältigung der beruflichen Arbeitsanforderungen liegt aber auf der Handlungsregulationsebene, wenn persönliche Handlungskompetenz definiert wird als die Summe aller dem Individuum zur Verfügung stehenden Wissens- und Regelsysteme[1] zur Aktivierung und Erzeugung konkreter realisierbarer Pläne und Teilpläne (sogenannter Handlungsschemata im Ansatz von AEBLI) in beruflichen Situationen. Damit rückt die Handlungsregulationsebene und ihre Beziehungen sowohl zur Tätigkeits-Persönlichkeits-Ebene (hier besonders zum Motivationsaspekt) als auch zur Informationsverarbeitungsebene (hier besonders die Affinität von Handlung und Begriff) im Mittelpunkt weiterer Überlegungen.

Die Aufarbeitung der allgemeinen theoretischen Ansätze von A.N. LEONTJEW, RUBINSTEIN und AEBLI haben vor allem vier

---

1) Regelsysteme zielen mehr auf habitualisierte Handlungen, die keine Reflexion und distanziertes Abwägen mehr erfordern oder erlauben. Wissenssysteme zielen mehr auf das Generieren von Plänen für solche Situationen, in denen nicht mit fertigen, abrufbaren Plänen operiert werden kann, sondern die flexible, neuartige Handlungen erfordern. Um Mißverständnisse zu vermeiden, sei hier explizit betont, daß auch Regelsysteme Wissen benötigen. Nur bereitet die Verknüpfung der Wissenselemente keine Schwierigkeiten mehr, weil sie für häufige und gleichbleibende Handlungsvollzüge immer wieder aufgebaut und abgerufen werden.

charakteristische Eigenschaften von Handlungen deutlich gemacht:

1. Handeln ist ein zielgerichteter und hierarchisch organisierter Prozeß, der entsprechend dem Ziel reguliert wird.

2. Die hierarchische Handlungsstruktur wird intern repräsentiert durch eine Orientierungsgrundlage bzw. einem inneren Modell bzw. durch semantische Konstruktionssysteme. Werden die Tiefenstrukturen von Handlungen, Wahrnehmungen, Sprechakten und von Denkoperationen als propositionelle Gebilde konzeptualisiert, folgt daraus, daß die Organisation des Gedächtnisses aus der Organisation des Handelns erschlossen werden kann.

3. Weil Handeln reguliertes Handeln ist, setzt dies eine auf das Ziel hin geordnete Wahrnehmung voraus, und zwar vor allem der Ausgangslage, des Handlungsablaufes und der Beurteilung bzw. Kontrolle der Teilziele und des Endzieles.

4. Handeln erfordert Denken, d.h. das geistige Ordnen des Tuns, was zu einer Entwicklung und Elaborierung der kognitiven Strukturen führen kann, womit u.U. ein Beitrag zur Persönlichkeitsentwicklung geliefert wird.

HACKER, der erstmals ein Handlungsregulationskonzept entwikkelte (vgl. Kap. 4.4.1), charakterisiert die Handlung als "die kleinste psychologische Einheit der willensmäßig gesteuerten Tätigkeit. Die Abgrenzung dieser Handlung erfolgt durch das bewußte Ziel, das die mit einem Motiv verbundene Vorwegnahme des Ergebnisses darstellt. Nur kraft ihres Zieles sind Handlungen selbständige, abgrenzbare Grundbestandteile ("Einheiten") der Tätigkeit." (HACKER 1978, 61 f.)

Diese Definition hebt neben dem Ziel- und dem kognitiven Regulationsaspekt noch zwei weitere Merkmale von Handlungen hervor:

a) Handlungen sind stets gewolltes Tun. Sie setzen damit nicht nur ein bewußtes Ziel, sondern auch den Entschluß zum Handeln voraus und somit implizit das subjektive Verfügen über entsprechende Handlungsschemata, d.h. über Handlungskompetenz.

b) Das antizipierte Handlungsergebnis (Ziel) ist für den Aktor mit einem Motiv verbunden.

Nun ist es leicht einsehbar, daß der Entschluß zum Handeln einerseits in hohem Maße korrespondiert mit der Bedürfnisbefriedigung (Motiv), die das angestrebte Ziel für das Individuum besitzt, zum anderen aber auch abhängig ist von der Handlungskompetenz des Individuums. In der handlungstheoretischen Literatur besteht zwar Einigkeit darüber, daß die kognitiven und motivationalen Komponenten einer Handlung derart miteinander verflochten sind, daß eine Unterscheidung nur theoretisch-analytisch zu verstehen ist (vgl. LEONTJEW, A.N. 1973, 428 ff.; ders. 1977, 33 ff.; RUBINSTEIN 1977 a, 186 ff.; AEBLI 1980, 99 f.; BOESCH 1980, 108 f.). Bislang konnte aber eine Integration der beiden Komponenten in einem einheitlichen theoretischen Modell nicht in überzeugender Weise vollzogen werden (vgl. SCHNOTZ 1979, 54; BRANDES 1980, 12). Diese Schwäche trifft auch das arbeitspsychologische Regulationsmodell von HACKER (1978). Somit erscheint Kritik an Handlungsregulationskonzepten wegen der weitgehenden Ausblendung der Tätigkeits-Persönlichkeits-Ebene durchaus berechtigt (vgl. HAUG u.a. 1980, 31 ff.).

Aufgrund der Einheit von Emotionalität, Denken und Handeln kann der Motivationsaspekt nicht ganz außer acht gelassen werden, und es soll versucht werden, ein dem "epistemologischen Subjektmodell" adäquates Motivationskonzept in dem hier entwickelten handlungstheoretischen Ansatz einzubringen, ohne allerdings den Anspruch zu erheben, daß damit die

Integration der kognitiven und der motivationalen Komponente hinreichend präzisiert und ausdifferenziert sei (vgl. Kap. 4.3.3). Es ist aber zu beachten, daß nicht in erster Linie die Tätigkeits-Persönlichkeits-Analyse und damit die komplexen Antriebs- und Ausführungsregulationsprozesse des menschlichen Tuns für berufliches Lernen untersucht werden sollen, sondern vielmehr das eigentliche berufliche Handeln-Können mit ihren kognitiven Steuerungsaspekten. Somit rückt die Informationsverarbeitungsebene der Tätigkeitsanalyse in den Blick, die die Ausbildung der Steuerungsleistungen der internen Strukturen umfaßt. Mit der von AEBLI aufgezeigten Affinität von Handlung und Begriff besteht eine Möglichkeit, die letzten beiden Ebenen der Tätigkeitsanalyse zu verbinden (vgl. Kap. 4.4.2).

Neben diesen aus der Tätigkeitsanalyse abgeleiteten und aufzuarbeitenden Aspekte gilt es im folgenden, zunächst Tätigkeitsarten in der individuellen Lerngeschichte zu identifizieren, die gewissermaßen die handlungstheoretisch postulierte Einheit von Handeln und Denken sicherstellen können. Desweiteren wird dann zu prüfen sein, ob im traditionellen Wirtschaftslehreunterricht an kaufmännischen Berufsschulen bereits ein enger Theorie-Praxis-Bezug gewährleistet ist.

4.3 SPEZIFISCHE BEGRÜNDUNG FÜR DEN ÄUSSEREN TÄTIGKEITSZUSAMMENHANG IN LERNPROZESSEN

Bildung wurde oben definiert als das konkrete Handeln-Können und als Reflexion über dieses Handeln. Bezogen auf die Persönlichkeitsentwicklung folgt daraus, daß individuelle Lernprozesse die ganze Person umfassen müssen, d.h. zu einer "rein" gedanklichen Verarbeitung der Phänomene und Erscheinungen muß der praktische Vollzug treten[1]; beides ist gewissermaßen motivabhängig. Daraus lassen sich zunächst folgende aufzuarbeitende Fragestellungen ableiten:

1. Lassen sich in der individuellen Lerngeschichte konkrete Tätigkeitsarten[2] identifizieren, die die postulierte Einheit von Denken und Handeln gewährleisten? Welche Besonderheiten weisen dabei i.d.R. schulisch initiierte Lernprozesse auf?
2. Inwieweit gewährleistet der Wirtschaftslehreunterricht an kaufmännischen Berufsschulen ein enges Theorie-Praxis-Verhältnis?
3. Welche theoretische Beziehung existiert zwischen Motiv und Handeln und welche pädagogisch-didaktische Konsequenz ist damit verbunden?

4.3.1 TÄTIGKEITSARTEN[2] IN DER INDIVIDUELLEN LERNGESCHICHTE

Handlungsorientierte Theorien der Persönlichkeitsentwicklung rekurrieren auf eine enge Wechselbeziehung zwischen Person und Umwelt. In diesem Wechselwirkungsprozeß sind in der ontogenetischen Entwicklung des Menschen verschiedene Einzelformen der Tätigkeit dominierend, auch wenn die einzelnen Tätigkeitsformen für den gesamten Persönlichkeitsprozeß nicht isoliert betrachtet werden dürfen, sondern vielmehr als untereinander verflochten anzusehen sind. DAWYDOW (vgl. 1982, 18) führt aus, daß nach ELKONIN folgende Tätig-

---

1) Diese Sichtweise der Persönlichkeitsentwicklung steht auch im Mittelpunkt der Alternativschulbewegung. Unter Hinweis auf die individuelle Geschichte des Lernens wird die Einseitigkeit der Bildung der kognitiven Kräfte durch das traditionelle Schulsystem kritisiert. Aus Gründen der "vollen personalen Handlungsfähigkeit" müßte der Lernprozeß durch Elemente der praktischen Berufsbildung ergänzt werden (FUCKE 1981, insbes. 59 ff.).

2) Der Tätigkeitsbegriff umfaßt hier noch sowohl die Handlungs- als auch die Motivkomponente.

keitsarten nacheinander in der psychischen Entwicklung des Menschen jeweils eine führende Rolle übernehmen (vgl. auch LOMPSCHER/KOSSAKOWSKI 1980, 67 ff.):

- die gegenständlich-manipulative Tätigkeit
  (im Alter von einem bis zu drei Jahren)
- die Spieltätigkeit
  (im Alter von drei bis sieben Jahren)
- die Lerntätigkeit
  (im Altern von sieben bis zehn Jahren)
- die gesellschaftlich-politische Tätigkeit
  (im frühen Jugendalter)
- die Arbeitstätigkeit
  (ab dem Jugendalter)

In all diesen verschiedenen Tätigkeitsarten vollzieht sich Lernen, d.h. das Aneignen von gewissen Kenntnissen, Fähigkeiten und Fertigkeiten, als auch die Ausbildung von Charaktereigenschaften, Einstellungen und von Wertsystemen. Die spezifische Lerntätigkeit unterscheidet sich von diesem allgemeineren Begriff des Lernens dadurch, daß die spezielle Lerntätigkeit eine allgemeine Aneignung gesellschaftlichen Wissens und Könnens (Erkenntnis) durch solche Tätigkeiten organisiert, die auf eine Veränderung des inneren Zustandes des Lernenden zielt und nicht primär auf die Veränderung äußerer Sachverhalte abstellt. Dies geschieht vorrangig durch die aktive Aufnahme, Verarbeitung und Speicherung der theoretischen Inhalte und Formen der gesellschaftlichen Erkenntnis (vgl. LOMPSCHER 1981).

Abgesehen von der spezifischen Lerntätigkeit[1] erfolgt das Denken in der menschlichen Entwicklung eng an den konkreten

1) Zu den Besonderheiten der spezifischen Lerntätigkeit s. S. 154 ff.

Phänomenen; zuerst in einer beliebigen, ungeordneten, recht zufälligen Form und danach zunehmend bewußter und zielbezogener auf die angestrebten Veränderungen.

Die im Spiel ausgeführten Handlungen gründen ihrem Wesen nach auf Nachahmungen, die von der Wahrnehmung der Umwelt ausgehen. Die Nachahmungen des kleinen Kindes sind im Vergleich zu den entsprechenden Handlungen der Erwachsenen aber globaler, reduzierter, oft nur Andeutungen der realen Handlungen, weshalb auch häufig von einem Phantasiebild gesprochen wird, das die handlungsleitende Funktion beim kindlichen Spiel erfüllt (vgl. FUCKE 1981, 66). Neben dem Phantasiebild als Vorerscheinung von Vorstellungen und sprachlichen Bezeichnungen erfolgt eine Unterstützung der praktisch-gegenständlichen Handlungen durch die soziale Interaktion der Kinder. "Sie verteilen die Rollen untereinander, unterstützen sich gegenseitig bei der Ausführung der entsprechenden Rollen, korrigieren einander, übermitteln sich gegenseitig ihre Kenntnisse über die erforderlichen Handlungen und Beziehungen, halten sich gegenseitig in der gewählten fiktiven Situation" (LOMPSCHER/KOSSAKOWSKI 1980, 69). Neben der ständigen Korrektur des Vorstellungsinhaltes durch die soziale Interaktion erlernen die Kinder im Spiel gleichzeitig kommunikative Kompetenzen, wie sich auf Partner einzustellen (Empathie), gemeinsam mit ihnen zu planen, sinnvoll zu organisieren und zu kooperieren, sowie sich dem Gruppeninteresse ein- und unterzuordnen (Ambiguitätstoleranz). Durch die Nachahmung der wahrgenommenen Umwelt im Spiel eignet sich das Kind Kenntnisse über Handlungen mit Menschen und mit Sachen sowie über soziale Funktionen immer fester und differenzierter an.

Im Umgang mit Menschen kommt es vor allem darauf an, soziale Konflikte zu bewältigen, wozu die kommunikativen Kompetenzen zwar wesentlich, aber keinesfalls hinreichend sind. Hinzukommen muß eine grundlegende kognitive Einstellung des Handelnden, die z.B. egozentrisch oder soziozentrisch ausgerichtet sein kann und die als moralisches Bewußtsein interpretiert werden kann. Die Bedeutung des moralischen Bewußtseins in einem handlungstheoretischen Ansatz der Persönlichkeitsentwicklung liegt u.E. darin, daß der Aktor bei seinen Handlungen zwischen Objekten und Personen unterscheidet[1]. Sieht man einmal von dem vorrangigen offiziellen ideologischen Ziel der gesellschaftlich-politischen Tätigkeit innerhalb der materialistischen Pädagogik ab, die "Entwicklung politisch-moralischer Einstellungen, speziell sozialistischer Überzeugungen und Verhaltensweisen sowie von Fähigkeiten zu selbständiger und verantwortungsbewußten Mitgestaltung der gesellschaftlichen Verhältnisse" zu fördern (LOMPSCHER/KOSSAKOWSKI 1980, 81), so wird diese Tätigkeitsart auch pädagogisch mit der weiteren Entwicklung von Fähigkeiten zur sozialen Interaktion im Sinne von unterschiedlichen Einstellungen gegenüber Personen und Sachen begründet:

"Es scheint jedenfalls im allgemeinen weniger kompliziert zu sein, seine eigene Tätigkeit in Auseinandersetzung mit Sachgegenständen angemessen zu regulieren als in vorwiegend kollektiver Tätigkeit, in der das Objekt der Tätigkeit selbst ein Subjekt oder eine Gruppe von Subjekten ist. Hier sind nicht nur die gegenständlichen Bedingungen für die Aufgabenlösung zu berücksichtigen, sondern zugleich auch die komplizierten sozialen Bedingungen." (LOMPSCHER/KOSSAKOWSKI 1980, 84).

Die gesellschaftlich-politische Tätigkeit umfaßt z.B. Mitverantwortung und Mitbestimmung in der Schule, die Übernahme von sozialen Arbeitseinsätzen und ist daher durch eine recht komplexe Ziel- bzw. Aufgabenstellung gekennzeichnet, die unter pädagogischer Anleitung mit zunehmendem Alter der Kinder und Jugendlichen von diesen weitgehend selbständig organisiert und geleitet wird. Diese Tätigkeitsart kann als eine pädagogische Brücke zwischen dem Spiel und der Arbeit angesehen werden, weil hier mit Unterstützung das angestrebte

---

1) Vgl. hierzu ausführlich Kap. 4.5.

Ziel realisiert wird.

Ganz allgemein kann die Arbeitstätigkeit als eine Kategorie verstanden werden, die unabhängig von ihrer historisch-ökonomisch-technischen Organisationsform planmäßig auf die Natur einwirkt, um sie für menschliche Bedürfnisse umzugestalten bzw. zu verändern. ULMANN (1980, 157 ff.) hebt vor allem zwei wesentliche Charakteristika der Arbeitstätigkeit hervor (vgl. auch LOMPSCHER/KOSSAKOWSKI 1980, 88 ff.): "Arbeit ist zum einen immer auf ein Ergebnis, das Arbeitsprodukt, gerichtet, das bewußt ist und auf das hin die Tätigkeit geplant und ausgeführt wird. Arbeitstätigkeit ist zum zweiten immer kooperativ: zum gesellschaftlichen, also gemeinsamen, also auch eigenen Ziel wird ein eigener Beitrag geleistet und dabei Bezug auf die Beiträge anderer genommen" (Hervorh. d.d. Verf.). Die Ausdifferenzierung dieser zwei Kriterien machen einerseits grundlegende Unterschiede zwischen Spieltätigkeit und Arbeitstätigkeit deutlich (vgl. Abb. 11), zeigen andererseits aber auch, daß es, wie es FUCKE (1981, 66) formuliert, berechtigt erscheint, "vom Spiel als einer Vorstufe zur Arbeitsfähigkeit zu sprechen". Historisch betrachtet war das Spiel aber keineswegs Voraussetzung für die Arbeit, weil es erst die Folge der Weiterentwicklung der Produktivkräfte war, die ihrerseits spezielle Vorbereitungen (Spiel und spezielles Lernen) auf die Arbeit notwendig machte (vgl. LOMPSCHER/KOSSAKOWSKI 1980, 68; ULMANN 1980, 166) Lernen wurde ab einer bestimmten Altersstufe an durch Organisierung und Institutionalisierung zu einer speziellen menschlichen Tätigkeitsform entwickelt. Lernen durch Erfahrung, durch die unmittelbare Teilnahme an der Produktion und am gesellschaftlichen Leben wurde zunehmend durch systematisches (theoretisches) Wissen ersetzt, wobei die in der Spiel- und Arbeitstätigkeit vorhandene Einheit von Denken und Handeln bei den Schülern weitgehend aufgehoben wurde, weil schulisches Lernen sich vorwiegend kognitiv-sprachlich vollzieht.

Unterschiede zwischen	
Spieltätigkeit	*Arbeitstätigkeit*
a) Nachahmung der Tätigkeit Erwachsener, d.h.	a) Herstellung eines bewußten Ergebnisses, d.h.
- durch "Phantasiebild" gesteuert;	- durch ein antizipiertes, kognitiv gebildetes "Modell" gesteuert;
- nicht ergebnisorientiert;	- ergebnisorientiert; daher Planung vom Ergebnis her und Verstehen des Zusammenhangs von Handlung und Ergebnis erforderlich;
- wird solange aufrechterhalten, wie es als lustbetont erlebt wird;	- wird nach Zielerreichung eingestellt;
- wird eher rein zufällig ausgelöst, z.B. durch unbekannten Gegenstand;	- Sinn des Ergebnisses sollte dem Handelnden einsichtig sein;
- Schwierigkeiten werden häufig verbal oder symbolisch umgangen;	- Schwierigkeiten müssen zieladäquat gelöst werden;
- Ausbildung motorischer Fertigkeiten.	- systematische Steuerung motorischer Fertigkeiten.
b) Anerkennung sozialer Regeln und Erlernung von Kooperation möglich. Da aber bei dem eher zufälligen "Zusammenspiel" Zeit- und Kraftersparnis keine Rolle spielen, bleibt es vorwiegend auf Interaktionen beschränkt.	b) Regeln des sozialen Umgangs können kooperativ erlernt werden, da der eigene Beitrag und der der Beteiligten zum gemeinsamen Ergebnis möglich wird: Kooperation kann auf Produktivität ausgerichtet sein und durch Organisationsformen institutionalisiert werden.
c) Lernen erfolgt eher unsystematisch, rein beiläufig und kann auch "falsch" sein. Sofern Fehlerkorrektur, geschieht dies eher unbewußt.	c) Lernen erfolgt systematisch, weil das Arbeitsergebnis bewußt intendiert ist. Fehler können durch Abweichung vom Ergebnis erkannt und bewußt korrigiert werden.

Abb. 11: Darstellung der Unterschiede zwischen Spiel- und Arbeitstätigkeit

Die ersten Lernprozesse, die mittels des Lernortes "Schule" aus dem originären Lebenszusammenhang im Haushalt und Betrieb ausgegliedert wurden, waren nach KELL (1977, 63):

- Die Vermittlung von Lese- und Schreibtechniken, die sowohl für die Überwindung der religiös-ideologischen Auseinandersetzungen im Konfessionskampf erforderlich wurden, aber auch für den Aufbau des absolutistischen Verwaltungsstaates.
- Die systematische Vermittlung von Arbeitstechniken, die aufgrund des merkantilistischen Interesses des absolutistischen Staates gegenüber der immobilen Handwerkszünftelei erforderlich wurde.
- Das Bemühen um "Aufklärung", das vor allem gegen Tradition und Mythos gerichtet war und das in Verbindung mit den modernen Wissenschaften die weitere ökonomische und gesellschaftliche Entwicklung garantieren sollte.

Die wichtigste, allgemeinste Bedingung, die die Ausgliederung der Lernprozesse aus den originären Lebenszusammenhängen und damit erst die Entstehung von Schulen ermöglicht hat, ist aber die Entstehung und Entwicklung von Zeichensystemen. "Erst mit Hilfe der Schrift, insbesondere mit Hilfe der Buchstabenschrift ist eine vollständige Ausgliederung von Lernen aus Lebens- und Handlungszusammenhängen möglich, weil sich erst mit Hilfe der schriftlichen Sprache die Wirklichkeit beliebig und umfassend vergegenwärtigen läßt" (SCHULZE 1980, 124). Die Vermittlung von Wissen im Unterricht erfolgt in komplexeren Gesellschaften zunehmend in Wortform, in verbalisierten Begriffen, außerhalb des konkreten Handlungszusammenhangs, was es erst möglich macht, von schulischen "Unterrichtsgegenständen" zu sprechen. Nach BRUNER (1974, 148) sind "Unterrichtsgegenstände" eine Erfindung hochentwickelter Schriftkulturen, weil sie "als Möglichkeit über bestimmte Phänomene zu denken" aufgefaßt werden können. Dabei wird unterstellt, daß mittels der Abstraktion der Sprache kognitive Konstruktionen über Realität aufgebaut werden und die dann in entsprechenden Situationen handlungssteuernde Kraft entfalten können. Einen unmittelbaren unterstützenden Aufbau bzw. Überprüfung der Kognitionssysteme in der Realität durch praktisches Handeln wird nicht für nötig erachtet.

Sowohl innerhalb der materialistischen Pädagogik als auch innerhalb der "westlichen" pädagogisch-psychologischen Diskussion stehen zur Zeit schulische Lernformen im Vordergrund, die darauf abzielen, vorwiegend mit fachwissenschaftlichen Begriffssystemen kognitive Strukturen bei den Lernenden aufzubauen bzw. zu verändern. Zwei kognitiv ausgerichtete Lernkonzepte sollen dies exemplarisch verdeutlichen: das Konzept der Lerntätigkeit und der Ansatz von BRUNER.

Bei der sogenannten spezifischen Lerntätigkeit innerhalb der materialistischen Pädagogik dominiert die kognitive Informationsverarbeitung von theoretischen Inhalten und Formen der gesellschaftlichen Erkenntnis. Kennzeichen der spezifischen Lerntätigkeit ist somit Erkenntnisvermittlung in Begriffsform, wobei insbesondere drei Besonderheiten hervorzuheben sind (vgl. LOMPSCHER 1977, 18 ff.; MARKOWA 1977, 44 ff.; DAWYDOW 1977, insbes. 74 ff.; DAWYDOW 1982, insbes. 19 ff.; LOMPSCHER 1982, insbes. 40 f.):

a): Bei der Ausbildung der Begriffssysteme wird nicht von Alltagsbegriffen, den sogenannten "empirischen Begriffen", sondern von wissenschaftlichen Begriffen, den sogenannten "theoretischen Begriffen" ausgegangen. Die Aneignung der wissenschaftlich-theoretischen Kenntnisse erfolgt konsequent an den Gegenständen einer jeden Wissenschaft in Übereinstimmung mit den Formen ihrer Begriffe bzw. Symbolen. Dies impliziert, daß sich die pädagogisch-psychologische Theorie der Lerntätigkeit an den wissenschaftlichen Formen der Erkenntnisgewinnung orientiert und daß sie sich der Konstruktion spezieller Abstraktionen (z.B. Modellen, Experimenten) bedient, d.h. nicht die Dinge selbst und die unmittelbaren Erscheinungsformen der Objekte stehen im Vordergrund des Unterrichts, sondern die abstrakteren, theoretischen Beziehungen der Dinge.

b): Entgegen der "empirischen Denktradition" wird im Unterricht nicht verglichen, unterschieden, systematisiert und klassifiziert, sondern es werden einfache, grundlegende Beziehungen zwischen den theoretischen Objekten ermittelt. Diese gewonnenen Beziehungen liefern die Basis für die Erfassung der realeren, komplexeren Verhältnisse im erforschten Gegenstandsbereich. Dieses didaktisch-methodische Prinzip des Aufsteigens vom Abstrakten zum Konkreten bzw. der Ableitung des Einzelnen vom Allgemeinen wendet sich explizit gegen "die Notwendigkeit der Übereinstimmung der in der Schule vermittelten Kenntnisse mit der Erfahrung der Lernenden" (DAWYDOW 1977, 77) und gegen einen zuweitgehenden Einbezug von vorhandenen Lebenserfahrungen vor der Ausbildung der theoretischen Begriffe. "Erst wenn man die Besonderheiten und die Spezifik wissenschaftlicher Begriffe kennt, kann man konkret die Fragen nach der Rolle der vorhandenen Erfahrung zu beantworten beginnen. Andernfalls wird der qualitative Unterschied zwischen den Lebenserfahrungen und den wissenschaftlichen Kenntnissen verwischt, vollzieht sich eine natürliche Unterordnung (und schließlich auch eine Entstellung) der Form der letzteren zugunsten der ersteren. Und gerade dies ist eine der charakteristischen Folgen der Anwendung der empirischen Denktheorie in der pädagogischen Psychologie und der Didaktik" (DAWYDOW 1977, 78).

c): Das Ziel der Lerntätigkeit, mittels theoretischer Begriffe die psychische Struktur der Lernenden zu verändern, soll im Unterricht mit der sogenannten Lernaufgabe erreicht werden. Die Lernaufgabe enthält sowohl die für die Aneignung eines Wissensgebietes grundlegenden theoretischen Begriffe und

Relationen als auch ein disponibles und bedingungsangemessenes System von Lernhandlungen, wie z.B. Aufnahme und Verarbeitung von sprachlichen Informationen; Aneignung überschaubarer Begriffssysteme durch das Sammeln, Zusammenstellen, Aufbereiten von Daten oder Materialien; Lösen von Problemsituationen verschiedenster Struktur und Inhalte; Ausbildung von Orientierungsgrundlagen für bestimmte Anforderungen. Die konkreten durchzuführenden Lernhandlungen der Schüler vollziehen sich demnach nicht am Lerngegenstand in seiner physischen Form, sondern in seiner "materialisierten", d.h. in seiner begrifflichen Form.

Auch lerntheoretische Konzepte innerhalb der kognitiven Psychologie beschränken sich vorwiegend auf die geistige Dimension. Exemplarisch soll hier der Ansatz von BRUNER (1976) skizziert werden, weil dieser Ansatz als eine Hilfe für die Planung von Unterrichtseinheiten im Wirtschaftslehreunterricht angesehen wird (vgl. MACKE/STRAKA 1980, 67 ff.; HAHNE 1982, 50 ff.), und weil er dem Konzept der Lerntätigkeit ziemlich nahe kommt:

1. BRUNER's Konzept beruht auf zwei entscheidenden lerntheoretischen Prämissen:
   a) Die Inhalte eines Faches sind im Unterricht von der fachimmanenten Struktur, von den "fundamental ideas", der jeweils zugrundeliegenden Wissenschaften her aufzubauen.
   b) Die Grundlagen eines jeden Faches können jedem Menschen, gleich welcher Entwicklungsstufe, in irgendeiner Form erfolgreich gelehrt werden.

2. Aus der ersten Prämisse folgt, daß an der Konstruktion von Curricula die führenden Forscher der jeweiligen Wissensgebiete grundlegend zu beteiligen sind und die zweite Prämisse impliziert einen "spiralförmigen" Aufbau des Cur-

riculums, d.h. die zu vermittelnden Inhalte sollen wiederholt auf die Grundbegriffe zurückgeführt bzw. mit diesen aufgebaut werden, "bis der Schüler den ganzen formalen Apparat, der mit ihnen einhergeht, begriffen hat" (BRUNER 1976, 26).

3. Die weitere Differenzierung der sukzessiv aufgebauten kognitiven Struktur wird als Lernprozeß begriffen, wobei Lernaufgaben mit Problemstellungen dominieren. Der Lernakt stellt somit eine aktiv-entdeckende Verknüpfung von Zusammenhängen dar.

4. Der Lernakt als aktiv-entdeckender Prozeß umfaßt drei simultane Prozesse: a) Aneignung neuer Informationen; b) zielgerichtete Umwandlung von Wissen zur Lösung der Aufgabe; c) Bewertung des umgewandelten Wissens in bezug auf die Adäquanz des Anwendungszweckes.

Schulische Lernprozesse, die nach diesen oder ähnlichen kognitiven Lerntheorien initiiert werden (vgl. z.B. auch AUSUBEL 1974), weisen grundsätzlich folgende Gemeinsamkeiten auf:

- Ziel des Lernens ist der Aufbau einer kognitiven Struktur mittels Begriffen für zukünftige Handlungszusammenhänge (= Konzept des Vorratswissens).
- Lerninhalte, deren Struktur und Begriffe, ergeben sich aus den entsprechenden Fachwissenschaften.
- Schüleraktivität bezieht sich vorwiegend im Auffinden und im Knüpfen von Beziehungen zwischen den theoretischen Objekten (= Begriffe).
- Darstellungsmedium ist hauptsächlich Sprache.

Weil nach den kognitiven Lerntheorien die Handlungsmöglichkeiten der Lernenden in der Schule vorwiegend beschränkt bleiben auf geschriebene bzw. verbalisierte fachwissenschaftliche

Begriffe und deren Beziehungen, die in abstrakter Form auf Sachverhalte verweisen, die nicht unmittelbar in physischer Form vorhanden sind, mit denen man nicht hantieren, nicht experimentieren und die man auch nicht überprüfen kann, stellen sich insbesondere die Fragen, ob das schulische Prinzip der Substitution der Primärprozesse (praktisches Tun) durch die Sekundärprozesse (Begriffs- bzw. Wortform) a) nicht durch die Abstraktion zu einer Anforderungserhöhung bei dem Prozeß der Begriffsbildung führt und b) überhaupt eine Verbesserung der Handlungskompetenzen der Schüler bewirken kann.

Nun steht es zwar außer Zweifel, daß das Medium Sprache ein grundlegendes Mittel ist, mit dem sich der Mensch mit seiner Umwelt auseinandersetzt. Indem die Sprache die unmittelbare Bindung an Raum und Zeit aufhebt, wird der Erfahrungs- und Erlebnishorizont unbegrenzt erweitert. Sprache stellt nicht nur das hauptsächliche Mittel der sozialen Interaktion dar, sondern konstituiert auch die Weltoffenheit des Menschen mit. Sprachbeherrschung impliziert somit Lernchancen und damit Entwicklungsmöglichkeiten. Weil in der Schule hauptsächlich Sprachhandeln (= Herstellung von Beziehungen zwischen den Bedeutungen der Worte) dominiert, ist eine ziemlich hohe Korrelation zwischen Sprachbeherrschung und Schulleistung nicht verwunderlich (vgl. SCHIEFELE/KRAPP 1974, 109). Dieser Zusammenhang brachte der Schule den Vorwurf ein, in ihrer Wirkung sprach- und schichtabhängig zu sein (vgl. SCHULZE 1980, 125).

Aus der Perspektive eines handlungsorientierten Lernkonzeptes führt der Aufbau und die Ausdifferenzierung der Kognitionssysteme allein durch die sprachliche und begriffliche Auseinandersetzung mit Umwelt zu folgenden Einwänden, die allerdings noch weiter zu explizieren sind (vgl. Kap. 4.3.4):

- Sofern die sekundären sprachlichen und begrifflichen Systeme nicht von den primären Tätigkeitsarten (vor allem Spiel und Arbeit) abgeleitet werden, besteht die Gefahr der Verselbständigung der kognitiven Systeme, d.h. Wissen wird zum Selbstzweck, zum Ballast.

- Die Vermittlung ergebnisorientierter fachwissenschaftlicher Inhalte in sprachlich-begrifflicher Form führt zu einer Dogmatisierung von Wissen, weil die subjektiven "Alltagstheorien" weitgehend ignoriert werden, und weil konkrete Überprüfungsmöglichkeiten des vermittelten Wissens kaum für nötig erachtet werden.
- Lernprozesse auf der sekundären, sprachlich-begrifflichen Ebene, erhöhen aufgrund der zu vollziehenden Abstraktionsleistungen die Anforderungen der Schüler im Prozeß der Begriffsbildung und vernachlässigen mit der primären, der praktischen Tätigkeitsebene eine wesentliche Hilfestellung bei Begriffsbildungsvorgängen durch höhere Anschaulichkeit.

4.3.2 Untersuchungen zum Theorie-Praxis-Zusammenhang im Wirtschaftslehreunterricht

Wie die Analyse einiger ausgewählter schulisch praktizierter Lernkonzepte deutlich machte, wird gerade in schulischen Lernprozessen der äußere Handlungszusammenhang, der ansonsten ein Kennzeichen von Tätigkeitsformen - insbesondere der Spiel- und der Arbeitstätigkeit (vgl. Abb. 11) - in der Lebensspanne eines Menschen darstellt, prinzipiell aufgehoben. Aber nicht nur durch spezielle Lernansätze wird das handlungstheoretische Postulat der Einheit von Denken und Handeln, von Planen und Ausführen, unterlaufen, sondern auch mitbedingt durch allgemeine erziehungssoziologische Kräfte besteht grundsätzlich für schulische Lernarrangements die Gefahr, daß sich die pädagogischen Prozesse zuweit vom Alltag der Schüler bzw. Auszubildenden entfernen und distanzieren.

KOB (1976, 74 ff.) nennt den Abstand zwischen konkreter Handlungssituation und der durch intentionale Erziehung bedingten Abstraktion vom allzu Konkreten "strukturelle Distanz" und vertritt die These, daß durch die immanenten Kräfte des Erziehungsdenkens die Distanzierung zum sozialen Alltag eher zunimmt: "Vom 'Ernstfall' abgelöst, unalltäglich, auf Allgemeineres, für den Einzelnen 'Wichtigeres' abstrahiert, stilisiert sich jedes Erziehungssystem in einem mehr oder weniger starken Kontrast zu den normalen gegebenen sozialen Prozessen" (KOB 1976, 82). Das Ausmaß der "strukturellen Distanz" sieht KOB abhängig von Gesellschafts- und Erziehungssystemen und formuliert: "In einer Situation des relativ schnellen Wandels sozialer Ziel- und Mittelsystemen ergibt sich - zumal bei hoher Differenziertheit der Gesellschaft - für die Erziehungskonzeptionen mit Allgemeinheitsanspruch der Zwang zu höherer Abstraktion vom Alltäglichen und Konkreten, ..." (a.a.O., 84). Hinzu kommt, daß in einer Zeit ungeheurer Wissensexplosion[1] das Wissen nur deshalb bewältigt werden kann, weil die Zeichensysteme (Begriffe, Zahlen), dessen der Mensch sich bedient, fähig sind, das Wissen beliebig zu komprimieren, was den Abstraktionsgrad vom Alltäglichen zusätzlich vergrößert.

Die These von der "strukturellen Distanz" kann am Beispiel der Qualifikationsforschung exemplifiziert werden, die versucht hat, Qualifikationen für bestimmte Arbeitstätigkeiten zu eruieren, und die aufgrund des schnellen technischen Wandels in der Arbeitswelt vor allem als Qualifikation die abstrakten Ziele "Flexibilität" und "Mobilität" anzugeben wußte. Die berufspädagogische und bildungspolitische Antwort auf dieses Qualifizierungsproblem wurde einerseits mit gestuften Ausbildungsgängen - 1. Stufe: berufliche Grundbildung; 2. Stufe: berufliche Fachbildung (vgl. § 26 Berufs-

---

1) So werden z.B. pro Jahr mindestens 500.000 neue wissenschaftliche Aufsätze verfaßt, vgl. SCHULZE 1980, 132.

bildungsgesetz) - und andererseits eben mit dem Verzicht auf die Vermittlung von prozeßspezifischen Qualifikationen gegeben. In den Vordergrund traten deshalb die prozeßunspezifischen Qualifikationen, die sogenannten Schlüsselqualifikationen (vgl. bes. MERTENS 1974), wie Flexibilität, Mobilität, logisches Denken, Entscheidungsfähigkeit usw.[1]) Für die kaufmännische Grund- und Fachbildung bedeutete dies eine Flucht in die politisch-ökonomische Allgemeinbildung (vgl. KUTSCHA 1976, insbes. 76 ff., 87 ff.), was letztlich zu einer Entberuflichung von kaufmännischen Ausbildungsgängen führt (vgl. BOEHM 1982, 170).

Empirische Untersuchungen im kaufmännischen Bereich zu den Lehrinhalten des zentralen Unterrichtsfaches an kaufmännischen Berufs- und Berufsfachschulen, des Wirtschaftslehreunterrichts, bzw. zu den Lerninhalten in den entsprechenden Wirtschaftslehrebüchern lassen u.a. ebenfalls eine "strukturelle Distanz" erkennen (vgl. KRUMM 1973, insbes. 139; REETZ/WITT 1974).

Die Studie von REETZ/WITT ging bei der Qualität der Lerninhalte in den Wirtschaftslehrebüchern von zwei Hypothesen aus: a) von einer vermuteten Ablösung der Lerninhalte von den Interessen der kaufmännischen Arbeitnehmer und b) von der Ablösung der Lerninhalte von der ökonomischen Wirklichkeit selbst. Beide Ablösungstendenzen würden zu einem Defizit an Sach- und Sozialkompetenz führen.

Die Einzelergebnisse zu der vermuteten Ablösung von der Praxis "belegen ganz deutlich ..., daß es sich bei den lehrbuchvermittelten Lerninhalten nicht um wirksame Modelle der

---

1) Die Distanz zu den beruflichen Handlungssituationen, die schulische Lernprozesse heute aufweisen, veranlaßt u.a. zunehmend auch größere Unternehmen ihre eigene "Betriebsschule" zu gründen und aufzubauen, wie es das Beispiel der Firma Nixdorf Computer AG zeigt (vgl. DER SPIEGEL H. 8/1980, 89 f.)

Umwelt, sondern um abgelöste Konstruktionen ohne Transinformation auf die Praxis, schon gar nicht auf Praxis im unreduzierten, soziologischen Sinne handelt. Somit überwiegt der Aspekt der bloßen Abfragbarkeit, d.h. der Übertragbarkeitsaspekt deutlich gegenüber dem Anwendbarkeitsaspekt. Der Generalkonsens unter Lehrbuchautoren und Lehrern, daß es zunächst einmal auf 'abfragbares Wissen' ankomme, wird so deutlich. Gleichzeitig darf die Hypothese als widerlegt angesehen werden, daß dieses 'abfragbare Wissen' außerhalb des Klassenarbeitsbetriebes einen didaktischen Wert hat. Sachkompetenz wird nicht vermittelt, Sozialkompetenz schon gar nicht" (a.a.O., 162)[1].

In den Wirtschaftslehrebüchern schlagen die beiden Ablösetendenzen von der Praxis, "die Reduktion von Praxis auf isolierte Praktiken und der Verlust konkreter Anwendbarkeit" weitgehend durch, was zu einer Dominanz empirisch nicht abgesicherter, unverbindlich formulierter, zerfaserten Informationen über isolierte betriebliche Funktionen führt (REETZ/WITT 1974, 154, 176). Die Autoren betonen, daß für sachkompetentes Handeln "der Aufbau motivationaler und kognitiver Strukturen beim Lernenden auf der Grundlage informationshaltiger, Zusammenhang stiftender Theorie über Praxis von nöten" ist, dieser Strukturaufbau aber aufgrund des defizitären Theorie-Praxis-Verhältnisses, das die Analyse des in Schulbüchern manifestierten Wirtschaftslehre-Curriculums offenlegte, nicht gewährleistet werden kann (a.a.O., 189 ff.).

---

1) Damit wird hier gleichzeitig auf ein wissenssoziologisches Problem verwiesen: Denn die Priorität der Abfragbarkeit des Wissens im Wirtschaftslehreunterricht gegenüber der Anwendbarkeit des Wissens, d.h. Handlungen in konkreten Situationen zu steuern und zu kontrollieren, weist auf einen - durch die "strukturelle Distanz" erst ermöglichten - institutionsspezifischen Bestand von Wissen hin, das in diesem Fall die Institution Schule benötigt, um ihre routinemäßigen und normalisierten pädagogischen und administrativen Handlungsabläufe zu sichern. Dieses "Betriebswissen" der gegenwärtigen Schule beeinflußt die Schülerkarriere eines Schülers weit mehr als die Inhalte eines Fach- oder Alltagswissens (vgl. BOUTEMARD 1975, 39 ff., insbes. 45; s. auch hier S. 177 ff.).

Desweiteren stellt HALFPAP (1982, 57) für den Wirtschaftslehreunterricht einen engen Theorie-Praxis-Bezug infrage, den er als "Verknüpfung von schulischer Ausbildung und kaufmännisch-fachlicher Tätigkeit" bezeichnet und nennt dafür einige willkürlich herausgegriffene Beispiele:

"- Der Schüler hat systematisch 'Das Lager' (Wesen, Aufgabe, Arten, Lagergrundsätze, Kennzahlen) 'gelernt'. Kann er auch eine Lagerkartei führen?

- Der Schüler kann Arten, Notwendigkeit und Bedeutung, Technik und Anwendungsbereiche der Vervielfältigungsverfahren erklären. Kann er den Umdrucker bedienen?

- Der Schüler kann die Grundzüge der 'Allgemeinen Steuerlehre' erläutern. Kann er den Antrag auf Lohnsteuerrückerstattung ausfüllen?

- Der Schüler kann 'die für die Fertigungssteuerung notwendigen Arbeitsbegleitpapiere (z.B. Terminkarte, Begleitkarte, Lohnscheine, Materialentnahmescheine) beschreiben und ihre Bedeutung erklären' (DER KULTUSMINISTER DES LANDES NORDRHEIN-WESTFALEN 1975, 29). Kann er diese Papiere ausfüllen und auswerten?"

Die somit auch für die edukativen Prozesse im kaufmännischen Bereich zu konstatierende "strukturelle Distanz", die in didaktischer Terminologie als Theorie-Praxis-Verhältnis diskutiert wird, wird zusammenfassend aus zwei Richtungen kritisiert (vgl. KRUMM 1973, 139; REETZ/WITT 1974, 175 ff.; HALFPAP 1982, 57 f.): Die schulische kaufmännische Ausbildung genügt weder praktischen noch theoretischen didaktischen Ansprüchen. Für die auszuübenden praktischen beruflichen Tätigkeiten fehlt es aufgrund der unzureichenden, zusammenhanglosen, zuviel spezialisierten fachwissenschaftlichen Theoriefragmenten an Handlungskompetenz, d.h. an der Fähigkeit zum Aufbau von kognitiven Wissens- und Regelsystemen für die Bewältigung entsprechender beruflicher Situationen (s.S. 143) und andererseits wird die erfahrene Praxis nicht theoretisch über die "Schreib- und Ladentischperspektive" hinaus erhellt, d.h. weiterführende Erklärungsansätze werden den Auszubildenden nicht angeboten, die erkannten Phänomene werden nicht in andere Zusammenhänge gestellt. Ganz allgemein wird das Dilemma des Wirtschaftslehreunterrichts an kaufmännischen Berufs- und Berufsfachschulen sowohl in einer mangelnden Handlungsorientierung als auch in einer mangelnden Wissenschaftsorientierung gesehen.

Ein Abbau der "strukturellen Distanz" bzw. eine stärkere Verbindung des äußeren Handlungszusammenhangs von Tun und Denken ist u.E. weniger über eine Wissenschaftsorientierung als über eine Handlungsorientierung von Lernprozessen zu erreichen. Neuere didaktische Vorschläge für das Fach "Wirtschaft" an allgemeinbildenden Schulen gehen auch nicht mehr vorrangig von der Systematik der Fachwissenschaften aus, sondern orientieren sich an Situationen aus bestimmten Lebensbereichen, wie z.B. als Arbeitnehmer, als Konsument, als Staatsbürger (vgl. z.B. CZYCHOLL 1974, 225 f.; KLIPPERT 1981, 9 ff.). Unterrichtsmodelle, die nach diesem "situationsorientierten" Didaktikansatz konstruiert werden (zur Konstruktion vgl. KAMINSKI 1977, 177 ff., insbes. 250 ff.) bieten die Möglichkeit, Kenntnisse, Erwartungen, Bedürfnisse und Interessen der Schüler in den Unterricht stärker einzubeziehen ("offene" Curricula), versuchen die Bereitstellung informationshaltiger Theorie über die entsprechenden Lebenssituationen und tragen von daher zu einer Reduktion der "strukturellen Distanz" bei. Diesen Ansätzen liegt ein Verständnis von Wissenschaftsorientierung zugrunde, das sich nicht primär auf eine mögliche Bedeutung der Wissenschaften für die Zukunftsgestaltung stützt, sondern das "die praktische Rolle der Wissenschaften zur Bewältigung der Lebenssituationen in der Anknüpfung an konkrete Verhältnisse und Probleme hervorhebt" (MENZE 1980, 182 f.). Von daher bleiben auch hier i.d.R. wissenschaftsnahe Aufgabenstellungen Ausgangspunkt für die Konstruktion von Unterrichtsmodellen, d.h. einer Lebenssituation werden handlungsnahe Theoriefragmente zugeordnet. Unreflektiert wird dabei einfach unterstellt, daß diese informationshaltigeren und realwissenschaftlichen Aussagen entsprechende handlungsleitende Funktionen bei den Schülern konkret nach sich ziehen. Aufgrund des "epistemologischen Subjektmodells" ergeben sich aber Zweifel an diesem linearen Übertragungsverhältnis von informationshaltiger Theorie auf konkrete praxissteuernde Handlungen. Einige Fragen sollen hier dieses Problem verdeutlichen:

- Inwieweit handeln Individuen überhaupt unmittelbar nach Maßgabe ihres verfügbaren theoretischen Wissens?
- Inwieweit ist das vermittelte theoretische Wissen überhaupt geeignet, Handeln unmittelbar zu steuern und anzuleiten?
- Inwieweit verbessert überhaupt entsprechendes theoretisch vermitteltes Wissen signifikant das Handlungsergebnis?
- Inwieweit planen und reflektieren Individuen überhaupt ihre Handlungen bzw. inwieweit laufen Handlungen habituell und unbewußt ab, also inwieweit dominiert sogenanntes Verhalten.

Die Prämissen des "epistemologischen Subjektmodells" lassen ein didaktisches tabula rasa-Modell nicht zu, weil das Individuum bereits durch und über seine Alltagshandlungen kognitive Strukturen aufgebaut und sogenannte naive Theorien über seine Lebenssituationen entwickelt hat (vgl. LAUKKEN 1974). Es stellt sich mit GERDMEIER (1981, 803 f.) also die Frage: "Warum eigentlich soll ein Individuum im Alltag zugunsten eines fremden begrifflichen Apparats von seinen Erfahrungen und Sichtweisen distanzieren, zumal dann, wenn es seine bisherigen Handlungen als hinlänglich erfolgreich einstuft?" Die stillschweigend unterstellte Annahme von schulischen Lernprozessen, daß "die vorgängigen Alltagstheorien mühelos durch wissenschaftliche Theorien zu substituieren sind" (GERDSMEIER 1981, 807) läßt sich handlungstheoretisch nicht aufrechterhalten. Vielmehr haben sich didaktische Prozesse konstitutiv auf Alltagshandlungen und deren naiven Theorien einzulassen, wenn reflektiertes Handeln-Können in verschiedenen Lebensbereichen erlernt werden soll und haben nicht in einem "präparierten Lernterrain" stattzufinden, "das weitgehend isoliert vom Ich sonstiger Lebenspraxis läuft" (RUMPF 1976, 13 f.; vgl. auch MENZE 1980, 185).

Unter der derzeitigen Konzeption von Schule läßt sich das Postulat von einem konkreten Einlassen auf praktische Tätigkeiten, deren Aufarbeitung und Reflexion mittels der von den Wissenschaften bereitgestellten Erkenntnissen in "allgemeinbildenden" Lernprozessen nur äußerst schwer realisieren, wie z.B. die Praxis des Arbeitslehreunterrichts zeigt, wenn durch Erkundungen, Praktika und produktiver Schülerarbeit "strukturelle Distanzen" abgebaut und als sinnvoll erkannte Handlungen, Fertigkeiten und Haltungen von den Schülern angeeignet werden sollen. Innerhalb der Berufsausbildung wird ein konkretes Einlassen auf berufliche Handlungen unumgänglich, um das Ziel "berufliche Tüchtigkeit" erreichen zu können. Bevor die didaktische Schlußfolgerung aus einem handlungstheoretischen Ansatz, nämlich die Orientierung an konkreten beruflichen Tätigkeiten, spezifischer begründet wird, soll zunächst die Beziehung zwischen Motiv und Handeln genauer untersucht werden, um die pädagogisch-didaktische Bedeutung einschätzen zu können.

4.3.3 Pädagogisch-didaktische Bedeutung der Beziehung zwischen Motiv und Handlung

Nach den Tätigkeitsarten in der ontogenetischen Entwicklung soll hier noch einmal an dem komplexen Tätigkeitsbegriff direkt angeknüpft werden, der ja nicht nur eine Einheit von Denken und Handeln umfaßt, sondern auch den Bereich der Emotionalität, hier spezieller: der Motive, miteinschließt. Es wurde bereits herausgestellt, daß einerseits die Integration der kognitiven und emotionalen Komponenten einer Handlung bisher noch nicht in einem theoretischen Modell in überzeugender Weise vollzogen werden konnte, wir andererseits das Motivationsproblem für berufliches Lernen auch nicht ganz außer acht lassen können und deshalb ein dem "epistemologischen Subjektmodell" adäquates Motivationskonzept in den hier explizierten Handlungsansatz einbringen wollen (s.S. 145 f.), ohne dabei den Anspruch zu erheben, bereits alle theoretischen Probleme der Einbeziehung des Motivationsaspektes in einem Handlungskonzept gelöst zu haben. Das erkenntnisleitende Interesse zielt auf die Frage, was bei Lernprozessen zu beachten ist, wenn diesen aus Sicht des unterstellten Subjektmodells ein hohes Maß an Motivträchtigkeit zugeschrieben werden soll.

Hauptkomponenten von Tätigkeitsarten sind Motive, Handlungen, Operationen. Dabei bleibt allerdings die Motivierung - insbesondere für die hier interessierende Lerntätigkeit - ein weitgehendst ungelöstes Problem. So wird z.B. in der materialistischen pädagogisch-psychologischen und didaktischen Literatur fast alles, was mit Lernen in Zusammenhang gebracht werden kann, Motivcharakter zugesprochen:

- bei LOMPSCHER/KOSSAKOWSKI (1980, 78) z.B. Freude am Kenntniserwerb; Interesse an einem Fach oder Fachgebiet; Streben nach Anerkennung oder Stellung innerhalb der Klasse; Streben nach Lob, guten Zensuren; Vermeidung von Tadel oder Strafe;
- bei DAWYDOW (1982, 19) ist "das spezifische Motiv der Lerntätigkeit (...) die theoretische Beziehung zur Wirklichkeit mit den entsprechenden Orientierungsverfahren";
- bei MARKOWA (1982, 31) soll die ständige Neuheit der Aufgaben für das Entstehen neuer Motive sorgen;
- bei HENNIG (1977, 20 ff.) sind es z.B. das staatsbürger-

liche Motiv, das Erkenntnismotiv, das materielle Motiv, das Erlebnismotiv, die soziale Identifikation mit den Eltern oder die mit dem Lehrer;

- bei SCHIEFER (1977, 234) hängt die Motivation von der Schulleistung ab und
- bei AFANASJEW (1977, 239 f.) hängt das Lerninteresse der Schüler von ihren Berufsabsichten ab.

Einige weiterführende Untersuchungen zur Antriebsregulation gehen denn auch von der "Annahme einer nur dem Menschen eigenen Antriebskategorie" aus (KOSSAKOWSKI u.a. 1978, 68), was bedeutet, daß eine Zielvorstellung bzw. eine Problemstellung allein zur Handlungswirksamkeit nicht ausreicht, vielmehr muß der Handelnde die subjektive Bedeutsamkeit des Ziels bzw. des Problems erleben. Es muß einen persönlichen Sinn bekommen. "Das Motiv ist der bewußte subjektive Beweggrund für das Handeln des Menschen ..." (KOSSAKOWSKI u.a. 1978, 69).

In der "westlichen" pädagogisch-psychologischen Forschung wurde ebenfalls in jüngster Zeit von SCHIEFELE/HAUSER/SCHNEIDER (1979) und SCHNEIDER/HAUSER/SCHIEFELE (1979) ein Motivationskonzept entwickelt, das versucht, die subjektiven Beweggründe des Lernens konstitutiv in die Überlegungen mit einzubeziehen. Damit wird eine theoretische Alternative zum behavioristisch orientierten Konzept der Leistungsmotivationstheorie geliefert, mit dem in der heutigen Erziehungswissenschaft die Lerntätigkeit der Schüler fast ausschließlich mit dem Leistungsmotiv erklärt werden soll. Dem Leistungsmotivationskonzept immanent ist die Beliebigkeit des Inhaltes, um den es bei der Leistung geht (vgl. SCHIEFELE u.a. 1979, 2; SCHNEIDER u.a. 1979, 43; ebenfalls STADLER/OFFE 1980, 50). Das individuelle Lerninteresse des Schülers spielt hier kaum eine Rolle; er lernt quasi interessenfrei. Da sich die Inhalte des Wirtschaftslehreunterrichts an kaufmännischen Berufsschulen aufgrund des Prinzips der Wissenschaftsorientierung i.d.R. an den Fachwissenschaften anlehnen, wobei bei einfacheren didaktischen Reduktionsverfahren die paradigmatische Struktur und Systematik der Bezugswissenschaft erhalten bleibt ("Abbilddidaktik"), fehlt meistens die unmittelbare Nützlichkeit und Anwendbarkeit des vermittelten Wissens für und durch die Schüler. Sie empfinden den Lernprozeß als fremdgesteuert, der von ihren primären Bedürfnissen und Interessen abstrahiert und der durch extrinsische Motivationsmittel, vor allem durch Belohnung und Strafe, vorangetrieben wird. "Die teilweise fehlende Einsicht in den inhaltlichen Sinn des zu lernenden Stoffes wird ersetzt durch die Einsicht in den institutionellen Sinn des Lernens. Steuerung durch schulische Sanktionen ersetzt das Interesse" (STADLER/OFFE 1980, 50).

Ein Motivationskonzept, das von den Interessen des Handelnden abstrahiert, läuft dem "epistemologischen Subjektmodell" zuwider. Denn ein Mensch, der reflexiv und zielbezogen in einer Situation handelt, verfolgt Interessen. Die Interessen zielen auf die Befriedigung von individuellen Bedürfnissen ab. Bedürfnisse und die Art ihrer Befriedigung hängen größtenteils von gesellschaftlichen Normen ab. Insofern sind Interessen Ergebnis bewußter individueller Bewertungs- und Entscheidungsvorgänge und für die konkrete Handlung sind sie daher als "relatives Apriori" anzusehen oder anders formuliert: Handeln ist stets interessengeleitet.

Das alternative Motivationskonzept von SCHIEFELE u.a. (1979) und von SCHNEIDER u.a. (1979) nennen die Autoren eine "pädagogische Theorie des Interesses". Interesse wird als eine spezifische Subjekt-Gegenstands-Beziehung definiert, was bedeutet, daß Interesse nicht einfach als Reaktion auf einen Umweltreiz entspringt, sondern Interesse geht aus einer aktiven Auseinandersetzung des Subjekts mit einem Gegenstand seiner Erfahrung hervor" (SCHNEIDER u.a. 1979, 51). Der Interessierte bewertet also tendenziell seine Umwelt selbst. Die Person übernimmt nicht einfach tradierte Wert- und Normenvorstellungen, sondern befragt diese nach Legitimität, Herkunft, Geltung und Konsequenzen; sie fragt also nach dem "Wozu?" von Lernen und Leistung. Dabei wird aber nicht gegen Leistung argumentiert, "sondern für die Begründung der Leistungsforderung, aus Wertvorstellungen, die um das Zentrum der sich selbst gehörenden, wissend und verstehend sich entscheidenden Person geordnet sind" (SCHIEFELE u.a. 1979, 7), Normativ leitende Zielvorstellungen der "pädagogischen Theorie des Interesses" sind "Selbstbestimmung" und "soziale Gleichheit".

Diesem alternativen Motivationskonzept liegt ebenfalls ein "epistemologisches Subjektmodell" zugrunde, was durch die Merkmale "Reflexivität", "gegenstandsbezogenes Handeln" und "Realitätsbezug" gekennzeichnet ist (vgl. SCHNEIDER u.a. 1979, 51 ff.):

- Reflexivität beinhaltet als zentrales Kriterium die Wertüberzeugungen der Person, d.h. reflexive Handlungen erfordern eigenständige, an den Wertüberzeugungen orientierte Entscheidungen.
- Gegenstandsbezogenes Handeln (= Tätigkeit) beinhaltet die Wechselwirkung zwischen äußerer Realität und ihrer ideellen Form auf der Bewußtseinsebene. Dabei umfaßt der Begriff "Gegenstand" nicht nur physische Dinge, sondern auch Gedanken, Gefühle, Beziehungen, Theorie, Idee u.a. Für dieses Merkmal ist die Erkennung und Verwendung von sozialen Bedeutungen und Verwendungszusammenhängen von Gegenständen für das Subjekt zentral. Sollen Interessenbeziehungen zwischen Subjekt und Gegenstand entwickelt werden, darf die Teilhabe des Subjekts an den sozial definierten Bedeutungen (= Begriffe) von Gegenständen und deren Ver-

wendungszusammenhängen nicht verhindert werden.

- Realitätsbezug als Kriterium wird notwendig, weil Interesse eine spezifische Qualitätsbeziehung zwischen Subjekt und Gegenständen erfordert. Realitätsbezug bzw. Realitätsangemessenheit besagt, daß es nicht die Realität bzw. den Gegenstand "an sich" gibt, sondern - wie oben betont wurde[1] - eine durch Handlungen perspektivisch geprägte Realität. Weil Handlungen sowohl historisch als auch sozial beeinflußt sind, kann es keine einmalige und einziggültige Realität geben. SCHNEIDER u.a. (1979, 56) unterscheiden drei unterschiedliche Realitätsbezüge: a) die absolute Existenzform eines Gegenstandes; b) dessen sozial vermittelte Existenz (= Bedeutungen, die in Begriffen objektiviert werden) und c) die subjektive Repräsentanz des Gegenstandes. An der an "Selbstbestimmung" und "sozialer Gleichheit" orientierten "pädagogischen Theorie des Interesses" ist die Mitbeteiligung des Subjekts an der sozialen Gegenstandsbestimmung von Realität notwendig, weil sonst 1.) die gesellschaftliche Realität dem Menschen als etwas Fertiges, Abgeschlossenes, Endgültiges erscheint, als durch äußere Macht Aufgezwungenes und damit 2.) keine Möglichkeit zur Selbstbestimmung mehr läßt.

Die "pädagogische Theorie des Interesses" unterscheidet sich von der Leistungsmotivationstheorie vor allem durch folgende Ausprägungen (vgl. SCHIEFELE u.a. 1979, 7 f.):

1. Interessen sind stets inhaltsrelevant, d.h. sie entstehen und wirken erst durch handelnde Auseinandersetzung mit bestimmten Lebensbereichen.
2. Die durch Interessen gesteuerten zielgerichteten und reflexiven Person-Umwelt-Bezüge besitzen einen persön-

1) Vgl. S. 114 ff.

lichen Sinn. Die personale Bedeutungskomponente impliziert einen bewußten Entscheidungsprozeß für bestimmte Werte, Ziele usw.

3. Bedeutung für das menschliche Handeln besitzt nicht nur das persönliche Motiv, sondern auch die Ansprüche der Umwelt, d.h. die spezifischen sozialen Anforderungen in sozialen Situationen[1].

4. Die auf einen Lebensbereich bezogenen inhaltsorientierten Handlungen sind zeit- und situationsabhängig. "'Interesse' wird als zeitspezifisches, situationsrelevantes Konzept verstanden" (SCHIEFELE u.a. 1979, 8).

Worin ist nun die pädagogisch-psychologische Bedeutung der Beziehung zwischen Motiv und Handlung zu sehen? Wurde bisher als wesentliche kognitionstheoretische Implikation eines Handlungsansatzes festgestellt, daß die semantischen Konstruktionssysteme aus dem praktischen Handeln und der Wahrnehmung mit hervorgehen (s.S. 113), so formulieren die Autoren der "pädagogischen Theorie des Interesses" quasi hierzu als äquivalente Ergänzung aus motivationaler Sicht:

"Wenn es darum geht, Interesse als Ziel und Weg der Erziehung im Zusammenhang mit allgemeinen pädagogischen Zielvorstellungen zu sehen, dann muß von der Situation des Menschen in seiner konkreten Lebenswelt ausgegangen werden. Von der Verflechtung des Menschen, selbstverständlich auch des Kindes in seiner Entwicklung, in die Tätigkeits- und Erfahrungsbezüge der alltäglich gegebenen sozialen Umwelt darf hier keinesfalls abstrahiert werden." (SCHNEIDER u.a. 1979, 46; Hervorh. d.d. Verf.)

---

1) Während SCHIEFELE u.a. (1979, 8) wohl durch das normative Ziel "Selbstbestimmung" von einer Gleichrangigkeit der individuellen Beweggründe und den Ansprüchen der Umwelt für die Handlungsentscheidung ausgehen, stellen materialistisch orientierte Pädagogen die "gesellschaftlichen Erfordernisse, die an das Subjekt als Forderungen herangetragen werden" in den Vordergrund. "Kommt das Subjekt diesen Forderungen (den gesellschaftlichen, der Verf.) nicht nach, muß die Gesellschaft regulierend eingreifen". (...) "Primär durch gesellschaftliche Erfordernisse determiniert, sind sie (die Motive, der Verf.) die subjektive Ursache der Handlung, welche ihrerseits auch durch situative Momente determiniert wird." (KOSSAKOWSKI u.a. 1978, 69, 70).

Zudem ergab sich als erkenntnistheoretische Schlußfolgerung aus einem Handlungsansatz, daß mit der konstitutiven dreigliedrigen Subjekt-Handlung-Objekt-Beziehung immer nur ein "Wissen wozu" erzeugt wird (s.S. 117) und aufgrund der "pädagogischen Theorie des Interesses" ergibt sich aus motivationaler Sicht die Frage nach dem "Wozu?" von Lernen und Leistung. Die Möglichkeit der Selbstbestimmung von Individuen rückt hier in den Vordergrund motivationaler Überlegungen.

Aufgrund des interessentheoretischen Ansatzes wäre vor allem davon auszugehen, daß insbesondere solche Lern- bzw. Arbeitsleistungen hohe motivationale Effekte besitzen, deren Anspruchsniveausetzung nicht extern gesetzt, sondern intern normiert würden und die daher Orientierungen nach Selbstbestimmung und sozialer Gleichheit zuließen. Bezogen auf die betriebliche Berufsausbildung würden diese normativen Haltungen in erster Linie gerichtet sein auf betriebsdemokratische Orientierungen, bessere Mitbestimmungsregelungen, Kritik an parzellierten, monotonen und sozial isolierten Arbeitsvollzügen. Auf unterrichtliche Lernprozesse bezogen würde dies bedeuten, daß den Auszubildenden grundsätzlich Mitspracherechte bei der Auswahl der Lerninhalte sowie bei der Planung und Durchführung des Unterrichts einzuräumen wären. Um interessenorientierte Haltungen gegenüber sozialen Anforderungen vertreten zu können, wären bei den Schülern bzw. Auszubildenden soziale Kompetenzen notwendig und auszubilden (vgl. hierzu Kap. 4.5).

Im folgenden wird von der allgemeinen These ausgegangen, daß eine Lerntätigkeit um so motivierender ist,

- je größer der Bezug zur konkreten Lebenswelt der Schüler ist, und um so mehr sie ihre individuellen Erfahrungen und Wertungen in den Lernprozeß mit einbringen können;
- je größer die Möglichkeit der Selbstbestimmung bzw. der

Mitsprache und Einflußnahme gegeben sind;

- je größer die intrinsische Motivierung ist, d.h. je mehr Fragen nach Normen und Zielen von Handeln intern gesetzt und verantwortet werden.

Die letzten beiden Kriterien gelten auch für die Arbeitstätigkeit.

Für die kaufmännische Berufsausbildung wäre danach auf der Tätigkeits-Persönlichkeits-Ebene der Tätigkeitsanalyse (s. S. 141 ff.) eine theoretisch-formale Beziehung zwischen Handlungs- und Motivationsaspekten hergestellt, wenn sich die Ausbildung von instrumenteller und sozialer Handlungskompetenz an konkreten beruflichen Tätigkeiten aus dem kaufmännisch-verwaltenden Bereich orientieren und diese interessenbezogene Haltungen berücksichtigen würde. Das Beziehungsproblem zwischen Antriebsregulation (Motivation) und Ausführungsregulation (Handlungskompetenz) kann aber für die Lern- bzw. Arbeitstätigkeit mit den obigen Aussagen aufgrund der interessentheoretischen pädagogischen Konzeption aber noch nicht als gelöst angesehen werden. Sie sind auch vielmehr als heuristische Sätze zu verstehen. Zumindest sollte hier aber zweierlei deutlich geworden sein:

- Die Beziehung zwischen Motivation und Handlung kann nur mit theoretischen Konzepten angegangen werden, die auf einer einheitlichen metatheoretischen Basis gründen.

- Der "pädagogischen Theorie des Interesses" liegt explizit das "epistemologische Subjektmodell" zugrunde, das vor allem gekennzeichnet ist durch Reflexivität und zielbezogenes Handeln in Umweltbereichen, und welches als Ausgangspunkt der handlungstheoretischen Überlegungen gewählt wurde.

Weil im weiteren Verlauf der Arbeit nicht der komplexe und noch weitgehend ungeklärte Integrationszusammenhang der kognitiven und motivationalen Komponenten des Tuns erkenntnisleitend ist, sondern vielmehr das praktische Handeln-Können in beruflichen Situationen mit ihren kognitiven Aspekten, wird nachfolgend auf den Tätigkeitsbegriff verzichtet und grundsätzlich nur der Handlungsbegriff verwendet.

4.3.4 Berufliche Handlungen als didaktischer Ausgangspunkt für berufliche Lernprozesse

Wie aufgezeigt wurde, ist der äußere Handlungszusammenhang, wie er in der individuellen Lerngeschichte des Menschen in den zwei dominierenden Handlungsarten Spiel und Arbeit charakteristisch ist (vgl. Abb. S.152), in heutigen schulischen Lernprozessen - auch im Wirtschaftslehreunterricht für die wirtschaftsberufliche Ausbildung, wie Untersuchungen belegten - weitgehend aufgehoben. Neben allgemeinen erziehungssoziologischen und schulspezifischen Bedingungen lassen sich für das Auseinanderfallen von Theorie und Praxis in der Berufsausbildung vor allem drei Gründe konstatieren:

- Angeregt durch die Epistemologie PIAGET's entstanden kognitive Lerntheorien, die die behavioristischen Lehr- und Lernkonzepte zunehmend verdrängten (vgl. z.B. TÜMMERS 1980, JOERGER 1975). Mit diesem Übergang vom mechanischen auf das organismische Weltbild (vgl. Abschnitt 2) wurde das Lernsubjekt verstärkt auf die kognitive Dimension eingeschränkt. Die Ausbildung von Denkstrukturen bei den Lernenden mittels innerer Handlungen gilt als Ziel des Unterrichts. Das Auffinden von theoretischen Beziehungen zwischen Begriffen ohne deren praktische Verifikation nach dem Aufgabe-Lösungs-Ritual sollen diesem Ziel dienen.

- Nach der Grundthese der "neuen" Bildungstheorie (s.S. 127 ff.), daß aufgrund der zunehmenden Verwissenschaftlichung aller Arbeitsfunktionen die zukünftige Handlungskompetenz der Auszubildenden nur über das didaktische Prinzip "Wissenschaftspropädeutik" gesichert werden könne, wurde für den Wirtschaftslehreunterricht fast ausschließlich eine stärkere Wissenschaftsbezogenheit der Inhalte gefordert, d.h. eine didaktische Orientierung an den Fachwissenschaften, was entsprechende wirtschaftsdidaktische Ansätze und Konzeptionen nach sich zog (vgl. KRUMM 1973, 143 f.; GOLAS 1969; KUTSCHA 1976; LIPSMEIER 1978, 151 f.).
- Bedingt durch die technologische Entwicklung wurden in der berufspädagogischen und bildungspolitischen Diskussion die "prozeßunspezifischen" Qualifikationen bzw. die sogenannten "Schlüsselqualifikationen" favorisiert, was einerseits zur These von der Entberuflichung der Berufsausbildung führte und andererseits zu einer zunehmenden wissenschaftspropädeutischen Orientierung im Unterricht, wodurch die Lerngegenstände abstrakter und symbolischer wurden und kaum mehr eine Hilfe für die Steuerung und Kontrolle von beruflichen Handlungen innerhalb des Ausbildungsprozesses darstellten.

Handlungstheoretische Ansätze der Persönlichkeitsentwicklung legen dagegen - wie bereits ganz allgemein für Lernprozesse gefolgert wurde - eine Aufhebung der Trennung von Theorie und Praxis nahe und haben innerhalb der Berufsausbildung als didaktischen Bezugspunkt die konkreten beruflichen Handlungen. Diese postulierte Handlungsorientierung für berufliche Lernprozesse läßt sich nun vor dem Hintergrund

a) der Bedeutung von Alltagswissen, Unterrichtswissen und wissenschaftlichem Wissen für das "epistemologische Subjektmodell" und

b) des ungelösten didaktischen Orientierungsproblems für berufliche Lernprozesse

spezifischer begründen.

4.3.4.1 Wissensformen und ihre Bedeutung für den Aufbau individueller Handlungskompetenz

Gegen das durch schulische Lernprozesse vermittelte Wissen wurde oben kritisch eingewendet, daß es wenig geeignet sei, die Handlungskompetenz der Individuen zu erhöhen, weil diese i.d.R. ihre konkreten Handlungssituationen vor allem mit ihrem individuell erworbenen Alltagswissen zu lösen pflegen. Will man sich auf diese These genauer einlassen, so muß man den pauschalen Begriff "Wissen" zunächst genauer bestimmen. Über "Wissen" verfügen bedeutet ganz allgemein, etwas über eine Sache bzw. einen Sachverhalt zu wissen. Entscheidend ist aber nicht, ob man etwas weiß bzw. was man nicht weiß, sondern wie man etwas weiß (vgl. AEBLI 1981, 277). Damit ist bereits angedeutet, daß das Wissen unterschiedliche Formen annehmen kann. Es bietet sich für unseren Zusammenhang an, die Wissensformen unter den Aspekten Ursprung, Zweck und Struktur analytisch zu ordnen - wobei aber kein Anspruch auf Vollständigkeit erhoben wird -, so daß sich folgende Übersicht ergibt:

Ursprung, z.B.	*Zweck, z.B.*	*Struktur*
- aus dem Alltag (Alltagswissen) - aus der Schule (Unterrichtswissen) - aus der Wissenschaft (wissenschaftliches bzw. systematisches Wissen)	- "reines" Wissen (Wissen als Selbstzweck) - instrumentelles bzw. angewandtes Wissen (zu wissen, wie man etwas macht: "Wissen ist Macht" (BACON))	- allgemeines Weltwissen bzw. enzyklopädisches Wissen (z.B. das kumulierte Merkmalswissen über eine Sache) - Handlungswissen (nach Handlungsschemata strukturell geordnetes Wissen)

Abb. 12: Wissensformen

Nun ist es evident, daß diese einzelnen Wissensformen nicht bei den Subjekten und den gedruckten Texten als Träger des Wissens isoliert auftreten, sondern Mischformen anzunehmen sind. Dabei korrelieren allerdings einige Wissensformen sehr eng miteinander:

1. Das Alltagswissen ist im hohen Maße instrumentelles, zweckgebundenes Wissen. Es ist das Wissen, was der handelnde und an Handlungen teilnehmende und Handlungen beobachtende Mensch durch eigene unmittelbare Erlebnisse gewinnt und was ihm in Form der Sprache seiner sozialen Umwelt begegnet. Weil es auf zu erzeugende Effekte ausgerichtet ist, besitzt es die Struktur des Handlungsschemas und ist somit hauptsächlich Handlungswissen (vgl. AEBLI 1981, 274; HÖHN 1980, 35 ff.).

2. Das wissenschaftliche Wissen und das Unterrichtswissen ist überwiegend "reines" Wissen; es ist weniger auf die Erzeugung äußerer Effekte gerichtet, sondern eher auf die Erkennung von gesetzmäßigen Zusammenhängen. An die Stelle des Handlungszieles tritt das Erkenntnisziel. Die Suche nach allgemeinen Zusammenhängen (Theorien) bedingt eine zunehmende Entfernung von situationsgebundenen Erfahrungssituationen und damit eine Verselbständigung des akkumulierten Wissens, welches sich in einer hochabstrakten Begrifflichkeit ausdrückt. Die Wissensproduktion, d.h. die disziplinäre Theoriebildung unterliegt wissenschaftsimmanenten Regulativen, wobei auch die soziale Determination dieses Wissens zu beachten ist (vgl. insbes. KUHN 1976, WEINGART 1976).

3. Das Unterrichtswissen kann als ein Konglomerat unterschiedlicher Wissensformen angesehen werden (vgl. BOUTEMARD 1975, 39 ff.). Neben dem dominierenden und strukturell wichtigen Betriebswissen der Schule, worunter das Wissen zu verstehen ist, das "typisch ist für die Routinisierung und Normalisierung (...) institutions-

spezifischer Handlungsabläufe" (a.a.O., 40), besteht das Unterrichtswissen insbesonders aus einer Teilmenge des Wissensbestandes einer entsprechenden Fachwissenschaft (Fachwissen) und aus einer Teilmenge des schichten- und generationsspezifischen Alltagswissensbestandes der Lehrer und Schüler. Das Betriebswissen der Regelschule ist in der Bundesrepublik durch gesetzliche Regelungen (Schulgesetze, Lehrpläne) und binnenstrukturellen Anordnungen weitgehendst legalisiert, wie z.B. durch Aufteilung der Schüler in Jahrgangsklassen und nach Altersstufen, Aufteilung des Unterrichts nach Fächern sowie die Zersplitterung des Lernens im 45-Minuten-Takt, Zensuren und Zeugnisse, Schulverweise usw. Letztlich bestimmt aber die im Betriebswissen gespeicherte Menge von routinisierenden und normierenden Verfahrensregeln der Schule über die Relevanz der anderen Wissenstypen, was bedeutet, daß sowohl das "mitgebrachte" Alltagswissen als auch das Fachwissen samt ihren Inhalten zweitrangig sind (vgl. BOUTEMARD 1975, 43, 45; ferner auch BERNSTEIN 1977, insbes. 125 ff.; THIEMANN 1979, 237; HÖHN 1980, 117 ff.). Demnach trüge das Unterrichtswissen zwar für die Institution Schule instrumentellen Charakter und für die Schüler insofern sie damit formale Abschlüsse und Berechtigungen erwerben können, außerhalb der Schule hat es dagegen kaum einen Wert (vgl. auch nochmals die Studie zum Wirtschaftslehreunterricht von REETZ/WITT 1974, 162); das Unterrichtswissen hat hier vorwiegend Selbstzweck.

Es wurde bereits darauf hingewiesen, daß das "epistemologische Subjektmodell" keineswegs eine tabula-rasa-Vorstellung impliziert, sondern vielmehr ein Individuum, das sich im Laufe seiner individuellen Lebensgeschichte mit seiner spezifischen Umwelt handlungsmäßig auseinandersetzt, und das aufgrund seines Handelns Erfahrungen sammelt, auf denen sich sein Wissen aufbaut und strukturiert und mit dem es die Umwelt verändert. Quasi von Geburt an hat der Mensch sich immer bereits mit Ereignissen, Sachen, Sachverhalten und Personen auseinandergesetzt, hat diese später mit der Sprache seiner Umwelt definiert und hat Einstellungen und Bewußtseinshaltungen entwickelt. Vor diesem Hintergrund ist es nun evident, daß Unterrichtswissen als Wissen davon, wie Sachverhalte und Gegenstände im schulischen Raum "vermessen" werden, offenbar leicht kollidieren kann, mit der Wissensstruktur, über die der Schüler schon verfügt, also i. d.R. mit seinem Handlungswissen bzw. seinen daraus entwikkelten naiven Theorien über Wirklichkeit. In dem Grad der Rigidität der Trennung zwischen didaktisch vermitteltem Wissen und dem Alltagswissen der Schüler und dem Grad der Repressivität mit dem das Alltagswissen sanktioniert wird, signalisiert sich in einer Dogmatisierung des Unterrichtswissens nicht nur ein fundamentales Herrschaftsinteresse (vgl. BERNSTEIN 1977, 156 ff.), sondern auch die Gefahr der Zerstörung von subjektiven Identitäten, das Selbstbewußtsein von Schülern (vgl. RUMPF 1976). Mit der metatheoretischen Orientierung in den Erziehungswissenschaften an dem "epistemologischen Subjektmodell" werden auch zunehmend die vielfach gebrochenen und verzerrten Beziehungen zwischen Alltagswissen, wissenschaftlichem Wissen und Unterrichtswissen Gegenstand der didaktischen Reflexion. Schlagworte der pädagogischen Diskussion wie "offene" Curricula, Schülerorientierung oder Handlungsorientierung kennzeichnen die Richtung für die Konstruktion von schulunterrichtlichen Gegenmodellen, die mit einer Öffnung der Unterrichtsinhalte für Alltags- bzw. Erfahrungswissen den Aufbauprozeß der Persönlichkeitsentwicklung fördern wollen. Aber eine alleinige Orientierung an dem Alltagswissen der in der Praxis Handelnden birgt aus erziehungswissenschaftlicher Sicht vor allem zwei Probleme in sich (vgl. TERHART 1978, 209 f., 269):

a) Es gibt kein Kriterium der Adäquatheit von subjektiv

konstruierten Wirklichkeiten, den sogenannten naiven Theorien. Dieses Problem der "ethnomethodologischen Indifferenz" (KOECK 1976) führt also dazu, daß lediglich ein Überblick darüber gegeben werden kann, was in den Köpfen von Schülern und Lehrern vorgeht.

b) Mit dem Sich-Anschmiegen an das Alltagswissen verflüchtigt sich der für Erziehungswissenschaft konstitutive Aspekt der Normativität in Beliebigkeit, was letztlich zu einer affirmativen Nachzeichnung der gesellschaftlichen Verhältnisse führt.

Aus dem didaktischen Dilemma, daß einerseits ein totaler Bruch zwischen Alltagswissen und Unterrichtswissen wegen der Ignorierung der individuellen Lerngeschichte der Schüler sich nicht mehr legitimieren kann und andererseits das alleinige Sich-Einlassen auf die alltäglichen vor- und außerschulischen Erfahrungsbereiche einer affirmativen Betrachtung verhaftet bleibt, sind Unterrichtskonzepte entstanden, die versuchen, das Alltagswissen als eine didaktisch zu verändernde Ausgangsgröße aufzufassen. So ist nach MOSER (1974, 87 ff.) das mitgebrachte Wissen der Schüler neuer Bezugspunkt von Schulunterricht, was aber durch didaktisches Handeln "aufzuklären" ist: "Schulunterricht ist als Prozeß der Selbstaufklärung ausgelegt, indem das durch Erfahrung gewordene Wissen zurückgeführt wird auf die durch den sozialen Kontext, in dem sich einer befindet, geformten Muster der Rezeption und Verarbeitung von Gegenständen" (MOSER 1974, 84). Ferner hat RUMPF (1976, 89 ff.) ein Unterrichtskonzept zur Identitätsorientierung im Unterrichtsalltag entwickelt, das durch die Kategorie: "Differenzierendes Einbringen von Erfahrung" einen Einbezug von Erfahrungswissen in den Schulunterricht vorsieht (RUMPF 1976, 96). Aber auch bei diesen Unterrichtskonzepten zeigt sich, daß sie letztlich eine Instanz benötigen, die den aufklärend-integrierenden Prozeß der Auseinandersetzung mit dem Alltagswissen fortlaufend gewährleistet, die festlegt, welche kognitiven Inhalte bedeutsam, verbindlich, vorantreibend sind. Diese Instanz, die die "ethnomethodologische Indifferenz" zu beseitigen hat, ist also wieder der Lehrer und es "bleibt schließlich seiner privaten Interpretationsgewalt überlassen", welches Wissen im Schulunterricht zur Anwendung kommt, also welche Sorte von Wissen - welcher Herkunft auch immer - als "richtig" wieder dogmatisiert wird (THIEMANN 1977, 471 f.).

Wenn an das Alltagswissen von Schülern und Lehrern nur einfach in einem interpretativen Prozeß angeknüpft wird, also auf der Ebene der Sekundärprozesse in begrifflicher, sprachlicher Form, treten neben dem Problem der "ethnomethodologischen Indifferenz" noch zwei weitere Probleme auf: 1.) Das Problem der Reduktion und Perspektivität von originären Handlungssituationen und 2.) das Problem des Gegenstandsbezuges von Interaktionen.

Zu 1.): Die Vermittlung von Wissen mittels der Sekundärprozesse - ob in Form des Alltagswissens oder des wissenschaftlichen Wissens - bleibt darauf beschränkt, was verbalisierbar ist bzw. was mit anderen sozial entwickelten Zeichensystemen darstellbar ist. Motorische Fertigkeiten, emotionale und soziale Einstellungen (z.B. Reaktionsvermögen, Sensibilität, Geschicklichkeit, Einfühlungsvermögen, Verantwortungsbewußtsein, Flexibilität, Beobachtungs- und Entscheidungsfähigkeit), die mit Wissen vereint letztlich den Menschen erst handlungsfähig werden lassen, können in der Regel nur in den Primärprozessen, in den originären Handlungssituationen, erworben werden. Hinzu kommt, daß selbst das verbalisierbare Wissen über eine Handlungssituation diese weiter reduziert und verallgemeinert, weil es letztlich perspektivisches und intentionales Wissen darstellt, d.h. derjenige, der seine Erfahrungen mittels der Sekundärprozesse in mündlicher oder schriftlicher Form weitergibt, verfolgt bewußt oder unbewußt bestimmte Zielsetzungen und betont bzw. vernachlässigt daher bestimmte Sachverhalte, was zur These von den subjektiven Perspektiven von Interaktionspartnern führt (vgl. OERTER 1979). So weist auch BRUNER (1974, 129 f.) darauf hin, "daß wirklich erkenntnisförderndes Lernen in der Schule von einem 'Denaturierungsprozeß' abhängig ist", den er zumindest dreifach determiniert sieht:

- Es bedarf einer systematisch entwickelten Organisation des Erkenntnisvorgangs, "durch die Begriffe von den durch sie induzierten Handlungen abgehoben werden".
- Es muß die Fähigkeit entwickelt werden, "Begriffe aus ihrem emotionalen Zusammenhang zu lösen".
- Es erfordert die Fähigkeit, "unmittelbare Befriedigung hinauszuschieben, so daß die Ergebnisse von Handlungen als Information gewertet werden können, und nicht lediglich als vorteilhaft oder schädlich".

<u>Zu 2.):</u> Nach BLUMER (1973, 81 ff.) ist das "interpretative Paradigma" des Interaktionismus durch drei Prämissen gekennzeichnet:

1. Menschen handeln gegenüber "Dingen" (physische Gegenstände und Personen) auf der Grundlage der Bedeutungen, die diese Dinge für sie besitzen.
2. Die Bedeutungen der Dinge entstehen aus den sozialen Interaktionen, die man mit anderen Personen eingeht.
3. Die subjektiven Bedeutungen der Dinge werden in einem interpretativen Prozeß "benutzt, gehandhabt und abgeändert".

Will man nicht Gefahr laufen, daß die Interaktionspartner aufgrund ihrer Perspektiven Interaktionsschwierigkeiten bzw. -mißerfolge haben (vgl. das Problem zu 1.)), postulieren diese Prämissen eine vierte, implizite Annahme, nämlich den gemeinsamen Bezug der Partner auf einen Gegenstand, über den Bedeutungen ausgetauscht bzw. generiert werden sollen. Denn "läßt man den Gegenstand außer acht, auf den in aller Regel die Interaktion bezogen ist, und berücksichtigt man nur die Perspektiven der Interagierenden, so fehlt das Strukturelement, durch das die Interaktion inhaltlich bestimmt wird" (HUBER/MANDL 1982, 202). Neuere Ansätze der Interaktionsforschung (vgl. z.B. OERTNER 1979) verabsolutieren daher auch nicht mehr die 'soziale' Seite des Erwerbs von Bedeutungen (vgl. TERHART 1978, 150), sondern unterstreichen mit dem Einbezug des Gegenstandes in die Interaktion auch den Erwerb von Wissen und Bedeutungen über praktisch-gegenständliche Handlungen:

"Aufgrund ihrer subjektiven Perspektive wirkt eine Person auf ihre Umwelt ein und kann dadurch Gegenstandsveränderungen herbeiführen, auf die andere ihre Handlung unabhängig von der verursachenden Person beziehen können. Umgekehrt kann die Person ihre kognitiven Strukturen verändern, d.h. andere oder neue Gegenstandsbezüge aufbauen, wenn sie mit Umweltveränderungen konfrontiert ist. Die Gegenständlichkeit der Handlungen bildet demnach die Grundlage der Individuum-Umwelt-Bezüge; diese Grundlage darf nicht durch reduktionistische, d.h. hier durch subjektivistische, Methoden aus der Interaktionsforschung ausgeschlossen werden." (HUBER/MANDL 1982, 202; Hervorh. d.d. Verf.).

Aus handlungstheoretischer bzw. pragmatischer Sicht haben alle Arten von Wissensbeständen sich auszuzeichnen und zu bewähren in und für Handlungssituationen. Wird nicht nur auf der Sekundärebene (= innerer Handlungszusammenhang) an das Alltagswissen der Schüler angeknüpft, sondern auch an den Primärprozessen (= äußerer Handlungszusammenhang), indem der Zusammenhang von Handeln, Wissen und Erleben deutlich wird, indem die Schüler ihr Wissen an gegenständlichen Handlungen überprüfen, und indem sie ihr Wissen durch Handeln erweitern können, reduzieren sich die aufgezeigten Probleme:

- Nicht mehr der Lehrer hat das Problem der "ethnomethodologischen Indifferenz" durch seine subjektive Interpretationsgewalt zu lösen, sondern was "wahr" und "falsch" ist zeigt sich im Gelingen oder Mißlingen der äußeren Handlung. Objektivitätskriterium ist also die Praxis (vgl. AEBLI 1980, 16; RUBINSTEIN 1977 a, 76).

- Die Schüler haben sich keinen "Denaturierungsprozeß" zu unterwerfen und erlangen mit der "Sprache 'der Hand'" als "die erste Form des Sprechens" (REICHWEIN 1951, 99, zit. in: BOUTEMARD 1975, 241) keine sprachlich verkürzte und "verzerrte" Erkenntnis von Wirklichkeitszusammenhängen. Desweiteren stellt die "Sprache 'der Hand'" insbesondere eine Lernhilfe für Begriffsbildungsprozesse und somit für Denkprozesse dar, wenn man in Begriffen keine Abstraktions- sondern Komplexionshierarchien sieht (vgl. hierzu Kap. 4.4.2).

- Wird der These der neueren Interaktionsforschung nach dem zwingenden Einbezug des Gegenstandes in den interpretativen Prozeß zugestimmt und soll im Unterricht nicht Wissen einseitig dogmatisiert werden, setzt dies voraus, daß die Interaktionspartner (Schüler - Schüler; Lehrer - Schüler) sich bereits mit dem Gegenstand auseinandergesetzt haben, sich entsprechend ihren Handlungen mit dem Gegenstand subjektive Perspektiven aufgebaut haben (s. S. 110 f.), die ihrerseits wiederum eine gesellschaftliche Funktion besitzen können, wenn nämlich mehr als ein Individuum den Gegenstand in ihren Handlungen in gleicher Weise benutzen. Damit wird der gesellschaftliche Kontext, das Problem der Normativität von Handlungen, angesprochen. Die Gefahr einer affirmativen Nachzeichnung des Faktischen wäre im Unterricht durch die Offenlegung der Gegenstandsbeziehungen "abzuarbeiten" (vgl. HUBER/MANDL 1982, 202 f.). Sofern aber Schüler in spezifische Bereiche eingeführt werden (z.B. im kaufmännisch-verwaltenden Bereich), mit deren Objekten sie bisher wenig oder gar nicht in Kontakt treten konnten, dürfte es für die Aufrechterhaltung eines symmetrischen sozialen Prozesses unumgänglich sein, ihnen Handlungsmöglichkeiten mit diesen Gegenständen zu eröffnen, damit die Schüler mit bestimmten Handlungsschemata Merkmalswissen von den Gegenständen gewinnen können und sich bereichsspezifische kognitive Strukturen und subjektive Perspektiven entwickeln können. Die Begriffe Handlungsschemata/Merkmalswissen und kognitive Strukturen/Perspektiven beziehen sich dabei nicht auf unterschiedliche Entitäten, sondern sollen die handlungstheoretisch begründete Einheit von äußeren Relationen und internen Relationen hervorheben. Das erste Begriffspaar zielt auf den Prozeßcharakter des Erkennens in der Umwelt und das zweite Begriffspaar auf die Konstruktion des Erkannten innerhalb des psychischen Systems (vgl. Abschnitt 3, insbes. S. 114 ff.).

Es wurde bereits herausgearbeitet, daß der handlungstheoretische Ansatz von AEBLI aufgrund der Einbeziehung der Handlung in den Erkenntnisvorgang die zweigliedrige Subjekt-Objekt-Beziehung zu einer dreigliedrigen Subjekt-Handlung-Objekt-Beziehung erweitert, was zu einer relativen, d.h. hier perspektivischen Erkenntnis von Wirklichkeit führt, weil die erkannten Phänomene abhängig sind vom intendierten Handlungsziel. Diese Sichtweise führt damit zu einer Entdogmatisierung von Wissen - egal welcher Art -, womit die Frage nach dem didaktischen Stellenwert eines Erkenntnisstrebens verbunden ist, das nach "reiner" Erkenntnis, nach Erkenntnis "an sich" sucht. Weil für das konkrete Handeln-Können in beruflichen Situationen dem Individuum funktionale Wissens- und Regelsysteme zur Steuerung seiner Handlungen zur Verfügung stehen müssen (= instrumentelles Wissen), das wissenschaftliche Wissen aber eher nach allgemeinen theoretischen Zusammenhängen sucht, ist letzteres Wissen für einen Handelnden nicht von vornherein als höherwertig anzusehen. Vielmehr hat das wissenschaftliche Wissen seine "Überlegenheit" vor dem Alltagswissen zu beweisen. Solange das Alltagswissen bzw. die daraus entstandenen naiven Theorien für die Bewältigung alltagspraktischer - hier speziell aus dem kaufmännisch-verwaltenden Bereich - Probleme für den Handelnden zu zufriedenstellenden Ergebnissen führt, besteht für den Handelnden letztlich keine Notwendigkeit, dieses Wissen durch wissenschaftliches Wissen zu substituieren. Es stellt sich damit hier die Frage, welchen Wert denn das wissenschaftliche Wissen gegenüber dem Alltagswissen besitzt bzw. wann sich das wissenschaftliche Wissen als effektiver ausweist?

Geht man von dem wissenschaftstheoretischen Bewertungskriterium des "empirischen Wertes" aus - was der neopragmatische Ansatz nahelegt -, liegt das Ziel der erfahrungswissenschaftlichen Theoriebildung in der Schaffung prognostisch wertvollen Wissens (POPPER, ALBERT), und versteht man unter naiver Theorie[1] ein Gefüge aufeinanderbezogener (bereichs)spezifischer[2] kognitiver Strukturen, die die Planung, Durchführung und Bewertung von Handlungen der in einem bestimmten situativen Kontext involvierten Person steuert und betrachtet man beide Theorie- bzw. Wissensarten als wirklichkeitsstrukturierende kognitive Systeme, d.h. als eine Art Orientierungsgrundlage (vgl. LAUCKEN 1974, 214 f.; GALPERIN 1980, insbes. 194), so ergeben sich unter dem Steuerungsaspekt von Handlungen folgende Unterschiede

---

1) In der Literatur wird diese von LAUCKEN (1974) verwendete Bezeichnung für individuelle Kognitionen zunehmend durch den von GROEBEN/SCHEELE (1977, 23) eingeführten Begriff "subjektive Theorie(n)" ersetzt.

2) Mit dem Terminus "bereichsspezifisch" soll darauf hingewiesen werden, daß es kein zusammenhängendes Alltagswissen gibt, ebensowenig wie es ein disziplinübergreifendes, zusammenhängendes wissenschaftliches Wissen gibt, und daß vor dem Hintergrund der genetischen Entwicklung des Denkens auf der Basis der Mensch-Umwelt-Interaktion die Ausbildung bereichsspezifischer Denkstrukturen wahrscheinlicher ist, als das Erlernen genereller und universeller Operationen (vgl. SEILER 1973, 252 f.; AEBLI 1980, 245).

(vgl. LAUCKEN 1974, 216 ff.):

- Aufgrund der formal konstruktiven Eigenschaften naiver bzw. subjektiver Theorien erlauben diese dem Aktor eine rasche und unkomplizierte Orientierung in einem bestimmten Realitätsbereich, was häufig allerdings mit einer Reduktion von Prognosesicherheit und -genauigkeit verbunden ist.
- Von einer wissenschaftlichen Theorie erwartet man dagegen, daß dieses Wissen exakt und sicher ist, daß die Bedingungen und Wirkungen präzise beschrieben sind und daß über die Art des Zusammenhangs der Faktoren sichere und gültige Aussagen gemacht werden können. Nur wenn das wissenschaftliche Wissen "diese Merkmale aufweist, ist es in dieser Beziehung 'besser' als das Alltagswissen" (LAUCKEN 1974, 217). Präzise und valide Auskünfte über Wirkungszusammenhänge in bestimmten Situationen bedürfen aber zeitraubender Analysen.

Da es kaum möglich sein wird, "Theorien zu konstruieren, die sowohl dem Ziel Prognosesicherheit und -genauigkeit als auch dem der raschen Lagekodierung und Situationsverarbeitung gerecht werden" sind subjektive Theorien notwendig und unerläßlich (LAUCKEN 1974, 223; vgl. auch WAHL 1981, 68, 72). Schließen berufliche Lernprozesse das konkrete Handeln-Können ein, folgt daraus, daß den Schülern <u>auch</u> Gelegenheit gegeben werden muß, sich subjektive Theorien über ihren beruflichen Realitätsbereich aufzubauen, damit sie handlungsfähig werden. Konkretes Handeln erlernt man letztlich aber nur durch Handeln, d.h. Handlungskompetenz wird im praktischen Handeln angeeignet (vgl. auch Autorengruppe "Arbeit und Leben" 1982, 126). Die Konstruktion von subjektiven Theorien mittels gegenständlicher Handlungen dürfte für berufliche Lernprozesse um so unerläßlicher werden

- je weniger empirisch abgesichertes und damit informationshaltigeres wissenschaftliches Wissen vorhanden ist bzw.

- je größer die Distanz zwischen wissenschaftlichem Wissen und der pragmatisch-interessezentrierten Orientierung des Handelnden ist.

Unter der pädagogischen Zielmaxime, berufliche Handlungskompetenz bei den Auszubildenden aufzubauen, und unter der Prämisse handlungsleitender Kognitionen folgt daraus für eine Didaktik des beruflichen Lernens, daß sie sich eines Erfahrungs- und Wissensaufbaus mit und durch praktische Handlungen nicht entziehen darf, sondern diese mit zu reflektieren und unter Umständen auch erst zu ermöglichen hat (wie z.B. im Berufsvorbereitungs- oder im schulischen Berufsgrundschuljahr). Ein Wirtschaftslehreunterricht, in dem die Lerninhalte sowohl von ökonomischer Wirklichkeit als auch von den Interessen der Auszubildenden abgelöst behandelt werden (vgl. Kap. 4.3.2), dürfte daher weder zur beruflichen Handlungskompetenz noch zur Motivation der Auszubildenden (vgl. Kap. 4.3.3) beitragen.

In der hier skizzierten Sichtweise eines handlungsorientierten Lernens übernimmt das wissenschaftliche Wissen auch überwiegend instrumentelle Aufgaben, d.h. es dient primär pragmatischen Zwecken und besitzt kaum Eigenwert. Weil aber das Handlungswissen sich nicht von selbst inhaltlich zu komplexeren wissenschaftlichen Erklärungsmustern aufbaut, wären auch theoriegeleitete systematische Ordnungsvorstellungen bei den Schülern unterrichtlich auszubilden. So kann z.B. nicht erwartet werden, daß sich aus betriebswirtschaftlichen Ein- und Verkaufshandlungen Theorien des Konsumentenverhaltens oder Konjunkturtheorien ergeben. Von daher werden theoretische Strukturierungsleistungen notwendig, die aber - wie nachfolgend ausgeführt - vom Handlungswissen abzuleiten wären.

Ein anderer Begründungszusammenhang für den Einbezug von praktischen Handlungen in Lernprozessen ergibt sich aus der Entwicklung der Repräsentationsmodelle und soll hier als ontogenetischer Abstraktizismus bezeichnet werden. Was ist damit gemeint? Es wurde herausgearbeitet, daß ein Charakteristikum des "epistemologischen Subjektmodells" in der Herausbildung des Denkens aufgrund des konkreten Handelns und des mit diesem verbundenen Wahrnehmens liegt. Bereits im Handeln und Wahrnehmen sind alle Elemente vorhanden, die wir im Denken finden, und im Kontext des Handelns wird schon ein Streben nach der "Ordnung des Tuns", nach Beziehungsstiftung bemerkbar. Aber die Effizienz des Denkens im Tun ist beschränkt, ebenso wie die erforderliche Informationsverarbeitung und -speicherung. Von daher übersetzen wir unsere Handlungspläne und ausgeführten Handlungen einschließlich der darin gemachten Wahrnehmungen in sekundäre Modelle bzw. Verhaltenssysteme, um eine wirkungsvollere Datenverarbeitung und Steuerung der primären Prozesse zu erzielen. Die wichtigsten sekundären Modelle sind semantische Systeme, insbesondere die natürliche Sprache und die Kunstsprachen der Wissenschaften (vgl. AEBLI 1981, 83, 309 ff.). Weil die Informationsdichte und damit der Zwang zu immer leistungsfähigeren sekundären Systemen ständig zunimmt, werden immer neuere, abstraktere Modelle konzipiert, wie z.B. die Computersprache. Wie bereits herausgestellt wurde, dominieren in schulischen Lernprozessen die Wissenschaftssprachen (s.S. 157). Wird nur in abstrakteren symbolischen Modellen gedacht und nicht auch auf der Stufe der raum-zeitlichen, wahrnehmbaren Entitäten gehandelt, besteht die didaktische Gefahr, daß

a) sich die Modelle verselbständigen und außerhalb der Schule bedeutungslos bleiben, weil Zeichensysteme keine eigene Bedeutung haben: "... die tiefsten und die den Menschen existenziell berührenden Bedeutungen erhalten sie (die Zeichensysteme, d. Verf.) von den Lebensfunktionen, d.h. vom Handeln her" (AEBLI 1981, 310; vgl. ders. 312 f.);

b) die Konstruktionsbedingungen der semantischen Modelle, d.h. das Frageschema: "Modell wovon, für wen, wann und wozu" (STACHOWIAK 1980, 29), den Schülern unbekannt bleiben und somit das Entstehen von Ideologien begünstigt werden kann[1] und

c) letztlich das Ziel der Entwicklung von bereichsspezifischer Handlungsfähigkeit durch a) und b) untergraben wird.

Daß diese Gefahren des schulischen Lernens real vorhanden sind und beklagt werden, sollen folgende zwei Zitate verdeutlichen:

"Die Zeit, die ein Heranwachsender in der Schule verbringt, dehnt sich immer weiter aus. Die Umwelterfahrungen außerhalb der Schule sind handlungs- und ereignisärmer geworden. (...) Die enaktive Erfahrungsbasis könnte so schmal geworden sein, daß sie nicht mehr ausreicht, die Mengen an symbolisierter Information und ihre Verarbeitung kognitiv und emotional zu stützen. Vielleicht sind Schulmüdigkeit, Unlust, Absinken der Motivation unter anderem auf diese Verschiebung zurückzuführen." (SCHULZE 1980, 131 f.).

"Um Arbeitsaufgaben, besonders in der modernen Produktion, mit hoher Qualität bewältigen zu können, müssen die Schüler mathematische, naturwissenschaftliche und auch gesellschaftswissenschaftliche (vor allem ökonomische) sowie spezielle technische und technologische Kenntnisse anwenden, die sie im entsprechenden Fachunterricht erhalten. Ein Mangel besteht nicht selten darin, daß die Schüler in der technischen Anforderung jene allgemeinen physikalischen, chemischen u.a. Gesetzmäßigkeiten nicht erkennen, die sie bei direkter Nachfrage, bei Bezug auf das entsprechende Stoffgebiet u.ä. durchaus darstellen und erläutern können." (LOMPSCHER/KOSSAKOWSKI 1980, 94).

---

1) Die Gefahr der Entstehung von Ideologien mittels Modellbildungen kann gerade an wirtschaftswissenschaftlicher Theoriebildung exemplifiziert werden (vgl. GAHLEN u.a. 1978, 51; EICHHORN 1979, 96; ARNDT 1979, 47, 150, insbes. 220 ff.).

Wenn sich die semantischen Systeme nicht verselbständigen und in zweckfreien, idealistischen Gedankenspielen enden sollen, sondern ihre handlungssteuernden Funktionen erfüllen sollen, setzt dies allgemein die Einheit von Praxis und Theorie, von Handeln und Denken voraus. In diesem Zusammenhang spezifischer formuliert: Die semantischen Modellkonstruktionen sind vom Handeln abzuleiten. Ontogenetischer Abstraktizismus beinhaltet also das aus dem "epistemologischen Subjektmodell" zu konstatierende Postulat, das Lernprozesse, die den Aufbau von effektiveren semantischen Modellen zur Steuerung und Kontrolle von bereichsspezifischen Handlungen verfolgen, entweder an die subjektiven Theorien anzuknüpfen bzw. auf konkrete Praxis einzulassen haben, oder selbst erst konkrete Praxis vermitteln müssen. Denn "in einer entwickelten Kultur und im geistigen Haushalt der gebildeten Erwachsenen stellen die konkreten Handlungen die Golddeckung für die symbolischen und sprachlichen Verhaltenssysteme dar" (AEBLI 1981, 310; Hervorh. d.d. Verf.).

Der Aufbau von semantischen Konstruktionssystemen durch bzw. über praktische Handlungen wird mittlerweile auch durch erfolgreiche Erwachsenenbildungsprogramme belegt. So können Lernprozesse mit Erwachsenen als vorteilhaft angesehen werden, deren Methode "den Weg von sensomotorischen Prozessen (Wie sieht etwas aus, wie fühlt es sich an?) über konkrete Operationen (Wie funktioniert es?) bis hin zu formalen Operationen (Warum funktioniert es?)" unterstützen (WHITBOURNE/WEINSTOCK 1982, 72). Desweiteren zeichnet sich gerade die Alternativschulbewegung dadurch aus, daß sie in ihren Lernarrangements immer wieder versucht, reale praktische Erfahrungssituationen zwischen den abstrakten und formalen Lernzeiten zu schalten (vgl. NEGT 1982, 133 ff.; ZACHARIAS 1982, 199 f.; RAMSEGER 1975, 124).

Es waren vor allem WYGOTSKI und BRUNER, die neben einer

bildhaften und sprachlichen Repräsentation ein drittes enaktives Medium, die handlungsmäßige Darstellung von Wissen und Erfahrungen, postulierten und die die geistige Entwicklung des Menschen abhängig sahen von der Übersetzung des enaktiven Wissens in einer ikonischen bzw. symbolischen Darstellungsform. Dabei dürfte es unter dem Kriterium von Handlungskompetenz eine Verkürzung sein, würde der Wechsel des Repräsentationsmediums nur "aufwärts" betrachtet, d.h. wie der Schüler vom konkreten zum abstrakten Denken kommt, und nicht auch "abwärts", d.h. wie der Schüler fähig wird, von abstrakten Ideen zum konkreten und praktischen Handeln zu gelangen. Die Problematik der Interaktion von symbolischer Darstellung und Handlung wird z.B. allein daran deutlich, daß es unmöglich ist, einem anderen einfach zu sagen, wie man schwimmt, Auto oder Rad fährt. Allein sprachliches Lernen birgt die Tendenz in sich, jene Handlungen abzulehnen, die nicht sprachlich ausgedrückt oder erklärt werden können und jene Erfahrungen zu eliminieren, die keine Symbole besitzen, die sie übermittelbar machen (vgl. BRUNER 1971, 81, 384). Zudem haben wir oben bereits darauf hingewiesen, daß mit der Distanz von der direkten Handlung situative und ostensive Bezüge als Bedeutungsträger verlorengehen und mit der abstrakten symbolischen Darstellung leicht grundlegende menschliche Bedürfnisse, wie Affektivität und Emotionalität, ausgegrenzt werden, was bei Kindern und Jugendlichen zu einem hohen Grad an Selbstfragmentierung führt und mit der Selbstkrise Jugendlicher die Tendenz zu einer "Umdefinition und Überlagerung der Schule durch Subkultur" besteht (BIETAU/BREYVOGEL/HELSPER 1981, 339).

Zusammenfassend kann hier festgehalten werden, daß die Ausbildung von semantischen Repräsentationsmodellen ohne bezug zur konkreten Handlung und deren Situation dazu führt

- nur das Wissen zu vermitteln, was durch Symbole ausgedrückt werden kann,

- Wissen aus einer spezifischen individuellen und/oder sozialen Perspektive zu dogmatisieren und für "wahr" und "abgeschlossen" zu halten, d.h. Wissen "an sich" zu vermitteln,
- wissenschaftliches Wissen grundsätzlich als höherwertig gegenüber dem Alltagswissen anzusehen und subjektive Theorien zu mißachten,
- daß sich die semantischen Modelle verselbständigen und damit die formalen theoretischen Strukturen sich "leer" zu drehen beginnen können,
- vom Lernen sinnlich-körperliche Anteile auszugrenzen und damit einer Fragmentierung des jugendlichen Selbst Vorschub geleistet wird,

was letztlich einer Vermittlung von Handlungskompetenz und damit dem konkreten beruflichen Handeln-Können zuwiderläuft. Will man diesen Tendenzen begegnen und Handlungskompetenz aufbauen, so müßten praktische berufliche Handlungen stärker als bisher in das didaktische Zentrum rükken.

4.3.4.2 Didaktische Ansätze für die wirtschaftsberufliche Ausbildung

Will man das Postulat der Handlungsorientierung in der kaufmännischen Berufsausbildung vor dem Hintergrund didaktischer Überlegungen für berufliche Lernprozesse spezifischer begründen, so ist zunächst einmal folgendes zu konstatieren:

1. Es gibt bislang keine allgemeine anerkannte Didaktik beruflicher Lernprozesse (vgl. FRANZKE 1981; DRECHSEL 1982).
2. Die Kontroversen um die qualitativen und quantitativen Probleme der beruflichen Bildung blieben bislang vorwie-

gend beschränkt auf die gewerbliche und handwerkliche Ausbildung, so daß in der Diskussion Fragen der kaufmännischen Ausbildung nur peripher behandelt wurden. Erst mit der aktuellen Rationalisierungswelle im Büro- und Verwaltungsbereich durch den Einsatz der elektronischen Datenverarbeitung, automatischer Textverarbeitung und elektronischer Textkommunikation usw., die tiefgreifende Veränderungen der Arbeitsinhalte und damit auch der Qualifikationsanforderungen für kaufmännische Angestellte bewirken, wurde der Zusammenhang von Arbeitsprozeß und Berufsausbildung plötzlich problematisiert. Das gesellschaftliche Problem der Lohn- bzw. Erwerbsarbeit und damit auch der Zusammenhang von Arbeit und Bewußtsein von kaufmännischen Angestellten wird für die Wirtschaftspädagogik von daher zunehmend gravierender, womit sich eine didaktische Orientierungslosigkeit verband. Eine zusammenfassende Überschrift zu den Diskussionen über die kaufmännische Berufsausbildung im Tagungsschwerpunkt "Wirtschaft" der Hochschultage BERUFLICHE BILDUNG 1980 der Universität Bremen mit: "Berufliche Ausbildung für kaufmännische Berufe - woran orientieren?" (ORTMANN 1982) dürfte den aktuellen Stand innerhalb der Wirtschaftspädagogik kennzeichnen (vgl. ferner BOHM 1982 a; LITTEK 1982).

An dieser Stelle soll noch nicht schwerpunktmäßig auf die Veränderung der Büroarbeit und deren Konsequenzen für die kaufmännische Berufsausbildung eingegangen werden (vgl. hierzu Abschnitt 5), sondern es soll vielmehr in Auseinandersetzung mit den tragenden Prinzipien vorliegender didaktischer Konzeptionen deren beschränkte Reichweite und Erklärungskraft für berufliche Lernprozesse hervorgehoben werden. Wenn hier von didaktischen Konzeptionen gesprochen wird, so sind damit die (fach)didaktischen Ansätze des Wirtschaftslehreunterrichts an kaufmännischen Berufsschulen gemeint. Diese lassen sich unterscheiden in

- Empirische Ansätze (KRUMM 1973; ACHTENHAGEN 1978);
- Didaktische Reduktionsverfahren (HAUPTMEIER 1968; HAUPTMEIER/KELL/LIPSMEIER 1975; KELL/KUTSCHA 1977; HAUPTMEIER 1980; FINKE/FINKE/HAUPTMEIER 1981);
- Bildungstheoretischer und Strukturgitteransatz (KUTSCHA 1975, 1976);
- Interessenorientierter Ansatz (GOLAS 1973).

Gemeinsam ist diesen (fach)didaktischen Ansätzen, daß sie i.d.R. auf der curricularen Ebene verbleiben, d.h. sie liefern allenfalls Gesichtspunkte und Kriterien für die Revision beruflicher Gesamtcurricula. Einen Beitrag zur Deutung und Erklärung sowie zur praktischen Bewältigung des Alltagsunterrichts an der Regelberufsschule leisten sie kaum (vgl. FRANZKE 1980, 656; ders. 1981, 76 f.). Desweiteren sind sie durch eine fachwissenschaftliche Orientierung bzw. durch das didaktische Prinzip der Wissenschaftsbezogenheit der Inhalte gekennzeichnet und versuchen berufliche Qualifikationen ausschließlich auf abstrakt-theoretischem Wege zu vermitteln. Von daher beschränken sich diese Ansätze auch nur auf den inhaltlichen Unterricht in der Berufsschule und vernachlässigen in unzulässiger Weise - mit Ausnahme des interessenorientierten Ansatzes von GOLAS (1973) - die beruflichen Tätigkeiten und ihre Anforderungen im Betrieb und damit auch den Zusammenhang von Arbeit und Persönlichkeitsentwicklung von kaufmännischen Angestellten durch die Erwerbsarbeit (letzteres trifft auch den Ansatz von GOLAS). Diese Faktoren tragen dann letztlich dazu bei, daß sich Lernen allein auf die kognitive Dimension konzentriert und die soziale und emotionale Dimension vernachlässigt wird, womit auch subjektive Alltagstheorien weitgehend ausgeblendet werden. "Fast alle - auch die ansonsten kritischen - Didaktiken gehen von der unausgesprochenen Prämisse aus, daß der Lernende ein mehr oder weniger offenes Gehäuse darstellt, das in seinem wohlverstandenen Eigeninteresse mit Wissensinhalten anzufüllen ist" (DRECHSEL 1982, 23).

Weil alle (fach)didaktischen Konzeptionen für den Wirtschaftslehreunterricht an kaufmännischen Berufsschulen sich fast ausschließlich mit dem "Was", dem Inhaltsproblem, beschäftigen, bleiben sie den traditionellen Aneignungs- und Vermittlungsmustern verhaftet - insbesondere dem idealistischen erkenntnistheoretischen Modell der Trennung von Praxis und Theorie - und unterliegen mit der Wissenschaftsbezogenheit der Inhalte dem Mythos "an eine die Ideologien auflösende Kraft der Wissenschaften" bzw. daß "zweckmäßiges Handeln in einer von Wissenschaft und Technik beherrschten Welt ohne Einsicht in sie unmöglich ist" (MENZE 1980, 179 f., 184). Gegen das didaktische Postulat der Wissenschaftsorientierung des Lernens werden daher in jüngster Zeit sowohl unter formalen Aspekten als auch unter inhaltlichen Gesichtspunkten des beruflichen Lernens zunehmend Einwände erhoben.

Aufgrund der vagen und zu allgemeinen Forderung nach Wissenschaftsorientierung des Lernens bleibt offen, was Wissenschaft ist und bedeutet. "Die einen beziehen sich offensichtlich stärker auf analytische Disziplinen, die anderen begreifen Wissenschaft als Kritik" (MENZE 1980, 180), bzw. differenzieren Wissenschaft in Erkenntnis- und praktische Wissenschaften, was implizit bedeutet, daß die Frage eines "'wissenschaftsorientierten Unterrichts' ohne Klärung des Verhältnisses von Wissenschaft und Praxis nicht anzugehen ist" (HOBBENSIEFKEN/KLEMENT/SESINK 1978, 565). Wenn die Fragen, wovon Wissenschaftsorientierung konkret auszugehen hat, und worauf sie sich konkret beziehen soll, z.B. von DRECHSEL (1982, 14 f.) für berufliches Lernen dahingehend beantwortet werden, daß Wissenschaftsorientierung als didaktisches Prinzip heute in erster Linie Wissenschaftskritik verlangt, und wenn z.B. nach KUTSCHA (1976, 108 f.) Wissenschaftsorientierung nicht bedeutet, sich nur an einer einzelnen Theorie- und Forschungsrichtung zu orientieren, sondern letztlich Wissenschaftstheorie ist, so besteht die Gefahr, daß dies zu einer potenzierten Ablösung von Wirklichkeit und zur Untergrabung von Handlungskompetenz führen kann. Noch bevor Auszubildenden Praxis theoretisch aufgeschlossen wird, und noch bevor sie (fach)wissenschaftliche Systematiken und Ansätze in ihrem möglichen Bedeutungsgehalt für ihre individuelle Lebensgeschichte bzw. -situationen erkennen können, sollen sie Wissenschaft als "Konstruktion und Analyse von Sprachhandlungen oder Sprachspielen" bzw. als subjektive Interpretationen von Wirklichkeiten begreifen, um nicht dogmatischen und ideologischen Einflüssen innerhalb der Wissenschaften zu unterliegen (KUTSCHA 1976, 109). Dies würde aber die genetische Entstehungsstruktur von Wissen umkehren, bei den Adressaten die Herausbildung von sinnentleerten semantischen Modellen fördern, womit letztlich keine Handlungsorientierung mehr gegeben ist. Wissenschaftsorientierung verstanden als Wissenschaftskritik bzw. -theorie kann zudem nicht nur zu einer Überlastung der Schüler, sondern auch zu einer Überforderung der Lehrer führen (vgl. MENZE 1980, 185 f.).

Unter inhaltlichen Aspekten wird das didaktische Prinzip der Wissenschaftsorientierung für berufliches Lernen zunehmend kritisiert, weil z.B.

- aufgrund der arbeitsteiligen und spezialisierten Ausprägungen der heutigen Wissenschaften diese kaum noch in der Lage sind, die Vielfältigkeit beruflicher Handlungssituationen zu erfassen (vgl. DRECHSEL 1982, 24; WALTERMANN 1980, 42);
- aufgrund des traditionellen betriebswirtschaftlichen Aussagesystems, dessen Ergebnisse teilweise von idealen Modellkonstruktionen abgeleitet wurden (z.B. Preisbildungsmodelle), kaum Aussagen über reales wirtschaftliches Han-

deln gemacht werden können (vgl. KAMINSKI 1977, 97 ff.);

- es innerhalb der Betriebswirtschaftslehre unterschiedliche Richtungen und Ansätze gibt, wie z.B. kapital- bzw. produktionsorientierter Ansatz; entscheidungsorientierter Ansatz; Ansatz der Arbeitsorientierten Einzelwirtschaftslehre (AOEWL); systemtheoretischer Ansatz; situationsorientierter und konflikttheoretischer Ansatz, die zum Teil aufgrund ihrer anderen paradigmatischen Sichtweise zu anderen Aussagen kommen[1];
- "den Beschäftigten im Arbeitsprozeß nicht jene Wissenschaft abverlangt wird, die an den Hochschulen betrieben wird"(HOBBENSIEFKEN 1980, 382; vgl. auch FREIMANN 1982, 177). Auf die Betriebswirtschaftslehre bezogen bedeutet dies, daß diese Wissenschaft, die sich hauptsächlich mit Entscheidungs- und Steuerungsproblemen aus Unternehmer- bzw. Managementperspektive beschäftigt, wenig hilfreich ist für die Bewältigung von Handlungsabläufen auf der unteren Ebene der Betriebsorganisation, also der vorwiegenden Ausbildungsebene;
- durch die Ausbildung von wissenschaftlichen Begriffssystemen, die sich nicht auf die Handlungssituation der Auszubildenden beziehen, die Gefahr der Verselbständigung mit der Konsequenz besteht, daß sie kaum handlungsregulierend wirken können, bzw. daß der Wirtschaftslehreunterricht eher zu einer fragmentarischen, unzusammenhängenden lexikalischen Ansammlung von Definitionswissen führt, als zu konkretem Handlungswissen (vgl. REETZ/WITT 1974, 154, 162, 176; ORTMANN 1982, 115 f.).

Daß ein rein wissenschaftsorientiertes Lernen unter den Prämissen des "epistemologischen Subjektmodells" fraglich wird, dürfte bereits aus den obigen Ausführungen hinreichend deutlich geworden sein (s.S. 165 f,; 179 f.; 183 ff.)

---

1) Zu den Ansätzen in der Betriebswirtschaftslehre vgl. z.B. RAFFÉE 1974, 79 ff.; WEBER 1981; STAEHLE 1976; OECHSLER/WAGNER 1976.

und braucht daher hier nicht wiederholt zu werden. Vielmehr soll an dieser Stelle auf die Sozialisationswirkungen traditioneller betriebswirtschaftlicher Lehrinhalte eingegangen werden, um deutlicher zu machen, daß diese Inhalte wenig geeignet erscheinen, zu einer beruflichen Sachkompetenz und zur politischen Mündigkeit beizutragen. Das Problem der Generierung von Wissen innerhalb der herrschenden betriebswirtschaftlichen Konzeption kann dabei nicht unberücksichtigt bleiben, weil dieses Wissen i.d.R. den Ausgangspunkt für die didaktischen Transformationsprozesse eines wissenschaftsbezogenen Wirtschaftslehreunterrichts darstellt.

Jede wissenschaftliche Tätigkeit beginnt nicht voraussetzungslos, sondern basiert auf Wertentscheidungen. Das Paradigma der dominierenden betriebswirtschaftlichen Konzeption ist vor allem dadurch gekennzeichnet, daß

- ihr Objektbereich weitgehend auf Produktions- und Dienstleistungsunternehmen eingegrenzt ist;
- im Objektbereich überwiegend ökonomische Ziele der Wirtschaftssubjekte untersucht werden;
- sich die Disziplin als eine praktisch-normative Wissenschaft versteht, was bedeutet, daß sie von empirisch feststellbaren Zielen ihrer zu untersuchenden Objekte ausgeht und dabei Empfehlungen hinsichtlich des Mitteleinsatzes zur optimalen Zielerreichung geben will (vgl. RAFFÉE 1974, 47 f., 69 ff.; WEBER 1981, 92 ff.; ULRICH/ HILL 1979, 164 ff., 186 ff.; HEINEN 1976, 368).

Diese betriebswirtschaftliche Konzeption ist auch als wertneutral bezeichnet worden. Doch die Orientierung an dem Rentabilitätsprinzip führt zu einer Parteinahme zugunsten der Eigentümer- und Manager-Unternehmer, während z.B. die Interessen von Mitarbeitern und Konsumenten damit aus der

Analyse ausgeblendet werden (vgl. RAFFÉE 1974, 75 ff.; KOUBEK 1974, 189 ff.; HEINEN 1976, 445 f., 459 ff.; ULRICH/HILL 1979, 186 ff.; WEBER 1981, 93 f.). Diesem kapitalorientierten Ansatz wurde vom Wirtschafts- und Sozialwissenschaftlichen Institut des DGB die Konzeption einer "Arbeitsorientierten Einzelwirtschaftslehre" (AOEWL) gegenübergestellt (GRUNDELEMENTE EINER AOEWL 1974), die also die Interessen der Arbeitnehmer in den Vordergrund rückt. Ob sich damit die Betriebswirtschaftslehre zukünftig in mehrere interessenorientierte Richtungen spaltet und ob dies wünschbar ist oder nicht, soll hier nicht weiter interessieren.

Wenn nun die Aussagesysteme bzw. die Verhaltensempfehlungen der herrschenden betriebswirtschaftlichen Konzeption die inhaltliche Basis für den Wirtschaftslehreunterricht darstellen, kann es nicht verwundern, daß, wie qualitative Ziel- und Inhaltsuntersuchungen zeigten, "Bezugspunkte des Unterrichts (...) der kleine oder mittlere Handelsbetrieb und der selbständige Kaufmann (sind). Den Schülern wird vor allem vermittelt, was der 'selbständige Warenkaufmann' wissen muß: Gründung der Unternehmung, Einkauf der Ware, Lagerung der Ware, Verkauf, Zahlungs- und Güterverkehr, notleidende Unternehmen, Mitarbeiter, Steuern usw." (KRUMM 1973, 139). Erheblich schärfer kritisierte eine Schülerin auf der Fachtagung "Berufliche Bildung 1980" den Unterricht an einer kaufmännischen Berufsschule: "Hier wird der Unterricht im Sinne des großen Kapitals bis in das kleinste Fach und bis auf das letzte Wort durchgezogen" (RUDLOFF 1982, 66; vgl. auch HALFPAP 1982, 58 f.). Berufliche Lernprozesse müssen in unserer heutigen Gesellschaft zwar auch vorbereiten auf Erwerbsarbeit, d.h. daß der Ausgebildete über erworbene berufliche Qualifikationen verfügt, die seine wirtschaftliche Existenz unter den Tauschwertzwängen des Arbeitsmarktes sichern helfen - von daher bleiben wesentliche Inhaltsbereiche der Betriebswirtschaftslehre nach wie vor relevant -, doch dürfen die Sozialisationsprozesse in der kaufmännischen Ausbildung nicht zu einer völligen Internalisierung des diesen Bereich durchziehenden Rentabilitätsprinzips führen, in der Art, daß z.B. Rationalisierungsmaßnahmen und veränderte Arbeitsbedingungen im Büro einfach als "sachnotwendig" und als "nicht abänderbar" angesehen werden. Denn neben der Erfüllung von Arbeitsplatzanforderungen sind Auszubildende auch in der Weise zu qualifizieren, daß sie "auch die Folgen der Arbeitsplatzgestaltung für sich selbst erkennen und bewerten sowie die Möglichkeiten zur Durchsetzung kollektiver Veränderungsbestrebungen in ihrer Arbeitssituation erkennen und nutzen können" (ORTMANN 1982, 106; vgl. ferner DRECHSEL 1982, 18; BOEHM 1982, 164). Damit verbunden wäre also eine Erweiterung des Qualifikationsbegriffs über die arbeitsfunktionelle Seite hinaus zu mehr Selbst- und Mitbestimmung.

Die herrschende praktisch-normative Konzeption der Betriebswirtschaftslehre kann allein aus ihrem Selbstverständnis heraus kaum eine kritische Funktion und alternative Zielvorstellungen entwickeln. Denn eine praktisch-normative Betriebswirtschaftslehre, die an den in der Empirie vorgefundenen Zielen der Betriebswirtschaften anknüpft, setzt nicht nur das bestehende Wirtschaftssystem als Datum, sondern vernachlässigt auch, daß vorgefundene Ziele historisch gewachsen "und insofern ein Abbild bestehender Macht- und Herrschaftsverhältnisse (sind)" (RAFFÉE 1974, 76). Sollen die berufspädagogischen Postulate nach Mündigkeit und Selbstbestimmung nicht "leere Worthülsen" bleiben, sind veränderte Inhalte in den Wirtschaftslehreunterricht einzubringen (vgl. FREIMANN 1982, 177 ff.; HALFPAP 1982, 64), mit denen auch die normativen Basisannahmen und die parteiische Position der herrschenden betriebswirtschaftlichen Konzeption offengelegt und Alternativen entwickelt und diskutiert werden können.

Das berufspädagogische Ziel der Mündigkeit, verstanden als ein Potential, Bedürfnisse und Interessen selbständig zu artikulieren und durchzusetzen (s.S. 128), was neben dem sozialen Handeln auch die Fähigkeit zur solidarischen Wahrnehmung und Vertretung von Interessen mit einschließt, wird im traditionellen Wirtschaftslehreunterricht an kaufmännischen Berufsschulen deshalb kaum erreicht, weil die Wert- und Normenbezogenheit der gesellschaftlichen Verhältnisse und ihre sozialen Setzungen so gut wie nicht thematisiert und somit eher adaptiert werden (vgl. REETZ/WITT 1974, 144, 177, 187 f.). Da Unterrichtsfächer bzw. generell pädagogische Prozesse sich von der Bedeutung her zu legitimieren haben, die sie für den betroffenen Menschen haben (sollten), können und dürfen Unterrichtsinhalte keine Abbildungen von Fachwissenschaften sein, sondern sind für berufliche Bildungsprozesse aus der Sichtweise des Auszubildenden zu konstruieren (vgl. MENZE 1980, 184; WIEMANN 1976, 22; WALTERMANN 1980, 43; KAMINSKI 1977, 173), d.h. in diesem Zusammenhang für das Ziel Mündigkeit spezieller: Offenlegung der durchaus veränderbaren normativen Basis von Entscheidungs- und Handlungsbedingungen im kaufmännisch-verwaltenden Bereich.

Im Gegensatz zu Vertretern der Berufs- und Wirtschaftspädagogik, die sich weitgehend an einer tendenziellen Trennung von Hand- und Kopfarbeit orientieren und die in dem hier diskutierten Zusammenhang eine längere zeitliche schulische Allgemeinbildung der beruflichen Erstausbildung fordern (vgl. z.B. BAETHGE 1979, 7; BOEHM 1982 b, 15), wird hier von der handlungspsychologisch abgeleiteten These ausgegangen, daß "ein bloßes theoretisches Lernen (abstraktes Wissen) ohne Umsetzung in Handlung relativ wirkungslos (ist)" (HALFPAP 1982, 59), d.h. methodisch gewendet sind den Auszubildenden im kaufmännisch-verwaltenden Bereich praktische Handlungsmöglichkeiten zu eröffnen, mit denen alternative Erfahrungen konkret gewonnen und erprobt werden können.

Dies macht einerseits den Einsatz von Fallstudien, Rollen- und Planspielen erforderlich (vgl. hierzu Kap. 4.5) und andererseits bestimmte Organisationsformen kaufmännischer Arbeitshandlungen im Simulationsbüro (vgl. hierzu Kap. 5.3).

Gegen die herkömmlichen (fach)didaktischen Ansätze des Wirtschaftslehreunterrichts an kaufmännischen Berufsschulen spricht ferner, daß sie bisher die Frage nach dem "Wozu" der Wissensvermittlung weitgehend unbeantwortet ließen. Von daher bleiben die Inhalte eine Ansammlung von "Definitionen mit Erläuterungen", die kaum Bezüge zur Arbeitsrealität des Auszubildenden aufweisen (ORTMANN 1982, 116; vgl. ders. 1982 a, 20, 25 f.). Weil Theorie und Praxis voneinander getrennt bleiben, erscheint wissenschaftliches Wissen zur Bewältigung alltäglicher Probleme ungeeignet.

Unter handlungstheoretischer Maxime führt das berufspädagogische Ziel "berufliche Tüchtigkeit" zu einer Orientierung an praktischen, persönlichkeitsfördernden beruflichen Arbeitshandlungen und deren kognitiver Durchdringung. Dies bedeutet, daß fachwissenschaftliche Inhalte didaktisch daraufhin zu analysieren sind, welchen Beitrag sie zur Bewältigung konkreter beruflicher Handlungssituationen zu leisten versprechen. Es wurde bereits allgemein herausgearbeitet, daß wissenschaftliches Wissen für einen praktisch Handelnden nur dann eine Bedeutung besitzt, wenn es ihm hilft, seine Probleme besser zu bewältigen bzw. ihm tiefere Einsichten in Zusammenhänge eröffnet (s.S.183). Ein solches erfahrungswissenschaftliches Theorieverständnis wird neuerdings innerhalb der Betriebswirtschaftslehre zu begründen versucht (vgl. SCHNEIDER 1981, insbes. 30 ff.). Kennzeichen betriebswirtschaftlicher Theorien sind demnach (vgl. a.a.O., 41):

a) "Wirklichkeitsnahe" Problemstellung, d.h. es werden wirtschaftliche Theorien nur im Hinblick auf genau beschriebene Fragen aus der Wirklichkeit entwickelt.

b) Strukturkern, d.h. Herstellung eindeutiger logischer Beziehungen (Relationen) zwischen den Begriffen, so daß sich logische Schlußfolgerungen (Lösungsidee) aussprechen lassen.

c) Musterbeispiele, d.h. erfolgreiche Anwendung des Strukturkerns auf Fragen aus der Wirklichkeit.

Theorien, verstanden als "testbare Strukturkerne einer Problemlösungsidee" (SCHNEIDER 1981, 41), implizieren, daß betriebswirtschaftliche Theorie nur Teilwissen über bestimmte Aspekte des wirtschaftlichen Handelns vermitteln und bereitstellen kann. Nicht mehr die wissenschaftlichen Aussagen haben eine Verknüpfung (Integration) mehrerer Aspekte vorzunehmen, sondern der praktisch Handelnde muß im Hinblick auf seine unterschiedlichen Problemaspekte einzelne wissenschaftliche Problemlösungsideen unter anderem verknüpfen. "... die Verknüpfung verschiedener Aspekte menschlichen Handelns bereits von der Wissenschaft (Theoriebildung) zu verlangen, kann zu einem unerfüllbaren Anspruch an die Theorien führen und deshalb nur Enttäuschungen und Mißverständnisse auslösen" (SCHNEIDER 1981, 27). Praktische berufliche Handlungssituationen könnten somit einerseits das didaktische Konzentrations- und Verifikationselement für theoretisches Wissen darstellen und könnten andererseits Problemstellungslieferant für theoretische Abstraktions- und Reflexionsprozesse in bezug auf Problemlösungsideen sein.

<u>Zusammenfassung:</u> Es galt hier das Prinzip der Handlungsorientierung vor dem Hintergrund didaktischer Überlegungen für berufliche Lernprozesse im kaufmännisch-verwaltenden Bereich spezifischer zu begründen. Dabei konnte aufgezeigt werden, daß das Leitprinzip aller bisherigen (fach)didak-

tischen Ansätze für den Wirtschaftslehreunterricht an kaufmännischen Berufsschulen, nämlich das Prinzip der Wissenschaftsorientierung, insbesondere für die Ausbildung beruflicher Handlungskompetenzen in dem Maße zunehmend fragwürdiger wird, indem

- ungeklärt bleibt, wie das Verhältnis von Wissenschaft und Praxis aussieht, bzw. an welcher Wissenschaft man sich zu orientieren hat, an eine theoretisch ausgerichtete oder an eine angewandte Wissenschaft;
- das Prinzip als Wissenschaftskritik bzw. als Wissenschaftstheorie interpretiert wird;
- ergebnisorientierte fachwissenschaftliche Aussagen mit ihrer impliziten Begriffssystematik und ihres wissenschaftsinternen Erkenntnisinteresses didaktisch reduziert als Unterrichtsinhalte thematisiert werden;
- die Frage nach dem "Wozu" der Wissensvermittlung unbeantwortet bleibt;
- konkrete berufliche Tätigkeiten und ihre Anforderungen vernachlässigt werden und damit auch das hierdurch erworbene psychologische "Alltagswissen" systematisch ausgeblendet wird.

Vielmehr wird hier eine Vermittlung von wissenschaftlichem Wissen insbesondere durch praktische, problemorientierte berufliche Handlungssituationen angestrebt, was bedeutet, daß wissenschaftliches Wissen sich mit psychologischem Alltagswissen (Handlungswissen) zur Problemlösung und damit zum Handeln-Können verbinden kann. Damit dürfte kaum mehr die didaktische Gefahr verbunden sein, daß dem Auszubildenden sich das in den Wissenschaften akkumulierte Wissen als verselbständigtes Wissen gegenübertritt, d.h. als seinem Erfahrungs- und Interessenzusammenhang entfremdetes Wissen (vgl. Kap. 5.3).

4.3.4.3 Zum Handlungsbegriff in beruflichen Lernprozessen

Berufliche Lernprozesse können sich nicht nur auf den inneren Handlungszusammenhang (d.h. auf die Beziehungsstiftung zwischen Begriffen) beschränken, sondern haben auch den äußeren Handlungszusammenhang (d.h. die praktische Inbeziehungssetzung der Handlungspartizipianten) unter persönlichkeitsfördernden Strukturen zu gewährleisten, weil berufliche Handlungskompetenz letztlich das Umgehen mit konkreten Sachen und Personen beinhaltet.

Handlung soll hier definiert werden als jene Aneignungsform von Wirklichkeit, mit der bewußt ein antizipiertes Handlungsziel durch weitgehend selbständiges Erarbeiten der zur Erreichung des Ziels notwendigen Mittel und Strategien erreicht werden soll. Dies setzt erstens eine gedankliche Analyse der äußeren und inneren Handlungsbedingungen und zweitens das gedankliche Ordnen des Tuns (AEBLI) bzw. eine innere Orientierungsgrundlage (GALPERIN) voraus, um das äußere praktische Tun zieladäquat steuern zu können. Diese Handlungsdefinition umfaßt

- den Ausschluß solcher Aneignungsformen, die auf ein passives Reaktionsschema hinauslaufen;
- den Ausschluß solcher Aneignungsformen, bei dem der Aktor völlig interessenfrei agiert;
- eine bewußte Entscheidung für Handlungsziele und damit für bestimmte Wert- und Normenvorstellungen;
- die Berücksichtigung von konkreten Situationen, d.h. die Wahrnehmung von Handlungspartizipianten, wobei die Situation sowohl strukturell als auch inhaltlich die Handlungskompetenz des Aktors mitprägen;
- eine kognitive Handlungskompetenz des Aktors, d.h. eine Konstruktion eines individuellen Handlungsprogramms zur Erreichung des Ergebnisses, was nicht nur lediglich Wis-

sen voraussetzt, sondern entsprechend der Situation strukturiertes Wissen, sogenanntes Handlungswissen;

- die Berücksichtigung individueller Fähigkeiten und Kenntnisse;
- die eigentliche praktische Handlungsausführung, d.h. die angestrebte Veränderung bzw. Erzeugung äußerer Sachverhalte, womit das "Gedachte" überprüft wird.

Auf diese Handlungsdefinition trifft vor allem die in der individuellen Lerngeschichte des Menschen dominierende Handlungsform, die Arbeitstätigkeit zu (s.S. 152), wenn mit dem Begriff der Arbeit nicht jeglicher Bezug zur sozialen Totalität ausgeblendet wird (vgl. AMMEN 1981; FUCKE 1981, 44 ff.; BRESS 1981) und das Arbeitsergebnis von komplexer Natur ist. Hieraus leitet sich nun explizit ab, daß für berufsbildende Lernprozesse im kaufmännisch-verwaltenden Bereich sich ein handlungsorientierter didaktischer Ansatz an konkrete Arbeitshandlungen aus diesem Bereich auszurichten hat. Zur speziellen Unterstützung der Vermittlung von sozialen Qualifikationen und von moralischen Haltungen und Einstellungen werden später aber noch Spielhandlungen begründet (vgl. Kap. 4.5).

Vor allem durch die Kriterien der "Berücksichtigung der konkreten Situation" und des "praktischen Inbeziehungsetzungsprozesses der Handlungspartizipianten" (Handlungsausführung) unterscheidet sich der Handlungsbegriff von einer geistigen Handlung, die überwiegend traditionellen Lernkonzepten zugrunde liegt. Es soll nun aber keineswegs bestritten werden, daß Wissen auch durch geistige Handlungen, sprich: durch das Inbeziehungsetzen von Begriffen, aufgenommen, verarbeitet und gespeichert werden kann und dadurch neue Erkenntnisse gewonnen werden können. Begriffliches Denken (= geistige Handlung) ist sogar notwendig, weil das Denken im Kontext des Handelns, d.h. innerhalb der praktischen Inbeziehungsetzung der Objekte, langsam und schwerfällig ist; weil es keine Distanz besitzt. Von daher übersetzt der Mensch im Laufe der Ontogenese seine gesammelten Erfahrungen in immer leistungsfähigere semantische Konstruktionssysteme, die er handelnd gewonnen hat und die der Handlung dienen. Dieses Handlungswissen hatten wir psychologisches Alltagswissen genannt. Es ist zweckgebunden und auf zu erzeugende Effekte ausgerichtet. Da das begriffliche Denken eine Metatätigkeit über das konkrete Handeln darstellt, kann es keine vom Handelnden völlig losgelöste Verhaltensform darstellen, und konkretes Handeln bietet von daher die Möglichkeit, Begriffsbildungsprozesse - insbesondere im System des Handlungswissens - zu unterstützen (vgl. Kap. 4.4.2).

Vom psychologischen Alltagswissen hatten wir das wissenschaftliche bzw. theoretische Wissen unterschieden. Dieses Wissen geht nicht unmittelbar aus den Lebensbetätigungen des Alltags hervor, es ist daher wesentlich schriftlich vermittelt und wird insbesondere durch Lesen und Studieren erworben. "Das theoretische Wissen sieht die Welt abstrakt. Seine konkreten Objekte sind zwar die gleichen wie diejenigen des Alltagswissens. Aber der Großteil der Merkmale ist im Zuge der Abstraktion abgestreift worden. Bewahrt werden einige Merkmale, die unter sich gesetzmäßig zusammenhängen" (AEBLI 1981, 275). Aufgrund der abstrakteren Objektbegriffe webt das theoretische Denken neue Beziehungsnetze, die tiefere Zusammenhänge erfassen können, die vorher dem Alltagswissen unzugänglich waren. Weil dem Alltagswissen eine historische Dimension fehlt und weil es seine Sinnhaftigkeit durch die vielfache Bewährung im Tun erhält, besteht die Gefahr der Affirmation und der unreflektierten Tradierung. Von daher werden auch theoretische Analysen und Synthesen des Handlungswissens notwendig, weil sie tiefere Zusammenhänge der Alltagsbeziehungen erfassen können. Dabei erscheint aber das Postulat der Kontinuität zwischen psychologischem Alltagswissen und wissenschaftlichem Wissen (vgl. auch AEBLI 1981, 277) am ehesten sichergestellt zu sein - wie wir oben unter dem Begriff "ontogenetischer Abstraktizismus" herausgearbeitet haben -, wenn die theoretischen Abstraktionsprozesse unmittelbar über bzw. aus den praktischen Lebensbetätigungen des Alltags heraus geschehen. Für eine qualifizierte kaufmännische Berufsausbildung ergibt sich daraus folgende Orientierung:

1. Erfahrungs- und Wissensaufbau mit und durch praktische kaufmännische Arbeitshandlungen, deren Struktur persönlichkeitsfördernde Wirkungen zugeschrieben werden können und
2. theoretische Durchdringung der praktischen Beziehungsnetze anhand spezieller, auf das Handlungswissen bezogene Theoriefragmente aus den Sozialwissenschaften zur Überwindung des affirmativen Charakters des Faktischen (s. Vorschlag zu einem Lernortverbund S. 313 f.).

4.4 HANDLUNGSREGULATIONSKONZEPTE ALS BISHERIGES ERGEBNIS EINER DIALEKTISCHEN PERSON-UMWELT-BEZIEHUNG

In den 30iger Jahren vertrat RUBINSTEIN erstmals die Auffassung von der Regulation der Handlung und damit das Prinzip der Einheit von Bewußtsein (Psyche) und Handlung (vgl. ABULCHANOWA-SLAWSKAJA 1977, 260) und legte diesen Gedanken seinem 1946 erschienenen Hauptwerk "Grundlagen der allgemeinen Psychologie" (verwendete deutsche Ausgabe von 1973) zugrunde (vgl. bes. 28 ff.). Während die Entwicklungstradition der dialektisch-materialistischen Psychologie über die Analyseeinheit "Tätigkeit" bzw. "Handlung" zu den Problemen der menschlichen kognitiven Informationsverarbeitung vordringt (vgl. z.B. KLIX 1976), näherte sich die Theorienbildung innerhalb der traditionellen Psychologie über die Analyseeinheiten "Behavior" und "Kognition" die der "Handlung" und damit die von dieser abhängigen kognitiven Repräsentationsmodi (vgl. Abschnitt 3). In beiden Entwicklungstraditionen dürfte es heute weitgehend unumstritten sein, daß die Herausbildung eines individuellen kognitiven Systems in enger Verbindung mit spezifischen Umweltbereichen steht, mit denen sich das Individuum handelnd auseinandersetzt[1]. Nach STADLER (1979, 440) resultiert hieraus ein "merkwürdiger Umstand": "Noch bevor sich die kognitive Psychologie als Alternativparadigma zum behavioristischen Paradigma zu etablieren beginnt, scheint sie in ihrer Anwendungspraxis in einer psychologischen Handlungstheorie aufgehoben zu werden."[2] Und RÜPPELL (1979, 482) hebt konsequenterweise hervor, daß "nicht die Analyse des informationsverarbeitenden Systems zur zentralen Aufgabe der Intelligenzforschung zu machen (ist), sondern die Analyse der Umwelt, die dieses System hervorgebracht hat."

Vor diesem Hintergrund einer dialektischen Person-Umwelt-Beziehung, die AEBLI (1981, 354) als "dualen Strukturalismus" bezeichnet, wurde bisher herausgearbeitet und spezifischer begründet, daß ein Didaktikansatz für berufliche Lernprozesse auf handlungstheoretischer Basis konkrete berufliche Arbeitshandlungen mit in die Analyse einzubeziehen hat. Da Arbeitserfahrungen fördernde und/oder deformierende Rückwirkungen auf die Persönlichkeitsentwicklung haben können, stellt sich die Frage nach lernrelevanten Merkmalen von Arbeitshandlungen. An dieser Stelle überschneidet sich die Debatte um eine "Humanisierung des Arbeitslebens" mit einem handlungsorientierten Didaktikansatz

---

1) Vgl. für die "westliche" kognitive Richtung der Psychologie z.B. WIMMER/PERNER 1979, 23; NEISSER 1976, 111; DÖRNER 1979 a, 15 ff., 26 ff.; SEEGER/BROMME 1979, 461; KLUWE 1979, 9 ff.; AEBLI 1980, 27, 180, 212 f.

2) Die "Psychologische Handlungstheorie" stellt ein Sammelbegriff für Handlungsregulationskonzepte dar, die auf der Grundprämisse einer dialektischen Person-Umwelt-Beziehung aufbauen (vgl. VOLPERT 1980).

für berufliches Lernen[1]. Es ist das Ziel einer humanen Arbeitspsychologie, Arbeit so zu gestalten, daß sie zur Entfaltung und Entwicklung der arbeitenden Persönlichkeit beiträgt. Die humane Arbeitspsychologie gründet auf einem Forschungsparadigma, in deren Zentrum die "Psychologische Handlungstheorie als Basiskonzept" steht (vgl. STERN 1980, 66; VOLPERT 1980, 17; BAITSCH/FREI 1980, 25). Wir haben uns daher zunächst mit diesem Ansatz zu beschäftigen, in deren Mittelpunkt die psychische Regulation des Handelns steht, wobei unser Erkenntnisinteresse auf Möglichkeiten und Bedingungen der Persönlichkeitsentwicklung im Arbeitsprozeß gerichtet ist, um möglicherweise daraus Konsequenzen für die berufliche Bildung ziehen zu können.

4.4.1 Das arbeitspsychologische Regulationsmodell als ein Konzept von Persönlichkeitsentwicklung?

Eine erste und vielbeachtete Ausarbeitung eines Regulationskonzeptes lieferte HACKER (1973, hier verwendete 2. Aufl., 1978) innerhalb der Arbeitspsychologie. Im Mittelpunkt des arbeitspsychologischen Regulationsmodells steht ein sozial-isoliertes, handelndes Individuum, deren Arbeitshandlungen in der Kontrolle einer Maschine bestehen. Mittlerweile entstanden auch

- in der Pädagogischen Psychologie (vgl. KOSSAKOWSKI/ETTRICH 1973; LOMPSCHER u.a. 1977; KOSSAKOWSKI/LOMPSCHER 1980),
- in der Lerndiagnostik (vgl. SCHNOTZ 1979) und
- in der Sportwissenschaft (vgl. VOLPERT 1971, verwendete 2. Aufl., 1973; WEINBERG 1978)

---

1) Zum Verhältnis von "Humanisierung der Arbeit" und beruflicher Bildung vgl. FEUERSTEIN 1980; FAULSTICH 1978; LEMPERT 1974, 62 ff.; LEMPERT 1979; LEMPERT 1982.

Handlungsregulationskonzepte. Diese Konzeptionen, die im allgemeinen unter dem Terminus "Psychologische Handlungstheorie" zusammengefaßt werden, besitzen einen gemeinsamen theoretischen Bezugsrahmen (vgl. VOLPERT 1974, 12 ff.; ders. 1980, 13 f.; BAITSCH/FREI 1980, 25 ff.; SIMON 1981, 505 ff.):

1. Die Grundannahmen der dialektisch-materialistischen Psychologie, insbesondere das von RUBINSTEIN formulierte Prinzip der Einheit von Bewußtsein und Tätigkeit stellen den Ausgangspunkt dar. Durch dieses Wechselwirkungsmodell zwischen Subjekt und Außenwelt, das auch innerhalb unseres Ansatzes charakteristisch ist, grenzt sich die "Psychologische Handlungstheorie" von anderen Handlungskonzeptionen ab, in denen Hinweise auf Außenweltbedingungen fehlen (vgl. z.B. KAMINSKI 1973).
2. Die äußeren Handlungsabläufe werden durch innere Modelle, Abbilder und Abbildsysteme unterschiedlicher Komplexität gesteuert. HACKER (1978, 82 ff.) bezeichnet das psychische Abbild als "inneres Modell" bzw. als "operatives Abbildsystem (OAS)", das einerseits den Handlungsvollzug reguliert und andererseits durch den Handlungsvollzug modifiziert und weiterentwickelt wird. Die Bezeichnung "operativ" soll hervorheben, daß die inneren Modelle "relativ beständige tätigkeitsregulierende psychische Gebilde" sind (a.a.O., 82), und daß sie die Sachverhalte des Produktionsprozesses nur selektiv, schematisch und anforderungsabhängig widerspiegeln (vgl. a.a.O., 84). Das OAS darf daher nicht mit einer naiven, mechanischen Abbildtheorie verwechselt werden.
3. Es erfolgt eine Anlehnung an kybernetische Modellvorstellungen. Dabei ist zunächst zu konstatieren, daß die psychische Regulation einer komplexen Handlung eine hierarchisch-sequentielle Struktur besitzt (vgl.

MILLER/GALANTER/PRIBRAM 1973; HACKER 1978, 87 ff.; STADLER/SEEGER 1981, 194 ff.). Das eine größere Handlungseinheit hierarchisch strukturiert ist, ergibt sich aus den logischen Über- und Unterordnungsverhältnissen der die Handlung realisierenden Teilaufgaben bzw. Teilplänen. So läßt sich z.B. die Handlungseinheit "Frühstükken" in die Teilaufgaben "Brötchen holen", "Tisch dekken", "Kaffee kochen" zerlegen, wobei jede dieser Teilaufgaben wiederum zerlegt werden kann. Die Aufgabenhierarchie stellt eine abstrakte logische Struktur dar, die einem äußeren Beobachter nicht ohne weiteres zugänglich ist. Die sequentielle Abfolge der einzelnen Teilaufgaben ist demgegenüber die äußere Struktur, die Realisation der einzelnen Teilaufgaben, wie sie von einem externen Beobachter wahrgenommen werden könnte.

Als grundlegendes Funktionsmoment einer Handlung wird der Rückkoppelungskreis angesehen. Bei MILLER/GALANTER/PRIBRAM ist es die TOTE-Einheit (s.S. 58 f.); bei HACKER (1978, 92 ff.) die VVR-Einheit (Veränderungs-Vergleichs-Rückkoppelungs-Einheit). Im Unterschied zu der TOTE-Einheit stellt die VVR-Einheit jedoch kein nach außen abgeschlossenes System dar, "sondern ein für Führungsvorgaben und Umwelt- (z.B. Produkt-)rückwirkungen offener Kreisprozeß" (HACKER 1978, 92).

4. Die Realisierung eines Handlungsplanes erfolgt in der sequentiellen Abfolge von Handlungseinheiten, die durch eine Hierarchie von Teilplänen und Programmen reguliert wird. HACKER (1978, 103 ff.) unterscheidet drei qualitativ verschiedene Ebenen der kognitiven Ausführungsregulation von Handlungen:

   a) die sensumotorische Regulationsebene;
   b) die perzeptiv-begriffliche Regulationsebene;
   c) die intellektuelle Regulationsebene.

   Diese Ebenen unterscheiden sich durch unterschiedliche

Beteiligung des Bewußtseins bzw. der Automatisierung an der Handlungsregulation. Auf der untersten kognitiven Regulationsebene werden "Bewegungsentwürfe" bzw. "bewegungsorientierte Abbilder" widergespiegelt, die die unselbständigen Handlungsbestandteile (Lage, Richtung, Entfernung) einschließlich ihrer automatisierten Vollzüge steuern. Die Bewegungsentwürfe, die auf dieser Ebene konstruiert werden, sind zum Teil nicht "bewußtseinspflichtig". Die Programme, die auf der perzeptiv-begrifflichen Regulationsebene entworfen werden, nennt HACKER "Handlungsschemata". Regulationsvorgänge beziehen sich hier auf einen Vergleich mit den wahrgenommenen Signalen aus dem tatsächlichen Handlungsverlauf mit dem "perzeptiven", d.h. vorstellungsmäßigen Abbild und verlangen von dem auszuführenden Individuum unter Umständen Entscheidungsleistungen. Da der Handelnde bereits über ein vollständiges internes Modell der Handlung verfügt, sind die Vorgänge auf dieser Ebene nicht unbedingt "bewußtseinspflichtig", aber prinzipiell "bewußtseinsfähig". Die höchste Ebene der kognitiven Regulation, die intellektuelle Ebene, steht dann im Vordergrund, wenn nicht die Aktualisierung bereits bekannter Inhalte, sondern eine subjektiv neue Handlung gefordert wird, bzw. eine Handlung unter ungewohnten bzw. problematischen Bedingungen durchzuführen ist. Die Handlungsprogramme auf dieser Ebene sind "komplexe Pläne" und "Strategien" und prinzipiell "bewußtseinspflichtig".

Persönlichkeitsveränderung bzw. -entwicklung manifestiert sich im Konzept der "Psychologischen Handlungstheorie" durch Modifikationen im operativen Abbildsystem (vgl. BAITSCH/FREI 1980, 27). Bezogen auf das arbeitspsychologische Regulationsmodell liegen persönlichkeitsförderliche Aspekte in der Ausführungsregulation für den Aktor dann vor, "wenn sich im Handlungsverlauf ein zunehmend hierarchisch organisiertes Aktionsprogramm herausbildet, das der Entwicklung einer planenden Strategie entspricht; sie bewirkt, daß die Tätigkeit im Wiederholungsfall effektiver, vor allem zeitökonomischer ausgeführt werden kann" (SIMON 1981, 507). HACKER (vgl. 1978, 47, 380) weist bereits auf das Problem hin, daß mit einer humanen Arbeitspsychologie, die auf persönlichkeitsfördernde Entwicklungsprozesse zielt, sich das Anliegen einer Ökonomisierung und Rationalisierung betrieblicher Arbeitsprozesse nicht immer vereinbaren läßt. Zwar werden den intellektuellen Anforderungen die größten persönlichkeitsfördernden Effekte zugeschrieben, doch reduzieren sich diese sukzessive bei wiederholter Ausführung der Arbeitshandlungen. Steigende Effektivität durch Verkürzung der Ausführungszeit beruht psychologisch also auf einer Automatisierung der beteiligten kognitiven Prozesse.

Werden aus der "Psychologischen Handlungstheorie", dessen Kernstück das Modell der drei Regulationsebenen bildet, Konsequenzen für die Gestaltung von Arbeit und Lernen, d.h. für die Schaffung persönlichkeitsfördernder Arbeitsplätze (vgl. VOLPERT 1979, 39 ff.) bzw. für Lernprozesse in der beruflichen Bildung (vgl. FISCHBACH/NOTZ 1980) gezogen, so wird stets nur allgemein postuliert, daß der Ansatz die menschliche Handlungsstruktur in ihrer Gesamtheit zu berücksichtigen hat (Prinzip der Ganzheitlichkeit). "Der Lernprozeß soll in jeder Etappe des Lernprozesses so strukturiert werden, daß der Auszubildende die gestellte Aufgabe planend durchdringen und handelnd bewältigen kann. Eine so organisierte Berufsausbildung ist zugleich persönlichkeitsförderlich und effektiv" (FISCHBACH/NOTZ 1980, 222; vgl. auch 213, 216). VOLPERT (1979, 41) nennt das Ganzheitlichkeitsprinzip "planende Strategie". Desweiteren wird darauf hingewiesen, daß Auszubildende stärker an Planung, Organisation und Lösung von Arbeitsaufgaben zu beteiligen sind (Prinzip der Selbständigkeit) bzw. Arbeitnehmer mehr Mitentscheidungsmöglichkeiten an der Festlegung des Produktionsablaufes haben sollten (vgl. FISCHBACH/NOTZ 1980, 221, 222; VOLPERT 1979, 42).

Diese Konsequenzen, die aus der "Psychologischen Handlungstheorie" gezogen werden, bleiben sehr allgemein und unbestimmt. Für diese Erkenntnisse, die bereits aus der These der Einheit von Psyche und Handlung plausibel hätten geschlossen werden können, wäre eigentlich das komplexe Regulationsmodell nicht erforderlich gewesen. Für die eigentlich pädagogisch relevanten Fragen, was denn bei der Bildung eines internen Handlungsprogramms geschieht, welcher Zusammenhang von Begriffsstruktur, Struktur des Denkens und Struktur des Handelns besteht und welche Lern- und Entwicklungsmomente dabei möglich werden, kann das Handlungsmodell ohnehin keine Antwort geben. Wir werden im folgenden zunächst aufzeigen, wo die Defizite der "Psychologischen Handlungstheorie" liegen und werden dann versuchen, mit einer Aufbautheorie der Begriffsbildung die beiden letzten Ebenen der Tätigkeitsanalyse, die Handlungsregulationsebene mit der Informationsverarbeitungsebene, zu verbinden (s.S. 141 f., 145 f.).

Die Defizite der Handlungsregulationskonzepte lassen sich durch zwei zueinander komplementäre Momente aufzeigen:

a) Durch einen weitgehenden Verzicht auf explizite Modelle der internen Repräsentation, (wie z.B. Modalitäten der Speicherung von Wissen im Gedächtnis, sowie die Frage nach den Organisationsprizipien von Handlung, Sprache und Denken), und ihrer entwicklungspsychologischen Dimension.

b) Durch die willkürliche Setzung der drei qualitativ verschiedenen Regulationsebenen, die auch mit unterschiedlichen kognitiven Niveaus gleichgesetzt werden können.

<u>Zu a):</u> Das wichtigste theoretische Fundament der "Psychc-

logischen Handlungstheorie" stellen zweifelsfrei bisher die Ergebnisse der dialektisch-materialistischen Psychologie dar. HACKER (vgl. 1978, 16) selbst betont, daß sein arbeitspsychologisches Regulationsmodell im wesentlichen auf der Konzeption RUBINSTEIN's aufbaut. Aber auch GALPERIN's Theorie der etappenweisen Ausbildung geistiger Handlungen spielt eine Rolle, da nach HACKER die Arbeitstätigkeit um so effektiver ausgeführt werden kann, je vollständiger und umfassender das innere Abbildsystem, die kognitive Orientierungsgrundlage, ausgebildet ist. Nun ist aber festzustellen, daß die theoretischen Konzeptionen, die innerhalb der dialektisch-materialistischen Psychologie entwickelt wurden, vornehmlich die menschlichen Erkenntnis- und Handlungssysteme aus phylogenetischer Sichtweise erklären, d.h. unter weitgehender Abstraktion von konkreten Individuen, insbesondere unter Vernachlässigung der Frage, wie man sich den inneren Aufbau und die Entwicklung der individuellen kognitiven Strukturen vorzustellen hat. Bei der Analyse der unterschiedlichen Konzeptionen innerhalb der materialistischen Psychologie ergaben sich verschiedene Ansichten darüber, was im psychischen Abbild letztlich repräsentiert bzw. widergespiegelt wird: Objekte, wie es LEONTJEW und RUBINSTEIN annehmen, oder aber Handlungen, wie GALPERIN betont (vgl. Kap. 3.3). In den Regulationskonzepten spielt dieses Problem ebensowenig eine Rolle, wie die individuellen Handlungserfahrungen von Subjekten und deren interner Aufbau im Gedächtnis. Mit der Vernachlässigung des letzteren Aspektes, den "inneren Bedingungen", wie RUBINSTEIN formuliert, wird der Interiorisationsaspekt favorisiert und damit wieder die Auffassung eines "mechanischen Determinismus" innerhalb von Regulationskonzepten.

<u>Zu b):</u> Das theoretische Vakuum in bezug auf die interne menschliche Informationsverarbeitung, das die bisherigen Ansätze der dialektisch-materialistischen Psychologie hinterließen, wurde durch das Kernstück der "Psychologischen

Handlungstheorie", dem dreistufigen Regulationsmodell von HACKER, "gefüllt". SIMON (vgl. 1980, insbes. 53 ff.; dies. 1981) hat das Modell der Handlungsregulation mittels der verschiedenen Niveaus von sensumotorischer, perzeptiv-begrifflicher und intellektueller Prozeßsteuerung unter kognitions- und entwicklungstheoretischen Gesichtspunkten analysiert und kommt zu dem Schluß, daß sowohl "die besonderen Qualitätsmerkmale der einzelnen Regulationsstufen als auch ihre Abgrenzung untereinander als vollständig willkürliche Setzungen angesehen werden (müssen), (...) die faktisch nichts zur Beurteilung und Einschätzung der Relevanz tätigkeitsimmanenter Lernprozesse für das handelnde Individuum (beitragen)" (SIMON 1981, 511, 514; Hervorh. d.d. Verf.). Insbesondere drei Einwände sollen hier gegen das Modell der dreistufigen Handlungsregulation hervorgehoben werden (vgl. SIMON 1980, 258 ff.; dies. 1981, 512 ff.; SEMMER/PFÄFFLIN 1979, 104 ff.):

1. Aus entwicklungspsychologischer Sicht ist vor allem die perzeptiv-begriffliche Regulationsebene als eine problematische Konstruktion anzusehen, weil nämlich Wahrnehmungsleistungen abhängig sind vom allgemeinen Entwicklungsniveau der Erkenntnistätigkeit. Zudem sind "sensorische und motorische Prozesse auf vielen verschiedenen Ebenen eng miteinander verwoben (...), daß beide im vollen Wortsinn eine Einheit bilden" (STADLER/SEEGER/RAEITHEL 1977, 192; vgl. auch AEBLI 1980, 180). Dies bedeutet, daß Handlungsschemata entsprechende Wahrnehmungsschemata bedingen und umgekehrt. "Festzuhalten bleibt, daß - (...) - als elementarstes kognitives Steuerungssystem die sensumotorischen Strukturen anzusehen sind, die Bewegungsabläufe und Wahrnehmungsprozesse gleichermaßen umfassen. Dabei bleibt jedoch stets zu beachten, daß beim Erwachsenen sensumotorische Strukturen integrierter Bestandteil umfassender Gesamtstrukturen sind und daher nicht als eigenständiges System von Regula-

tionsgrundlagen auftreten können" (SIMON 1981, 512).

2. Das Regulationsmodell bezieht sich ausschließlich auf die isolierte Auseinandersetzung mit technisch-gegenständlichen Arbeitsanforderungen und -bedingungen. Somit werden alle sozialen Kooperationsbezüge ignoriert und damit auch soziale Beziehungen, womit wichtige Lerneffekte im Zusammenhang mit Kooperationsformen innerhalb von Arbeitshandlungen verloren gehen dürften (s. S. 152).

3. Das Regulationsmodell unterstellt, daß je nach der objektiven Anforderungsstruktur der Arbeitsaufgabe diese einfach mittels unterschiedlicher kognitiver Niveaus reguliert werden kann, d.h. die subjektiven Handlungsvoraussetzungen werden kaum beachtet. Wenn STADLER/SEEGER (1981, 224) hervorheben, daß bei der Analyse von Handlungsstrukturen die psychische Regulation ein "absteigendes Verfahren erforderlich (macht), da die jeweils höhere Ebene die regulativen Voraussetzungen der darunter liegenden Ebene enthält", so wird hier deutlich, daß bei dem Regulationsmodell von konkreten Arbeitsstrukturen ausgegangen wird, in deren Betrachtungsweise die Arbeitspsychologie von individuellen Steuerungsleistungen und ihrer entwicklungsabhängigen Qualitäten völlig abstrahiert.

Weil im arbeitspsychologischen Regulationskonzept "die verschiedenen kognitiven Niveaus lediglich unterstellt werden, jedoch kein Hinweis darauf erfolgt, aus welchem theoretischen Konzept kognitiver Persönlichkeitsentwicklung oder Erkenntnisstufen sie abgeleitet sind" (SIMON 1980, 42), kann es auch keinen analytischen Rahmen für die Eruierung persönlichkeitsförderlicher Lernprozesse durch Arbeitshandlungen liefern. Wenn aber das Regulationsmodell von HACKER zu modifizieren ist, stellt sich die Frage, auf welchen Ebenen im Laufe der menschlichen Entwicklung Handlungen repräsentiert und reguliert werden und welche strukturellen Differenzierungsmöglichkeiten im Sinne von Persönlichkeitsentwicklung damit verbunden sind. Wie aus der Gegenüberstellung der drei bedeutendsten kognitiven Entwicklungskonzepten der letzten Zeit deutlich wird (vgl. Abb. 13), werden die eigenen und beobachteten Handlungen in Bildern und Zeichensystemen (natürliche Sprache oder Kunstsprachen) übersetzt.

PIAGET's zentrale Entwicklungsstufen	*BRUNER's Medientheorie*	*AEBLI's Verhaltenssysteme*
- *Sensomotorische Strukturen* Organisationsformen des Handelns, die sich nur auf äußere Handlungen mit realen Objekten beziehen.	- *Enaktive Strukturen* Wissen, das im Ausführen-Können einer Handlung steckt.	- *Spezifisches Handlungswissen* Nur exakt reproduzierbare Handlungsschemata, die sich nicht auf neue Situationen übertragen lassen (sogenanntes Können).
- *Anschaulich-operative Strukturen* Erste Organisationsform des innerlichen Handelns und Erkennens an vorgestellten (symbolischen) Objekten.	- *Ikonische Strukturen* Wissen, das man sich vergegenwärtigen, vorstellen kann.	- *Episodisches Handlungswissen* Handlungsschemata, die als Vorstellungen bildhaft oder sprachlich repräsentiert sind.
- *Formal-operative Strukturen* Organisationsformen des innerlichen Handelns und Erkennens, dessen Strukturen der formalen Aussagenlogik entsprechen und damit ein Höchstmaß an Beweglichkeit erreichen.	- *Symbolische Strukturen* In Zeichensystemen repräsentiertes Wissen.	- *Schematisches Handlungswissen* Handlungsschemata, die in Zeichensystemen repräsentiert sind und auf neue Situationen und Gegenstände angewendet werden können.

Abb. 13: Entwicklung kognitiver Strukturen durch Übersetzung der Handlung in Bilder und Sprache in unterschiedlichen Entwicklungskonzepten

BANDURA weist im Rahmen seiner Lerntheorie darauf hin, daß Beobachtungslernen im wesentlichen auf den Repräsentationssystemen der Vorstellung und der Sprache beruht. "Sobald die modellierten Tätigkeiten in Vorstellungsbilder und leicht anwendbare Sprachsymbole transformiert worden sind, können diese Gedächtniskodes die Ausführung der Tätigkeit steuern." Und: "Die meisten kognitiven Prozesse, die das Verhalten steuern, sind eher verbal als visuell" (BANDURA 1979, 35). Angelehnt an das psychologische Konzept zur Entwicklung kognitiver Strukturen von AEBLI läßt sich ein entwicklungsdynamisches Modell zur Handlungsregulation auf folgenden Ebenen entwerfen:

1. Stufe der praktischen Handlung durch das Zusammenwirken von Wahrnehmung und Motorik.
2. Stufe bildhafter oder sprachlicher Handlungsvorstellung (verinnerlichte Handlung). Hier werden noch alle strukturellen Kennzeichen der Handlung bewahrt.
3. Stufe der abstrakten Handlung (Operation). Durch die Zentrierung der Handlungsstruktur auf ganz bestimmte Aspekte und Zusammenhänge werden die konstruierten strukturellen Beziehungen abstrakter und klarer. Wegen ihrer transparenteren und zentrierten Konstruktion sind Operationen sehr beweglich, was eine hohe Mobilität und Flexibilität des menschlichen Handelns und Denkens bedingt.

Ausgehend von diesem modifizierten, aber entwicklungspsychologisch konsistenten, Regulationskonzept ergeben sich für die individuelle Entwicklung kognitiver Strukturen zunächst folgende Annahmen:

a) Es gibt einen stufenweisen Übergang von der praktischen Handlung zur Operation. Die Handlungen "können zunehmend abstrakter gesteuert und betrachtet werden. Sie werden damit zunehmend 'operativ'" (AEBLI 1980, 217 f.)[1].

b) Die kognitiven Orientierungen (Vorstellungen, Begriffe, Einstellungen) eines Individuums hängen von seiner spezifischen Auseinandersetzung mit bestimmten Umweltbereichen im Verlauf seiner gesamten Entwicklung ab. Dieser Erfahrungshintergrund kann allgemein als Sozialisation bezeichnet werden.

c) Die Sozialisation des Individuums hat geordnete innerliche Strukturen von Wahrnehmungs- und Handlungsakten hervorgebracht. Durch den systematischen Charakter der Umwelterfahrung ist die gedankliche Repräsentation und Rekonstruktion vorgezeichnet.

SEILER (1973, 281), der die PIAGET'sche Auffassung, daß die kognitive Entwicklung der Gruppenstrukturen von selbst in immer neue Bereiche vordringt, kritisierte, spricht in diesem Zusammenhang von der "Bereichsspezifität formaler Denkstrukturen". Damit wird auch das Generalisierungsziel der Pädagogik, mittels formaler Denkstrukturen zum Erlernen genereller Einsichten und Methoden zu kommen, stark eingeschränkt. Neben dem Prinzip des ontogenetischen Abstraktizismus (s.S. 190), das im entwicklungsdynamischen Modell der Handlungsregulation speziell als stufenweiser Übergang von der praktischen Handlung zur Operation aus-

---

1) Insbesondere die Annahme einer stufenweisen Abstraktion von der Handlung unterscheidet sich grundlegend von der Auffassung PIAGET's, für den die Operativität ein "Alles-oder-Nichts-Phänomen" (AEBLI) darstellt. Bei PIAGET sind Operationen verinnerlichte systematisierte Handlungen. Ihre Systeme und Strukturen sind abhängig von der Entstehung der Gruppierungen, die PIAGET in Anlehnung an den mathematischen Gruppenbegriff definiert (s.S. 61 f., 75 f.). Geht man aber davon aus, daß praktische Handlungen bereits selbst ein strukturelles Gerüst in Form von Handlungsschemata besitzen, besteht kein Grund mehr zu der Annahme, in einer strukturierten Operation ein neues andersartiges Element zu sehen. Operationen sind vielmehr abstrakte Handlungen, d.h. ihre Strukturen sind auf einen bestimmten Aspekt zentriert. In dem Bemühen, für die praktische Handlung die bestmögliche Strukturierung zu finden, wird Operieren zu einem kognitiven Prozeß.

formuliert wurde, kann auch die "Bereichsspezifität formaler Denkstrukturen" als ein kostitutiver Bestandteil des "epistemologischen Subjektmodells" angesehen werden.

Lernfortschritte, die im und durch selbständiges bzw. beobachtetes Handeln verwirklicht werden können, lassen sich nunmehr im entwicklungskonsistenten Handlungsregulationsmodell auf zwei unterschiedlichen Ebenen festmachen:

a) In bisher relativ unbekannten Umweltbereichen (z.B. hier: Büro- und Verwaltungsbereich) können sich über praktische Handlungen erste kognitive Orientierungen aufbauen (Inhaltslernen), insbesondere dann, wenn unmittelbares Handeln-Können in solchen Bereichen notwendig oder gefordert wird.
b) Indem die Elemente eines Umweltbereiches auf den unterschiedlichsten Niveaus (praktische Handlung, verinnerlichte Handlung, operative Handlung) laufend zu anderen Beziehungsstrukturen verknüpft werden, können sich bereichsspezifische Steuerungssysteme des praktischen Tuns und Denkens ausdifferenzieren und konsolidieren (Strukturlernen).

Persönlichkeitsfördernde Effekte wurden hier insbesondere mit Strukturlernen in Verbindung gebracht (s.S. 55). Es stellt sich von daher die Frage, welche Anforderungen praktische Arbeitshandlungen zu erfüllen haben, damit sich ein strukturell höheres Steuerungsniveau im Handeln ausformen kann.

Bevor versucht wird, solche Anforderungen an Arbeitshandlungen zu eruieren, ist zunächst herauszuarbeiten, welcher Zusammenhang zwischen Begriffsstruktur und Handlungsstruktur besteht, um einerseits deutlich zu machen, daß praktisches Handeln Begriffsbildungsprozesse bei Lernenden unterstützen kann und andererseits Begriffe als Repräsentationssysteme gegenständliches Handeln zu steuern vermögen.

4.4.2 Die Informationsverarbeitungsebene und Begriffsbildungsprozesse durch praktisches Handeln

Im Laufe seines Lebens eignet sich der Mensch Informationen oder Wissen über Sachverhalte und Vorgänge an. Die Art und Weise, wie die Informationsspeicherung und -verarbeitung theoretisch beschrieben und erklärt wird, ist grundsätzlich abhängig von metatheoretischen Entscheidungen zugunsten eines bestimmten Subjektmodells. In Auseinandersetzung mit unterschiedlichen Menschenbildern (vgl. Abschnitt 2) konnte deutlich gemacht werden, daß insbesondere bei Annahme eines "behavioralen Subjektmodells" das menschliche Gedächtnis ein leeres Gefäß darstellt, das es mit Wissen aufzufüllen gilt ("Kübeltheorie des Lernens"). Lernschwierigkeiten werden hier in erster Linie zurückgeführt auf nicht optimal aufbereitetes Lernmaterial bzw. auf ungünstige Lernbedingungen. Bei Annahme eines "epistemologischen Subjektmodells" begreift der Mensch seine Umwelt durch gesteuertes, bewußtes Handeln. Das Gedächtnis hat hier die Funktion, Träger eines Konstruktionsprozesses von gewonnenen und zu verarbeitenden Informationen zu sein. Lernen wird hier nicht einfach als Auffüllen verstanden, sondern als ein Prozeß zunehmender Entwirrung und Strukturierung von Informationskomplexen durch den Lernenden selbst (vgl. GEUSS 1981, 73).

Im letzten Jahrzehnt sind von den kognitiven Wissenschaften (kognitive Psychologie, Linguistik, künstliche, computer-orientierte Intelligenzforschungen) Modelle zur formalen Beschreibung von Wissensinhalten entwickelt worden. Doch bei allen Fortschritten psychologischer Gedächtnisforschung ist es bisher kaum gelungen, "das psychologische Bild der Abspeicherung von Wissen in einer Weise zu entwerfen, dass pädagogische Implikationen zur Aneignung und Veränderung von Wissen über komplexe Sachverhälte möglich wäre" (KLUWE/SPADA 1981, 286). Ganz allgemein kann unter Informationsverarbeitungsgesichtspunkten in semantischen Gedächtnismodellen zur Zeit nur konstatiert werden, daß der individuelle Erfahrungshorizont eine große Bedeutung für den aktiven Strukturierungsprozeß besitzt (vgl. GEUSS 1981, 74, 77, 81).

Bei der Rezipierung unterschiedlicher handlungstheoretischer Konzepte (vgl. Abschnitt 3) konnte bei dem Ansatz von AEBLI hervorgehoben werden, daß er mittels propositioneller Analysen die Wissensorganisation im semantischen Gedächtnis handlungstheoretisch zu erklären versucht. Hier zunächst noch einmal zusammenfassend die wesentlichsten Annahmen semantischer Gedächtnismodelle (vgl. auch WETTLER 1981, 329):

a) Ein Objekt ist durch einen Begriff gekennzeichnet oder nicht. Zwischenstufen sind nicht möglich.

b) Beziehungen zwischen Merkmalen bzw. Eigenschaften von Begriffen werden durch Propositionen dargestellt. Fundamental bei der propositionellen Notierung ist die Unterscheidung von Relation und den beteiligten Argumenten. Die Relation spezifiziert dabei die Art der Beziehung zwischen den Begriffen, d.h. die Relation stiftet erst die begriffskonstitutiven Merkmale bzw. Eigenschaften eines Begriffes, und die Argumente repräsentieren die Begriffe, auf die sich die Proposition bezieht.

c) Die mittels der Propositionen aufgebauten netzartigen Wissensstrukturen sind auf grundlegende menschliche Betätigungsbereiche anwendbar. So ermöglichen sie das Deuten von Texten, das Verstehen von Sprache, die Wahrnehmung von Situationen und das Planen sowie die Kontrolle von äußeren Handlungen.

d) Mit dem Formalismus der propositionellen Notierung sind grundsätzlich alle Wissensbereiche zu beschreiben, wie z.B. konkrete Handlungsverläufe oder abstrakte theoretische Gesetze.

Wenn aber die Propositionsanalyse auf grundlegende menschliche Betätigungsbereiche anwendbar ist, so müssen die Strukturen der Sprache mit den Strukturen der Handlung verwandt sein und zwischen Begriffsinhalten und Handlungen müßte ein Verhältnis in dem Sinne bestehen, daß Begriffe aus Handlungen hervorgehen könnten. Lassen sich also Begriffe durch praktische Handlungen aufbauen? Eine solche Beziehung wurde bislang eher implizit unterstellt, als explizit theoretisch ausgewiesen. Besonders unter Hinweis auf BRUNER's Medientheorie wurde bisher das praktische Handeln als eine Dimension im Lernprozeß gefordert, über die höhere kognitive Abstraktionsstufen anzustreben sind (vgl. z.B. ALTHOFF 1981, 374; SIMON 1982).

Die Hessischen Rahmenrichtlinien zur Polytechnik-Arbeitslehre stellen in diesem Zusammenhang fest:

"Arbeitspraxis gewährt dem Schüler die in der heutigen Schule weitgehend vernachlässigte Möglichkeit der schrittweisen Begriffsbildung von der Handlungserfahrung (enaktive Phase) über die Auseinandersetzung mit veranschaulichender Repräsentation der Gegenstände (ikonische Phase) bis zum Umgang mit Symbolen. Ein solcher Unterricht entspricht den Lerndispositionen der Schüler und kommt ihren Bedürfnissen entgegen." (zit. nach SIMON 1982, 32).

Eine Beziehung zwischen praktischem Handeln und kognitiven Prozessen zeigte sich in der Praxis beim Aufbau der Odenwaldschule. Während man Werkstudien bzw. Werkfächer zunächst "unter dem pädagogischen Zweck der Förderung, der Entfaltung von Begabungen, der Überwindung von sozial vermittelten psychischen Barrieren (einführte)" (EDELSTEIN 1972, 83 f.), zeigte sich sehr bald diese kognitive Kompensationsleistung:

"Transfereffekte vom Werkfach zu den defizitären Schulfächern wurden festgestellt: die theoretischen und praktischen Ausbildungsleistungen im Werkfach, die werknahen und projektorientierten Leistungen des Messens, Ordnens, Zeichnens, Planens, Berechnens, Beschreibens, schlugen sich in sprachlichen und mathematischen Leistungen in den Schulfächern nieder" (a.a.O., 48). Und: "Die Wirkungen auf das mathematische und sprachliche Leistungsvermögen waren nicht erwartet, doch sie erschienen überzeugend." (a.a.O., 84).

Wenn vermutet werden kann, daß praktische Handlungen Begriffsbildungen ermöglichen und diese das kognitive Leistungsvermögen verbessern können, wie sehen dann die Beziehungen zwischen Handlung und Sprache und zwischen Handlung und Begriff aus? Es ist der Vorgang der Objetktivierung, den AEBLI (vgl. 1979, 311; 1980, 133 f., 177 ff.) versucht in den propositionellen Notierungen hervorzuheben und mit dem grundlegende Tatsachen der Handlungs- und Begriffskonstruktion zusammenhängen. Was ist damit gemeint?

Es wurde gezeigt, daß AEBLI die propositionelle Deutung sprachlicher Gebilde als implizite Handlungstheorie deutet (s.S. 62 f.). Sieht man in der Handlung die primäre Form menschlichen Tuns, so kann die Sprache zunächst einmal als deren symbolische Ableitung verstanden werden, oder anders formuliert: Sprache geht aus Handlung hervor (vgl. AEBLI 1979, 319 f.).

Sowohl Sprache als auch praktische Handlungen setzen Elemente zueinander in Beziehung oder lösen diese in geordneter Weise auf. Das Verb bzw. das Handlungsschema stiftet die Relation bzw. Beziehung. Jede praktische Handlung bzw. jede sprachliche Aussage kann daher als ein Konstruktionsschritt angesehen werden, mit dem ein sukzessiver Beitrag zur Realisation des antizipierten Handlungszieles geleistet wird. Da die Zielstruktur zugleich die Handlungsstruktur beinhaltet, vermag sie die Handlung zu leiten (vgl. AEBLI 1980, 99). Bei praktischen Handlungen entsteht so der hierarchische Aufbau der Handlung und bei sprachlichen Gebilden entstehen Komplexionshierarchien im Gedächtnis. Damit aber die Relation selbst in weitere Konstruktionsschritte eingebettet werden kann, muß die Relation sich selbst zum Objekt verdichten, d.h. sie "objektiviert sich", um in dieser Form in weitere Handlungen bzw. Satzgebilde höherer Ordnung einbezogen zu werden, bis die Zielhandlung erreicht ist. Die übergeordnete Relation verfährt also jeweils mit einer Konstruktion, die durch die untergeordnete Handlung ein notwendiges Merkmal erworben hat[1].

Das Verhältnis zwischen Handlung und Begriff ergibt sich durch die Beziehungsstiftung und durch den hierarchischen Aufbau. In praktischen Handlungen ist die Beziehungsstiftung durch das Handlungsschema gekennzeichnet. Das Repertoire eines Menschen an verfügbaren Handlungsschemata bedingt seine Handlungskompetenz. Innerhalb von Vorstellungshandlungen stiftet der Begriff die Beziehungen. Weil Handlungsschemata und Begriff auf neue Fälle und Situationen übertragbar sind, liegt ihre gemeinsame Funktion in ihrem Werkzeugcharakter, d.h. "Handlung und Begriff dienen der Assimilation der Wirklichkeit" (AEBLI 1981, 85).

Das Handlungsschema wie der Begriff besitzen eine Struktur mit Leerstellen. Mit den Handlungsschemata erfährt der Aktor nur, ob seine praktische Handlung mit den ausgewählten Partizipianten, die die Leerstellen zu füllen vermögen, gelingt oder nicht. Insofern vermittelt praktisches Handeln Erkenntnis. Dabei kennt der Aktor häufig die Zusammenhänge noch nicht, was bedeutet, daß praktisches Handeln oft auch ein Lernen durch Versuch und Irrtum ist. Die begriffliche

---

1) Mit dem Vorgang der Objektivierung vervollständigt AEBLI den Hierarchiegedanken in Handlungsvollzügen. Denn weder die TOTE-Einheit von MILLER/GALANTER/PRIBRAM (1973) noch die VVR-Einheit von HACKER (1978) zeigt auf, wie die Verkettung der einzelnen Teilhandlungen zustande kommt oder mit AEBLI (1980, 159) formuliert, welches "der Kitt sei, der die erste Teilhandlung mit der zweiten verbinde."

Assimilation enthält dagegen weiterreichende Züge (vgl. a.a.O., 86 f.):

- Dem Betrachter einer Vorstellungshandlung ist die ganze Struktur bereits bewußt. Er kann angeben, wie die Teile zusammenhängen und die Teile benennen. Weil der Betrachter die Struktur und die Gegenstände begrifflich erfassen kann, hat er die Sache gedanklich "im Griff".
- Da dem Betrachter die Begriffe bekannt sind, verschaffen sie ihm ein aktiv konstruiertes "Bild" vom Gegenstand.

Sowohl praktische Handlungen als auch Begriffe entstehen durch hierarchischen Aufbau. "In beiden Fällen werden Hierarchien von sich schrittweise überhöhenden Strukturen aufgebaut." (AEBLI 1981, 133). Der Verlauf des strukturellen Aufbauprozesses ist allerdings verschieden. Der Grund liegt im Vorgang der Objektivierung. In einem praktischen Handlungsaufbau objektiviert sich jede Teilhandlung in einem konkreten Handlungsergebnis, das wieder Ausgangspunkt der neuen Teilhandlung wird. Dem Lerner fällt es leicht, diese hierarchische Struktur zu bilden; "denn im Zwischenergebnis liegt der hinführende Handlungsteil in objektivierter Form vor" (a.a.O., 133). Objektivierung im Begriffsaufbau (Begriffsbildung) ist dagegen weniger konkret, denn: "Alle Objektivierungen erfolgen in Worten, in Namen, die wir der aufgebauten Struktur geben" (a.a.O., 134). Ein Beispiel soll diesen Zusammenhang verdeutlichen:

Um bei einer Lohnabrechnung den Nettolohn zu erhalten, muß man z.B. den Bruttolohn, den Gesamtlohn und die Abzüge (Steuern und Sozialabgaben) berechnen und zwar genau in dieser Reihenfolge. Wird diese hierarchische Struktur handelnd erarbeitet, so erfährt der Lernende bei jeder Teilhandlung die Modifizierung des Objekts, auf die der nächste Handlungsteil aufbauen kann:

1. Multiplizierung der Gesamtstunden mit dem Lohnsatz ergibt den Bruttolohn (= Objektivierung der ersten Teilhandlung)
2. Bruttolohn plus vermögenswirksame Leistungen ergibt den Gesamtlohn (= Objektivierung der zweiten Teilhandlung)
3. Gesamtlohn abzüglich der Abzüge ergibt den Nettolohn (= Handlungsziel)

Im Falle der 'nur' Begriffsbildung entsteht ein ganzes Netz von Beziehungen, die Objektivierungen erfolgen nur in Worten bzw. Namen ohne externe Handlungen bzw. Konkretisierungen. Die Schwierigkeiten eines Begriffsbildners liegen gerade darin, sich alle Elemente merken zu müssen, die in einen begrifflichen Aufbau eingegangen sind, und wie sie untereinander verbunden sind. Denn der Kern des Begriffes ist eigentlich nicht das Objekt, "das dem Begriff den Namen gibt, sondern die Beziehungen, in der dieses Objekt auftritt" (AEBLI 1981, 106). Von daher spiegeln Begriffsinhalte auch den strukturellen Kern von Handlungen wieder und können somit auch handelnd erarbeitet werden. Weil die Ergebnisse praktischen Handelns anschaubar und in jedem Moment von den Objektivierungen der Teilhandlungen ablesbar sind, ist es nun auch zu verstehen, "warum es jedem Lerner, dem intellektuell begabten wie dem schwächeren, eine große Hilfe ist, wenn ein Begriff 'handelnd erarbeitet wird'" (AEBLI 1981, 134).

Begriffe, deren Inhalt den strukturellen Kern von Handlungen wiederspiegeln, können aber nicht nur durch praktische Handlungen aufgebaut werden, sondern auch durch Operationen, d.h. den Verknüpfungsgebilden abstrakter, innerer Handlungen.

Wie wir gesehen haben, stellt ein durch Handlung aufgebauter Begriffsinhalt eine Hierarchie von Beziehungen dar, eine sogenannte Komplexionshierarchie. Neben diesem schrittweisen Konstruktionsprozeß des Begriffsinhaltes tritt aber noch ein zweiter Prozeß, eine sogenannte Abstraktionshierarchie, d.h. es werden Oberbegriffs-Unterbegriffs-Relationen gebildet. Während in Komplexionshierarchien Informationen durch Beziehungsstiftung erzeugt werden, werden im Vorgang der Abstraktion Informationen vernichtet, weil gewisse Begriffsinhalte über den Weg der Generalisierung "tiefer" codiert werden. Damit wird die Gedächtniskapazität vergrößert (vgl. AEBLI 1979, 322; ders. 1981, 241 ff.; DOERNER 1979 a, 32 f.).

In institutionalisierten Lernprozessen erfolgt die Ausbildung von Begriffen nun vorwiegend durch "elementare Methoden", wie Vergleichen, Unterscheiden, Systematisieren, Klassifizieren. Damit wird aber eher eine lexikalische Ansammlung von Merkmalen eines Gegenstandes betrieben bzw. Abstraktionshierarchien gebildet, was handlungstheoretisch kein Denken darstellt, sondern "Gedankenflucht" ist (s.S. 69 ff.). Zudem hatten wir anhand empirischer Untersuchungen zum Wirtschaftslehreunterricht an kaufmännischen Berufsschulen konstatieren können, daß Schüler hier i.d.R. nur lernen, Begriffe auf Abruf reproduzieren zu können (s.S. 161 f.; vgl. auch nochmals REETZ/WITT 1974, 168). Lernen aber Schüler nur die Definitionen von Begriffen auswendig, besteht die Gefahr, daß ihnen die Entstehungsbedingungen von Begriffen unbekannt bleiben, die sich bekanntlich aus wesentlichen strukturellen Sachbeziehungen und Einbettungen auf ein Ziel hin aufbauen. Bleibt aber die inhaltliche strukturelle Bedeutung der Begriffe den Schülern verborgen, kann dies zur Verselbständigung der "schulischen Begriffssysteme" mit der Konsequenz führen, daß sie kaum handlungsregulierend wirken können.

Nun lassen sich Begriffe nicht nur sinnvoll "handelnd erarbeiten", sondern sie können z.B. auch auf direktem Wege aus nachvollziehenden Erklärungen gebildet werden. Die Kunst einer Begriffserklärung besteht allerdings darin, an das bisherige Wissen des Begriffsbildners anzuknüpfen; genauer: Sie muß an einem Punkte einsetzen, von dem der Erklärende annehmen kann, daß der Begriffsbildner über die weiteren, untergeordneten Beziehungen bereits verfüge. In unserem obigen Beispiel müßte der Begriffsbildner also über die Begriffe "Gesamtstunden" und "Lohnsatz" bereits verfügen. Denn: "Bei der Begriffsbildung kommt nichts von außen in den Begriffsbildner hinein. Ein neuer Begriff ist immer nur die Kombination vorhandener Elemente" (AEBLI 1981, 98 f.). Weil die Ausgangselemente jeder Begriffsbildung ohne Ausnahme im Wissensrepertoire des Begriffsbildners vorhanden sein müssen, spielt der individuelle Erfahrungshorizont eine dominierende Rolle, d.h. die persönliche Lerngeschichte des Begriffsbildners in speziellen Umweltbereichen (s.S. 223, 225 f.).

Der Vorgang der Objektivierung stiftet Strukturaufbau, weil Verknüpfungsgebilde permanent wieder zu einem Element objektiviert werden, das wiederum Gegenstand weiterer Verknüpfungen sein kann. Diese Aufbautheorie ist das Kennzeichen eines jeden Niveaus, d.h. insbesondere des praktischen Handelns wie des geistigen Operierens, und erscheint geeignet zu sein, die Kontinuität der geistigen Entwicklung des Menschen darzustellen (vgl. AEBLI 1981, 353).

Zusammenfassung: Geht man mit der von AEBLI durch propositionelle Analysen belegten Annahme aus, daß Sprache aus Handlungen und Begriffsinhalte aus Handlungsschemata mit hervorgehen, so kann das semantische Wissensmodell von AEBLI die Brücke bilden zwischen der Handlungsregulationsebene und der Informationsverarbeitungsebene der Tätigkeitsanalyse, die bisher fehlte und hier erstmals in Grundzügen angedeutet wurde (s.S. 141 f., 145 f.). Durch die strukturelle Identität von Begriffsinhalten und Handlungsschemata dürfte es nicht mehr verwunderlich sein, daß interne Bilder und Begriffe praktische Handlungen zu steuern vermögen, andererseits aber auch durch zielgerichtetes Tun mit aufgebaut werden können. Didaktisch gesehen ist damit die Konsequenz verbunden, daß "Drillen" auf bestimmte Fertigkeiten ohne sprachlich-begriffliche Fassung nur einfach zu einem blinden mechanischen einüben führt, das weder planend antizipiert noch reflektierend nachvollzogen werden kann. Psychoregulativ akzentuierte Trainingsmethoden, die "höhere kognitve Prozesse wie 'Nachdenken über die Tätigkeit' (= kognitives Training) bzw. 'vorstellungsmäßige Vergegenwärtigung der Tätigkeit' (= imaginatives Training)" als Mittel für die Aneignung sensumotorischer Fertigkeiten einsetzen, spielen bereits innerhalb industrieller Arbeitstätigkeiten eine Rolle (SKELL 1980, 51)[1]. Diese Methoden zielen aber in erster Linie darauf ab, vorgegebene Arbeitsabläufe gedanklich zu erfassen, um letztlich die Arbeitseffektivität zu erhöhen, und sind aufgrund ihrer starren und fixierten Strukturen weniger geeignet, kognitive Strukturen eines Umweltbereiches zu flexibleren und damit eher zu übertragbareren Schemata bzw. Handlungsplänen auszudifferenzieren. Sollen bei der Bewältigung von Arbeitsaufgaben kognitive Regulationsniveaus beteiligt werden und sich dabei ausdifferenzieren, stellt sich die Frage, welche Anforderungen an Arbeitshandlungen zu stellen sind, damit diese Effekte überhaupt erzielt werden können.

4.4.3 Anforderungen an persönlichkeitsförderlichen Arbeitshandlungen in der praktischen Berufsausbildung

Sieht man in Begriffsinhalten vorwiegend Komplexionshierarchien, so können praktische Handlungen Begriffsbildungsprozesse nicht nur unterstützen, sondern sogar explizit ausbilden. Je besser die strukturellen Sachbeziehungen und

---

1) Vgl. in diesem Zusammenhang zu den methodologischen Problemen und Möglichkeiten der Ermittlung "sprachlich gefaßter handlungsregulierender Kognitionen" BROMME/HÖMBERG 1980, sowie zu den regulativen kognitiven Repräsentationen bei industriellen Arbeitstätigkeiten HACKER/MATERN 1980.

Einbettungen von Teilhandlungen innerhalb der hierarchischen Gesamtstruktur, die auf ein Ziel hin ausgerichtet ist, begrifflich-sprachlich gefaßt und durchdrungen werden, um so größer und differenzierter dürften die individuellen Antizipations- und Reflexionsprozesse von Handlungen sein. Neuere konzeptionsgeleitete Arbeitsanalysen fordern deshalb auch nicht mehr die psychische Regulation in Eigenschaftsbegriffen (z.B. Umsicht, Abstraktionsfähigkeit, Handgeschick) zu erfassen, "sondern in Vorgangsbegriffen und Begriffen zur Kennzeichnung von tätigkeitsleitenden Gedächtnisrepräsentationen (...), weil diese die unerläßlichen Invarianten der Regulation von Arbeitstätigkeiten darstellen" (BAARS, HACKER u.a. 1981, 129, 133). Nun ist es zum einen leicht einsehbar, daß die kognitiven Repräsentations- und Steuerungssysteme vor allem von der immanenten Handlungsstruktur des praktischen Tuns abhängig sind. Wer nur ständig einfache, monotone und repetitive Routinehandlungen durchführt, wie z.B. das Eingeben von Daten in die zentrale Datenverarbeitungsanlage oder das Abheften von Schriftgut, kann kaum seine fachlichen und sozialen Kompetenzen durch sein Tun erweitern. Vielmehr besteht die Gefahr, daß sich seine intellektuellen Fähigkeiten bei diesem Anspruchsniveau mit zunehmendem Alter reduzieren (vgl. GREIF 1979). Zum anderen führt eine kognitive Handlungsregulation auf der Stufe bildhafter bzw. sprachlicher Handlungsvorstellung (s.S.222) in erster Linie zur Fähigkeit des Aufgabenlösens aber kaum zur Fähigkeit, Probleme zu lösen. Denn letzteres macht immer eine Um- und Neustrukturierung von Gedächtnisinhalten notwendig, d.h. es müssen jeweils problemadäquate neue Verknüpfungen der Beziehungsstruktur konstruiert und überprüft werden. Aufgabenlösen erfordert dagegen nur reproduktives Denken, sofern die Beziehungsstruktur bekannt ist (vgl. DOERNER 1979 a, 36 f.). Von daher sind Anforderungen an persönlichkeitsfördernden Arbeitshandlungen auch dahingehend zu stellen, daß sie Strukturlernen, d.h. Aufbau differenzierter und flexibler Denk- und Handlungsschemata ermöglichen können.

Es wurde bereits darauf hingewiesen, daß die Diskussion um die "Humanisierung der Arbeitswelt" auch das Ziel verfolgt, Persönlichkeitsentwicklung durch Qualifizierungsmöglichkeiten innerhalb von Arbeitsprozessen zu ermöglichen, und daß hierbei Konflikte zwischen diesem Ziel und dem Ziel einer rationellen, kostenminimalen Arbeitsorganisation auftreten können. So zeigt sich, daß die Bereitschaft der Unternehmen zu Qualifizierungsanhebungen sehr gering ist, weil Kostenüberlegungen viele Unternehmen scheuen läßt, Eingriffe in das technische System zur Schaffung größerer Freiräume für Planungs- und Kontrollfunktionen vorzunehmen. Zudem besteht eine politisch motivierte Reserve gegenüber der Verlagerung dispositiver Funktionen wegen Erschütterung der Betriebshierarchie (vgl. KERN u.a. 1976, 103; VOIGT 1977, 71 f.).

Ausgehend von einem Didaktikansatz, der über die individuelle Handlungsregulation sowohl berufliche Fachkompetenz als auch Sozialkompetenz vermitteln will (vgl. auch WIEMANN 1976, 39), dürften jedoch nicht in erster Linie ökonomische Rentabilitätsüberlegungen dominieren, sondern vielmehr pädagogisch legitimierte Lern- und Erkenntnisformen. Sofern der Lernort "Betrieb" aufgrund der technischen Entwicklung und aufgrund des betriebswirtschaftlichen Kosten-Nutzen-Denkens nicht (mehr) eine Ausbildung nach primär pädagogisch sinnvollen Kriterien gewährleisten kann, muß über alternative Organisationsformen und Lernorte nachgedacht werden. Weil sich die bisherigen beruflichen Didaktikkonzepte i.d.R. auf die Vermittlung fachwissenschaftlicher Inhalte am Lernort "Schule" beschränkten, spielten die konkreten Ausbildungsverhältnisse am Lernort "Betrieb", die vorwiegend unter den Bedingungen der Erwerbsarbeit organisiert sind, kaum eine Rolle. Unter handlungstheoretischen Gesichtspunkten wird jedoch eine umfassendere Sichtweise beruflicher Lernprozesse erforderlich. Von daher werden wir nachfolgend sowohl aus empirischen Ergebnissen der Sozialisationsbeziehungen zwischen Arbeitshandlungen und Persönlichkeit als auch aus kognitions- und sozialisationstheoretischen Konzepten der Humanisierungsdiskussion Arbeitshandlungen ableiten, deren Struktur persönlichkeitsfördernde Wirkungen zugeschrieben werden können. Damit erhalten wir gleichzeitig ein Analyseinstrument zur Beurteilung der vorhandenen bzw. aufgrund der modernen Bürotechnik zu erwartenden Arbeitsabläufe und Handlungsstrukturen im Büro- und Verwaltungsbereich.

Bereits lange vor MARX erkannte bereits A. SMITH in seinem Werk "Untersuchung über das Wesen und die Ursachen des Reichtums der Nationen" (1776), das die liberale Ökonomie begründete, den Zusammenhang von Arbeitsbedingungen und Intelligenzentwicklung:

"Ein Mensch, der sein ganzes Leben damit verbringt, ein paar einfache Operationen zu vollziehen, deren Erfolg vielleicht immer derselbe oder wenigstens fast derselbe ist, hat keine Gelegenheit, seinen Verstand zu üben oder seine Erfindungskraft anzustrengen, um Hilfsmittel gegen Schwierigkeiten aufzusuchen, die ihm niemals begegnen. Er verliert also natürlich die Fähigkeit zu solchen Übungen und wird am Ende so unwissend und dumm, als es nur immer ein menschliches Wesen werden kann." (zit. nach FRESE/GREIF/SEMMER 1978, 11).

Doch blieb die berufliche Sozialisation bis in jüngster Zeit eine "terra incognita" der Sozialisationstheorie (vgl. STEINKAMP 1981, 70 f.). Erst in den siebziger Jahren ermittelten KOHN und SCHOOLER zum ersten Mal systematisch-empirisch die kurz- und langfristigen Folgen beruflicher Arbeitsbedingungen auf Persönlichkeitsmerkmale. Im folgenden beziehen wir uns auf eine von LÜSCHER (1981) herausgegebene Veröffentlichung, die die wichtigsten Forschungsarbeiten von KOHN und seinen Mitarbeitern PEARLIN und SCHOOLER enthält, wobei wir uns in diesem Zusammenhang auf Untersuchungen beschränken können, die die wechselseitigen Einflüsse von Arbeitsbedingungen und intellektueller Entwicklung betreffen.

Eine von KOHN und SCHOOLER erstmals 1973 veröffentlichte Untersuchung über den Zusammenhang von Berufserfahrung und Denken verfolgte u.a. das Ziel, die welchselseitigen Einflüsse von "inhaltlicher Komplexität (oder Schwierigkeit) der Arbeit" und "intellektueller Flexibilität" zu belegen. Diese Studie bezieht sich auf eine Querschnittserhebung bei insgesamt 3.101 männlichen Zivilbeschäftigten in den USA aus dem Jahre 1964. Die Berufsbedingung "inhaltliche Komplexität der Arbeit" basiert auf zusammengefaßte Bewertungen von detaillierten Informationen eines jeden Interviewteilnehmers über seine Arbeit mit Dingen, Daten, Ideen oder Menschen (vgl. KOHN/SCHOOLER 1981, 125 f.) und die "intellektuelle Flexibilität" wurde insbesondere über den Umgang mit kognitiven Problemen als auch über die Freizeitaktivitäten der interviewten Personen erschlossen (vgl. a.a.O., 120 f.).

Ein Hauptergebnis der Querschnittsanalyse zeigte, daß die Ausbildung und die inhaltliche Komplexität der Arbeit die beiden wichtigsten Determinanten der intellektuellen Flexibilität darstellen. Desweiteren ergab sich, daß die wichtigste Variable der inhaltlichen Komplexität des gegenwärtigen Berufs die inhaltliche Komplexität des unmittelbar vorangegangenen Berufs ist (vgl. a.a.O., 140). Vermutlich sind diese Ergebnisse auf Selektionseffekte zurückzuführen. Denn es erscheint plausibel, daß einerseits Berufsanfänger mit besserer Ausbildung eher für schwierige Berufstätigkeiten eingestellt werden und andererseits die meisten Menschen bei einem Berufswechsel wiederum Tätigkeiten mit ähnlicher Komplexität ausüben.

Die wichtigste Frage der Untersuchung war aber, ob Wechselbeziehungen zwischen Arbeitskomplexität und der geistigen Flexibilität bestehen. Als Ergebnis zeigte sich eine hohe Abhängigkeit der geistigen Flexibilität von der Arbeitskomplexität. "Für ihre gegenwärtige wechselseitige Beziehung bedeutet das, daß der Einfluß des Berufs auf die geistige Beweglichkeit größer ist als umgekehrt" (a.a.O., 140). Und: "Kurzum, die inhaltliche Komplexität der Arbeit ist wichtiger für das Denken als das Denken für die inhaltliche Komplexität" (a.a.O., 141). Die Querschnittsanalyse bestätigte damit die Hypothese der Autoren, daß die Arbeitskomplexität einen beträchtlichen Einfluß auf die geistigen Fähigkeiten besitzt.

Um definitivere Aussagen über den Zusammenhang von Arbeitskomplexität und intellektueller Flexibilität zu bekommen - insbesondere über eine Zeitspanne hinweg - führten KOHN und SCHOOLER zehn Jahre nach der Querschnittsuntersuchung (1964) eine Längsschnittanalyse (1974) durch. Das Ergebnis der Langzeitstudie läßt die Erkenntnis zu, daß die inhaltliche Komplexität im Jahre 1964 keinen signifikanten Einfluß auf die spätere intellektuelle Flexibilität im Jahre 1974 hinterließ. Andererseits zeigte sich aber wiederum, daß die gegenwärtige Arbeitskomplexität (Zeitpunkt: 1974) eine bedeutsame Auswirkung auf die gegenwärtige intellektuelle Flexibilität (Zeitpunkt: 1974) besitzt. Zudem machte die Längsschnittuntersuchung eine von der Zeit unabhängige wechselseitige Beziehung zwischen Arbeitskomplexität und geistiger Flexibilität deutlich: Zwar beeinflussen die gegenwärtigen Anforderungen eines Arbeitsplatzes die gegenwärtigen Denkprozesse, aber die gegenwärtigen intellektuellen Fähigkeiten beeinflussen erheblich die späteren Arbeitsbedingungen, d.h. die weitere berufliche Laufbahn (vgl. KOHN/SCHOOLER 1981, 190 f., 193).

Nach GREIF (1979, 80) weisen die Untersuchungen von KOHN

und SCHOOLER zwar einige methodische Schwächen auf[1], doch hebt er hervor, daß in keiner vorhergehenden Untersuchung "mit derart sorgfältigen Längsschnittanalysen und statistischen Methoden die Beziehungen zwischen beruflichen Bedingungen und intellektuellen Leistungen analysiert (wurden)", und daß man sich solange auf diese Untersuchungen stützen muß, solange keine anderen Arbeiten mit vergleichbaren methodischen Standards vorliegen.

Die hier nur sehr kurze Darstellung der Studien von KOHN und SCHOOLER sollte folgendes verdeutlichen:

a) Die Arbeitskomplexität bzw. der Schwierigkeitsgrad der Arbeit nimmt Einfluß auf die geistigen Fähigkeiten.

b) Die aktuellen Anforderungen der Arbeitsleistungen beeinflussen direkt die aktuellen Denkprozesse.

c) Die intellektuelle Flexibilität besitzt einen beträchtlichen Einfluß auf zukünftige Arbeitsbedingungen.

Gerade weil die aktuelle Aufgabenstruktur von Arbeitshandlungen einen unmittelbaren Einfluß auf die Denkprozesse ausüben, dürfen die praktischen Phasen der Berufsausbildung berufspädagogisch nicht unreflektiert bleiben. Wenn aber überprüft werden soll, ob die moderne Bürotechnik dem Auszubildenden am Lernort "Betrieb" bei seinem tätigen Mitvollzug im kaufmännisch-verwaltenden Bereich noch überwiegend Arbeitshandlungen ermöglicht, die persönlichkeitsförderliche Aspekte beinhalten, setzt dies voraus, solche immanenten Aspekte von Arbeitshandlungen zunächst identifizieren zu müssen. Hierbei ergeben sich aber bei dem derzeitigen Forschungsstand erhebliche Probleme, weil bisher

---

1) "Am gravierendsten ist sicherlich, daß sowohl die Arbeitskomplexität, als auch die intellektuelle Flexibilität durch verhältnismäßig einfache Fragen im Interview erfaßt worden sind" (GREIF 1980, 80). Methodische Artefakte wären demnach auch nicht auszuschließen.

zwar Komponenten für die inhaltliche Komplexität der Arbeit benannt, ihre postulierte persönlichkeitsförderlichen bzw. lernrelevanten Prozesse dagegen empirisch nicht nachgewiesen wurden, d.h. "welche Merkmale es genau sind, die die intellektuelle Entwicklung beeinflussen und auf welche Weise sie das tun" (BAITSCH/FREI 1980, 57). Die nachfolgenden persönlichkeitsförderlichen Anforderungen an Arbeitshandlungen basieren vor allem auf Konzepten der Humanisierungsdiskussion und ihre postulierten Effekte tragen eher Plausibilitätscharakter.

Der wesentliche Ansatzpunkt der Bemühungen um eine Humanisierung der Arbeit besteht darin, die Partialisierung der Arbeitshandlungen, die auch ein Ergebnis der gesellschaftlichen Arbeitsteilung in Hand- und Kopfarbeitern darstellt[1] durch eine Umgestaltung der Arbeitsorganisation zum Teil soweit aufzuheben, daß Entfaltungs- und Entwicklungsmöglichkeiten in der Arbeit wieder möglich werden. Die organisatorischen Maßnahmen zielen darauf ab, den Handlungsspielraum zu erweitern, um die tayloristische Trennung von Planungs-, Durchführungs- und Kontrollprozessen teilweise aufzuheben und damit auch einen weiteren Verfall der berufsbezogenen Arbeitskompetenz zu verhindern. Die Erweiterung des Handlungsspielraumes in der Arbeit bezieht sich neuerdings auf drei Dimensionen (vgl. ALIOTH 1980, 19 f.):

- den Tätigkeitsspielraum zum Abbau von Monotonieerscheinungen;
- den Entscheidungs- und Kontrollspielraum zur stärkeren Beteiligung des kognitiven Apparates;
- den Interaktionsspielraum für die Entwicklung von sozialer Kompetenz.

Unter dem Oberbegriff "Neue Formen der Arbeitsgestaltung"

---

1) Dabei kann davon ausgegangen werden, daß den Kopfarbeitern Machtpositionen zuwachsen (vgl. VOLPERT 1979, 32 ff.; LEMPERT 1982, 32 f.).

(NFA) sind bisher vier unterschiedliche arbeitsorganisatorische Modelle erarbeitet worden, die jeweils auf unterschiedliche Weise den Handlungsspielraum erweitern: Arbeits(platz)wechsel (job rotation), Aufgabenvergrößerung (job enlargement), Aufgabenbereicherung (job enrichment) und sogenannte teilautonome Arbeitsgruppen (vgl. BRUGGEMANN 1979, 146 ff.; BAITSCH/FREI 1980, 17 f.). Die Entwicklung neuer Arbeitsstrukturen führte auch dazu, Kriterien oder Mindestanforderungen für möglichst persönlichkeitsförderliche Arbeitsinhalte zu formulieren. Im Anschluß an LEMPERT (1977) sollten nach Auffassung von BRUGGEMANN (1979, 150) an entwicklungsförderlichen Arbeitsplätzen

"1. den Gruppen eine komplexe und abwechselungsreiche Arbeitsaufgabe übertragen werden - im Gegensatz zu monotonen Abläufen;

2. eignes Experimentieren ermöglicht werden, Vorgaben zu standardisierten Operationen sollten entfallen;

3. Arbeitsaufgabe und Dispositionsspielräume kollegiale Kommunikations- und Interaktionsmöglichkeiten begünstigen - im Gegensatz zu autoritären Sozialbeziehungen;

4. durch Mitspracherechte und Entscheidungsspielräume einmal gruppenintern, sodann aber auch im Zusammenwirken mit den nächsten übergeordneten Gremien oder Instanzen demokratische Entscheidungsverfahren gefördert werden - im Gegensatz zu autokratisch-bürokratischen;

5. Erfahrungen und realistische Erwartungen hinsichtlich der eigenen Entwicklungsmöglichkeiten wie auch Verständnis für die gesellschaftlichen Entwicklungszusammenhänge einerseits durch die Gruppenkooperation - mit vermehrten Vergleichs- und Diskussionsmöglichkeiten - gefördert werden; andererseits sollten diesem Ziel eine verbesserte Information und erweiterte soziale Erfahrung - bei diesem Strukturmodell eine Folge entsprechend sinnvoll erweiterter Spielräume - dienen."

Im Vordergrund dieser neuen persönlichkeitsförderlichen Arbeitsstruktur steht die Gruppe und somit der Aspekt der sozialen Bezüge. Sie dienten für ein Experiment zur Einführung der Gruppenmontage, der sogenannten teilautonomen Arbeitsgruppe im produktionstechnischen Bereich. Die Gültigkeit dieser inhaltlichen Kriterien müssen daher eingeschränkt werden. Doch wäre hier anzumerken, daß die Bedeutung der Teamarbeit im kaufmännisch-verwaltenden Bereich zunehmen dürfte. Von daher könnten die Kriterien - die insbesondere für den Erwerb sozialer Kompetenzen lernrelevant sein dürften - auch hier Anwendung finden. Schwerwiegender ist, daß die vorgenannten Kriterien für neue Arbeitsstrukturen kaum Aussagen für Einzelarbeitsplätze zulassen und kaum subjektive Voraussetzungen der Handelnden berücksichtigen. Desweiteren wäre aus berufspädagogischer Sicht anzumerken, daß fast alle Überlegungen zur Humanisierung der Arbeit nicht von der Frage ausgehen, wie gezielte persönlichkeitsförderliche, also speziell pädagogisch "offensive" Anforderungen an Arbeitshandlungen aussehen sollten, sondern wie persönlichkeitsschädigende Wirkungen in der Erwerbsarbeit am ehesten zu vermeiden sind (vgl. auch FUCKE 1981, 56 f.). Einen am Entwicklungsprozeß der individuellen Handlungs- und Erkenntnissysteme orientierten Kriteriensatz für persönlichkeitsförderliche Arbeitsstrukturen, wie er von SIMON (1980) in Auseinandersetzung mit dem PIAGET'schen Entwicklungsmodell und dem Regulationsmodell von HACKER erarbeitet wurde, unterliegt den vorgenannten Einschränkungen dagegen kaum.

Auf der Basis eines handlungsorientierten Konstruktionsprozesses von kognitiven Strukturen unter Verwendung des PIAGET'schen Ansatzes leitet SIMON (vgl. 1980, 247 f.) fünf Anforderungen an Arbeitshandlungen ab, denen potentielle Lernchancen im Sinne einer Ausdifferenzierung von individuellen kognitiven Strukturen zugeschrieben werden:

- Arbeitshandlungen sollten als einheitlicher Akt von Planung, Durchführung und Kontrolle gesehen werden.

- Arbeitshandlungen sollten an die höchste Stufe der subjektiven Handlungsregulationsebene anknüpfen[1].
- Arbeitshandlungen sollten in Form und Inhalt vielfältig variiert werden, um eine möglichst große Flexibilität und Stabilität von Denkstrukturen zu erreichen.
- Arbeitshandlungen sollten möglichst komplexe Aufgabenstellungen enthalten, damit in unterschiedlicher Form ständig Koordinationen von Handlungen und Operationen (Denkakten) erforderlich werden.
- Arbeitshandlungen sollten vielfältige Möglichkeiten zur symmetrischen sozialen Kooperation und Kommunikation eröffnen.

Die größte Schwierigkeit dieses "Handlungskonzeptes der Entwicklungspsychologie" (SIMON) dürfte zweifelsfrei darin liegen, durch eine "pädagogische Arbeitsanalyse" konkret zu ermitteln, "über welches System kognitver Handlungsvoraussetzungen Jugendliche bereits verfügen und in welcher Weise dieses durch die Ausführung der Arbeitshandlungen erweitert wird. Ein Bestandteil dieser Untersuchung muß auch die Erfassung der äußeren objektiven sozialen und gegenständlichen Handlungsbedingungen der Arbeitsprozesse sein" (SIMON 1980, 249). Ein solches Verfahren zur Analyse von objektiven Handlungsbedingungen im Arbeitsprozeß, dessen Kategorien lernrelevante Aspekte von Arbeitshandlungen identifizieren sollen, wurde unlängst in ersten Ansätzen von einer Projektgruppe entwickelt (vgl. STERN 1980; VOLPERT u.a. 1981).

Ausgehend von der handlungstheoretischen Grundprämisse, daß

---

1) Für die Bestimmung der subjektiven Handlungsvoraussetzungen (= Handlungsregulationsebene) verwendet SIMON (vgl. 1980, 249, 259 f.) die vier Hauptstufen der kognitiven Entwicklungsniveaus von PIAGET: sensumotorische, präoperative, konkret-operative und formal-operative (s.S. 60).

Arbeitsaufgabe und Persönlichkeit im konkreten Arbeitshandeln zusammenwirken, wird bei der Untersuchung von der speziellen Annahme ausgegangen, daß das Zusammenwirken über eine Analyse der objektiven Arbeitsaufgabe zu erfolgen hat, weil diese das Individuum mit bestimmten Anforderungen konfrontiert und der andere Weg in die "Sackgasse des Subjektivismus" führen würde. Erst wenn eine Analyse der objektiven Arbeitsaufgabe vorliegt, können im Sinne einer "differentiellen Arbeitsgestaltung" einzelne Arbeitsaufgaben korrektiv an konkrete Individuen angepaßt werden (vgl. VOLPERT u.a. 1981, 196; STERN 1980, 68). Wenn aber der Arbeitsaufgabe wesentliche lernrelevante Strukturmerkmale immanent sind, ist danach zu fragen, welcher Art diese sein sollen. Es wird betont, daß der theoretische Ansatz in seinem Entwicklungszustand es noch nicht erlaubt, alle lernrelevanten Aspekte zu identifizieren. Lernrelevant sind "solche Aspekte der Arbeitsaufgabe, die beim Individuum den Einsatz und die Weiterentwicklung komplexer Planungs- und Handlungsstrukturen bewirken, die also 'Problemlösen' gleichzeitig fordern und ermöglichen" (VOLPERT u.a. 1981, 198). Auf der handlungspsychologischen Annahme hierarchisch geordneter Regulationsebenen wurde von der Projektgruppe ein idealtypisches Stufenmodell der Problemhaltigkeit von Arbeitsaufgaben entwickelt, das kognitive Regulation als zu lösende Probleme begreift und dessen höhere Stufen jeweils die kognitiven Anforderungen der niedrigen Stufen beinhalten. Die Strukturkomponenten, die sich quer durch alle Stufen ziehen und der psychologischen Theorie des Problemlösens entstammen, sind: Problemzustand, Problemraum, Suchraum, Lösungsprozeß. Im folgenden wird in einer Übersicht das neun Stufen umfassende Modell vorgestellt, wobei zum Teil auf die in dem hier explizierten Handlungsansatz verwendete Begrifflichkeit zurückgegriffen wird (s.S. 246 f.).

Die Beurteilungstypologie reicht bis in den Bereich zu optimal lernrelevanten Arbeitsplätzen, weil die Projektgruppe

STUFE	AUFGABENART	HANDLUNGSFORDERUNG	LERNERFORDERNISSE
1	Bewältigung von stereotypen Anforderungen durch gleichbleibende Bewegungsfolgen. Anfangs- und Endzustand sind bekannt.	Die zur Verfügung stehenden Handlungsschemata sind bekannt und starr einander zugeordnet.	Wiederholung unter leicht variierenden Bedingungen.
2	Bewältigung einer Anforderung durch Zusammenschluß mehrerer Bewegungsstereotypen zu einer variabel einsetzbaren Handlungsstruktur.	Aufbau situationsspezifischer Handlungsschemata zu bestimmten situationsstabilen hierarchischen Strukturen.	Situationsspezifische Variation der aufgebauten Handlungsstruktur, d.h. Erprobung unterschiedlicher Kombinationen von Handlungsschemata und damit erste Bewertungsleistungen von Teilzielen und Gesamtziel.
3	Bewältigung einer bekannten Anforderungskonstellation durch Modifikation einer bekannten Handlungsstruktur.	Aufbau neuer Varianten für den Zusammenschluß von Handlungsschemata zu hierarchischen Handlungsstrukturen.	Erlernen von selbständigen Kombinationen und Variationen beim Aufbau von bekannten Handlungsstrukturen, d.h. ihren hierarchischen Ziel- und Teilzielstrukturen.
4	Die Aufgabe erfordert eine zeitlich richtige Koppelung von Handlungsschemata, wobei aufgabenspezifische Ablauferfordernisse zu berücksichtigen sind.	Die Erfordernisse an sequentieller Vorausplanung bedingen eine große Antizipationsweite.	Aufbau von Antizipationsleistungen durch mentales "Durchspielen" von möglichen Bedingungen und Ereignissen.
	Aufgabe, bei der Anfangs- und Endzustand bekannt sind, der Lösungsweg al-	Auf der Grundlage von bereichsspezifischem Wissen über Handlungspartizipian-	Entwicklung der Problemstruktur mit Hilfe von Begriffen des bereichs-

		...tur entwickelt werden.	mit Entscheidung für eine Alternative.
6	Aufgabenstellung wie unter 5. Aufgabenbewältigung erfordert jedoch eine Erweiterung des Suchraumes, weil sich im bekannten Problemraum nur Teillösungen auffinden lassen.	Erste Transferleistungen werden nötig. Kenntnisse aus benachbarten Wissensgebieten sind auf ihre Übertragbarkeit und Generalisierbarkeit hin zu überprüfen.	Entwicklung der Problemstruktur, aber mit Hilfe sämtlicher zur Verfügung stehender Begriffssysteme, wie fachbezogenes Alltagswissen und wissenschaftliches Wissen, sowie aus anderen Wissensgebieten.
7	Bewältigung einer Anforderung, bei der der Anfangs- oder der Endzustand nur teilweise bekannt ist.	Aufgabenspezifische Suche zur Aufdeckung der Problemstruktur mittels wissenschaftlicher Theorien und Methoden.	Erwerb von Strategien zur Problemerkenntnis und -fassung, sowie kreativer Lösungsmethoden.
8	Bei der Aufgabe sind Beziehungen von bestimmten Teilsystemen des Anfangszustandes unbekannt. Der Endzustand ist durch eine Reihe möglicher, bisher nicht realisierbarer Zielstrukturen gekennzeichnet.	Entwicklung eines Erklärungsmodells, mit dem die Binnenstruktur und mögliche interne Relationen der Teilsysteme identifiziert werden können, und Versuch eines Aufbaus einer möglichst konsistenten Zielstruktur.	Entdecken von Systembeziehungen aufgrund systematischer Analysen durch Entwicklung und Anwendung einer komplexen Forschungsstrategie.
9	Bei der Aufgabenstellung sind Anfangs- und Endzustand sowie wesentliche Eigenschaften unbekannt.	Entwicklung neuer Aussagen und Handlungssysteme in komplexen wissenschaftlichen Bereichen.	Entwicklung und Aneignung komplexer Problemkategorien auf der Basis methodologischer Kenntnisse und erkenntnistheoretischer Prinzipien.

Abb. 14: Stufenmodell der Problemhaltigkeit von Arbeitsaufgaben
(Angelehnt an STERN 1980, 69 ff. sowie an VOLPERT u.a. 1981, 215 ff.)

auch das innovative wissenschaftliche Handeln mit erfassen wollte, obwohl nach ihrer Ansicht die letzten beiden Stufen für die Analyse industrieller Arbeitshandlungen vermutlich irrelevant sind. Es wird darauf hingewiesen, daß das Stufenmodell vor allem hinsichtlich der Stufenbegrenzung und unter dem Aspekt der Operationalisierung als vorläufig zu betrachten ist. An einer empirischen Einstufung konkreter Arbeitshandlungen sowie an der Konsistenz der Stufeneinteilung wird derzeit gearbeitet (vgl. VOLPERT u.a. 1981, 218 f.).

Mit dem Stufenmodell der Problemhaltigkeit von Arbeitsaufgaben lassen sich die Handlungsforderungen auf allgemeine, begleitende, kognitive Handlungsvoraussetzungen hin analysieren. Doch dürfen die Lernerfordernisse nicht als selbständige kognitive Niveaus von Entwicklungsprozessen interpretiert werden, sondern vielmehr als eine Möglichkeit zur Weiterentwicklung und zur strukturellen Differenzierung von Handlungs- und Erkenntnissystemen. So lassen sich die Stufen der Problemhaltigkeit durchaus in dem oben erarbeiteten entwicklungsdynamischen Modell der Handlungsregulation (s. S. 222) verorten:

Aufgabenarten 1 und 2: Handlungsregulation erfolgt vorwiegend auf sensumotorischem Niveau.

Aufgabenarten 3 und 4: Handlungsregulation erfolgt vorwiegend auf dem Niveau bildhafter oder sprachlicher Handlungsvorstellungen.

Aufgabenarten 5 bis 9: Handlungsregulation erfolgt vorwiegend auf abstraktem, operativem Niveau.

Für die Aufklärung der Zusammenhänge von Arbeit und Lernen wird zwar bezogen auf das Teilziel, objektive Handlungsbedingungen im Arbeitsprozeß zu eruieren, mit dem Stufenmodell der Problemhaltigkeit von Arbeitsaufgaben ein wesentlicher Beitrag geleistet. Es stellt sich aber die Frage, ob für das konkrete individuelle Handeln-Können die Schwierigkeit einer Aufgabe mit der Offenlegung ihrer objektiven Züge ausreicht, oder ob der Schwierigkeitscharakter einer Aufgabe nicht vielmehr immer nur relativ zum individuell verfügbaren Handlungs- und Wissensrepertoire, über das eine Person zu einem bestimmten Zeitpunkt verfügt, bestimmt werden kann. Denn eine gleiche objektive Schwierigkeit einer Aufgabe kann im Grenzfall von der einen Person sofort als eine bekannte Aufgabe identifiziert werden, während die Aufgabe für eine andere Person dagegen eine Überforderung darstellt. Die subjektive Schwierigkeit einer Aufgabe dürfte im wesentlichen von zwei Faktoren abhängig sein: a) von der objektiven Komplexität des Problems und b) von der objektiven Eignung der Modalität der Objekte (vgl. AEBLI 1981, 355 f., 359 f.):

Zu a): Die Bewältigung einer Aufgabe bzw. eines Problems ist abhängig von dem Aufbau einer adäquaten Struktur, die zur Lösung führt. Verfügt die Person in ihrem Repertoire über alle Elemente und Relationen, so kann die Lösungsstruktur aufgebaut werden. Die individuelle Aufbauleistung der Struktur ist um so größer, je mehr Aufbauschritte der Handelnde leisten muß, d.h. je weniger Elemente und ihre Verknüpfungen bereits bekannt und vorhanden sind.

Zu b): Mit der "Modalität der Objekte" ist die Anschaulichkeit der Gegenstände gemeint, d.h. ihr konkretes, symbolisches oder ikonisches Vorhandensein beim Aufgaben- bzw. Problemlösen. Die Art der Modalität, insbesondere die Art der Repräsentation der Gegebenheiten, entscheidet darüber, ob der Handelnde den Stand des praktischen Tuns bzw. des Operierens entweder aus dem Gedächtnis heraus reproduzieren muß, oder ob er ihn von einer äußeren Gegebenheit (z.B. auch von aufgeschriebenen Begriffen bzw. Notizen) ablesen kann. Desweiteren bilden die sekundären Repräsentationssysteme (z.B. Begriffe, Sprache) die Gegebenheiten der primären Handlungs- und Wahrnehmungssysteme ab, wobei jedes System seine charakteristischen Elemente und Relationen besitzt. Die Repräsentationsmedien besitzen den Vorteil, daß in ihnen die Informationsverarbeitung wirkungsvoller und schneller geschieht als in den schwerfälligeren primären Systemen. Aber sie können auch von Nachteil sein, wenn z.B. sprachlich-begriffliche Repräsentationen des Alltags bzw. der Kunstsprachen dem zu lösenden Problem nicht angepaßt sind. Dann können Repräsentationsmedien zur Belastung werden und der Theoretiker ist "zum Teil hilfloser als der Praktiker" (AEBLI 1981, 276, 359 f.).

Allein diese beiden Probleme (Bestimmung der Aufbauschritte und Bestimmung der Eignung der Modalität der Objekte) dürften deutlich machen, daß die Eruierung subjektiver Handlungsvoraussetzungen "heute noch in unerreichbarer Ferne liegt" (AEBLI 1981, 356).

Für die subjektive Bewältigung und Reflexion von beruflichen Aufgaben läßt sich aber dennoch folgendes festhalten: Fachbezogene Begriffe, insbesondere deren klare, aufgabenadäquate kognitive Strukturierung sind für die erfolgreiche Durchführung beruflicher Arbeitshandlungen erforderlich. Weil mit Begriffen das "Ordnen des Tuns" (AEBLI) schneller gelingt, weil sie eine effizientere Orientierung in komplexen Situationen ermöglichen, und weil sie eine reflektierende Distanzierung zum praktischen Tun erlauben, besitzen Begriffe eine zentrale Rolle. Begrifflich gefaßtes Wissen ist aber aus handlungstheoretischer Perspektive erst sinnvoll, wenn deren Struktur, ihre Hierarchie von Beziehungen, die den Kern praktischer Handlungen wiederspiegeln, dem Handelnden bekannt sind. Additiv angehäuftes Faktenwissen und realitätsferne Begriffssystematiken sind für Prozesse der Handlungsregulation dagegen wenig geeignet.

Von daher dürfte für kompetentes Handeln-Können in einem spezifischen Umweltbereich der Aufbau von grundlegenden Begriffsstrukturen durch und über praktische Handlungen für den Lernenden selbst eine wertvolle Hilfe sein (s.S. 230 f.).

Desweiteren wäre festzustellen, daß wenn Auszubildende während ihrer Berufsausbildung kaum vor Probleme gestellt werden, dessen Lösung sie selbst finden sollen, sie vorwiegend auf dem Denkniveau bildhafter oder sprachlicher Handlungsvorstellung verbleiben, weil von ihnen keine gedankliche Um- und/oder Neustrukturierungen gefordert werden. Gerade das Stufenmodell zur Problemhaltigkeit von Arbeitsaufgaben macht deutlich, daß höhere kognitive Niveaus erst dann erreicht werden und sich ausdifferenzieren, wenn der Komplexitätsgrad realer Aufgaben nicht nur zunimmt, sondern die Lösung auch weitgehend selbständig erarbeitet wird. Denn im anderen Fall, wenn die Lösung bekannt wäre bzw. vorgegeben würde, würde zur Ausführung der Handlung eine Steuerung auf der Ebene der bildhaften oder sprachlichen Handlungsvorstellung völlig ausreichen und könnte durch mentale Trainingsmethoden effektiviert werden (s.S. 234). Eine "entdeckende Lernmethode", bei dem der Auszubildende die Schwierigkeiten einer Problemlösung kennenlernt, erfordert schon allein Zeit, die bei einer en passant-Ausbildung am Arbeitsplatz kaum in genügender Weise vorhanden sein dürfte. Desweiteren kommt hinzu, daß die Aufgabenarten am betrieblichen Arbeitsplatz wohl i.d.R. kaum über die 5. Stufe der Problemhaltigkeit hinausgehen dürften. Dies ist allerdings noch näher zu explizieren.

Wie deutlich gemacht wurde, können die Beziehungen zwischen Arbeit und Lernen bei dem derzeitigen Kenntnisstand vorerst nur über äußere, objektive Handlungsbedingungen in Arbeitsprozessen offengelegt werden. Vor allem aus den kognitionstheoretisch begründeten fünf Anforderungen an Arbeitshandlungen von SIMON (s.S. 243 f.) und mit dem Stufenmodell der Problemhaltigkeit von Arbeitshandlungen läßt sich folgender idaltypischer Kriteriensatz für lernrelevante Merkmale der Arbeit entwickeln, an dem sich ein handlungstheoretischer Didaktikansatz beruflichen Lernens zu orientieren hätte[1]:

Lernrelevante Merkmale der Arbeit

aufgabenspezifische	*organisationsspezifische*
- Berufsbezug	- Transparenz der Arbeitsabläufe
- Nützlichkeitscharakter	- Möglichkeiten der Einflußnahme auf den Arbeitsprozeß
- Komplexitätsgrad	- Handlungsspielraum zur Bestimmung der Vorgehensweise und zum Ausprobieren neuer Wege bei der Ausführung
- Problemgehalt	- Variabilität, d.h. Abwechselungsreichtum der Arbeit
- Kooperations- und Kommunikationserfordernisse	

Abb. 15: Qualitätsmerkmale der Arbeit für berufliches Lernen

Selbst wenn diese günstigen Qualitätsmerkmale der Arbeit objektiv vorhanden sind, dürfen sie aber noch keineswegs einfach mit realen Chancen der Persönlichkeitsentwicklung gleichgesetzt werden, weil diese auch durch die subjektiven Lernvoraussetzungen der handelnden Person beeinflußt werden. Ob eine bestimmte Handlungserfahrung lernwirksam wirkt, wird somit letztlich durch die Persönlichkeit des

1) Das Bundesinstitut für Berufsbildung (BIBB) untersucht gerade mit dem laufenden Projekt 2./3.052 "Einfluß typischer Merkmale der Ausbildung am Arbeitsplatz auf das berufliche Lernen" im elektrotechnischen Bereich das lernrelevante Bedingungsgefüge arbeitsplatzbezogener Qualifizierungsprozesse. Die Konzeption des Projekts stützt sich dabei auf ein idealtypisches theoretisches Zielsystem, das eine Orientierungsfunktion für das pädagogische Handeln bei der Ausbildung am Arbeitsplatz übernehmen kann, und in dem ebenfalls Qualitätsmerkmale der Arbeit eine dominierende Rolle spielen (vgl. FRANKE 1982, insbes. 6 ff.).

Handelnden bestimmt. Es dürfte daher die Aufgabe der Didaktik beruflichen Lernens sein, zunächst dafür zu sorgen, daß die äußeren objektiven lernrelevanten Bedingungen der Arbeit geschaffen und erhalten werden, um dann mit einer auf die Lernenden abgestimmten methodischen Vorgehensweise (z.B. Teamarbeit, Projektarbeit, Fallstudienmethode) Veränderungen in der Qualifikationsstruktur der Lernenden hervorzurufen (vgl. Kap. 5.3).

Die herausgearbeiteten objektiven Qualitätsmerkmale der Arbeit für berufliches Lernen ermöglichen uns aber auch, eine Einschätzung vorzunehmen, inwieweit die Arbeitsbedingungen im kaufmännisch-verwaltenden Bereich - und hier vorwiegend auf der unteren Ausbildungsebene - entwicklungsfördernde oder -hemmende bzw. lernrelevante oder -irrelevante Möglichkeiten zulassen, so daß daraus eventuell organisatorische Modifikationen für die kaufmännische Berufsausbildung abgeleitet werden können. Doch zuvor wäre noch die Bedeutung von sozialen Prozessen bei Arbeitshandlungen näher zu beurteilen, die bisher in den Ausführungen zu stark vernachläßigt wurden.

4.5 Die Rolle von sozialen Prozessen in Handlungsvollzügen

Aus erkenntnistheoretischer Sicht führt ein handlungstheoretischer Ansatz zu dem dreigliedrigen Schema: Subjekt-Handlung-Objekt, d.h. Erkenntnis wird auf die Handlung zurückgeführt (s.S. 114 ff.). Die Denksysteme sind dabei keinesfalls im Subjekt a priori völlig vorgegeben, noch sind sie in der realen Gegenstandswelt vorgezeichnet, sondern sie werden vom Subjekt "konstruiert", d.h. mit RUBINSTEIN gesprochen, daß die äußere (sinnliche) Erkenntnis über die "inneren Bedingungen" des Subjekts gebrochen werden, bzw. mit AEBLI, daß die Assimilation der Wirklichkeit abhängig ist von Handlungsschemata und den Begriffen über die das Subjekt verfügt. Für diese Denksysteme, welche Erkenntnis ihrem Wesen nach als Konstruktion verstehen, hat sich der Ausdruck "Konstruktivismus" gebildet. Gegen diese erkenntnistheoretische Position wendet neuerdings SUAREZ (1980, 1980 a) kritisch ein, daß sie das Denken "letztlich als instrumentales Handeln enthüllt" und es als kausales Denken "par excellence" versteht (SUAREZ 1980, 216, 215). Da der erkenntnistheoretische Konstruktivismus die Erkenntnis aus dem konkreten Handeln ableitet, existieren nur die Erkenntnisse (das Denken), welche dem Handelnden aus seinen Handlungen zurückgemeldet werden. Dabei können die Effekte wesensmäßig nicht unterschieden werden: Es gibt keinen Unterschied zwischen Personen und Dingen. Das ist die Kernthese SUAREZ (vgl. a.a.O., 213). Für die Personenbeziehungen befürchtet SUAREZ (1980 a, 193, zit. in: FETZ 1980, 206) folgende Konsequenzen:

> "Die Anerkennung des Konstruktivismus als eines erkenntnistheoretischen Modells für die Psychologie heißt eine totale Manipulation des Menschen legitimieren; sie läßt der Psychologie als Wissenschaft kein Eigenobjekt mehr, da sie das 'Objekt' des Psychologen auf jenes des Physikers reduziert."

FETZ (1980) weist in einer Replik die Kritik SUAREZ's, daß der erkenntnistheoretische Konstruktivismus zu einer manipulatorischen Verdinglichung der Personbeziehung führt, insbesondere mit dem Argument zurück, daß Handlungen auch in einem sozialen Kontext stattfinden. "Neben der 'Manipulation' als einer augenfällig dingbezogenen Handlungskategorie stehen aber weitere Handlungskategorien, die den Sozialaspekt des Handelns berücksichtigen und explizit dem andern als Mitperson Rechnung tragen, allen voran der Begriff der 'Kooperation'" (a.a.O., 208). In einem Handlungsansatz kann es keinen Zweifel darüber geben, daß in der komplexen Wechselwirkung zwischen Person und Umwelt, geistige Funktionen gleichzeitig auch soziale sind: Kognitive Entwicklung beinhaltet daher neben der Psychogenese immer auch eine Soziogenese. Der Verstand, das Herz und der Körper sind wesentlich miteinander als verbunden anzusehen (vgl. MILLER/ GALANTER/PRIBRAM 1973, 72). Die Probleme aber, die hier auftreten, sollen durch folgende Fragen verdeutlicht werden:

- Gibt es einen einheitlichen Objektbereich des Denkens, also für Personen <u>und</u> Sachen?
- Welche Rolle spielen soziale Prozesse bei Handlungen?
- Wie hat man sich die Entwicklung der Soziogenese vorzustellen? Wovon ist sie abhängig?
- Kann in der Berufsausbildung die Entwicklung von sozialkognitiven Prozessen gefördert werden? Durch welche Maßnahmen und Methoden?

Es ist interessant, daß neben SUAREZ auch TOMASZEWSKI, der Hauptvertreter der sogenannten Warschauer Schule der Praxeologie, der die materialistische Tätigkeitspsychologie systematisch weiterentwickelte (vgl. TOMASZEWSKI 1978), neuerdings feststellt:

"Einige Beobachter der modernen Lebensweise machen jedoch beunruhigt darauf aufmerksam, daß sich der zentrale Punkt des kognitiven Systems der Menschen immer häufiger zu gegenständlichen Elementen der Realität hin verschiebt, solchen wie Autos, Häuser, Kühlschränke u.ä." (TOMASZEWSKI 1981, 30).

Im Gegensatz zu SUAREZ begründet TOMASZEWSKI die angebliche Bedeutsamkeit der materiellen Gegenstände im kognitiven System nicht mit der erkenntnistheoretischen Position des Konstruktivismus, sondern vielmehr mit individuellen Wertsetzungen. TOMASZEWSKI geht davon aus, daß die Elemente, die im kognitiven System eine hohe positive Anreizfunktion einnehmen, von der Einstellung des Individuums in den verschiedenen Lebens- oder Aufgabensituationen abhängen. Bei einer relativ stabilen Grundstruktur kann jedes individuelle kognitive System verschiedene funktionale Zustände annehmen, die als "situatives Umstimmen" bezeichnet werden. Die situationsbezogene Einstellung des Individuums entscheidet, was es wahrnimmt und welche Informationen aus der Umwelt aufgenommen werden. Die einfließenden Informationen werden nach der Bedeutung, die diese für das Individuum besitzen interpretiert und aufgenommen. Je nach der Einstellung des Aktors (egozentrische, allozentrische bzw. soziozentrische) kann die Wahrnehmung der Realität vor allem auf die eigenen Person fixiert sein, d.h. Personen und Gegenstände werden als "Objekte" betrachtet, die mehr in einem kausalen Verständnis nach ihrer Nützlichkeit für die eigenen Ziele betrachtet werden, oder die Sichtweise der Realität kann mehr auf ein soziales Bezugsverhältnis eingestellt sein, d.h. die eigenen Handlungen werden unter Berücksichtigung des anderen initiiert, was im Extremfall zu einer Aufopferungsbereitschaft für den anderen führen kann, wie es beispielsweise im Bezugssystem zwischen manchen Müttern und ihren Kindern der Fall ist. Aber nicht nur die Einstellung zur eigenen Person kennzeichnet Handlungssituationen, sondern auch die Einstellung gegenüber der Welt. "Die Menschen können sich also bei ihrer Art, die Welt zu sehen, vor allem dafür interessierten, 'wie es ist', indem sie der Welt gegenüber die Position von Beobachtern, Berichterstattern oder 'Kiebitzen' einnehmen. Sie können auch aus der Sicht dessen, 'wie es sein sollte', auf die Welt sehen, d.h. eher eine fordernde oder moralisierende Position einnehmen, oder aber aus der Sicht dessen, 'was möglich ist', indem sie eine vorsichtige, assekurierende Position einnehmen" (TOMASZEWSKI 1981, 30 f.). Die kognitive Grundeinstellung zur eigenen Person und zur Welt kann als Resultat der internalisierten Sozialisationserfahrungen angesehen werden. Dabei dürften die Erfahrungen in sozialen Handlungszusammenhängen als dominierende Größen angesehen werden. Diese können bezogen auf die heutigen beruflichen Sozialisationsverhältnisse in den Industrie- und Verwaltungsbereichen immer stärker durch egozentrische, materielle Beziehungen charakterisiert werden (vgl. LEMPERT 1980, 91).

Neben der Repräsentation von Umwelt im kognitiven System nimmt TOMASZEWSKI also noch ein komplexes, einstellungsgebundenes, individuelles Bedeutungsgeflecht an, mit dem das Individuum versucht, seine Ich-Umwelt-Beziehungen zu regeln. Nun waren wir mit AEBLI davon ausgegangen, daß es Handlungsschemata sind, mit denen wir unsere Umweltbezüge gliedern und strukturieren. Durch ein Handlungsschema werden nicht nur Objekte bzw. Subjekte zieladäquat verbunden, sondern es werden den Teilnehmern der Handlung auch Rollen zugeteilt. Damit wird zunächst deutlich, daß es aus handlungstheoretischer Perspektive keine sozialen Rollen "an sich" gibt, d.h. von Handlungen losgelöste Verhaltenserwartungen, sondern durch die Verwendung des Schemagedankens innerhalb einer Handlungstheorie kann es nur Rollen innerhalb von Handlungen bzw. Handlungssituationen geben. Desweiteren ist auch die Selbstzuteilung von Rollen durch den Handelnden entsprechend der die Handlung realisierenden Schemata für den Schemagedanken definitiv (vgl. AEBLI 1980, 98 f.; BOESCH 1976, 180 f.). Sowohl die Schaffung als auch die Selbstzuteilung von Rollen durch einen Aktor sind persönlichkeitspsychologisch von großer Bedeutung. Denn Schaffung und Zuweisung von Rollen in einem sozialen Geschehen sind letztlich nicht nur ein Ausdruck von Macht- und Herrschaftsverhältnissen (vgl. WIEHN 1978, 717 f.), sondern bestimmen insbesondere auch die Art und Weise der menschlichen Entwicklung (vgl. BRONFENBRENNER 1981, 70). Der Umgang mit anderen in sozialen Rollen und deren Rollennormen wird im allgemeinen als kommunikative Kompetenz[1)]

---

1) Die Arbeiten von HABERMAS (1968, 1973) bilden im wesentlichen den theoretischen Hintergrund für diesen Begriff. HABERMAS unterscheidet zwei Arten von Handlungen: Das "kommunikative Handeln" und das "zweckrationale Handeln". Eine symbolisch vermittelte Interaktion zwischen Personen, die "sich nach obligatorisch geltenden Normen (richtet), die reziproke Verhaltenserwartungen definieren" (HABERMAS 1968, 62), wird als kommunikatives Handeln verstanden. Als Gegenbegriff umfaßt das zweckrationale Handeln ein Handeln gegenüber Objekten, wobei die angestrebten Ziele weitgehend nach technischen Regeln ablaufen.

bezeichnet; die Entwicklung der Fähigkeit, auftretende soziale Konflikte zu bewältigen, als moralisches Bewußtsein[1)] (vgl. LEMPERT/FRANZKE 1976, 109, 114; LEMPERT 1980, 89). Die eigene funktionale Selbstdarstellung des Handelnden im sozialen Handlungsfeld (z.B. egozentrische und soziozentrische) und die daraus resultierende subjektive Befriedigung soll hier als inidviduelles moralisches Bewußtsein des Aktors interpretiert werden.

Moralisches Bewußtsein und kommunikative Kompetenzen entwickeln sich in sozialen Handlungszusammenhängen und werden durch diese mit beeinflußt. Die moralische Entwicklung von einer egozentrischen Einstellung (z.B. Vermeidung von Strafe; Eingehen auf die Wünsche anderer Personen nur insofern, als wie sie für die Befriedigung der eigenen Bedürfnisse vorteilhaft erscheinen), über eine konventionelle Orientierung (z.B. Bemühen um gute persönliche Kontakte zu anderen Mitmenschen bzw. Aufrechterhaltung guter Beziehungen) bis hin zur postkonventionellen Orientierung an allgemeinen Grundsätzen (z.B. Einsatz für den Abbau von Benachteiligungen anderer Mitmenschen) hängt im wesentlichen von affektiven Zuwendungen durch die Mitmenschen ab, weil

- für die Vermittlung konventioneller Orientierungen ein Mindestmaß von sozialer Anteilnahme und affektiver Zuwendung Voraussetzung ist;
- aus der Erfahrung der Verantwortung für andere Personen heraus der Erwerb prinzipieller Orientierungen gefördert wird (vgl. KOHLBERG 1973, 196).

---

1) Für diesen Begriff liefern vor allem die Arbeiten von KOHLBERG (1969) den theoretischen Hintergrund. KOHLBERG hat in Anlehnung an die PIAGET'sche Theorie der Intelligenzentwicklung versucht, eine kognitivistische Psychologie der Moralentwicklung zu begründen. KOHLBERG (1969, 376 f., 384 - 389) unterscheidet drei Hauptphasen der moralischen Entwicklung: a) egozentrische Orientierung der sozialen konkreten Handlungen; b) konventionelle Orientierung an bestimmten Rollenvorschriften und Normensystemen; c) prinzipielle Orientierung an allgemeinen Grundsätzen, wie z.B. Gleichheit, Gerechtigkeit, Solidarität, Freiheit u.ä.

Die KOHLBERG'sche Theorie zur Entwicklung des moralischen Bewußtseins setzt allgemeine Wertmaßstäbe für das soziale Handeln voraus, wie z.B. affektive Zuwendung durch die Mitmenschen, legitimierte Macht- und Herrschaftsstrukturen, symmetrische Kommunikationsverhältnisse, die als äußere Entwicklungsbedingungen definiert werden, und die in unserer Gesellschaft bzw. in den sozialisierenden Institutionen aber teilweise bzw. weitgehend fehlen, weil hier andere Wertorientierungen vorherrschen, die die moralische Entwicklung blockieren können. So beklagt BRONFENBRENNER (1981, 68) z.B. in den USA eine allgemeine gesellschaftliche Entwicklung, die zu einem "Entzug menschlicher Erfahrungen" führt und die sich auf längere Sicht nach seiner Ansicht als gefährlich erweisen könnte:

"In den Vereinigten Staaten kann heute ein junger Mensch, männlich oder weiblich, Highschool, College und Universität absolvieren, ohne jemals ein Baby betreut oder auch nur im Arm gehalten zu haben, ohne sich je um einen Menschen gekümmert zu haben, der alt, krank oder einsam war, ohne je jemandem, der wirklich Hilfe brachte, Trost gebracht oder geholfen zu haben. Auch die Folgen dieses Entzugs menschlicher Erfahrung sind bisher nicht bekannt. Seine mögliche praktische soziale Tragweite ist jedoch offensichtlich, denn wir alle erleben - früher oder später, meist früher - Krankheit, Einsamkeit, das Bedürfnis nach Hilfe, Trost, Beistand. Eine Gesellschaft kann sich nicht lange erhalten, wenn ihre Mitglieder das Einfühlungsvermögen, die Beweggründe und die Fertigkeiten nicht gelernt haben, die man braucht, um anderen Menschen zu helfen und sich um sie zu kümmern."

Auch LEMPERT (1978; 1980) weist auf "die Blockierung der moralischen Entwicklung der Individuen" hin (LEMPERT 1978, 455); doch sieht er die Ursache hauptsächlich in der Erhaltung der kapitalistischen Produktionsverhältnisse:

"Von ihrem (moralischen, der Verf.) Entwicklungsstand hängt es nicht nur mit ab, wieweit die Individuen sich zueinander eher kooperativ oder konkurrierend verhalten und wie fair sie dabei miteinander umgehen, sondern auch, welche Verkehrsformen sie als konstitutive Prinzipien der Gesellschaftsordnung akzeptieren. Weil die kapitalistische Gesellschaftsordnung und Betriebsverfassung auf den Grundsätzen rücksichtloser Konkurrenz und ungleicher Verfügung über Produktionsmittel fußen, ist ihr Bestand unter anderem von der Unsolidarität und Unterordnung der Benachteiligten abhängig, wird er durch die Forderungen nach Fairneß, Gemeinsamkeit und gleicher Freiheit für alle in Frage gestellt und durch gesellschaftliche und betriebliche Demokratisierungstendenzen gefährdet" (LEMPERT 1978, 455). Und: "In der undemokratischen Praxis kapitalistischer und bürokratisierter Industriebetriebe jedenfalls ist ein postkonventionelles moralisches Bewußtsein unerwünscht." (LEMPERT 1980, 91).

Es kann wohl kaum bestritten werden, daß die menschliche Sozialisation auch zu einem erheblichen Teil durch Arbeitserfahrungen beeinflußt wird, die ihrerseits in sozialen Handlungssituationen wiederum größtenteils durch die institutionellen Normen und Regelungen - wie hierarchische Strukturierung, Vorhandensein eher egozentrischer und konventioneller Orientierungen, Konformismus - gekennzeichnet sind. Eine Reihe betriebs- und berufssoziologischer Forschungsarbeiten belegt denn auch, daß die empirische Wirklichkeit beruflicher Bildungsprozesse nicht nur gravierende Mängel bei der beruflichen Ausbildung und die Verletzung von rechtlichen Vorschriften des Jugendarbeitsschutzgesetzes und des Berufsbildungsgesetztes aufweist, sondern gerade auch die Vermittlung von Einstellungen und Normen fördert - die von Industrie und Handwerk gleichermaßen geschätzt werden - wie passive Folgebereitschaft, Immobilität, Pünktlichkeit, Sauberkeit, Belastbarkeit, Loyalität gegenüber den betrieblichen Zielen, Autoritätsgebundenheit, Vorsicht, Sparsamkeit usw. (vgl. DAVITER u.a. 1973; BAETHGE 1975; OFFE 1970). Diese Sozialisationsziele können innerhalb von beruflichen Ausbildungs- und Arbeitsprozessen zudem zu bedenklichen Resultaten bei der politischen Sozialisation führen, wie z.B. zu einem hohen Maß an autoritären Einstellungen, Apathie gegenüber dem politischen Leben, geringen politischen Problembewußtsein (vgl. BAETHGE 1975).

Günstigere äußere Entwicklungsbedingungen für die Entfaltung moralischer Orientierungen, wie z.B. Demokratisierung der sozialisierenden Institutionen, solidarisches Handeln und Verständnis durch die Mitmenschen, entstehen aber nicht einfach durch die Beseitigung der kapitalistischen Produktionsbedingungen, wie gerade BAHRO's "Kritik des real existierenden Sozialismus" verdeutlicht (vgl. BAHRO 1977), sondern sind vielmehr eine bildungspolitische Aufgabe. Eine bildungspolitisch-didaktische Konsequenz für günstigere Entwicklungschancen - nicht nur für den Aufbau moralischer Orientierungen, sondern für das umfassendere berufspädagogische Ziel "politische Mündigkeit" - wird daher vor allem in einer Vorrangstellung bzw. in einer Generalisierung des Lernortes "Schule" gesehen (vgl. KÄRTNER 1978, 12 ff.; KUTSCHA 1980, 497 f.; BAETHGE 1979, 7), bzw. in einer gestuften Berufsausbildung, wobei die erste Phase der beruflichen Erstausbildung frei sein sollte von direkten Beschäftigungen im Produktionszusammenhang des Betriebes (vgl. VOIGT 1977, 200), sowie in einer "Pädagogisierung der betrieblichen Ausbildung" (vgl. TIPPELT 1981, 340 ff.). Dies wäre allerdings jeweils mit einschneidenden Konsequenzen für das derzeitige System der Berufsausbildung verbunden.

Vom Entwicklungsstand des moralischen Bewußtseins der Interaktionspartner werden auch soziale Handlungssituationen geprägt, in der der Aktor erfährt, daß auch die Beteiligten die Situation ihrerseits strukturieren und auch von ihm ein bestimmtes Tun erwartet wird, auf das er seinerseits in seiner Handlungsbewertung Rücksicht zu nehmen hat. Dieses Interaktionsgeschehen setzt implizit kommunikative Kompetenzen, wie Empathie, Rollendistanz, Selbstreflexion und Ambiguitätstoleranz, voraus, die ihrerseits abhängig sind von der kognitiven und der moralischen Entwicklung (vgl. LEMPERT/FRANZKE 1976, 109 f.; LEMPERT 1978, 455). Um kommunikative Kompetenzen im schulischen Bereich zu vermitteln, werden in der pädagogischen und didaktischen Literatur seit längerem Simulationsspiele vorgeschlagen (vgl. z.B. SHAFTEL/SHAFTEL/WEINMANN 1978; ERNST 1976; LEHMANN 1977; TAYLOR/WALFORD 1974; BUDDENSIEK 1979), deren Einsatz insbesondere in der schulischen Berufsausbildung bisher allerdings eher ein Schattendasein führen dürften. Dies ist um so gravierender, je mehr kommunikative Kompetenzen in der neueren berufspädagogischen Literatur nicht mehr nur aus einer bildungstheoretischen Interpretation beruflichen Lernens gefordert werden, sondern auch unter Hinweis auf die realen beruflichen Handlungsanforderungen. Denn wenn ein auf Arbeitsteilung abgestellter Arbeitsprozeß zu erfolgreichen Resultaten führen soll, muß sichergestellt werden, daß die einzelnen Teilhandlungen von Individuen und Gruppen ineinandergreifen können. "Einzelne Spezialisten und spezialisierte Abteilungen und Betriebe müssen im Rahmen gemeinsamer Wert-, Ziel- und Normvorstellungen kommunizieren und kooperieren, wenn sie ihre Teilleistungen nicht nur schnell vollbringen, sondern auch reibungslos zum Endprodukt oder zur komplexen Dienstleistung zusammenfügen wollen" (TIPPELT 1981, 23). LEMPERT/FRANZKE (vgl. 1976, 104 f.) weisen darauf hin, daß die meisten beruflichen Anforderungen im kaufmännisch-verwaltenden Bereich durch den Umgang mit Symbolen/Informationen sowie Personen (Kunden, Lieferanten, Gäste, Mitarbeiter) gekennzeichnet sind, so daß in diesem Berufsfeld kommunikative Kompetenzen von vornherein als unerläßlich anzusehen sind. Und ORTMANN (vgl. 1982, 108 f.) stellt fest, daß gerade die kommunikativen Kompetenzen für die betriebliche Aufgabenerfüllung in manchen Großbetrieben bereits erkannt worden ist, und hier die betriebliche Ausbildung offenbar der schulischen Ausbildung "voraus" ist.

Um mit kommunikativen Kompetenzen auch das Ziel "Mündigkeit" bzw. "Sozialkompetenz" in der kaufmännischen Berufsausbildung stärker berücksichtigen und fördern zu können, bedarf es zunächst einer Infragestellung einer interessenmonistisch-kapitalorientierten Unternehmensverfassung zugunsten einer neuen Leitidee von der "Unternehmung als Sozialsystem" bzw. von der "Unternehmung als Koalition", die es überhaupt dem Auszubildenden erst erlaubt, seine eigene Position und seine Interessen in dem historisch wandelbaren Sozialgebilde "Unternehmung" mit einzubringen. Handlungsleitende betriebswirtschaftliche Normen dürfen nicht als zeitlos geltend postuliert und als affirmativ verabreicht werden, sondern sind zu thematisieren und zu diskutieren. Didaktisch würde dies eine Ausrichtung an die entscheidungsorientierte Konzeption der Betriebswirtschaftslehre bedeuten, die Entscheidungen als vielschichtigen dynamischen Prozeß versteht (vgl. HEINEN 1976), bzw. am konflikttheoretischen Ansatz in der Betriebswirtschaftslehre (vgl. OECHSEL/WAGNER 1976).

Werden durch Rollen- und Planspiele unterschiedliche Wert- und Normenvorstellungen den Auszubildenden bewußt gemacht, so ist dies zwar eine notwendige, aber aus handlungstheoretischer Perspektive keineswegs hinreichende Maßnahme. Denn es kann bezweifelt werden, ob erworbene Einsichten und Einstellungen ohne entsprechendes Handeln überhaupt dauerhaft verinnerlicht werden, weil die Förderung von Bewußtsein allein dann schon auf Grenzen stößt, "wenn in dieses kein Bewußtsein eigener Handlungskompetenz eingeht, und zweitens stößt die Umsetzung von Bewußtsein in Handeln ebenso allein dann schon auf Grenzen, wenn keine entsprechenden Handlungskompetenzen zur Verfügung stehen" (AUTORENGRUPPE "ARBEIT UND LEBEN" 1982, 119). Dies bedeutet, daß nicht nur globale Handlungsziele entworfen und diskutiert werden dürfen (z.B. "Verbesserung von Arbeitsbedingungen", "Einhaltung des Jugendarbeitsschutzgesetzes", "Interessenvertretung der Jugendlichen im Betrieb"), sondern die Ziele sind zusammen mit den Adressaten bis zu sehr konkreten, detaillierten und situationsspezifischen Teilhandlungen aufzuschlüsseln. Die AUTORENGRUPPE "ARBEIT UND LEBEN" (vgl. 1982, 129 ff.) hat für die gewerkschaftliche Bildungsarbeit - ausgehend von der Annahme, daß man Handeln letztlich nur durch

Handeln lernt - die methodische Form des "Handlungsspiels" entwickelt, mit dem erforderliche Handlungskompetenzen ausgebildet werden sollen. Unter Handlungsspiel wird "eine Methode zur systematischen Aneignung neuer Handlungsstrukturen unter kontrollierten Bedingungen" verstanden. Das Handlungsspiel wird vom Rollen- als auch vom Planspiel dadurch abgegrenzt, daß es weder "um das Sichhineinversetzen in fremden Rollen" geht, noch um "das Durchspielen vielfältiger Entscheidungsmöglichkeiten", sondern ausschließlich um "die Aneignung veränderter Handlungsstrukturen, welche für die eigene "Rolle" gebraucht werden" (a.a.O., 130). Die Grundstruktur des Handlungsspiels besteht aus vier Phasen: Zielbestimmung - Planentwicklung - Planrealisation - Rückkoppelung. Der Realisierungsversuch sollte bei betriebsnaher Bildungsarbeit i.d.R. in der betrieblichen Praxis erfolgen, andernfalls wird die Phase im Handlungsspiel simuliert. Es kann hier nicht weiter das Handlungsspiel in seinem Verhältnis zu anderen aktiven Methoden untersucht werden. Festzuhalten bleibt aber, daß auch die Konstrukteure des Handlungsspiels davon ausgehen, daß Bewußtsein, der richtige Gedanke, die richtige Idee sich auch im sozialen Bereich nicht ohne weiteres in konkretes Handeln umsetzt, oder anders ausgedrückt: Der Gedanke, die Idee, benötigt ein explizit strukturiertes Handlungsregulationsmodell.

<u>Zusammenfassung:</u> Gegenüber dem erkenntnistheoretischen Konstruktivismus wird die kritische These formuliert, daß durch diesen Ansatz die Unterschiede zwischen den Person- und den Sachbeziehungen negiert werden. Geht man von einem einheitlichen Objektbereich des Denkens aus, muß deutlich gemacht werden, wie der Aktor zwischen Personen und Sachen differenzieren kann. Umfassen Handlungsschemata nicht nur strukturelle, sondern auch wertende, affektive Aspekte (vgl. insbes. BOESCH 1976, 174 ff.), die insbesondere aus mitmenschlichen Erfahrungen resultieren dürften, wird es plausibel,

daß das beziehungsstiftende Handlungsschema letztlich qualitativ verändert werden kann. Die Einstellung zur eigenen Person bzw. gegenüber den Beteiligten wird in konkreten Handlungssituationen an der Rollenzuteilung, die über das beziehungsstiftende Handlungsschema des Aktors erfolgt, deutlich, was als moralisches Bewußtsein des Aktors aufgefaßt wurde. Von dem Niveau des moralischen Bewußtseins werden im wesentlichen die kommunikativen Kompetenzen, wie z.B. Rollendistanz, Empathie usw., beeinflußt, die in sozialen Handlungszusammenhängen erworben werden. Bezogen auf günstige moralische Entwicklungsbedingungen werden in der berufspädagogischen Literatur seit längerem organisatorische Veränderungen der beruflichen Erstausbildung gefordert.

Desweiteren dürften Simulationsspiele, in denen sich die Konfliktsituation aus unterschiedlichen Wert- und Normenorientierungen ergeben, günstig auf die moralische Entwicklung auswirken. Durch Fallstudien, Rollen- und Planspiele lassen sich aber auch die kommunikativen Kompetenzen der Auszubildenden verbessern. Kommunikative Kompetenzen sind gerade im kaufmännisch-verwaltenden Bereich als unverzichtbar anzusehen; wobei allerdings festgestellt werden konnte, daß an kaufmännischen Berufsschulen soziale Qualifikationen - im Gegensatz zur Ausbildungspraxis in manchen Großunternehmen - gerade nicht speziell gefördert werden. Soziale Handlungskompetenz ist allerdings auch erst dann zu erwarten, wenn die globalen Handlungsziele durch konkretere Handlungsschemata bzw. Handlungspläne aufgeschlüsselt werden.

4.6 Zusammenfassung und Konsequenzen eines handlungsorientierten Didaktikansatzes für berufliches Lernen

Die am Ende des 3. Abschnittes abgeleiteten lerntheoretischen Implikationen eines handlungspsychologischen Ansatzes der Persönlichkeitsentwicklung galt es in diesem Abschnitt der vorliegenden Arbeit spezifischer auszuformulieren. Im Vordergrund standen dabei vier Aufgabenstellungen:

- Bestimmung von Handlungsarten, die eine Einheit von Handeln und Denken, von Praxis und Theorie in der individuellen Lerngeschichte des Menschen gewährleisten können.
- Bestimmung des Verhältnisses von wissenschaftlichem Wissen und psychologischem Alltagswissen.
- Bestimmung des Verhältnisses von Handlung und Begriff.
- Bestimmung von persönlichkeitsfördernden Arbeitshandlungen.

Arbeit und Spiel können als die dominierenden menschlichen Betätigungsformen angesehen werden, die eine leitende kognitive Grundlage bzw. einen Plan voraussetzen und somit Handeln und Denken miteinander verbinden. Das kognitive Modell ist ein avisiertes Ziel, das die entsprechende Handlung steuert, die Folgen antizipativ abschätzt und das sich durch die gesammelten Handlungserfahrungen modifizieren kann. Den Steuerungs- und Antizipationsleistungen ist Denken immanent. Bausteine des Handelns sind Handlungsschemata, wie z.B. kaufen, buchen, kalkulieren, telefonieren usw. Über adäquate Handlungsschemata muß ein Aktor verfügen, wenn er sein Handlungsziel erreichen will; sie machen den Aktor erst handlungskompetent. Die Handlungsschemata werden entsprechend dem Ziel hierarchisch aufgebaut, angefangen von den im kognitiven System formulierten Ziel bis hinunter zur akribischen Steuerung der Muskelbewegungen. Die zieladäquate aufgebaute Handlungsstruktur, d.h. das gesamte zielgerichtete beziehungsstiftende Handlungsschema, macht das Handlungswissen eines Aktors aus. Es wird vor allem durch praktisches Tun im Alltag erworben. Denkprozesse werden insbesondere dann erforderlich, wenn Aufgaben zu bewältigen sind, die nicht einfach durch habitualisierte Regelsysteme gelöst werden können bzw. wenn andere "bessere" Lösungsmuster gesucht werden. Medium des Denkens sind vor allem Begriffe, mit denen neue strukturelle Verknüpfungen schneller und sicherer gebildet und aufgebaut werden können.

Um die berufspädagogischen Zielkategorien berufliche Tüchtigkeit bzw. Sachkompetenz und Mündigkeit bzw. Sozialkompetenz zu erreichen, haben auf der Basis eines handlungsorientierten Didaktikansatzes Arbeit und Spiel im didaktischen Zentrum zu stehen: Arbeit insbesondere für den Erwerb der Sachkompetenz und Spiel vor allem für die Unterstützung der Vermittlung und des Aufbaus von sozialen Qualifikationen.

Wissenschaftliches bzw. theoretisches Wissen, das nicht unmittelbar aus praktischen Handlungen hervorgeht, besitzt für den pragmatisch-interessezentrierten Handelnden vor allem dann einen Sinn, wenn es ihm hilft, seine alltagspraktischen Probleme (effizienter) zu lösen, und wenn er mit dem abstrakteren Objektbegriffen neue Beziehungsnetze knüpfen kann, die ihm tiefere Zusammenhänge erschließen können. Dabei ist aber zu beachten, daß die wissenschaftlichen Konstruktionssysteme nicht Selbstzweck werden, indem sie einfach isoliert neben den Konstruktionssystemen des psychologischen Alltagswissens aufgebaut werden. Vielmehr ist das theoretische Wissen in Kontinuität mit dem psychologischen Alltagswissen zu entwickeln, was für eine Didaktik beruflichen Lernens bedeutet, daß sie sich eines Erfahrungs- und Wissensaufbaus mit und durch praktischer Arbeitshandlungen nicht entziehen darf, sondern diese vielmehr zu ermöglichen und zu reflektieren hat[1].

Das Verhältnis von Handlung und Begriff wurde insbesondere in Komplexionshierarchien gesehen, die in beiden Fällen aufgebaut werden. Werden die objektivierten Teilhandlungen im Verlauf des strukturellen Aufbauprozesses der praktischen Handlung sprachlich-begrifflich gefaßt, so können mit praktischen Handlungen Begriffsaufbauprozesse unterstützt werden. Die sprachliche und begriffliche Fassung und Auseinandersetzung mit den Handlungsgegenständen macht erst eine Distanz von den praktischen Handlungsakten möglich und ist somit Voraussetzung sowohl für die handlungsleitenden Denkprozesse, insbesondere dann, wenn bei dem Aufbau praktischer Handlungsstrukturen Schwierigkeiten auftreten oder das Handeln effektiver gestaltet werden soll, als auch für allgemeine Reflexionsprozesse. Die Möglichkeit der sprachlich-begrifflichen Nennung der objektivierten Teilhandlungen und der Einbeziehung kognitiver Prozesse in Handlungsvollzügen weisen bereits darauf hin, daß Arbeitsaufgaben bestimmte Qualitätsmerkmale beinhalten müssen, sofern sie persönlichkeitsfördernd wirken sollen.

Zum Problem des Zusammenhangs von Arbeit und Lernen formulierte DEWEY in seinem 1915 veröffentlichten Werk "Democracy and Education":

"Die Formen der Arbeit, in denen sich die Jugendlichen - vor allem in den Städten - heute betätigen können, sind zum großen Teil geradezu verbildend. (...) Es genügt nicht Sport und Spiel, Arbeit und Handbetätigung in die Schule hineinzubringen; sondern es kommt alles darauf an, in welcher Weise sie betrieben werden." (zit. nach DEWEY 1964, 259 f.).

---

1) Wirtschaftswissenschaftliche Theorie dürfte innerhalb eines handlungsorientierten Didaktikansatzes für die kaufmännische Berufsausbildung insbesondere dann an Bedeutung gewinnen, um so größer der Realitätsbezug und der Informationsgehalt der wissenschaftlichen Aussagen sind. Unter didaktischen Aspekten wäre - unter Hinweis auf das berufspädagogische Ziel Sozialkompetenz - die vorherrschende interessenmonistisch-kapitalorientierte Unternehmensvorstellung zugunsten einer Vorstellung der Unternehmung als Koalition bzw. als Sozialgebilde aufzugeben.

Lernen durch Arbeit wurde aber bis in die jüngste Vergangenheit durch die Berufs- und Wirtschaftspädagogik eher mystifiziert als aufgeklärt. Die herrschende Berufserziehungstheorie schien die Vorstellung zu bestätigen, daß die Berufsqualifikation sich vor allem im Arbeitsprozeß herausbilde. Von daher wurden Arbeitsprozesse "unter dem Aspekt der Qualifikationsanforderungen analysiert, ohne jedoch Arbeitstätigkeiten auch unter didaktischen Gesichtspunkten auf die in ihnen enthaltenen Möglichkeiten und Grenzen des Lernens hin zu untersuchen" (LENNARTZ/SCHWIEDRZIK 1982, 1; Hervorh. d.d.Verf.). Reformvorschläge bezogen sich besonders auf die Struktur und Organisation von beruflichen Bildungsgängen, wobei die Perspektive der gesellschaftlich-politischen Handlungskompetenz bzw. die sozialen und politischen Momente von Arbeit und Beruf im Vordergrund standen, was zu einer Forderung nach einer stärkeren allgemeinbildend-theoretischen Bildung innerhalb der beruflichen Ausbildung führte (vgl. z.B. KUTSCHA 1980; BAETHGE 1979, insbes. 7). Solche Reformvorschläge der Berufsbildung rekurrieren noch im wesentlichen auf ein Theorie-Praxis-Verhältnis, das die gezielte Förderung geistiger Fähigkeiten insbesondere der "Theorie" zuweist und "Praxis" mehr noch als eine instrumentell-pragmatische Angelegenheit versteht.

Erst neuerdings wird auf den Erkenntnissen der Projekte zur "Humanisierung der Arbeit" für die berufliche Erstausbildung eine Lernortforschung initiiert, die den Fragen nach dem Lernpotential von Arbeitsaufgaben nachgeht (vgl. LENNARTZ/SCHWIEDRZIK 1982, 2; FRANKE 1982; KÜHNLEIN/MÜLLER/PAUL-KOHLHOFF 1982).

Der hier explizierte handlungspsychologische Ansatz der Persönlichkeitsentwicklung führte ebenfalls in Anlehnung an die Ergebnisse der Debatte um die "Humanisierung der Arbeit" zu bestimmten Qualitätsmerkmalen der Arbeit für berufliches Lernen. Damit wurde zum ersten Mal ein weitgehend theoretisch geschlossener konsistenter Rahmen für eine Didaktik beruflicher Lernprozesse geliefert. Verbunden ist damit aber auch eine "neue Sicht" der Berufsbildung und ihrer Didaktik:

- Kenntnisse und Fertigkeiten dürften nicht mehr länger in getrennten Lernakten vermittelt werden, d.h. die übliche "additive Ausbildung" ("praktisches Lernen" im Arbeitsvollzug und "theoretisches Lernen" in der Schule) wäre zumindest partiell zu überwinden.

- "Denkerziehung" dürfte nicht länger eine Domäne der "Theorie" bleiben, weil auch - wie begründet wurde - praktische Arbeitshandlungen geistige Fähigkeiten und Erkenntnisse fördern können, sofern bestimmte Qualitätsmerkmale der Arbeit gewährleistet sind, und das Tun didaktisch organisiert wird[1].

- Die berufspädagogische und bildungspolitische Akzentverschiebung zu "prozeßunspezifischen" Qualifikationen, d.h. zu den allgemeinen Qualifikationen, wie z.B. Selbständigkeit, logisches Denkvermögen, Entscheidungsfähigkeit, dürfte nicht bedingungslos fortgesetzt werden. Nicht nur "Berufsqualifikationen" müßten erhalten bleiben (vgl. LENNARTZ/SCHWIEDRZIK 1982, 2), sondern auch die Möglichkeit der Verifikation der kognitiven Konstruktionssysteme und deren unterstützenden Aufbau durch praktisches Handeln. Verselbständigtes, kognitiv aufgebautes wissenschaftliches Wissen dürfte

---

1) "Daß sich Erkenntnis aus dem Handeln an und mit körperlichen Dingen (...) ergeben soll, mag so ungereimt erscheinen, wie das Nähen von Leder mit einem gewachsten Faden unser Wissen bereichern soll. Die Entwicklung der versuchsmäßigen Forschungsverfahren hat jedoch bewiesen, daß die genannten Tätigkeiten (...) dem rechten Weg zur Erkenntnis weit näher kommen als bloßes logisches Denken." (DEWEY 1964, 268).

kaum zum praktischen Handeln befähigen[1].

- Arbeitshandlungen am Lernort "Arbeitsplatz" dürften nicht mehr ohne weiteres einfach "bildende Gehalte" zugeschrieben werden. Der Bildungsfaktor "Arbeit" ist hinsichtlich seiner fördernden wie deformierenden Wirkungen auf Persönlichkeitsstrukturen hin in den speziellen Ausbildungsbereichen zu untersuchen.

Somit kann die Aufgabe einer Didaktik beruflichen Lernens insbesondere darin gesehen werden, persönlichkeitsfördernde Anforderungen an Arbeitshandlungen zu eruieren, diese an bestimmten Lernorten umzusetzen und mit Blick auf die zu vermittelnden beruflichen Qualifikationen entsprechende Arbeitshandlungen zu organisieren. Damit verbunden wäre die tendenzielle Aufhebung der Trennung der Berufsschuldidaktik von der Arbeits- bzw. Betriebspädagogik und eine Überwindung des Dualismus von "Bildung" und "Ausbildung" (vgl. FRANZKE 1981, 74 f.).

---

1) Untersuchungen der Zusammenhänge zwischen individuellen Eingangsvariablen und den Ausbildungsergebnissen innerhalb der Lernortforschung zur beruflichen Bildung legen denn auch den Schluß nahe, "daß bei der Erfüllung von konkret-praktischen betrieblichen Anforderungen die Schulbildung eine nur untergeordnete Rolle spielt." (MÜNCH/MÜLLER u.a. 1981, 104).

5. BEDEUTUNG UND STELLUNG DES SIMULATIONSBÜROS IN DER WIRTSCHAFTSBERUFLICHEN AUSBILDUNG

Aus dem handlungspsychologischen Begründungsrahmen für berufliches Lernen ergab sich eine konsequente Handlungsorientierung als fachdidaktisches Prinzip, d.h. im didaktischen Zentrum stehen die konkreten beruflichen Arbeitshandlungen. Kennzeichen einer "Didaktik des Handelns" ist nicht die Aufbereitung von (fach)wissenschaftlichen Lehrstoffen, sondern die unter didaktischen Gesichtspunkten organisierten und strukturierten beruflichen Handlungssituationen, in die auch Handlungen aus anderen Lebensbereichen der Auszubildenden (z.B. als Konsument) einbezogen werden könnten. Bezogen auf berufliche Arbeitshandlungen setzt dies eine zweifache Analyse voraus: a) Eine zur Bestimmung der Inhalte von gegenwärtigen bzw. zukünftigen Arbeitshandlungen und b) eine zur Bestimmung von lernrelevanten Merkmalen von Arbeitshandlungen. Letztere Analyse wurde hier bereits geleistet und führte zu bestimmten aufgaben- und organisationsspezifischen Anforderungskriterien an Arbeitshandlungen (s.S. 252). Eine inhaltliche Analyse zur Bestimmung von gegenwärtigen bzw. zukünftigen Arbeitshandlungen im kaufmännischen Bereich soll hier nicht geleistet werden. Vielmehr soll diesbezüglich eine Orientierung an den geltenden Ausbildungsordnungen erfolgen; insbesondere der

- Verordnung über die Berufsausbildung zum Industriekaufmann[1] und der
- Verordnung über die Berufsausbildung zum Kaufmann im Groß- und Außenhandel[2].

In diesem Zusammenhang sollen nunmehr folgende Fragen erkenntnisleitend sein:

---

1) Bundesgesetzblatt Teil I, S. 421 vom 17.05.1973

2) Bundesgesetzblatt Teil I, S. 170 vom 27.01.1978

1. Inwieweit können die Lerninhalte der Ausbildungsordnungen am Arbeitsplatz unter dem Aspekt der Büroautomation noch realisiert werden, und inwieweit kann überhaupt noch unter dem organisationsbedingten Neu-Zuschnitt der Arbeitsabläufe von einem "bildenden Wert" der kaufmännischen Büroarbeit gesprochen werden?
2. Kann unter den fortschreitenden Rationalisierungseffekten im kaufmännisch-verwaltenden Bereich durch die moderne Technik der Bürokommunikation eine überwiegende Ausbildung am Arbeitsplatz für kaufmännische Berufe berufspädagogisch und didaktisch noch als sinnvoll akzeptiert werden?
3. Welche Rolle und Bedeutung kommt dem Simulationsbüro innerhalb der Reformvorstellungen der kaufmännischen Berufsbildung zu?
4. Wie sollten Lernprozesse auf handlungspsychologischer Basis im Simulationsbüro initiiert werden?

5.1 Entwicklungstendenzen beruflicher Arbeitsvollzüge im Bürobereich

Auf handlungstheoretischer Grundlage sind Qualifikationen als Handlungsstrategien zu begreifen, die sowohl strukturell und inhaltlich aus den technisch und arbeitsorganisatorischen Abläufen, als auch auf den bereits in der Psychostruktur ausgebildeten individuellen Fähigkeiten resultieren. Es besteht also ein zirkuläres Wechselverhältnis zwischen Persönlichkeitsentwicklung und Arbeitsorganisation, d.h. es wird von der Annahme ausgegangen, daß die kognitiven, sprachlichen und sozialen Kompetenzen einer Persönlichkeit "in soziogenetischer Abhängigkeit von den ökonomischen Strukturen der Arbeit sich entwickeln und diese wiederum reproduzieren" (FEUERSTEIN 1977, 297). Dies involviert, daß ein wesentlicher Teil der lernrelevanten Merkmale von Arbeitshandlungen durch organisationsspezifische Kriterien präformiert werden (s.S. 252). Mit dem Grad der Festlegung und der Rigidität der Einhaltung des sogenannten "besten Weges" der Arbeitsausführung bzw. mit dem Grad der Trennung von Einflußmöglichkeiten auf die Organisation und seiner Ausführung, die auch aufgabenspezifische Auswirkungen impliziert, wie z.B. Komplexität und Problemhaltigkeit versus Monotonie und Repetivität, gehen somit Lernchancen durch Arbeit einher. Eine Einschätzung persönlichkeitsfördernder Auswirkungen der Büroarbeit und seiner Entwicklung hat daher vor allem von organisatorischen Aspekten im Bürobereich auszugehen.

5.1.1 Zur historischen Entwicklung der modernen Büroarbeit

Bei Durchsicht arbeitssoziologischer Untersuchungen über die Büroarbeit läßt sich zunächst allgemein folgendes feststellen:

a) Angeregt durch industriesoziologische Untersuchungen entstanden insbesondere gegen Ende der fünfziger und Anfang der sechziger Jahre eine Anzahl von Veröffentlichungen, die den Einfluß technischer Wandlungen im Büro- und Verwaltungsbereich auf die Arbeits- und Lebenssituationen der kaufmännischen Angestellten analysierten (vgl. z.B. BAHRDT 1958, verwendete Aufl. von 1972; PIRKER 1962; PIRKER 1963; JAEGGI/WIEDEMANN 1963, verwendete 2. Aufl. von 1966; NEULOH 1966). Der Schwerpunkt dieser Arbeiten lag besonders auf soziologische Auswirkungen der Bürotechnik auf die Angestelltenschaft. In der Folgezeit verlor sich dann ein Interesse an dieser Problematik.

b) Erst das allgemeine Vordringen der Mikroelektronik und die damit verbundenen Möglichkeiten einer Integration der bisher getrennten Kommunikationssysteme im Büro- und Verwaltungsbereich, sowie die Nutzung der elektronischen Datenverarbeitung am Arbeitsplatz selbst, führte in jüngster Zeit wieder zu einer Intensivierung arbeitssoziologischer Fragestellungen auf dem Gebiet der Büroarbeit und deren Gestaltung (vgl. z.B. BRANDT u.a. 1978; BRIEFS 1980, 52 ff., 80 ff.; JACOBI/LULLIES/WELTZ 1980; REICHWALD 1982; GIULIANO 1982; LITTEK/HEISIG 1981). Dabei liegt der Schwerpunkt auf den Auswirkungen, die die Anwendung automatisierter Informationstechnologien für den Menschen im Arbeitsleben mit sich bringt bzw. bei Alternativvorschlägen zur Arbeitsgestaltung.

Bevor nun kurz die wichtigsten historischen Entwicklungsstadien der modernen Büroarbeit und ihre jeweils vorherrschende organisatorische Gestaltungsform dargstellt werden, erscheint es sinnvoll, zunächst "Büroarbeit" genauer zu charakterisieren.

Gegenstand der Büroarbeit ist die Erfassung, Sammlung, Speicherung, Verarbeitung, Auswertung und Weitergabe von Informationen. Die Bedeutung der Büro- und Verwaltungsarbeit liegt in der betriebswirtschaftlichen Notwendigkeit, die realen und wertmäßigen Input- und Outputgrößen eines Unternehmens zum Zwecke der Erfolgskontrolle und der Entscheidungsfindung zu erfassen und symbolisch abzubilden. Dabei sind zwei Aspekte hervorzuheben:

1. Der Prozeßcharakter der Information. Informationen stellen keine Konstante dar, sondern sind abhängig vom Faktor Zeit, d.h. der betriebswirtschaftliche Wert einer Information ist tendenziell um so geringer, je älter die Information ist.

2. Das Kommunikationssystem als Informationsträger. Die Qualität und Quantität von Informationen sind grundsätzlich abhängig vom zugrundeliegenden Kommunikationssystem. Wird der Austausch von Informationen als das zentrale Mittel für die Erreichung des Unternehmenszieles

angesehen (vgl. JAEGGI/WIEDEMANN 1966, 89) folgt daraus: Je schneller Informationen durch ein Kommunikationssystem aufgenommen, verarbeitet, gespeichert, abgerufen und weitergegeben werden können, um so effektiver ist der betriebswirtschaftliche Nutzen des Kommunikationssystems.

Allein diese beiden Aspekte können in ihrer Verbindung bereits prinzipiell sowohl die treibende Ursache der Entwicklung der Büroarbeit als auch deren Entwicklungstendenzen offenlegen, nämlich einerseits das Postulat der Zeitökonomie und andererseits die Abstraktifizierungstendenz konkret menschlicher Arbeit (vgl. BRANDT u.a. 1978, 23 ff., 37; MÜLLER 1982, 199 ff.).

Das "moderne Büro" hat sich aus den Fabrik- und Handelskontoren des 19. Jahrhunderts entwickelt. Mit BAHRDT (vgl. 1972, 40 ff., 47 ff., 67 ff.) und GIULIANO (vgl. 1982, 120 ff.) lassen sich vor allem drei historische Organisationsformen der Büroarbeit unterscheiden:

- Vorindustrielle Organisationsform
- Industrielle Organisationsform
- Automatisierte Organisationsform

Die vorindustrielle Organisationsform, die bis in die Mitte des 19. Jahrhunderts zurückreicht, war gekennzeichnet durch eine wenig systematisch geplante, straffe Organisation. Die Büroarbeit war zwar bereits spezialisiert, in Funktionen voneinander getrennt, aber die einzelnen Beschäftigungen bauten sinnvoll aufeinander auf. Jeder erledigte seine Arbeit mehr oder weniger für sich allein und konnte dabei seinen individuellen Arbeitsstil verfolgen. Die Abläufe und die Aufgabenverteilung waren übersichtlich strukturiert und die zwischenmenschlichen Beziehungen bestimmten das Arbeitsklima. "Weil die jeweils höheren Positionen die Funktionen der jeweils unteren Berufspositionen einschlossen, mußte die Kompetenz der Positionsinhaber der höheren Berufspositionen die Fähigkeiten und Kenntnisse der unteren Berufspositionen umfassen. Auf dieser Grundlage konnte der Aufstieg innerhalb des Bürobereichs durch Kompetenzerweiterung am Arbeitsplatz organisiert werden" (FRANZKE 1978, 84). Für den kaufmännischen Angestellten gab es noch keine spezialistischen Sackgassen, weil die Arbeitsteilung innerhalb des Büros nicht endgültig war und je nach Bedarf kurzfristig variiert werden konnte. "Diese Arbeitsteilung war gewissermaßen noch unschuldig; sie besiegelte nicht das soziale Schicksal der Betroffenen" (BAHRDT 1972, 43). Der Informationsaustausch blieb beschränkt auf schriftliche Mitteilungen und auf persönliche Gespräche. Erst mit dem Trend zum industriellen Großbetrieb und dem relativ starken Anwachsen der organisatorischen, kommerziellen und Verwaltungsaufgaben entwickelte sich mit der Zunahme der Angestellten eine differenziertere und spezialisiertere Arbeitsteilung im Bürobereich (vgl. a.a.O., 43 f.).

Die <u>industrielle Organisationsform</u> der Büroarbeit war charakterisiert durch "große Bürosäle", in denen zahlreiche Arbeitskräfte routinemäßige Teilarbeiten ausführten. BAHRDT (1972, 47) bezeichnet diese Entwicklungsstufe als "Manufakturperiode der Büroarbeit" und GIULIANO (1982, 122) spricht von der Organisation "rationeller Fertigungsstraßen" bzw. vom "Fließbandbüro". Durch die strenge Arbeitsteilung erledigte jeder Angestellte immer wieder dieselben monotonen, parzellierten und repetitiven Arbeiten. Der Überblick des einzelnen Mitarbeiters über den Gesamtablauf ging verloren, seine Arbeiten reduzierten sich auf reine Ausführungsfunktionen. Weil die Organisation und die hierarchische Ordnung nicht mehr als Ganzheit konkret vorgestellt werden konnte, begegnete sie dem Angestellten nur noch als eine abstrakte Machtabstufung. Der Beschäftigte selbst ist "zum bloßen

Objekt der Ordnung geworden" - "ein spezieller Kostenfaktor" (BAHRDT 1972, 50 f.). Weil der "Papierfluß" von Station zu Station in Gang zu halten war, um eine hohe Laufzeiteffizienz zu erzielen, wurde der individuelle Arbeitsrhythmus im industriellen Büro tendenziell organisationsabhängiger. Diese arbeitsorganisatorischen Maßnahmen der Büroarbeit zogen einen Wandel der Qualifikationsstruktur der Beschäftigten nach sich: "Mit der Herausbildung des 'modernen Büros' gab es vor allem einen erheblichen Zuwachs an Arbeitsplätzen der mittleren und unteren Funktionsebenen, die Zahl der Positionen auf der oberen Funktionsebene blieb hingegen relativ konstant" (FRANZKE 1978, 84). Durch die Einführung von Telefonen und Fernschreibern nahmen die Kommunikationsmöglichkeiten zwar zu und der außerbetriebliche Informationsaustausch wurde schneller, aufgrund der innerbetrieblichen Organisationsform blieb der Informationsfluß aber zäh und mäßig (vgl. GIULIANO 1982, 122, 126).

Ging es in der vorindustriellen und in der industriellen Organisationsform der Büroarbeit in erster Linie um "eine größtmögliche Nutzbarmachung der einzelnen menschlichen Arbeitskraft" (BAHRDT 1972, 68), so wurden die entscheidenden qualitativen Sprünge der Entwicklung der Büroarbeit und ihrer Rationalisierung aber getragen von der Technisierung. Die Technisierung der Büroarbeit erfolgte in zwei Stufen:

a) Mechanisierungsphase. Diese war gekennzeichnet durch den Einsatz unterschiedlicher Büromaschinen, der von Schreib-, Addier- und Rechenmaschinen über Buchungsmaschinen bis zur Lochkartentechnik hin verlief (vgl. PIRKER 1962). Die Mechanisierungsphase verstärkte nochmals die Arbeitsteilung, die ihren Ausdruck in neuen Büroberufen fand (z.B. Tabellierer, Sortierer) und führte zu einer Dominanz der Maschinengruppen im Büro, d.h. die

Organisation wurde in zunehmendem Maße von den Möglichkeiten der Maschinen beherrscht (vgl. PIRKER 1962, 83, 101).

b) Automatisierungsphase. Sie begann in der Bundesrepublik etwa Anfang der sechziger Jahre mit dem Einsatz von elektronischen Datenverarbeitungsanlagen (EDV). Mit der Automatisierung der Informationsverarbeitungsprozesse setzen verstärkt büroorganisatorische Veränderungen ein, die ihrerseits wiederum die Handlungs- und Qualifikationsstruktur der Beschäftigten tangierte.

Unter automatisierter Organisationsform der Büroarbeit wird ein Informationsverarbeitungsprozeß verstanden, der "ohne direkte menschliche Eingriffe nach einem vorgegebenen, programmierten Ablauf selbstkontrolliert vollzogen wird" (JAEGGI/WIEDEMANN 1966, 4). Diese Technik nimmt dem Menschen nicht nur seine instrumentellen Handbewegungen ab, sondern übernimmt auch seine Kontrolleistungen. Weil damit zwischen Automatisierung im Büro und in der Produktion kein grundsätzlicher Unterschied mehr besteht, gleichen sich die Arbeitsinhalte und -bedingungen der Produktions- und der Büroarbeit immer stärker an (vgl. JAEGGI/WIEDEMANN 1966, 4; FRANZKE 1978, 91; BRIEFS 1980, 51). In beiden Bereichen hängen die Arbeitsinhalte der Arbeitsplätze eng mit der Datenverarbeitungsanlage zusammen, was bedeutet, daß sich menschliche Arbeit einerseits auf Organisations- und Programmierarbeit und andererseits auf Überwachungs-, Bedienungs- und Wartungsaufgaben reduzieren (vgl. BAHRDT 1972, 70; MÜLLER 1981, 148). Damit werden wesentliche Elemente kaufmännischer Qualifikationen entwertet bzw. auf rein monotone und repetitive Prüfarbeiten eingeschränkt (vgl. FRANZKE 1978, 89).

Vor allem zwei wesentliche organisatorische Modifikationen des Arbeitsablaufes, die sich durch die Büroautomation ergeben haben, dürften für unseren Zusammenhang von Bedeutung sein: a) der Funktionswandel von Sachbearbeiteraufgaben und b) der Kommunikationswandel innerhalb und zwischen kaufmännischen Abteilungen.

Zu a): Während bei der "manuellen" Bearbeitung ein Sachbearbeiter mindestens Informationsempfang, Aufarbeitung, Speicherung und Weitergabe der Informationen zu besorgen hatte, übernimmt bei einem automatisierten Arbeitsablauf die Maschine jetzt zwei dieser Funktionen, nämlich Aufarbeitung und Speicherung (vgl. Abb. 16), was unter Umständen sogar zu einer Einsparung des Arbeitsplatzes führen kann.

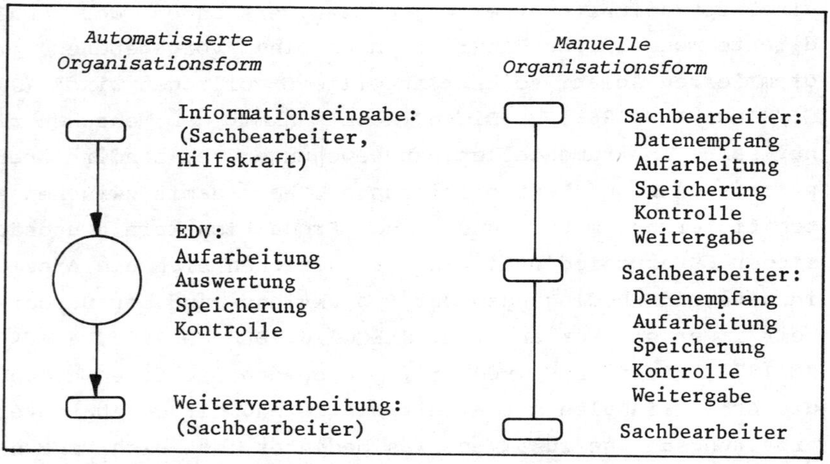

Abb. 16: Idealtypisches Beispiel eines Funktionswandels eines kaufmännischen Arbeitsplatzes durch EDV (vgl. JAEGGI/WIEDEMANN 1966, 91)

Bei einer automatisierten Organisationsform verbleiben demnach vor allem neben repetitiven Vorbereitungsarbeiten (Sammeln und Eingabe der Informationen) habitualisierbare Kontrollfunktionen am Arbeitsplatz. Diese Arbeitshandlungen, die einen hohen Monotoniegrad erreichen können, läßt "der eigentlichen Denkfunktion" nur noch einen geringen Raum (JAEGGI/WIEDEMANN 1966, 113; vgl. auch a.a.O., 169). Die Intelligenz des Sachbearbeiters, d.h. insbesondere seine kaufmännischen Qualifikationen, befindet sich durch den Kompetenzgewinn der Maschine in der soft-ware, d.h. in der Funktionslogik, dem Steuerungsprogramm der EDV. Durch die routinemäßige, mechanische Erledigung der Restarbeiten gehen genaue Kenntnisse des tatsächlichen Ablaufs und der Zusammenhänge verloren. Die nicht mehr anschaulich-nachvollziehbaren Aufarbeitungs-, Auswertungs-, Speicherungs- und Kontrollprozesse der Informationsverarbeitung in der hard-ware führen zudem zur Abstraktifizierung der Büroarbeit.

Zu b): Neben dem Funktionsverlust am Arbeitsplatz wird auch das Kommunikationsnetz der Abteilungen entscheidend verändert (vgl. Abb. 17). Während bei einer überwiegend manuellen Organisationsform die Abwicklung der Informationsverarbeitung sich auf soziale Kontakte stützen mußte (z.B. durch Rückfragen bei anderen Abteilungen bzw. durch soziale Kooperation innerhalb der Abteilung), verkürzen sich bei einer automatisierten Organisationsform die Informationswege auf Kosten der sozialen Kommunikation und Kooperation.

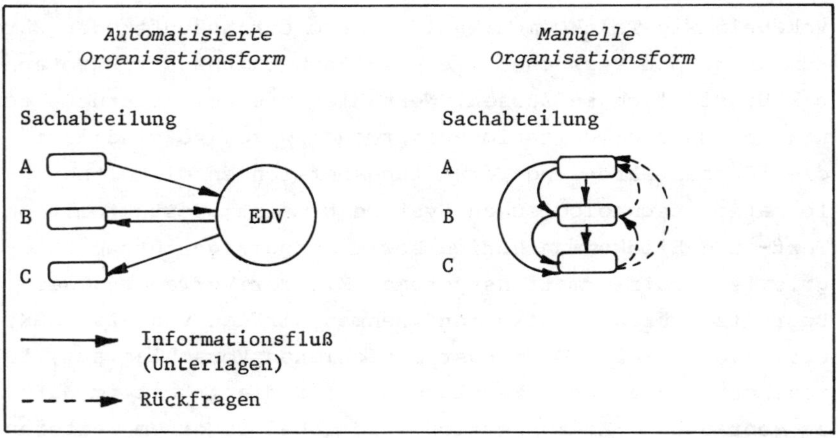

Abb. 17: Idealtypisches Beispiel eines Kommunikationswandels zwischen den kaufmännischen Abteilungen (vgl. JAEGGI/WIEDEMANN 1966, 92)

"Die Größe der 'sozialen Determination' der Arbeitsorganisation war in der Geschichte des Büros umso stärker, je weniger Maschinen in der Verwaltung eingesetzt worden sind. Mit der Maschinisierung des Büros wurde diese soziale Determination der Arbeitsorganisation immer stärker zurückgedrängt" (PIRKER 1962, 169). Indem sich die sozialen Prozesse bei der Büro- und Verwaltungsarbeit zu einem Mensch-Maschine-Dialog wandeln, tragen sie eine deutliche Tendenz zur Entpersönlichung (vgl. BRIEFS 1980, 56; BRANDT u.a. 1978, 387 ff.).

Ging es in diesem Kapitel vorwiegend um die Skizzierung der historischen Entwicklung der Büroarbeit, sollen im folgenden die Arbeitsbedingungen im "Büro der Zukunft" mit Blick auf den "berufsbildenden Wert" der Arbeitsaufgaben im Büro eingeschätzt werden.

5.1.2 Wandel der Lernbedingungen durch die moderne Technik der Bürokommunikation am Arbeitsplatz

Vokabeln wie Telekommunikation, Büro der Zukunft oder Bürokommunikation versuchen die neue Entwicklung der Bürotechnik begrifflich zu fassen. Wenn hier von der modernen Technik der Bürokommunikation gesprochen wird, so sind damit die für den Büro- und Verwaltungsbereich entwickelten informationstechnologischen Systeme gemeint: Textautomation, Text- und Bildkommunikation sowie computergestützte integrierte Büroinformationssysteme. Mit der Verwendung des Begriffs "Bürokommunikation" nehmen wir den von SZYPERSKI u.a. (vgl. 1982, 10) jüngst empfohlenen Vorschlag auf, "Bürokommunikation" als Fachterminus für die Arbeit im Büro zu gebrauchen. Kommunikation wird dabei in einem weiteren Sinne als ein Prozeß menschlicher oder maschineller Informationsverarbeitung, -speicherung und -übertragung definiert:

"Ein Kommunikationsprozeß beginnt beim intuitiven begrifflichen und modellhaften Denken einer Person, die eine Aussage übertragen will, und endet im Denkprozeß der empfangenen Person. Im Fall der Kommunikation mit einer Maschine gilt Entsprechendes für die Verarbeitungsprozesse des Computers." (SZYPERSKI u.a. 1982, 8).

Die oben genannten Technologien befinden sich zur Zeit in unterschiedlichen Entwicklungsstadien, wobei eine technische Integration der bisher getrennten Kommunikationsmittel (z.B. Fernsprechen, Textkommunikation, Bildschirmstation zur Kommunikation mit der Datenverarbeitungsanlage) angestrebt wird. Geht man von einer längerfristigen Perspektive der Automation im Büro aus, was bedeutet, daß nahezu alle Büroarbeitsplätze mit elektronischen Geräten auszustatten sind (vgl. SZYPERSKI u.a. 1982, 55), sind integrierte Informationssysteme "unbedingt erforderlich, wenn das 'Büro der Zukunft' nicht zu einem 'Büro des Gerätechaos' werden soll. Man stelle sich nur einmal vor, jemand benötige an seinem Arbeitsplatz außer Telephon und Telekopierer sowie einem Bildschirmgerät für die Kommunikation mit dem unternehmenseigenen Computer auch noch die Dienste Teletex und Bildschirmtext. Selbst wenn man unterstellt, daß für Telebriefe, normale Briefe und Fernschreiben nur ein Gerät benutzt wird, stehen dann fünf Geräte auf dem Tisch" (LECKEBUSCH 1981, 98). Wegen der rechtlichen (Fernmeldeordnung) und technischen Schwierigkeiten dürften integrierte Informationssysteme in der Bundesrepublik in den nächsten Jahren kaum zu verwirklichen sein (vgl. LECKEBUSCH 1981, 16). Unlängst vorgenommene Untersuchungen zu Geräte-Konfigurationen für bestimmte Typen von Büroarbeitsplätzen (vgl. SZYPERSKI u.a. 1982) dürften nicht nur ein "Gerätechaos" verhindern, sondern auch Auswirkungen auf die Büroarbeitsgestaltung der kommenden Jahre haben. Aus diesen technischen Perspektiven läßt sich die weitere Entwicklung der Büroarbeit vereinfachend durch drei Grundtendenzen charakterisieren (vgl. WELTZ 1982, 94 ff.; KOCH 1981, 1 f.):

1. Der Anteil von Arbeitshandlungen im Büro- und Verwaltungsbereich wird zunehmend weiter routinisiert werden (Standardisierung).

2. Zur Bürokommunikation werden verstärkt technische Mittel eingesetzt (Maschinisierung), die den Arbeitsablauf beschleunigen.

3. Die Bürokommunikationsmittel werden in zunehmendem Maße in einem technologischen und verfahrensmäßigen Gesamtsystem integriert (Systemcharakter).

Fragt man nach den möglichen Auswirkungen der modernen Bürotechnik - insbesondere auf Arbeitsinhalte (Arbeitsstrukturen) und Qualifikationsstruktur - so sind generellere Aussagen nicht möglich. Dies ist darauf zurückzuführen, daß die technologischen Veränderungen nicht eindeutig eine Arbeitsorganisation (zentrale oder dezentrale) in Büro und Verwaltung vorgibt. Während nämlich zentrale Organisationseinheiten zur Dequalifizierung und Monotonisierung der Arbeitsinhalte führen, kann bei einer dezentralen Organisationsstruktur eine Requalifizierung für die Sachbearbeiter aufgrund der Reintegration von Arbeitsinhalten erwartet werden (vgl. ALEX 1980, 9; KOCH 1981, 2; GRÜNEWALD/KOCH 1981, 9, 11; LITTEK/HEISIG 1981, 485; HEISIG/LITTEK 1982, 102; REICHWALD 1982, 20 f.; BAETHGE 1982, 152). Weil einerseits neuere empirische Untersuchungen weitgehend darin übereinstimmen, "daß zumindest bei qualifizierten Sachbearbeitern kaufmännische Fachkenntnisse bzw. Verwaltungsfachkenntnisse durch die Technik nicht überflüssig bzw. durch technische Verfahrenskenntnisse abgelöst werden" (GRÜNEWALD/KOCH 1981, 11; vgl. auch KOCH 1981, 1) und andererseits gerade die Möglichkeit einer dezentralen Organisationsform eine Option für qualifiziertere, anspruchsvollere Büroarbeitsplätze schafft, wird in der aktuellen Diskussion zunehmend die Ansicht vertreten, daß an einer allgemeinen qualifizierten kaufmännischen Ausbildung - auch im Sinne einer

"Allround-Sicht" - festzuhalten ist. Das bedeutet, daß eben nicht Arbeitsplatzanalysen, die nur kurzfristige betriebliche Anforderungsgegebenheiten wiederspiegeln, die Grundlage für eine Berufsausbildung liefern sollen. Vielmehr sind grundlegende langfristig verwertbare praktische berufliche Qualifikationen zu vermitteln, die die Fähigkeiten einschließen, Auswirkungen von technisch-organisatorischen Veränderungen auf die eigene Berufsposition abzuschätzen, sowie auf die Gestaltung des Arbeitsplatzes Einfluß zu nehmen (vgl. SIEKAUP 1979, 188; APEL 1980, 264; BLATT 1980, 249; LITTEK/HEISIG 1981, 493; GRANZOW 1981, 136; KOCH 1981, 2; ORTMANN 1982, 107).

Wenn im allgemeinen davon ausgegangen werden kann, daß bei der neuen Technik der Bürokommunikation weiterhin bei der kaufmännischen Berufsausbildung an allgemeinen beruflichen Qualifikationsanforderungen festzuhalten ist[1], stellt sich aber die Frage, ob der maschinisierte Arbeitsplatz im kaufmännisch-verwaltenden Bereich weiterhin als wichtigster Lernort für die berufliche Erstausbildung angesehen werden kann. Denn zum Zusammenhang von Arbeit und Lernen kann zunächst grundsätzlich festgehalten werden:

"Je weiter die Teilung der Arbeit zwischen den Menschen sowie zwischen ihnen und den Maschinen, je weiter die Standardisierung und Mechanisierung der Arbeitsoperationen fortgeschritten ist, desto weniger können der Sinn und die Struktur von Arbeitsprozessen durch die unmittelbare Anschauung im tätigen Mitvollzug erkannt werden. Erlernt werden dann 'vor Ort' allenfalls die äußeren Verrichtungen, doch die Arbeitenden wissen nicht, was sie tun." (LEMPERT 1974, 84; vgl. auch a.a.O., 78).

Die moderne Technik der Bürokommunikation determiniert zwar

---

1) Es wurde oben bereits angedeutet, daß wir uns bei der Frage nach den Inhalten der fachlichen Qualifizierung (Sachkompetenz) kaufmännischer Berufsausbildung an den bestehenden Ausbildungsordnungen orientieren wollen, die grundsätzlich für ausreichend gehalten werden (vgl. KUTT/SELKA 1982, 92).

nicht die Organisationsform der Büroarbeit und damit auch nicht eindeutig die Arbeitsbedingungen für die kaufmännischen Sachbearbeiter, insbesondere hinsichtlich der Arbeits- und Qualifikationsstruktur, dürfte aber die Lernbedingungen für eine berufliche Erstausbildung drastisch einschränken, was dazu führen dürfte, daß von der vorherrschenden en passant-Ausbildung am Arbeitsplatz im kaufmännisch-verwaltenden Bereich Abstand zu nehmen wäre. Wird anhand der erarbeiteten Qualitätsmerkmale der Arbeit für berufliches Lernen (s.S. 252) der Lernort "Arbeitsplatz" im automatisierten Büro näher betrachtet, ergibt sich:

1. Die Abstraktifizierungstendenz der Büroarbeit durch die moderne Bürotechnik wird die Anschaulichkeit der Bürokommunikation, d.h. die reale Repräsentation der Informationsaufnahme, -verarbeitung, -speicherung und -weitergabe, weiter vermindern. Die Erarbeitung von Fachbegriffen aus dem kaufmännischen Bereich durch handelnden Mitvollzug (s.S. 230 ff.) wird kaum mehr möglich sein, weil die Verarbeitungsprozesse sich innerhalb der EDV vollziehen und nur noch als fertige Ergebnisse in Form von Symbolen auf dem Bildschirm (Terminal) bzw. auf dem Drucker abgerufen werden können.

2. Die Arbeitsabläufe - ob zentral oder dezentral organisiert - sind abhängig von den automatisierten Systemen. Formale, adaptive Fähigkeiten rücken damit in den Vordergrund zu Lasten von inhaltlich bestimmten Einsichten in den Arbeitsprozeß (vgl. BRIEFS 1980, 74). Damit verbunden ist eine Reduktion von selbständigen Handlungs- und Entscheidungsspielräumen, was zu einem Anstieg der Arbeitsintensität und -kontrolle durch die computergesteuerten Abläufe bei den verbleibenden exekutiven Arbeiten führt (vgl. EVANS 1982, 185 ff.; HEISIG/LITTEK 1982, 105 f.; KOCH 1982, 126).

3. Ein Einblick in Zusammenhänge und Funktionen kaufmänni-

scher Tätigkeiten kann nur noch sehr rudimentär an Arbeitsplätzen vermittelt werden. Die Gefahr, daß die Teilhandlungen ohne erkennbaren Sinn bleiben, dürfte eher zunehmen.

4. Der organisatorische Neu-Zuschnitt des Arbeitsvollzuges kann zu starker Routinisierung und Standardisierung mit repetitiven und monotonen Arbeitshandlungen führen. Selbst bei einer dezentralen Organisationsform, die die Chance einer Reintegration von Arbeitsinhalten, insbesondere die Kombination von Sach- und Textverarbeitung zuläßt (vgl. BLATT 1980, 248), dürften die Problemgehalte der Arbeitsaufgaben wegen formalisierter Verfahren grundsätzlich mit dem erworbenen bereichsspezifischen Alltagswissen der Beschäftigten lösbar sein, d.h. hier mit den "Sachkenntnissen über den Gegenstandsbereich ihres Arbeitshandelns" (KOCH 1982, 128; vgl. auch BOEHM 1982 b, 11 ff.). Damit bleibt der Problemgehalt von Arbeitsaufgaben an kaufmännischen Arbeitsplätzen vor allem auf die ersten fünf Stufen des Stufenmodells zur Problemhaltigkeit von Arbeitsaufgaben beschränkt (s.S. 246f.), was bedeutet, daß allgemeine Suchstrategien und Methoden zur Problembewältigung kaum angewandt werden, bzw. daß eine zielgerichtete Aufnahme und Integration anderer Wissenssegmente, wie z.B. des wissenschaftlichen Wissens, in das verfügbare Alltagswissen zur Problemlösung unterbleiben.

5. Die Arbeitshandlungen bleiben vorwiegend beschränkt auf den Dialog mit der Maschine. Soziale Kommunikations- und Kooperationserfordernisse werden zumindest auf der unteren Ebene der Betriebshierarchie kaum mehr erforderlich. Die Zunahme der sozialen Isolierung am Arbeitsplatz dürfte eine Abnahme sprachlich-begrifflicher Fassung der Arbeitsvorgänge bedingen, was mit einer Reduzierung kognitiver Orientierungs- und Reflexionsfähigkeit verbunden sein dürfte (s.S. 233 f., 250 ff.). Dem-

gegenüber steht die Bedeutungszunahme von Symbolen der Computersprache (vgl. BRIEFS 1980, 56; WELTZ 1982, 101).

Es sind vor allem die Tendenzen der Abstraktifizierung der Arbeit, der geringen Problemhaltigkeit von Arbeitsaufgaben und die soziale Isolierung am Arbeitsplatz, die die Lernmöglichkeiten am Arbeitsplatz im Büro- und Verwaltungsbereich zunehmend einschränken, was im folgenden durch Beispiele und Problematisierungen näher expliziert werden soll.

Geht man von den Kenntnissen und Fertigkeiten der Ausbildungsordnungen für kaufmännische Berufe aus, so stellt sich in dem hier diskutierten Zusammenhang die Frage, ob diese überhaupt noch in einem weitgehend automatisierten Büro sinnvoll vermittelt werden können. Wenn z.B. gefordert wird, daß Auszubildende Lohn- und Gehaltsabrechnungen beschreiben und nach Anleitung durchführen sollen, dürfte der Auszubildende bei einem automatisierten Ablauf allenfalls das EDV-Programm mit seinen Symbolen lernen und reproduzieren, ohne ein Verständnis für die inhaltliche Dimension und ihrer Zusammenhänge entwickeln zu können, wie die nachfolgenden Arbeitsablaufpläne für die Berechnung der Löhne und Gehälter verdeutlichen (s.S. 289 f.).

An den Arbeitsablaufplänen kann ferner nachvollzogen werden, daß die Automatisierung jeden subjektiven Bezug zum inhaltlichen Arbeitsvollzug abtrennt und menschliche Arbeit zu einem "künstlichen" Prozeß degeneriert, in dem sie abhängig wird von der logischen Funktionsweise der technischen Apparate. Fehlt aber die konkret subjektiv erfahrbare inhaltliche Dimension der Arbeit, können auch keine Handlungs-, Begriffs- und Denkschemata durch praktisches Handeln angeeignet werden, was die individuellen Entwicklungschancen im Arbeitsprozeß einschränken - wenn nicht sogar verhindern - dürfte.

<u>Arbeitsablauf bei der manuellen Berechnung der Löhne und Gehälter</u>

1. Lohnkarteikarte aus der Kartei entnehmen.
2. In die Lohn- bzw. Gehaltslisten Namen eintragen.
3. Gesamtstunden errechnen.
4. Gesamtstunden multipliziert mit dem Lohnsatz ergibt den Bruttolohn.
5. Bruttolohn und Vermögenswirksame Leistung ergibt den Gesamtlohn.
6. Steuerfreie Beträge abziehen, ergibt den steuerpflichtigen Lohn.
7. Abzüge berechnen.
   Lohn- und Kirchensteuer werden vom steuerpflichtigen Lohn, Sozialabzüge vom Gesamtlohn berechnet.
   Abzüge zusammenzählen (Gesamtabzüge) und vom Gesamtlohn abziehen, Sparprämie dazuzählen, ergibt den Auszahlungsbetrag.
   Die Abzüge werden aus den verschiedenen Tabellen geholt und berechnet.
   Lohn- und Kirchensteuer aus der Lohnsteuerabzugstabelle und die Sozialabgaben aus den Beitragstabellen.
8. Beiträge jeweils in die Lohn- bzw. Gehaltslisten eintragen.
9. Summe quer und senkrecht addieren (Kontrolle Gesamtauszahlung).
10. Lohn- und Gehaltslistenabschriften, Buchungsbelege für Lohn- und Kirchensteuer, Krankenkasse, Sozialversicherung, Arbeitslosenversicherung. Gewerkschaftsbeiträge werden doppelt angefertigt.
11. Lohnsteueranmeldung für das Finanzamt und Beitragsnachweis für die Krankenkasse doppelt ausfüllen.
12. Sämtliche Unterlagen außer den großen Lohnlisten an die Hauptbuchhaltung weitergeben.
    Die Durchschläge im Ordner für Buchungsbelege einordnen.

Arbeitsablauf für Lohnabrechnung (= EDV-Programm)

Maschine einschalten

O und P drücken

Programm eingeben (Löhne 77)

20 P drücken

P drücken

Konstanten eingeben

Datum eingeben und D Taste drücken

Karte mit Bruttoseite vorn eingeben

→ Taste drücken, Personalnummer, Datum wird automatisch ausgedruckt

→ Taste 2mal kurz hintereinander drücken, Lohnsatz wird ausgedruckt

→ Taste drücken, 4 und → Taste drücken, vermögenswirksame Leistung eingeben

→ Taste drücken

→ Taste drücken, Gehalt wird ausgedruckt und Karte wird ausgeworfen

Karte drehen und mit Netto-Lohnseite nach vorn eingeben

→ Taste drücken, Daten werden automatisch ausgedruckt

9 und → Taste drücken, Gewerkschaftsbeitrag eingeben

→ Taste drücken

→ Taste drücken, Netto-Gehalt wird ausgedruckt

Absummierung der Gehälter und Löhne

Tasten 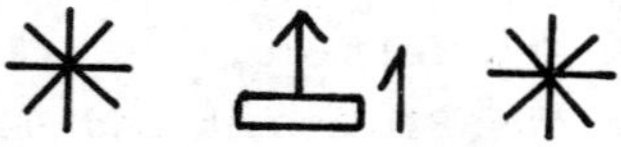 nacheinander drücken

Absummierungskarte eingeben

Karte wird automatisch ausgefüllt und ausgeworfen

In dem oben explizierten handlungstheoretischen Begründungsrahmen für subjektive Entwicklungsprozesse wurde insbesondere in Auseinandersetzung mit herkömmlichen schulischen Lernkonzepten das Auseinanderfallen von Theorie und Praxis kritisiert. Dabei wurde postuliert, daß wissenschaftliches Wissen <u>nicht</u> neben dem psychologischen Alltagswissen aufgebaut wird, sondern die wissenschaftlichen Konstruktionssysteme vielmehr in Kontinuität mit bzw. aus den subjektiven Theorien zu entwickeln sind. Wird im traditionellen Wirtschaftslehreunterricht durch die herkömmlichen (fach)didaktischen Reduktionsverfahren an die fachwissenschaftlichen Systematiken angeknüpft, führt dies zur Ausblendung des psychologischen Alltagswissens und zur Dogmatisierung von Wissensbeständen (vgl. Kap. 4.3.4.2). Demgegenüber führen die automatisierten Abläufe im Büro- und Verwaltungsbereich zunehmend zu formalisierten und routinisierten Arbeitshandlungen, für deren Bewältigung das durch praktisches Tun gewonnene und aufgebaute bereichsspezifische Alltagswissen ausreicht (s.S. 287).

Die kaufmännische Berufsausbildung im herkömmlichen dualen System unterstellt, daß der Auszubildende die in der Berufsschule erhaltenen theoretischen Kenntnisse in der betrieblichen Praxis an den vorkommenden Geschäftsvorgängen nachvollziehen kann. Die neuen Ausbildungsordnungen für kaufmännische Berufe sehen für diesen Zweck auch eine weitgehende didaktische Parallelität vor, d.h. einen angestrebten zeitlichen Gleichlauf von Theorie und Praxis. Doch wurde bereits beispielhaft deutlich gemacht, daß durch die Abstraktifizierungstendenzen der Büro- und Verwaltungsarbeit die vorgesehene Verbindung von Theorie und Praxis in der beruflichen Erstausbildung am Arbeitsplatz durch die moderne Technik der Bürokommunikation tendenziell aufgehoben wird. Bereits JAEGGI/WIEDEMANN erkannten in ihrer Anfang der sechziger Jahre durchgeführten betriebssoziologischen Untersuchung die Auswirkungen elektronischer Datenverarbeitung auf "die Situation des kaufmännischen Lehrlings":

"Die neue Lage sieht also so aus: Die Arbeitsabläufe vollziehen sich so automatisch und die Abrechnung der Geschäftsvorfälle geht so abstrakt vor sich, daß das kaufmännische Grundwissen nicht einfach in die Praxis übertragen werden kann, daß es sich nicht durch Anschauung erhärten läßt und folglich viel schwerer zu lebendigem Eigentum wird. Für die Lehrlinge bedeutet das: Die Einarbeitung in die Bürotätigkeit ist heute viel schwieriger." (JAEGGI/WIEDEMANN 1966, 207).

Sofern mit Arbeitshandlungen subjektive Theorien aufgebaut werden sollen, in die auch wissenschaftliche Methoden und Wissensfragmente eingebunden sein sollten, setzt dies eine reale, problemhaltige Arbeitsaufgabe voraus, die planend durchdrungen und handelnd bewältigt sein will, d.h. die individuellen Denkleistungen dürfen nicht durch die Logik der EDV-Anlage ersetzt werden und handeln darf sich nicht erschöpfen in dem Bedienen technischer Apparate.

Aus handlungstheoretischer Sicht bekommt Wissen Sinn, wenn es angewandt werden kann, und es bekommt Qualitäten, wenn es erfolgreich geprüft wurde. Am automatisierten Arbeitsplatz im Büro ist aber über die Bedienung der technischen Geräte hinaus nichts mehr zu wissen und zu lernen, weil gerade die Anwendungslogik von EDV-Anlagen so aufgebaut ist, "daß ein Verständnis der Logik der hard-ware nicht vorausgesetzt wird" (MÜLLER 1982, 204). Fachtheoretische Überlegungen und Wissenssegmente verlieren somit aus der praktischen Perspektive für den Auszubildenden an Sinn, weil ihn die moderne Bürotechnik daran hindert, dieses Wissen zu gebrauchen und zu überprüfen. Neben der in schulischen Lernprozessen immanenten Tendenz, Wissen zu dogmatisieren, tritt eine durch die Bürotechnik verursachte Anwendungs- und Überprüfungsbarriere von Wissen am Lernort "Arbeitsplatz", was dazu führen kann, daß das kaufmännische Grundwissen zukünftig nur noch "geglaubtes Wissen" ist. Wird der Gebrauchswert von kaufmännischen Wissensbeständen aber nicht mehr erfahren, verkommen sie "zu einem säkularisierten Katechismus" (ORTMANN 1982 a, 60).

Insbesondere im Kap. 4.5 wurde auf die Bedeutung sozialer Prozesse sowohl für den Aufbau moralischer Orientierungen als auch für die Vermittlung kommunikativer Kompetenzen hingewiesen. Soziale Bezüge können auch als ein konstitutives Element von ursprünglichen Arbeitshandlungen angesehen werden (s.S. 152). Nehmen durch die Tendenz der sozialen Isolierung am automatisierten Büroarbeitsplatz kommunikative und kooperative Betätigungen ab, so müßten folgende Konsequenzen befürchtet werden:

a) Geringere Möglichkeiten zur kommunikativen Betätigung über Sachprobleme führen zu einer Abnahme sprachlich-begrifflicher Fassung der Arbeitsabläufe und vermindert dadurch den Aufbau ganzheitlicher kognitiver Orientierungsgrundlagen sowie Reflexionsprozesse. Die Handlungssteuerung würde damit überwiegend auf sensumotorischem Niveau verbleiben, weil ein Übergang auf höhere kognitive Ebenen erschwert wird (s.S. 222 ff., 247 ff.). Störungen im routinisierten Arbeitsvollzug bzw. Improvisationsleistungen zur Erhöhung der Flexibilität könnten kaum mehr selbständig behoben bzw. erbracht werden.

b) Kommunikative Kompetenzen, wie Empathie, Rollendistanz, Ambiguitätstoleranz, könnten sich im Arbeitsprozeß so gut wie nicht mehr ausbilden, was mit einschneidenden Konsequenzen auch für andere Lebensbereiche verbunden wäre. Es muß sogar befürchtet werden, daß im unteren Bereich der Betriebshierarchie - also der vorwiegenden Ausbildungsebene - "eine weitgehende 'Analphabetisierung' stattfinden" wird (WELTZ 1982, 101).

c) Die Abnahme sprachlich-begrifflicher Formulierungen steht durch den dominierenden Dialog mit der Maschine ein Bedeutungszuwachs von Symbolen gegenüber. Damit verbunden wäre eine Orientierung an die "objektive" Funktionsweise der elektronischen Anlagen und ihrer Logik zu Lasten sozialer und kooperativer Verständigungsmuster. Die Isolierung am automatisierten Arbeitsplatz "kann das Gefühl der Ohnmacht gegenüber dem technischen Apparat vergrößern" (MÜLLER 1982, 205) und durch die Vermittlung von "Objektivität" im Arbeitsprozeß wächst eine instrumentelle Orientierung, hinter der sich die betrieblichen Macht- und Herrschaftsstrukturen technisch verschleiern lassen (vgl. LEMPERT 1974, 92).

Kommt neben diesen kommunikativen und kooperativen Beschränkungen, die an einem weitgehend automatisierten Arbeitsplatz auftreten können, hinzu, daß der abstrakte, maschinelle Arbeitsablauf unverstanden und undurchsichtig bleibt, wird er leicht als unveränderbar und gegeben mystifiziert:

"Deutlich wird diese Art von Mystifizierung dort, wo die im Bereich von Computern Arbeitenden dem Computer Kosenamen geben, bzw. vom 'Kollegen Computer' sprechen. Hier handelt es sich wohl um einen ähnlichen Vorgang, wie die Mystifizierung von nicht erklärbaren Naturphänomenen mit Hilfe von personalisierten Gottgestalten. Man sieht - die Muster funktionieren wieder. Wo jedoch eine Mystifizierung als hilflose Gegenwehr gegen die Abstraktifizierung der Arbeit aufgebaut ist, dort ist eine Wahrnehmung der subjektiven Interessen weitgehend ausgeschlossen ...". (MÜLLER 1982, 204).

Die aufgezeigten Veränderungen der Arbeitsbedingungen durch die moderne Technik der Bürokommunikation schränkt die Lernmöglichkeiten am Lernort "Arbeitsplatz" derart ein, daß

- durch den Verlust des subjektiven Bezuges zum inhaltlichen Arbeitsvollzug die sachorientierte Vermittlung beruflicher Qualifikationen durch den tätigen Mitvollzug nicht mehr ausreichend gewährleistet werden kann und

- durch den Verlust von sozialen Beziehungen kaum mehr moralische Orientierungen und kommunikative Kompetenzen vermittelt werden können.

Arbeit als abstraktifizierter, "künstlicher" Prozeß, ist somit seinen "bildenden Werten" entkleidet. Soll an der traditionellen Berufsausbildungsverfassung der Bundesrepublik festgehalten werden, daß über berufliche Bildung gesellschaftliche Handlungskompetenz anzustreben ist, was bedeutet, daß berufliche Arbeitsqualifikationen als Kern persönlicher Handlungskompetenz aufzufassen sind (vgl. BAETHGE 1979, 3; AUTORENGRUPPE "ARBEIT UND LEBEN" 1982, 128), stellt sich die Frage, welche Konsequenzen sich für die kaufmännische Berufsausbildung daraus ergeben sollen, wenn der Lernort "Arbeitsplatz" aufgrund der Abstraktifizierungstendenzen der Arbeit seine Lernmöglichkeiten zunehmend verliert.

5.2 Schulisch gezogene Konsequenzen und Reformvorstellungen zur kaufmännischen Berufsausbildung als Reaktion auf die Veränderung der Büroarbeit

Die durch den technisch-organisatorischen Wandel der Bürokommunikation ausgelöste Diskussion um Veränderungen der kaufmännischen Berufsausbildung läßt sich grob in drei Richtungen ordnen:

1. Affirmativer schulischer Nachvollzug der technologischen Veränderungen im Bürobereich
2. Entberuflichungstendenz der kaufmännischen Erstausbildung
3. Vermittlung berufspraktischer Qualifikationen durch Integration von Arbeit und Lernen an speziell zu konzipierenden Lernorten

5.2.1 Schulische Reaktionen auf die modernen Kommunikationstechniken im Büro

Kaufmännische Berufsschulen reagieren auf den technisch-organisatorischen Wandel der Bürokommunikation insbesondere mit der Anschaffung und der Ausstattung der Schulen mit den neuen informations-technologischen Systemen. So hat sich z.B. für HAUPT (1979, 341) Schule auf den veränderten Büro-Arbeitsplatz "durch den 'elektronischen, fast zeitlosen Informationstransport'" einzustellen

"a) mit einem dialogfähigen Computersystem, das Daten-Kommunikationen vorsieht und

b) mit einem Textautomaten, der Übertragungsgeschwindigkeiten im Dialogbetrieb von 15 Zeichen/s oder im Stapelbetrieb 300 Zeichen/s in der Datenkommunikation zuläßt und

c) mit technisch aufrüstbaren Organisationsschreibtischen in einem Bürowirtschafts-Labor."

Die schulpolitischen Aspekte, die aus den Bürotechniken für das Büro der Zukunft resultieren, bestehen nach SIEKAUP (1980, 36) im wesentlichen darin, daß die kaufmännischen Schulen "schon von ihrer didaktischen Zielsetzung und vom Fächerkanon her verpflichtet und geeignet (sind), den Jugendlichen das nötige Verständnis für die Rationalisierungsvorgänge im Büro zu vermitteln." Nach SIEKAUP könnten die kaufmännischen Berufsschulen "ihren Bildungs- und Erziehungsauftrag im Hinblick auf die Konsequenzen, die sich aus der Weiterentwicklung der Kommunikationstechniken im Büro ergeben, noch wirksamer erfüllen" (a.a.O., 36), wenn unter anderem Unterrichtsarbeit in modernen Lehrbüros oder Bürowirtschaftlichen Zentren organisiert würde, "die mit den erforderlichen EDV-Anlagen und Organisationsmitteln sachgerecht auszustatten (wären)" (a.a.O., 36).

Mit einer weitgehend unreflektierten Installation von moderner Bürotechnik an kaufmännischen Berufsschulen und ihrer Verwendung in der Unterrichtsarbeit besteht die didaktische Gefahr, daß die Schüler für ihre Rolle als Arbeitnehmer funktionabel erzogen werden, d.h. sie an parzellierter und routinisierter Büroarbeit unter maschinenbestimmten Bedingungen bereits angepaßt werden, und daß sich dadurch auch der für berufspädagogische Prozesse konstitutive normative Aspekt der Selbstbestimmung bzw. Mündigkeit verflüchtigt. Mündigkeit bedeutet hier speziell die Fähigkeit, Veränderungen der Arbeitssituationen auf die eigene Berufsposition abzuschätzen und individuelle bzw. kollektive Eingriffsmöglichkeiten für die Gestaltung der Arbeitsverhältnisse zu erkennen und durchzusetzen (s.S. 285). Daraus resultiert für pädagogisch-didaktisch initiierte Lernprozesse eben nicht nur eine Anpassungsleistung in dem Sinne, Auszubildende einfach ein "unaufgeklärtes" Rationalisierungsverständnis zu vermitteln. Vielmehr ist der Zusammenhang von erwerbswirtschaftlicher Verwertungslogik und abstrakter, "künstlicher" Arbeit an EDV-Anlagen deutlich zu machen.

Soll kaufmännische Ausbildung mehr sein als eine "Reduzierung des Interesses auf inhaltsleere Erwerbsarbeit und Warenkonsum" (BOEHM 1982 b, 19), liegt der berufspädagogisch-didaktische Stellenwert moderner informations-technologischer Bürosysteme in der Unterrichtsarbeit an kaufmännischen Berufsschulen u.E. darin, den Auszubildenden deutlich und erfahrbar zu machen, daß die moderne Bürotechnik nicht die Organisationsstruktur der Büro- und Verwaltungsarbeit determiniert, und von daher nicht einfach ein Ausgeliefertsein an Technik besteht, sondern daß durch unterschiedliche Organisationsmöglichkeiten auch eigene Interessen bei der Gestaltung des Arbeitsplatzes eingebracht werden können. Damit Mitbestimmung über den eigenen Arbeitsplatz möglich wird, wären Kenntnisse der Nutzungsweisen der hard-ware mit in die kaufmännische Berufsausbildung einzubeziehen (vgl. MÜLLER 1982, 205). Daraus resultiert aber keineswegs die Notwendigkeit, kaufmännische Fachkenntnisse durch EDV-Kenntnisse zu reduzieren. Denn die Anwendungslogik der EDV-Anlagen ist gerade so konzipiert, daß ein Verständnis ihrer Funktionsweise für den Benutzer nicht erforderlich wird. Dies zeigt sich insbesondere daran, daß die erforderlichen EDV-Kenntnisse für die Benutzung der Geräte in relativ kurzer Zeit (von einigen Tagen bis zu einer Woche) durch Anlernkurse vermittelt werden können (vgl. GRÜNEWALD/KOCH 1981, 10; BAETHGE 1982, 154). Für die Erlernung von Bedienungssymbolen dürfte von daher kaum eine Notwendigkeit für den unterrichtlichen Einsatz moderner Bürotechnik zu legitimieren sein. Desweiteren wurde bereits herausgestellt, daß Arbeit an EDV-Anlagen aufgrund der immanenten Abstraktion jeden subjektiven Bezug zum inhaltlichen Arbeitsvollzug abtrennt und zu einem, von der logischen Funktionsweise der soft-ware abhängigen, "künstlichen" Prozeß degeneriert (s.S. 288 ff.). Weil Arbeit an automatisierten Systemen kaum mehr "bildende Gehalte" erkennen lassen (s.S.296f.)dürfte ein pädagogisch reflektierter didaktischer Einsatz moderner Bürotechnik in den kaufmännischen Berufsschulunterricht für die Vermittlung und Aneignung beruflicher Qualifikationen eher skeptisch zu beurteilen sein.

5.2.2 ENTBERUFLICHUNGSTENDENZ DER KAUFMÄNNISCHEN ERSTAUSBILDUNG

Der Funktionswandel und der Verlust beruflicher Qualifizierungschancen am Arbeitsplatz im Büro- und Verwaltungsbereich durch den technisch-organisatorischen Wandel der Bürokommunikation hat in der berufs- und wirtschaftspädagogischen Diskussion die Frage nach dem Sinn einer Beibehaltung der traditionellen kaufmännischen Berufsausbildung aufgeworfen. Nach FRANZKE (1978, 91) scheint mit der zunehmenden Verbreitung der EDV im Bürobereich "das Niveau einer dreijährigen kaufmännischen Berufsausbildung obsolet zu werden, weil diese entweder unter oder über dem Niveau jener Funktionsebenen liegt, die mit der Einführung der EDV an Bedeutung gewinnen." Gestützt auf die Annahme einer verstärkten Polarisierungs- und Dequalifizierungstendenz im Bürobereich sieht FRANZKE die meisten Bürotätigkeiten auf das Niveau von Anlerntätigkeiten absinken, "so daß eine systematische - dreijährige - Berufsausbildung schon von daher 'überflüssig' erscheinen muß" (a.a.O., 136).

Auch BOEHM (1982 b, 14) stellt im Zusammenhang einer Untersuchung zu den Beziehungen zwischen Angestelltenarbeit in der Industrie und beruflicher Ausbildung u.a. fest, daß die traditionelle kaufmännische Berufsausbildung "für das Gros der Bürotätigkeiten in der Industrieverwaltung fachlich nicht notwendig ist". Das Untersuchungsergebnis wirft bei BOEHM die Frage auf, ob es

"die Fortsetzung der kaufmännischen Ausbildung in der bisherigen Form rechtfertigt, oder ob nicht eine durch Allgemeinbildung angereicherte dreijährige Erstausbildung ebenso zur Ausübung von Bürotätigkeiten in der Industrie befähigen würde und zusätzlich durch ökonomische, politische und kulturelle Bildung zur Persönlichkeitsentwicklung der zukünftigen Angestellten beitragen würde, so daß diese der Reduzierung ihrer Persönlichkeit durch außerordentlich eng zugeschnittene Arbeitsaufgaben im Büro mehr Widerstand entgegensetzen würden." (BOEHM 1982 b, 14 f.).

FRANZKE und BOEHM gehen davon aus, daß mit der zunehmenden technisch-organisatorischen Rationalisierung im Büro- und Verwaltungsbereich allgemeinere Fähigkeiten, wie Flexibilität, analytisches Denken, Verhandlungsgeschick u.a. immer notwendiger werden und von daher in der beruflichen Erstausbildung stärkere allgemeinbildende Elemente einzubeziehen sind.

Ein vom DGB im August 1980 vorgelegtes Diskussionspapier "Zur Neuordnung der Berufsbildung im kaufmännischen und verwaltenden Bereich" (vgl. ZUR NEUORDNUNG ... 1980) versucht ebenfalls mit einem strukturellen Änderungskonzept allgemeinere fachliche und soziale Fähigkeiten zu fördern. Zentraler Punkt für die angestrebten Modifikationen der kaufmännischen Berufsausbildung sind die zwei zueinander komplementären Aspekte einer Veränderung der Zahl der Ausbildungsberufe und der Ausbildungsinhalte. Die fast 100 Ausbildungsberufe im kaufmännischen und verwaltenden Bereich sollen künftig auf folgende fünf Ausbildungsbereiche/ Grundberufe reduziert werden:

- Produktionsbereich
- Finanzbereich
- Verwaltungsbereich
- Umsatzbereich
- Verkehrs- und Nachrichtenbereich

Da im Rahmen der beruflichen Erstausbildung eine umfassende, fundierte Grundbildung angestrebt wird, um zu einer größeren Flexibilität beizutragen, sieht die Konzeption eine mindestens dreijährige Berufsausbildung vor, deren erster Abschnitt von zwei Jahren Dauer für alle fünf Grundberufe identisch sein soll. Nur im dritten Ausbildungsjahr soll eine spezielle Fachbildung getrennt für die fünf Bereiche vermittelt werden.

Die Reformvorstellungen bleiben bei der Frage der Organisation bislang wenig konkret:

"Die Zuordnung zu unterschiedlichen Lernorten (Schule, Betriebe, über- und außerbetriebliche Ausbildungsstätten) ergibt sich aus den zu vermittelnden Inhalten. Um die Vermittlung der Inhalte zu gewährleisten, ist ggf. ein Lernortverbundsystem zu schaffen." (ZUR NEUORDNUNG ... 1980, 253).

In diesen sehr allgemein gehaltenen organisatorischen Umsetzungsvorstellungen der DGB-Konzeption drückt sich zwar einerseits die Problematik der Lernorte für die berufliche Ausbildung aus, läßt aber andererseits explizite Anregungen für die Weiterentwicklung des dualen Systems vermissen. Aus dem DGB-Vorschlag läßt sich bisher lediglich "eine der einzelbetrieblichen Verfügung weitgehend entzogene, eher schulisch-theoretische Grundausbildung" ableiten (KOCH 1981, 3) und damit auch eine Tendenz zur Entberuflichung der kaufmännischen Erstausbildung.

Wie bereits allgemein betont wurde, wird in der berufs- und wirtschaftspädagogischen Diskussion zunehmend die Ansicht vertreten, daß an einer Vermittlung grundlegender langfristig verwertbarer berufspraktischer Qualifikationen innerhalb einer beruflichen Ausbildung festzuhalten sei (s.S. 284 f.) und die sich somit gegen einen zu weitgehenden Trend zur Entberuflichung wendet. Von daher interessieren in dem hier diskutierten Zusammenhang nun nicht so sehr die Probleme und Chancen, die mit dem strukturellen Neuordnungsvorschlag des DGB verbunden sind (vgl. hierzu insbes. GRÜNEWALD/KOCH 1981 a), sondern vielmehr die spezifischen Argumente, die gegen eine zu weitgehende Entberuflichung der Erstausbildung eingewendet werden können. Diese rekurrieren

a) auf dem handlungspsychologischen Konzept der Persönlichkeitsentwicklung;
b) auf dem Konzept wechselseitiger Interdependenzen von Bildungs- und Beschäftigungssystem;
c) auf Strategien betriebsspezifischer Qualifizierung;
d) auf berufspädagogische Zielvorstellungen.

<u>Zu a):</u> Die Entberuflichungstendenz der beruflichen Erstausbildung zugunsten allgemeinbildender Inhalte beruht vorwiegend auf der Unterscheidung zwischen "prozeßgebundenen" bzw. "berufsspezifischen" und "prozeßunabhängigen" bzw. "be-

rufsunspezifischen" Qualifikationen. Unter handlungspsychologischen Aspekten ist diese Aufspaltung der Qualifikationsanforderungen aber kaum haltbar (s.S. 119 f., 270f.) und ist in der neueren Industriesoziologie und der Arbeitswissenschaft bereits zugunsten eines entsprechenden psychologisch orientierten Qualifikaionskonzeptes aufgegeben worden (vgl. FEUERSTEIN 1980, 662). Denn "prozeßunabhängige" Qualifikationen, wie z.B. Flexibilität, logisches Denkvermögen, Entscheidungsfähigkeit, entstehen nicht von selbst, sondern entwickeln sich psychologisch aus relativ spezifischen Handlungsschemata über bildhafte und sprachliche Handlungsvorstellungen zu abstrakten, flexiblen und übertragbaren Qualifikationen (s.S. 220 ff.). Entberuflichung verstanden als ein Vorgang der Trennung von "berufsspezifischen" und "berufsunspezifischen" Qualifikationen führt zurück zur Trennung von Theorie und Praxis und damit zu einer "additiven" Bildungskonzeption für berufliches Lernen. Aus handlungstheoretischer Perspektive ist ein solches Verständnis abzulehnen, weil Denken als Metatätigkeit über praktisches Handeln anzusehen ist, d.h. Planen und Ausführen bilden weitgehend eine Einheit, die vor allem nur analytisch zu unterscheiden sind. Von daher können auch praktische Handlungen für den Aufbau von Denkschemata (Begriffe, Operationen) eine unterstützende Rolle spielen, und sie können insbesondere für den Lernenden bei Begriffsaufbauprozessen eine wesentliche Hilfe darstellen (vgl. Kap. 4.4.2).

Zu b): Es wurde bereits darauf hingewiesen, daß die moderne Technik der Bürokommunikation eine bestimmte Organisationsform (zentrale oder dezentrale) nicht präferiert und von daher durchaus Chancen für die Schaffung qualifizierter Arbeitsplätze im Büro- und Verwaltungsbereich bestehen (s.S. 284). Darüber hinaus dürfte auch weiterhin vor allem aus zwei Gründen ein Bedarf an beruflich qualifizierten Angestellten bestehen:

- Wie neuere empirische Untersuchungen zu bestätigen scheinen, werden insbesondere die marktnahen kaufmännischen Aufgabenbereiche (z.B. Einkauf, Verkauf) in ihrem fachlich-inhaltlichen Kern von der neuen Bürotechnik wenig berührt (vgl. GRÜNEWALD/KOCH 1981 a, 16).
- Es kann davon ausgegangen werden, daß die Unternehmen aus betriebswirtschaftlichen Erwägungen heraus eine Flexibilität ihrer Arbeitsorganisation sicherstellen wollen. Allein durch organisatorisch-technische Veränderungen kann dieses Ziel kaum erreicht werden. Vielmehr dürften gerade erst qualifizierte kaufmännische Mitarbeiter dem Unternehmen zu einem ständigen dynamischen Anpassungsprozeß an die Außenbedingungen verhelfen, und fachliche Qualifikationen sind zum Teil auch Vorraussetzung dafür, daß Störungen im Arbeitsablauf ohne größeren Organisationsaufwand behoben werden können (vgl. BÜCKER-GÄRTNER/KNICKER 1982, 87).

Fehlen aber dem in das Erwerbsleben eintretenden Angestellten verwertbare berufspraktische Qualifikationen, könnten sich die Unternehmen veranlaßt sehen, "vermehrt sogenannte 'Jedermann-Arbeitsplätze' ohne spezifische fachliche Anforderungen und mit reduziertem Handlungsspielraum einzurichten" (GRÜNEWALD/KOCH 1981 a, 15; vgl. auch KOCH 1981, 3).

<u>Zu c):</u> Wird die Vermittlung berufspraktischer Qualifikationen, die nach Abschluß der beruflichen Erstausbildung auch zu selbständiger produktiver Arbeit befähigen sollen, an die in das Erwerbsleben eintretenden Angestellten durch das Bildungssystem vernachlässigt, dürften die Unternehmen nicht nur mit entsprechenden "Jedermann-Arbeitsplätzen" reagieren, sondern auch mit Strategien betriebsspezifischer Qualifizierung. Im Gegensatz zu institutionalisierten und formalisierten Bildungsprozessen im Bildungssystem müssen bei

betriebsspezifischen Qualifizierungsprozessen folgende Nachteile für die Arbeitenden befürchtet werden (vgl. FEUERSTEIN 1980, 665 f.; KOCH 1981, 3 f.):

- Beschränkung der Qualifikationsinhalte auf betriebs- und arbeitsplatzspezifische Handlungsanforderungen, die die Mobilität der Arbeitskräfte beschränken dürfte;
- betriebsinterner Ausleseprozeß, der die betriebliche Loyalität und den Anpassungsdruck der Arbeitskräfte erhöhen dürfte;
- keine formalen Qualifikationsabschlüsse, womit die Arbeitskräfte von weiterführenden Bildungseinrichtungen ausgeschlossen würden.

Zu d): Es wurde bereits des öfteren betont, daß aus berufspädagogischer Sicht die Absolventen einer kaufmännischen Erstausbildung auch die Fähigkeiten erwerben sollten, über die Gestaltung ihrer Arbeit(splätze) mitzubestimmen und die Auswirkungen technischer Veränderungen auf ihre Berufsposition zu erkennen. Bleiben aber die erworbenen Einsichten und Einstellungen über die Einsatzmöglichkeiten von Technik und ihren Auswirkungen auf die Arbeit ohne fundierte Sachkompetenz, muß befürchtet werden, daß sie praktisch relativ folgenlos bleiben. Sachkompetenz bedeutet hier die Kenntnis und Reflexion von konkreten Arbeitssituationen verknüpft mit betriebswirtschaftlichen und gesellschaftspolitischen Zusammenhängen. Berufspraktische Qualifizierungsprozesse dürften von daher auch aus dieser Perspektive nicht einfach aus einer beruflichen Grund- bzw. Erstausbildung ausgeblendet werden.

Es waren vor allem diese Bedenken, die in der aktuellen Diskussion zu der Auffassung führten, daß Entberuflichung der kaufmännischen Ausbildung nicht zu einer grundsätzlichen Ausweitung allgemeinbildender Inhalten führen dürfte, sondern nur in einem weitgehenden Verzicht auf das Beherrschen einzelner, isolierter Teilhandlungen bestehen könnte (z.B. Datenverarbeiten, Schreiben, Buchen, Verkaufen) zugunsten eines breiteren berufspraktischen kaufmännischen Aufgabenkomplexes, wie sie z.B. branchentypische Betriebsfunktionen darstellen könnten (vgl. GRÜNEWALD/KOCH 1981, 15). Unter Entberuflichung wird hier also nicht die Reduzierung von berufsspezifischen Inhalten zugunsten allgemeinbildender theoretischer Inhalte verstanden, sondern lediglich eine Entspezialisierung von berufspraktischen Qualifikationen zugunsten breiterer allgemeinerer berufspraktischer Kompetenzen. Wenn einerseits berufspraktische Qualifikationen als wesentliche Elemente einer kaufmännischen Erstausbildung erhalten bleiben sollen, der Arbeitsplatz im Büro- und Verwaltungsbereich aber andererseits seine Funktion als Lernort aufgrund der abstraktifizierten, "künstlichen" Arbeit durch die automatisierte Bürokommunikation zunehmend verliert, stellt sich die Frage nach einem geeigneten Lernort, der die Zusammenhänge von Arbeit und Lernen wieder ermöglicht, d.h. an dem die Verbindung von fachpraktischem und fachtheoretischem Lernen, von planender und ausführender Arbeit, die von einem handlungsorientierten Didaktikansatz impliziert werden, gewährleisten kann. BOEHM betont, daß daher für die Ausbildungssphäre das Zurückgehen auf eine überholte Entwicklungsstufe der Produktionstechnik bzw. der Büroarbeit zunehmend zum Regelfall werden dürfte:

"da der 'normale'Arbeitsprozeß mit seinen parzellierten Tätigkeiten immer weniger Lernchancen bietet, werden in Übungsfirmen und Lehrwerkstätten Tätigkeiten organisiert, die die Aneignung von Qualifikationen ermöglichen, die im 'normalen' Arbeitsprozeß nicht oder nicht mehr abgerufen werden." (BOEHM 1982, 168).

5.2.3 Organisatorische Realisierungsformen einer Integration von Arbeit und Lernen in der kaufmännischen Erstausbildung

Arbeit und Lernen in einem besonderen institutionellen Rahmen miteinander zu verbinden, wurde unlängst von einer Projektgruppe, die sich am Fachbereich Erziehungswissenschaften der Freien Universität Berlin gebildet hat, erprobt (vgl. PROJEKT "KAUFMÄNNISCHE LEHRLINGE" ... 1982). Ziel dieser berufspädagogischen Ausbildungskonzeption ist es, eine qualifizierte kaufmännische Berufsausbildung zu vermitteln, die einerseits das formale Ziel der Ablegung der Kaufmannsgehilfenprüfung anstrebt, und andererseits in bezug auf technisch-organisatorische Veränderungen versucht, "Fähigkeiten zur Mitbestimmung über die Verwendungssituation der Arbeitskraft" zu vermitteln (a.a.O., 213). Gegen die herkömmliche betriebliche Ausbildung wird eingewendet, daß sie die "Lehrlinge von Abteilung zu Abteilung, von Teilarbeit zu Teilarbeit (schickt)" (a.a.O., 210) und dadurch "die zentrale Funktion der Ausbildung, den Auszubildenden einen Überblick und ein Verständnis für die Zusammenhänge des betrieblichen Gesamtgeflechts zu vermitteln", nicht gewährleisten kann (a.a.O., 212). Gegenüber "der traditionellen Form des Einpaukens von Detailkenntnissen" (a.a.O., 210) auf der Basis eines Lernverständnisses "der Speicherung intellektuellen Wissens" (a.a.O., 216) wird ein Lernbegriff gesetzt, "der Lernen als umfassende persönliche Erfahrung beinhaltet, d.h. Arbeits-, Lern- und Lebenszusammenhang müssen Grundlage einer umfassenden Persönlichkeitsentwicklung sein" (a.a.O., 216). Der Ansatzpunkt für eine Integration von Arbeit und Lernen wird in veränderten Arbeitsbedingungen gesehen, die darauf abzielen, die traditionelle betriebliche Funktions- und Statushierarchie abzubauen:

"Damit ist gleichsam die Basis benannt, auf der eine Verbindung zwischen theoretischen und praktischen, allgemeinen und fachlichen, berufsübergreifenden und berufsspezifischen Qualifikationen denkbar erscheint. Nicht erfahrungsferne 'Verwissenschaftlichung' ist das Ziel, nicht 'Praxis', die sich erschöpft in der Anhäufung isolierten Fachwissens und Fachkönnens, sondern eine Arbeitsteilung, welche '... die Trennung und hierarchische Zuordnung von Denken und Tun, Planen und Ausführen, Lernen und (nur) Arbeit'[1] aufhebt." (PROJEKT "KAUFMÄNNISCHE LEHRLINGE" ... 1982, 215).

Diese längere und größtenteils aus Zitaten bestehende Skizzierung der berufspädagogischen Ausbildungskonzeption der Projektgruppe "Kaufmännische Lehrlinge" im Mehringhof dürfte ohne weiteres deutlich gemacht haben, daß es sich bei dieser Konzeption um einen praktischen Umsetzungsversuch handlungsorientierten Lernens innerhalb der kaufmännischen Berufsbildung handelt, deren Didaktikansatz hier in einem weitgehend geschlossenen theoretischen Bezugsrahmen erstmals explizit begründet wurde (vgl. Abschnitt 2 - 4).

Wie sehen nun aber die institutionellen, organisatorischen Realisierungsformen und die methodische Umsetzung einer Verbindung von Arbeit und Lernen in der kaufmännischen Berufsausbildung aus? Während auf die methodischen Möglichkeiten einer Verbindung von Arbeit und Lernen im folgenden Kapitel näher eingegangen werden soll, interessieren an dieser Stelle insbesondere die organisatorischen Realisierungsformen, d.h. die Lernortfrage eines handlungsorientierten Didaktikansatzes für die kaufmännische Berufsausbildung.

Grundsätzlich ließen sich didaktisch organisierte Arbeitshandlungen auch an betrieblichen Arbeitsplätzen durch eine entsprechende Reorganisierung der Arbeit, welche die Lernchancen an den Arbeitsplätzen wieder verbessern würden, re-

---

1) LEMPERT, W.: Zu einigen Problemen der Qualifikationsforschung. In: Tagungen und Expertengespräche zur beruflichen Bildung, H. 2, Berlin 1978.

alisieren. Doch ist diese Möglichkeit "nach den vorliegenden betriebssoziologischen Untersuchungsergebnissen nicht zu erwarten, zumal Arbeitsplätze in privaten Unternehmen nicht unter den Gesichtspunkten ihrer Eignung für berufliche Lernprozesse gestaltet werden" (KOCH 1981, 2). Von daher sind die geringeren Lernmöglichkeiten, die spezialisierte und technisierte Büroarbeitsplätze bieten, zu kompensieren durch andere Lernorte. Der traditionelle kaufmännische Berufsschulunterricht, der "Theorie" aufgrund seiner erfahrungsfernen "Verwissenschaftlichung" in Mißkredit gebracht hat (vgl. BOEHM 1982 a, 82), dürfte den berufspraktischen Erfahrungsverlust kaum ausgleichen können (vgl. Kap. 4.3.2). Ein Lernort, in dem Lernen durch Arbeit didaktisch für die kaufmännische Berufsausbildung organisiert werden kann, ist das Simulationsbüro. Der Lernort "Simulationsbüro" kann als ein dynamisches Modell eines Wirtschaftsunternehmens für Ausbildungszwecke im kaufmännisch-verwaltenden Bereich aufgefaßt werden (s.S. 14 ff.).

Nun ist es aber leicht einsehbar, daß der Ernstcharakter realer Arbeitshandlungen und damit die Motivation der Auszubildenden abnimmt, wenn im Simulationsbüro nur fiktiv gearbeitet wird, d.h. ohne wirkliche Beteiligung an einem realen Marktgeschehen. Aus diesem Grunde wurde von der Projektgruppe "Kaufmännische Lehrlinge"im Mehringhof die Gründung eines eigenen, real am Markt operierenden Simulationsbüros betrieben. Die Auszubildenden führen in diesem Ausbildungsbetrieb durch teilautonome Arbeitsgruppen weitgehend selbständig und eigenverantwortlich Handelsgeschäfte am Markt durch und wickeln diese bürotechnisch und verwaltungsmäßig ab. Simulationsbüros, in denen erfahrungsorientierte Lernsituationen mit Ernstcharakter organisiert werden, dürften jedoch innerhalb der kaufmännischen Erstausbildung vorerst nur Pilotfunktion zukommen. Vielmehr dürfte eine Verbindung von Arbeit und Lernen im Simulationsbüros eher durch fiktive Geschäfte gekennzeichnet sein.

Varianten	*Charakter des Lernens*
- Simulationsbüro als selbständiges Unternehmen operiert unter Konkurrenzbedingungen auf dem Markt	real in Ernstsituationen
- Simulationsbüro als kaufmännischer Teil einer gewerblichen Lehrwerkstatt	↓
- Simulationsbüro im fiktiven Geschäftsverkehr mit anderen Simulationsbüros (z.B. über den "Ring deutscher Übungsfirmen")	↓
- Simulationsbüro ohne äußere Kontakte zu anderen Lernorten (= geschlossenes Modell)	fiktiv in Scheinsituationen

Abb. 18: Varianten des Lernortes "Simulationsbüro" in bezug auf den Ernstcharakter des Lernens

Wie die Abb. 18 zeigt, kann aber auch ein Simulationsbüro die kaufmännischen Funktionen für eine gewerbliche Lehrwerkstatt übernehmen. Eine solche Variante einer Zusammenarbeit von Simulationsbüro und gewerblicher Lehrwerkstatt läuft seit einigen Jahren mit gutem Erfolg als Versuch in der Zahnradfabrik Friedrichshafen AG (vgl. FIX 1980). Denkbar wäre eine solche Variante aber auch an Bündelschulen im berufsbildenden Bereich bzw. bei überbetrieblichen Ausbildungsstätten. Damit wäre aber zugleich auch auf das bildungspolitisch brisante Problem der Trägerschaft des Lernortes "Simulationsbüro" verwiesen. Denn das Simulationsbüro könnte sowohl unter der Kontrolle einer kaufmännischen Berufsschule als auch eines Betriebes bzw. nach § 22 Abs. 2 des Berufsbildungsgesetzes eines Betriebsverbundes (überbetriebliches Simulationsbüro) stehen. Um die Trägerschaft eines Simulationsbüros deutlich zu machen, schlagen wir folgende begriffliche Unterscheidung vor:

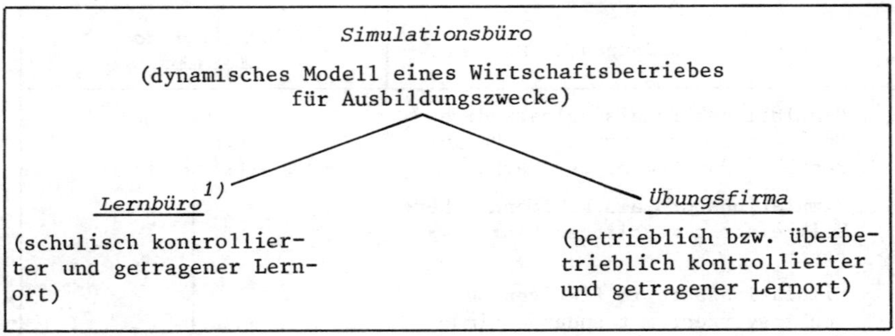

Abb. 19: Begriffliche Differenzierung des Lernortes "Simulationsbüro" in bezug auf die Trägerschaft

Insbesondere für die Berufsvorbereitung und die rein schulisch vermittelte Berufsgrundbildung im Berufsfeld "Wirtschaft und Verwaltung" dürfte ohnehin ein Simulationsbüro an kaufmännischen Berufsschulen unter der Perspektive einer handlungsorientierten Didaktikkonzeption für berufliches Lernen unentbehrlich sein. Aber auch innerhalb einer beruflichen Erstausbildung im dualen System könnte die Schule die Trägerschaft für ein Simulationsbüro übernehmen. Damit würden sich allerdings die Gewichte einer kaufmännischen Berufsausbildung vom Betrieb auf die Schule verlagern. Für die Anbindung des Simulationsbüros an die Schule bzw. an einen Betrieb bzw. Betriebsverbund sprechen unter berufspädagogischen Aspekten jeweils institutionelle Vorteile (vgl. Abb. 20), die abzuwägen wären.

Die Qualität eines handlungsorientierten Lernens im Simulationsbüro in bezug auf die Aneignung berufspraktischer Qualifikationen dürfte letztlich sowohl von der Variationsform, d.h. vom Bezug des Ernstcharakters des Lernens, von der räumlichen und technischen Ausstattung und von der didaktisch-methodischen Konzeption des Simulationsbüro abhän-

1) Vgl. auch HALFPAP 1980, 281 ff.

Schule	*Betrieb bzw. -sverbund*
- durch pädagogisch-didaktisch qualifizierte Lehrer stärkere Berücksichtigung spezifischer Entwicklungsbedingungen der Auszubildenden	- durch erfahrene Ausbilder eher bessere inhaltliche Korrespondenz von praktischer und theoretischer Ausbildung möglich, d.h. keine Trennung von Praxis- und Theorielehrer
- Zusammenhang von Arbeit und Lernen kann eher in kritischer Distanz aufgearbeitet werden, d.h. bestimmte strukturelle Arbeitsbedingungen können eher auf ihre "bildenden Funktionen" hin erprobt werden	- enge Verbindung zum realen Marktgeschehen über die beteiligten Betriebe sichert ein eher praxisnahes Arbeiten und Lernen
- geringe Gefahr einer einseitigen, auf bestimmte spezifische Betriebsinteressen zugeschnittenen Ausbildung	- kaum bürokratische Hemmnisse bei Variationsformen, die eine Zunahme des Ernstcharakters des Lernens fördern

Abb. 20: Institutionsspezifische Vorteile einer Zuordnung des Simulationsbüros

gig sein. Aufgrund des geringen organisatorischen-rechtlichen und didaktisch-curricularen Entwicklungsstandes des Simulationsbüros dürfte es aber bislang kaum möglich sein, in dieser Ausbildungsstätte bereits einen Lernort zu sehen, "der die berufliche Bildung des Kaufmanns an einem einzigen Lernort zuläßt ..." (KUTT/SELKA 1981, 27) und dies dürfte - wie weiter unten ausgeführt wird - aus berufspädagogischer Sicht auch wenig sinnvoll sein.

Zur Zeit zielen Überlegungen darauf ab, zu erproben, welchen komplementären Beitrag Simulationsbüros für die kaufmännische Erstausbildung liefern können. Ein vom Bundesinstitut für Berufsbildung geplanter Modellversuch favorisiert für diesen Zweck eine Variationsform, die auf eine Verbindung von kaufmännischer und gewerblicher Ausbildung zielt, also ein Simulationsbüro als kaufmännischer Teil einer gewerblichen Lehrwerkstatt, unter einer betrieblichen bzw. überbetrieblichen Form der Trägerschaft. Diese Übungsfirmen könnten nach KUTT/SELKA (1982, 98) folgende kaufmännischen Aktivitäten übernehmen:

"- Verkauf, Kalkulation, Fertigungsplanung (sowie sonstige kaufmännische Funktionen) von Produkten der eigenen gewerblichen Ausbildung im Rahmen des Belegschaftsverkaufs (Gebrauchsgüter für private Haushalte).

- Auftragsabwicklung (mit allen kaufmännischen Funktionen) einschließlich Verrechnung von produktiven Bestellungen des eigenen Betriebes an die Übungsfirma (z.B. Werkzeuge, Sonderanfertigungen) zur Herstellung für die gewerblichen Auszubildenden.

- Abrechnungen von produktiven Arbeiten der gewerblichen und kaufmännischen Auszubildenden in den Fachabteilungen des Mutterbetriebes über die Übungsfirma. Die Übungsfirma 'verleiht' ihre 'Mitarbeiter' an den Betrieb.

- Ausweitung der genannten Aktivitäten auf andere Übungsfirmen, indem die Produkte untereinander verkauft werden und damit der Markt ausgedehnt wird. (Bilaterale Geschäftsbeziehungen der Übungsfirmen untereinander)."

Die "überbetriebliche Übungsfirma", die nach KUTT/SELKA (1982, 98) z.B. in der Trägerschaft der Industrie- und Handelskammer stehen könnte, "könnte die 'Handelsunion' für eine Vielzahl gewerblicher Ausbildungsstätten einer Region sein." Die in den gewerblichen Lehrwerkstätten hergestellten Produkte könnten von der Übungsfirma aufgekauft bzw. in Kommission genommen und weiterveräußert werden. Sonderanfertigungen ließen sich über die Übungsfirma ausschreiben.

Als ergänzende Beiträge, die Übungsfirmen zur kaufmännischen Erstausbildung leisten könnten und die mit dem Projekt festgestellt werden sollen, werden angesehen (vgl. KUTT/SELKA 1982, 99):

- Erweiterung der sozialen und kommunikativen Fähigkeiten der Auszubildenden;

- Erweiterung spezifisch kaufmännischer Fähigkeiten und des wirtschaftlichen Denkens der Auszubildenden;
- Erzielung eines "nennenswerten Beitrages" zur Reduzierung der Ausbildungskosten durch ein entsprechendes Ausmaß der wirtschaftlichen Aktivitäten.

Desweiteren soll festgestellt werden, welche inhaltlichen, organisatorischen, zeitlichen und personellen Rahmenbedingungen für diese komplementären Beiträge einer Übungsfirma zur kaufmännischen Erstausbildung erfüllt sein müßten.

Tritt neben dem spezifischen Lernort "Unterrichtsraum" in der Schule und dem spezifischen Lernort "Arbeitsplatz" im Betrieb als ergänzender dritter Lernort das Simulationsbüro für eine kaufmännische Erstausbildung hinzu, ergibt sich aus einem solchen Lernortverbund ein didaktisch-curriculares Verknüpfungs- und Abstimmungsproblem zwischen den beteiligten Lernorten, sowie das Problem einer organisatorisch-rechtlichen Regelung der Zeitanteile der beteiligten Lernorte an der beruflichen Bildung. Zum ersten Problemkreis, des didaktisch-curricularen Verknüpfungszusammenhangs der Lernorte, wird in der Projektskizze von KUTT/SELKA nichts erwähnt.

Auf der Basis eines handlungsorientierten Didaktikansatzes für berufliches Lernen und unter der Prämisse des Bedeutungsverlustes des Arbeitsplatzes als Lernort im kaufmännisch-verwaltenden Bereich durch den technisch-organisatorischen Wandel der Büroarbeit wäre folgende inhaltliche Verknüpfung der Lernorte denkbar:

- Im Simulationsbüro erfolgt eine allgemeine berufspraktische Qualifizierung durch die didaktisch-methodisch organisierte und reflektierte Verbindung von Arbeit und Lernen, von Praxis und Theorie.

- Am Arbeitsplatz im Büro- und Verwaltungsbereich privater Unternehmen könnten erste Erfahrungen mit Arbeit gesammelt werden, die unter erwerbswirtschaftlich orientierten Bedingungen organisiert ist. Hier ließe sich auch durch Anlernkurse ein Umgang mit der modernen Bürotechnik vermitteln.
- Im Unterrichtsraum in der Schule könnten auf der Grundlage der Erfahrungen, die einerseits im Simulationsbüro mit Arbeitsprozessen auf der Grundlage eines breiten Handlungsspielraumes, der Planungs-, Durchführungs- und Kontrollprozesse einschließt, gesammelt werden, mit den Erfahrungen, die andererseits aus durchrationalisierter Arbeit im Betrieb stammen, aufgearbeitet und reflektiert werden.

Während die Ausbildungsordnungen für kaufmännische Berufe im wesentlichen die inhaltliche Grundlage der Arbeit im Simulationsbüro darstellen könnten, müßten am Arbeitsplatz in den privaten Unternehmen insbesondere die Vermittlung von Kenntnissen der hard-ware von EDV-Anlagen und für den Unterricht in der Berufsschule vor allem der Zusammenhang von Arbeit und Ökonomie ausbildungsleitend sein. Dabei wären im Berufsschulunterricht die ökonomischen Vorteile, die ein streng durchorganisierter, arbeitsteiliger Produktions- und Informationsverarbeitungsprozeß ermöglicht (z.B. Preissenkung, höherer materieller Wohlstand, Arbeitszeitverkürzung), mit den deformierenden Auswirkungen der Arbeitsteilung auf die Persönlichkeit der Arbeitenden zu einem fruchtbaren dialektischen Erkenntnisprozeß zu verbinden. Auf dieses Ziel hin wären für die Unterrichtsfächer Betriebs- und Volkswirtschaftslehre und Politik Curriculumelemente zu konzipieren.

Ein solches, hier unter inhaltlichen Gesichtspunkten skizziertes, handlungsorientiertes Lernortverbundsystem für die kaufmännische Berufsausbildung dürfte den berufspädagogischen Postulaten nach "beruflicher Tüchtigkeit" und "Mündigkeit" sicherlich eher gerecht werden, als die bisherigen Vorschläge zu einer Modifizierung der beruflichen Bildung (s.S. 261) bzw. die spezifischeren Reformvorstellungen zur kaufmännischen Erstausbildung (vgl. insbes. Kap. 5.2.2).

5.3 Lernprozesse im Simulationsbüro unter der Perspektive eines handlungsorientierten Didaktikansatzes für berufliches Lernen

Standen bisher organisatorische Realisierungsformen einer Umsetzung eines handlungsorientierten Didaktikansatzes für berufliches Lernen im Vordergrund, soll hier auf die methodischen Aspekte einer Verbindung von Arbeit und Lernen im Simulationsbüro eingegangen werden. Dabei wird von einem Simulationsbüro ausgegangen, das innerhalb eines Ringes im fiktiven Geschäftsverkehr mit anderen Simulationsbüros steht, weil diese Variationsform a) zur Zeit für die kaufmännische Aus- und Weiterbildung dominieren dürfte und b) immerhin noch einen gewissen "marktnahen" Rückkoppelungsmechanismus sichern kann.[1)]

Aus dem bisherigen Diskussionszusammenhang dürfte deutlich geworden sein, daß sich eine praxisnahe Berufsausbildung letztlich nur am Arbeitsplatz realisieren läßt. Soll am Arbeitsplatz die angestrebte Integration von Arbeit und Lernen erreicht werden, setzt dies gewisse lernrelevante

---

1) Es wäre zu wünschen, daß durch entsprechende Modellversuche vor allem solche Varianten für die kaufmännische Ausbildung erprobt werden, die eine Verbindung von Arbeit und Lernen in Ernstsituationen erlauben. Dabei müßten auch die Berufsschulen stärker in Modellversuchen eingebunden werden, die eine Verbindung von gewerblich-technischer und kaufmännisch-verwaltender Berufsausbildung unter einem handlungsorientierten Didaktikkonzept intendieren.

Merkmale der am Arbeitsplatz auszuführenden Arbeitshandlungen voraus (s.S. 252). Dies bedeutet, daß im Simulationsbüro Lernprozesse insbesondere dann zu erwarten sind, wenn der oben herausgearbeitete idealtypische Kriteriensatz persönlichkeitsfördernder Anforderungen an Arbeitshandlungen weitgehend gewährleistet werden kann. Damit würden aber bereits die üblichen Definitionen des Simulationsbüros unter einem handlungsorientierten Didaktikansatz zu kurz greifen, wenn man in diesem Lernort einfach "ein möglichst naturgetreues Modell der betrieblichen Praxis" (DIEMER 1975, 58) bzw. "die Nachbildung der Verwaltungsgesamtheit einer realen Unternehmung am Modell ..., wobei vor allem die aufbau- und ablauforganisatorischen Bedingungen vereinfacht worden sind" (ZIMMERMANN 1982, 11), sieht. Denn es kommt eben nicht darauf an, daß "in einer Übungsfirma praxisgerecht gearbeitet (wird) wie in den Unternehmen einer Marktwirtschaft" (ZIMMERMANN 1979, 244; vgl. auch FISCHER 1982, 673), sondern daß in solchen Formen gearbeitet wird, in denen ein "Lernen im Arbeitsvollzug" am ehesten gewährleistet erscheint. In der gegenwärtigen Diskussion um das Lernen im Simulationsbüro fehlt noch jede Auseinandersetzung mit dem Problem der "bildenden Gehalte" von Erwerbsarbeit bzw. der Humanisierung der Arbeit.

Eine handlungsorientierte Didaktikkonzeption für berufliches Lernen erweitert bzw. präzisiert auch die Vorstellungen von berufspädagogisch gestalteten Arbeitsplätzen, an denen im Simulationsbüro "Lernprozesse initiiert und eigenaktiv gesteuert werden" (FISCHER 1982, 673). Denn eine Pädagogisierung des Arbeitsplatzes bezog sich bislang vorwiegend auf einen gesteuerten Arbeitsanfall, gesteuerte Zeitvorgaben, besondere personelle Betreuung und Sicherheitsvorkehrungen (vgl. MÜNCH/KATH 1977, 76; SCHMIEL 1976) und umfaßte noch keine inhaltlich ausdifferenzierten Kriterien für lernwirksame Arbeit.

Lernen unter handlungsorientierten Gesichtspunkten führt daher zu zwei wesentlichen Modifizierungen im Verständnis des bisherigen "Lernens" im Simulationsbüro:

1. Den kognitions- und lerntheoretischen Implikationen eines handlungsorientierten Ansatzes der Persönlichkeitsentwicklung (s.S. 113, 119 f.) steht noch weitgehend eine "dualistische" Sichtweise von "praktischem" und "theoretischem" Lernen gegenüber. So formuliert HOPF (1976, 138): "Bürosimulation ist nur dann didaktisch gerechtfertigt, wenn es sich um die Phase der Stoffanwendung handelt". Nach wie vor wird die Arbeit im Simulationsbüro vor allem darin gesehen, "die in der Schule erworbenen theoretischen Kenntnisse praktisch (anzuwenden)" (DIEMER 1975, 58; vgl. auch ZIMMERMANN 1979, 245; FISCHER 1982, 672). Von daher werden auch die insbesondere von HOPF (vgl. 1976, 128 ff.; dies. 1977, 162 f.) vorgeschlagenen Grundmodelle der Bürosimulation als methodische Formen für die Anwendung kaufmännischer Kenntnisse aufgefaßt, die nach dem Kriterium wachsender Komplexität unterschieden werden können (vgl. auch ZIMMERMANN 1979, 243). Aus einer handlungspsychologischen Sicht der Persönlichkeitsentwicklung geht es jedoch nicht nur um die Anwendung von Wissen, sondern auch darum, daß sich mit praktischen Handlungen erste kognitive Orientierungen auf unterschiedlichen Niveaus aufbauen und ausdifferenzieren lassen und in Verbindung mit sozialen Prozessen sich Begriffe durch praktisches Tun ausformen können (s.S. 224, 230 ff.), und somit praktisches Handeln zu neuen Denkprozessen führen kann. Diese Verknüpfung von Tun und Denken gilt es methodisch zu organisieren, wobei die von HOPF vorgeschlagenen Grundmodelle in diesem Zusammenhang lediglich den Status von Organisationsformen annehmen.

2. Da eine berufspraktische Qualifizierung der Schüler in

erster Linie über die didaktisch-methodischen Prinzipien der Konzentration, Selbständigkeit, Praxisnähe, Anwendung und Übung des in den theoretischen Fächern Gelernten verfolgt wird (vgl. ZIMMERMANN 1979, 245; FISCHER 1982, 672), und weniger der Aufbau von Wissen selbst durch die Verbindung von Arbeit und Lernen angestrebt wird, spielen auch die inhaltlichen Qualitäten, d.h. der Handlungsspielraum der Arbeitshandlungen eine geringe Rolle. Im Mittelpunkt der Aufbau- und Ablauforganisation steht die Stellenbeschreibung, die die Grundlage für den individuellen Lernprozeß bildet und die vom Lernenden beherrscht werden soll, ehe er die Stelle wieder verläßt (vgl. FISCHER 1982, 673; KUTT/SELKA 1981, 29). Dieses stellenbezogene Lernen führt zur Einübung isolierter Teilhandlungen und dürfte eine Fähigkeit zur passiven Anpassung und zum Arbeiten nach vorgegebenen Mustern fördern.Vielmehr müßten ganzheitliche Handlungszusammenhänge, die ein problemlösendes Denken und soziale Bezüge involvieren, am Arbeitsplatz im Simulationsbüro dominieren.

Weil aus einer "falsch" verstandenen Realitätsnähe häufig einfach die aufbau- und ablauforganisatorische Gestaltung der Arbeitsplätze - inclusive der Stellenbeschreibungen - von sogenannten Patenfirmen in das Simulationsbüro übertragen werden (vgl. KUTT/SELKA 1981, 29), ist das praktische Handeln durch die organisatorischen Maßnahmen oft bereits so weit zerstückelt, daß es schnell habitualisiert werden kann und damit die Arbeitsvorgänge zur Routine werden. Dies dürfte aber zugleich in zweifacher Hinsicht dysfunktional wirken: a) in bezug auf eine allgemeine berufspraktische Qualifizierung und b) in bezug auf die "bildende Weise" des Tuns.

Zu a): Es wurde bereits herausgestellt, daß im Zuge der Entberuflichungsdiskussion der kaufmännischen Berufsausbildung zunehmend die Ansicht vertreten wird, daß es zukünftig nicht mehr so sehr auf das Beherrschen einzelner Teilhandlungen ankommt, weil diese Gegenstand der Automatisierungsbestrebungen sind, sondern vielmehr auf breitere berufspraktische Kompetenzen, wie sie z.B. branchenbezogene Betriebsfunktionen darstellen könnten (vgl. Kap. 5.2.2). Eine stellenbezogene, vorwiegend auf routinisierte Erledigung der Arbeitsvorgänge zielende Ausbildung im Simulationsbüro unterläuft diese zunehmend bedeutsamere Qualifizierungsperspektive für die kaufmännische Erstausbildung.

Zu b): Der für den hier diskutierten pädagogisch-didaktischen Aspekt des Lernens im Simulationsbüro jedoch wichtigere Einwand gegenüber dem herkömmlichen Arbeiten an diesem Lernort ergibt sich jedoch aus dem Zweifel an dem lernwirksamen Wert eines bereits weitgehend vorstrukturierten und in Beschreibungen und Anweisungen fixierten Tuns. Bereits DEWEY (zit. nach 1964, 195) wies darauf hin, daß "Routine keine Möglichkeiten außer dem Herkömmlichen (kennt)", und sie läßt "die Einzelbeziehungen der Handlungen und ihrer Folgen außer acht". In die handlungstheoretische Terminologie übersetzt bedeutet dies, daß der hierarchische Inbeziehungssetzungsprozeß der Dinge mittels der Handlungsschemata und ihrer begleitenden kognitiven Steuerungsfunktionen (z.B. durch entsprechende Begriffshierarchien) in fixierten abrufbaren Plänen bei dem Handelnden bereits fertig vorliegen, und somit das praktische Tun keine weiteren gedanklichen Antizipations- und Reflexionsprozesse mehr erforderlich macht. Kognitives Strukturlernen, d.h. eine Ausdifferenzierung von Gedächtnisinhalten durch Um- und Neustrukturierungen von Handlungs-, Begriffs- und Denkschemata, dürfte mit einem routinemäßigen Tun kaum verbunden sein (s.S. 224, 243 ff.). Eine weitere didaktische Gefahr bei einem weitgehend arbeitsteilig organisierten Handeln im Simulationsbüro dürfte darin liegen, daß vor allem arbeitsplatzspezifisches Handlungswissen aufgebaut wird und ein Einbezug anderer Wissenssegmente aufgrund der geringen Problemhaltigkeit zum Handeln-Können nicht nötig wird und dadurch unterbleibt. Kommt dann noch hinzu, daß eine soziale Auseinandersetzung über das Tun am Arbeitsplatz nicht stattfindet, kann das Handeln schnell zum bloßen unverstandenen Nachmachen führen, verkommt es zum einfachen Anlernvorgang.

Wie lassen sich nun aber die intendierten Lernzusammenhänge von praktischem und theoretischem Lernen, die vor allem einerseits durch eine Integration von psychologischem Alltagswissen (Handlungswissen) und wissenschaftlichem Wissen sowie andererseits durch eine Integration von planender und ausführender Arbeit anzustreben sind, methodisch im Simulationsbüro realisieren? U.E. dürfte eine solche Zielsetzung insbesondere mit Projekten und Fallstudien zu verwirklichen sein[1)]. Denn mit der Projekt- und der Fallmethode kann noch am ehesten

- an den Erfahrungen und den Interessen der Auszubildenden angeknüpft werden;
- ein problemorientiertes ganzheitliches Lernen und Handeln erreicht werden, das sowohl den Einbezug wissenschaftlichen Wissens zur Problemlösung, als auch einen breiten Handlungsspielraum (Planung, Durchführung, Kontrolle) gewährleisten kann;
- durch kooperative Planung, Durchführung und Bewertung des Tuns ein ständiger Sozialbezug des Lernens und Handelns sichergestellt werden;
- Verantwortungsbereitschaft, Selbständigkeit und Entscheidungsfähigkeit entwickelt werden.

---

1) Zur Projektmethode vgl. z.B. KAISER/KAISER 1977; FREY 1982 und zur Fallmethode z.B. KAISER 1976, insbes. 51 ff.

Eine im Simulationsbüro praktizierte projektorientierte kaufmännische Ausbildung erfolgt nach unserer Kenntnis bislang in dem Simulationsbüro "Ökotopia", das als selbständiges Handlungsunternehmen auf dem Markt konkurriert und die Ausbildungsstätte der Projektgruppe "Kaufmännische Lehrlinge" im Mehringhof bildet (vgl. PROJEKT "KAUFMÄNNISCHE LEHRLINGE" ... 1982). Ferner wird die Projektmethode eingesetzt im Simulationsbüro der Zahnradfabrik Friedrichshafen AG, das - wie bereits erwähnt - als kaufmännischer Teil der gewerblichen Lehrwerkstatt fungiert (vgl. FIX 1979; ders. 1980).

In der Ausbildungsstätte "Ökotopia" wird die Planung, Durchführung und Bewertung eines Handelsgeschäftes, das alle wesentlichen kaufmännischen Handlungen umfaßt, wie Produktsuche und -auswahl, Kalkulation, Abwicklung, Lagerung, Verkauf sowie alle damit verbundenen Korrespondenz- und Buchführungsvorgänge, als Projekt angesehen.

"Für die konkrete Ausbildungs- und Lernsituation bedeutet es, daß die Lehrlinge nicht entlang eines zeitlich gegliederten Ausbildungsplans, der die organisatorische Struktur eines Betriebes abbildet, von Abteilung zu Abteilung geführt (werden), ..., sondern daß der Auszubildende alle Planungs-, Abwicklungs- und Kontrollvorgänge von Beginn bis zum Abschluß eines Projektes nacheinander in ihrer funktionalen und logischen Abfolge bearbeitet." (PROJEKT "KAUFMÄNNISCHE LEHRLINGE" ... 1982, 218).

Die Auszubildenden stellen bei der Durchführung eines Handelsgeschäftes zusammen mit einem Ausbilder als Berater eine teilautonome Gruppe dar, die selbst über eine eigene materielle Basis verfügt, die die Rahmenbedingung bei der Wahl des Projektes abgibt.

Während die teilautonomen Gruppen in der Ausbildungsstätte "Ökotopia" gewissermaßen ein "Handelsunternehmen im Miniaturformat" darstellen, bildet die Übungsfirma der Zahnradfabrik Friedrichshafen AG als ganzes "ein selbstlernendes

System" (FIX 1980, 91), d.h. die Übungsfirma versteht sich selbst als ein Projekt. Geplant, koordiniert und kontrolliert wird gemeinsam in der "Geschäftsleitung" und zur Durchführung und Abwicklung der einzelnen Aufgaben werden diese auf folgende drei kaufmännische Funktionsbereiche verteilt und hier von den Auszubildenden realisiert:

- Markt und Werbung: Beschaffung, Absatz, Marketing
- Fertigungsvorbereitung, Terminüberwachung, Auslieferung
- Rechnungswesen

Die Übungsfirma bildet gemeinsam mit der gewerblichen Lehrwerkstatt, die die Fertigungsabteilung darstellt, ein Produktionsunternehmen. Der Markt wird von der Belegschaft der Zahnradfabrik Friedrichshafen AG gebildet. Produkte, die durch Ideenwettbewerb kreiert und nach eingehenden Marktanalysen hergestellt und verkauft werden, sind z.B. Schraubstöcke, Handluftpumpen, Kerzenständer, Blumenwaagen, Grillbestecke. Produktkalkulationen bezogen auf ihren Deckungsbeitrag sowie die Ermittlung des Betriebsergebnisses stellen die wesentlichsten kaufmännischen Kontroll- und Entscheidungsgrundlagen dar.

Zur Aufarbeitung spezifischer konkreter Problemstellungen, die sich u.a. aus einem Projektablauf ergeben können (z.B. rechtlicher, finanzieller oder kalkulatorischer Art), dürfte sich die Fallmethode eignen. Bei der Fallmethode werden die Auszubildenden mit einem realen Fall bzw. Problem konfrontiert und haben die Aufgabe, adäquate Lösungsmöglichkeiten zu suchen, sich für eine begründete Lösungsalternative zu entscheiden und die getroffene Entscheidung zu testen. Dabei kommt es insbesondere darauf an, das Problem gedanklich zu erfassen und zu analysieren, Informationen einzuholen, Vermutungen bzw. Hypothesen über mögliche Lösungen zu entwickeln und die gefundene Lösung zu prüfen.

Neben diesen Methoden, die eine Integration von Arbeit und Lernen ermöglichen, sollten zur Unterstützung der Vermittlung von sozialen Qualifikationen, insbesondere der kommunikativen Kompetenzen, Rollen- und Planspiele im Simulationsbüro treten (vgl. Kap. 4.5).

Bei den oben skizzierten Beispielen einer Realisation der Projektmethode im Simulationsbüro handelt es sich um kaufmännische Ausbildungsstätten, die ein Lernen in Ernstsituationen verfolgen und daher noch weitgehend Modellcharakter haben dürften. Innerhalb der kaufmännischen Erstausbildung und der Weiterbildung dominiert aber zur Zeit die Variationsform eines Simulationsbüros, das im "Ring deutscher Übungsfirmen" eingebunden ist und wo eine berufspraktische Qualifizierung vorwiegend in Scheinsituationen erfolgt. Nun mag es z.B. aus motivationaler Sicht sicherlich sinnvoller sein, handlungsorientiertes Lernen in Ernstsituationen zu organisieren als in Scheinsituationen. Aber in beiden Fällen wären jeweils die Arbeitshandlungen didaktisch so zu gestalten, daß sie ein Höchstmaß an Lernpotentialen beinhalten. Dabei dürfte das bisher vorherrschende "stellenorientierte Arbeiten" in einer festgelegten Aufbau- und Ablauforganisation nur geringe lernrelevante Wirkungen besitzen und Arbeit sollte daher im Simulationsbüro durch die hier vorgeschlagenen Methoden didaktisch gestaltet werden. Aus dieser Perspektive kann abschließend das Simulationsbüro als ein dynamisches Modell eines Wirtschaftsunternehmens definiert werden, in dem für berufspraktische Qualifizierungsprozesse im kaufmännisch-verwaltenden Bereich vor allem Arbeitshandlungen didaktisch so organisiert werden, daß ein Höchstmaß an Lernwirksamkeit erwartet werden kann.

6. Zusammenfassung

Das Ziel dieser Arbeit bestand darin, eine didaktische Grundlegung für den Lernort Simulationsbüro im kaufmännisch-verwaltenden Bereich zu erarbeiten. Aus dem theoretischen Begründungsrahmen sollten sich Antworten auf zwei bislang wenig reflektierte Probleme der kaufmännischen Berufsausbildung ableiten lassen:

1. Inwieweit kann unter pädagogisch-didaktischem Aspekt die berufspraktische Qualifizierung innerhalb einer kaufmännischen Erstausbildung vor dem Hintergrund des technisch-organisatorischen Wandels der Büroarbeit weiterhin überwiegend am betrieblichen Arbeitsplatz erfolgen?
2. Wie lassen sich praktische Handlungen im Simulationsbüro didaktisch-methodisch so organisieren, damit eine größtmögliche persönlichkeitsfördernde Wirkung für die Lernenden erwartet werden kann?

Eine didaktische Konzeption im Rahmen beruflicher Lernprozesse ist aber aufgrund der Theorie-Praxis-Problematik mit einer Fülle von Fragen verknüpft, von den STRATMANN (1977, 117) für die Planung von beruflichen Curricula insbesondere folgende nennt:

"Bis heute ist weder geklärt, in welchem Maße sich theoretische und praktische Ausbildung auf der kognitiven Ebene gegenseitig befruchten und stützen, noch wissen wir, welche Theorie welcher Praxis aufhilft, und umgekehrt. Welche Bedeutung z.B. sprachliche Bildung für die Erfassung und Lösung fachtheoretischer Aufgaben hat und welche denkerischen, also theoretischen Vorgriffe auf mögliche Praxis allein von einer der Fachtheorie akkompagnierten sprachlichen Bildung aus möglich sind, wissen wir nur sehr ungenau."

Wenn nur einige dieser Fragen einer Klärung näher gebracht werden sollten, was hier bezogen auf die skizzierte Problemstellung zu leisten war, konnte dies nur geschehen durch eine grundsätzliche Auseinandersetzung mit erkenntnis- und kognitionstheoretischen Aspekten menschlichen Handelns und Denkens und implizierte für die Erörterung ein entsprechendes Abstraktionsniveau.

Weil didaktische Prozesse bereits immer schon implizite Vorstellungen von der Art und Weise menschlichen Lernens enthalten, begann die Aufarbeitung der Problemstellung mit der Explikation der Annahmen unterschiedlicher Lernkonzeptionen. Dabei konnte deutlich gemacht werden, daß die verschiedenen unterrichtlichen Lernarrangements auf unterschiedliche metaphysische Weltbilder bzw. Modellvorstellungen vom Menschen rekurrieren. Aufgrund der aufgezeigten Interdependenzen zwischen Menschenbildern und Lernvorstellungen müßte eigentlich die metaphysische Dimension für die Planung und Auswertung von Unterricht zum leitenden Kriterium werden. Im allgemeinen dürfte dabei von der These auszugehen sein, daß Lernprozesse eigentlich um so erfolgversprechender verlaufen müßten, je mehr die initiierten Lernprozesse von einem Menschenbild aus konstruiert werden, die den anthropologischen Grundannahmen des Menschen am ehesten entsprechen dürften.

Die heutigen "kognitiven Wissenschaften" orientieren sich vor allem an einer Modellvorstellung des Menschen, die auf folgenden Prämissen basiert:

- Reflexivitätsmoment, d.h. der Mensch kann sich selbst in einer Situation befindlich denken;
- Partizipationsmoment, d.h. innerhalb unterschiedlicher Rollen nimmt der Mensch ständig an den Interaktionen mit der Gesellschaft teil und kann sich dadurch ein flexibles Wertesystem aufbauen;
- Antizipationsmoment, d.h. der Mensch kann auf einer ge-

danklichen Orientierungsgrundlage
· sich selbst Ziele setzen,
· sich auf das mögliche Eintreffen von Ereignissen vorbereiten,
· zukünftige Handlungsalternativen entwickeln;

- Selbststeuerungmoment, d.h. der Mensch steuert seine Aktivitäten selbst.

Dieses Subjektmodell impliziert, daß das Individuum mit einer planvoll-bewußten, kognitiven Aktivität der Umwelt gegenübertritt und aufgrund seines Handelns Erfahrungen sammelt, auf denen sich sein Wissen strukturiert und summiert und mit dem es die Umwelt verändert. Wegen der diesem Subjektmodell involvierten dialektischen Person-Umwelt-Beziehung kann es den metatheoretischen Ausgangspunkt von Handlungstheorien darstellen. Durch unterschiedliche handlungspsychologische Ansätze aus verschiedenen psychologischen Entwicklungstraditionen wurde dieses sogenannte "epistemologische Subjektmodell" inhaltlich präzisiert.

Geht man davon aus, daß es wesentliche gemeinsame Entsprechungen des praktischen Handelns - sowie des hiermit verbundenen Wahrnehmens - <u>und</u> des Denkens hinsichtlich der Funktion, der Zielsetzung und der Struktur gibt[1], kann theoretisch deutlich gemacht werden, daß sich das Denken aus dem praktischen Handeln entwickeln kann. Dies bedeutet, daß

a) die Organisation des Gedächtnisses aus der Organisation des praktischen Handelns mit erschlossen werden kann und

b) Begriffe handelnd mit erarbeitet werden können.

---

1) Diese gemeinsamen Elemente wurden unter dem Begriff "Schemata" subsumiert.

Als allgemeine erkenntnis- und kognitionstheoretische Implikationen einer dialektischen Person-Umwelt-Beziehung auf der Basis des "epistemologischen Subjektmodells" konnten somit abgeleitet werden:

- Durch den Einbezug der Handlung in den Erkenntnisvorgang wird die zweigliedrige Subjekt-Objekt-Beziehung zu einer dreigliedrigen Subjekt-Handlung-Objekt-Beziehung erweitert, was zu einer relativen Erkenntnis von Wirklichkeit führt, weil die erkannten Phänomene abhängig sind vom intendierten Handlungsziel. Es gibt kein Wissen "an sich", sondern immer nur ein Wissen "wozu".
- Interne Medien zu Rekonstruktion von Wirklichkeit sind letztlich semantische Systeme bzw. Modelle (z.B. Alltagssprache, Kunstsprachen der Wissenschaft, Computersprache).
- Erkenntnis resultiert sowohl aus der praktischen Handlung mit den realen Objekten, sowie aus dem Denkprozeß als Metatätigkeit mittels der semantischen Modelle zur Planung, Steuerung und Kontrolle von Handlungen; letztere hat sich aber in praktischen Handlungen zu verifizieren.
- Kognitionen (bzw. die semantischen Konstruktionssysteme) gehen aus dem praktischen Handeln und der Wahrnehmung mit hervor und tragen als sekundäres Handlungssystem zur Erkenntnis und Deutung von Gegebenheiten und daher zur Effektivierung und Sicherung praktischer Handlungen bei, d.h. Kognitionen besitzen vor allem handlungsleitende Funktionen.
- Sollen sich die Kognitionen nicht verselbständigen und ihre handlungssteuernden Funktionen erfüllen, setzt dies voraus, daß die semantischen Konstruktionssysteme vom praktischen Handeln abzuleiten sind.

Aus den erkenntnis- und kognitionstheoretischen Aspekten der handlungstheoretischen Überlegungen ergaben sich dann lerntheoretische Schlußfolgerungen, die auch eine "neue" Sicht der Berufsbildung und ihrer Didaktik bedeuten, wie z.B.:

1. Arbeit und Lernen, Praxis und Theorie, können nur im Zusammenhang gesehen werden, d.h. die übliche "additive" Ausbildung ("praktisches Lernen" im Arbeitsvollzug und "theoretisches Lernen" in der Schule) wäre zumindest partiell zu überwinden.
2. "Denkerziehung" dürfte nicht länger eine Domäne der "Theorie" bleiben, weil sensomotorisches Handeln bereits "praktische Intelligenz" (PIAGET) darstellt, und praktisches Handeln als Grundlage für einen Abstraktionsprozeß geistige Fähigkeiten und Erkenntnisse fördern können.
3. Pädagogisch verantwortete und initiierte praktische Handlungserfahrungen müssen potentielle Lernchancen für den Auszuführenden besitzen, d.h. sie sollten zur Persönlichkeitserweiterung im Simme der Differenzierung der kognitiven Strukturen (Begriffs- und Operationsschemata) beitragen.

Aus diesen Zusammenhängen heraus wurde einerseits eine Klärung des didaktischen Orientierungsproblems beruflicher Lernprozesse und andererseits die Bestimmung von persönlichkeitsfördernden Handlungsstrukturen erforderlich.

Bislang dominiert in beruflichen Lernprozessen eine Orientierung an den Fachwissenschaften. Weil das in den Wissenschaftsdisziplinen akkumulierte Wissen primär auf wissenschaftsinterne sozial regulierte Erkenntnisinteressen ausgerichtet ist, knüpft es Beziehungen bzw. -netze (Theorien) in einer zum Teil hochabstrakten, eigenen Begrifflichkeit.

Wird dieses Wissen ohne jede praktische Erfahrungsmöglichkeit für die Lernenden im Unterricht thematisiert, besteht u.a. die didaktische Gefahr, daß

- Wissen aus einer spezifischen individuellen und/oder sozialen Perspektive dogmatisiert wird;
- die wissenschaftlichen Konstruktionssysteme dem Lernenden als verselbständigtes - seinem Erfahrungs- und Interessenzusammenhang entfremdetes - Wissen gegenübertritt;
- das psychologische Alltagswissen (Handlungswissen) mißachtet wird und somit subjektive Identitäten zerstört werden können, was einer Fragmentierung des jugendlichen Selbst Vorschub leistet.

Zudem beschränken sich die herkömmlichen (fach)didaktischen Ansätze zum Wirtschaftslehreunterricht an kaufmännischen Berufsschulen vorrangig auf die Inhaltsauswahl von fachwissenschaftlichen Aussagen, vernachlässigen daher zum Teil die konkreten beruflichen Tätigkeiten, für die die Auszubildenden qualifiziert werden sollen, sowie eine Analyse des Verhältnisses von Berufsausbildung und Erwerbsarbeit und können von daher auch kaum Aussagen liefern für persönlichkeitsfördernde bzw. -retardierende Wirkungen beruflichen Lernens am Lernort "Arbeitsplatz".

Demgegenüber wird - ausgehend von der berufspädagogischen Zielkategorie "berufliche Tüchtigkeit" und von dem handlungstheoretischen Postulat, daß die semantischen Konstruktionssysteme vom praktischen Handeln abzuleiten sind, - ein Einbezug von wissenschaftlichem Wissen durch praktische, problemorientierte berufliche Handlungssituationen angestrebt, was bedeutet, daß wissenschaftliches Wissen sich mit dem Handlungswissen zur Problemlösung und damit zum konkreten Handeln-Können verbinden kann.

Für berufliche Lernprozesse wurde "Handlung" primär mit "Arbeit" gleichgesetzt, sofern diese noch lernrelevante Momente beinhaltet. Solche lernwirksamen bzw. persönlichkeitsfördernden Anforderungen an Arbeitshandlungen wurden aus empirischen Ergebnissen der Sozialisationsbeziehungen zwischen Arbeitshandlungen und Persönlichkeit als auch aus kognitions- und sozialisationstheoretischen Konzepten der Humanisierungsdiskussion eruiert und führten zu bestimmten Qualitätsmerkmalen der Arbeit für berufliches Lernen (s.S. 252). Damit wird für eine "Didaktik des Handelns" die Lernortfrage für berufspraktische Qualifizierungsprozesse relevant. Denn wenn Arbeit nicht a priori "bildende Gehalte" besitzt, und wenn der hohe pädagogisch-didaktische Gehalt praktischer Handlungsphasen in einer beruflichen Erstausbildung - hier speziell der kaufmännischen Berufsausbildung - am Lernort "Arbeitsplatz" nicht vertan werden soll, bedarf es genauerer Analysen über die inhaltliche Dimension der Arbeitshandlungen bei einer en passant-Ausbildung am Arbeitsplatz. Von daher wurde versucht, mit dem herausgearbeiteten idealtypischen Kriteriensatz für lernrelevante Merkmale der Arbeit, die Lernchancen am betrieblichen Arbeitsplatz im Bürobereich, unter besonderer Berücksichtigung des technisch-organisatorischen Wandels durch die moderne Technik der Bürokommunikation, einzuschätzen. Dabei konnte zunächst ganz allgemein festgehalten werden, daß erwerbswirtschaftlich ausgerichtete Unternehmungen ihre Arbeitsorganisation nicht primär nach berufspädagogischen und didaktischen Erfordernissen ausrichten. Vielmehr besitzen sie eine - unter dem Gesichtspunkt einer möglichst guten Kapitalverwertung - sachlich und funktionell stark ausdifferenzierte Aufbau- und Ablauforganisation, die für einen Auszubildenden zunehmend undurchschaubarer wird und ihm immer weniger Spielräume für eigenverantwortliches Handeln läßt. Es sind aber insbesondere die Tendenzen der Abstraktifizierung der Arbeit, der geringen Problemhaltigkeit von Arbeitsaufgaben und die soziale Isolierung am Arbeitsplatz, die mit der modernen Bürotechnik verbunden sind, und die die Lernmöglichkeiten am Arbeitsplatz im Büro- und Verwaltungsbereich zunehmend einschränken. So konnte aufgezeigt werden, daß die moderne Bürokommunikationstechnik durch die Automatisierung jeden subjektiven Bezug zum inhaltlichen Arbeitsvollzug abtrennt und menschliche Arbeit zu einem "künstlichen" Prozeß degeneriert, in dem sie abhängig wird von der logischen Funktionsweise der technischen Apparate. Die kaufmännischen Qualifikationen eines Sachbearbeiters befinden sich durch den Kompetenzgewinn der Maschine in der soft-ware der EDV-Anlage, und die nicht mehr anschaulich-nachvollziehbaren Aufarbeitungs-, Auswertungs-, Speicherungs- und Kontrollprozesse der Informationsverarbeitung in der hard-ware der EDV-Anlage führen zur Abstraktifizierung der Büroarbeit. Weil eine inhaltsorientierte Vermittlung berufspraktischer Qualifikationen und soziale Beziehungen durch Arbeit an automatisierten Informationsverarbeitungsanlagen im Büro- und Verwaltungsbereich so gut wie nicht mehr möglich sind, besitzt diese Arbeit kaum mehr "bildende Gehalte". Eine berufspraktische Qualifizierung dürfte daher mit fortschreitender Automatisierung durch den tätigen Mitvollzug am erwerbswirtschaftlich strukturierten Arbeitsplatz im Büro- und Verwaltungsbereich unter berufspädagogischen Aspekten kaum mehr sinnvoll sein.

Es konnte festgestellt werden, daß sich in der durch den technisch-organisatorischen Wandel der Bürokommunikation ausgelösten Diskussion um Veränderungen der kaufmännischen Berufsausbildung zunehmend die Ansicht durchsetzt, daß es aus unterschiedlichen Begründungszusammenhängen gerechtfertigt erscheint, an einer Vermittlung grundlegender langfristig verwertbarer berufspraktischer Qualifikationen innerhalb der kaufmännischen Erstausbildung festzuhalten. Wenn einerseits berufspraktische Qualifikationen als wesentliche Elemente einer kaufmännischen Erstausbildung erhalten bleiben sollen, der Arbeitsplatz im Büro- und Verwaltungsbereich aber andererseits seine Funktionen als Lernort aufgrund der abstraktifizierten, "künstlichen" Arbeit durch die automatisierte Bürokommunikation zunehmend verliert, stellt sich die Frage nach einem geeigneten Lernort, der die handlungstheoretisch begründeten Zusammenhänge von Arbeit und Lernen, von planender und ausführender Arbeit ermöglichen kann. Ein Lernort, in dem Lernen durch Arbeit didaktisch organisiert werden kann, ist das Simulationsbüro.

Der Lernort "Simulationsbüro" wurde definiert als ein dynamisches Modell eines Wirtschaftsunternehmens, in dem für berufspraktische Qualifizierungsprozesse im kaufmännisch-verwaltenden Bereich Arbeitshandlungen didaktisch so organisiert werden, daß ein Höchstmaß an Lernwirksamkeit durch Arbeit erwartet werden kann.

In dem durch den erarbeiteten Begründungsrahmen einer handlungstheoretischen Didaktikkonzeption für berufliches Lernen vorgezeigneten Erkenntnisinteresse, ging es bei den mit dem Simulationsbüro verbundenen Problemen vorrangig um die methodische Umsetzung einer Verbindung von Arbeit und Lernen in der kaufmännischen Berufsausbildung. Dabei konnte deutlich gemacht werden, daß die bisherigen "Lernvorstellungen" im Simulationsbüro vor dem Hintergrund einer "Didaktik des Handelns" zu modifizieren sind, weil

a) es nicht nur um eine Anwendung von Wissen geht, sondern immer gleichzeitig auch um den Aufbau von Handlungs-, Begriffs- und Denkschemata durch praktisches Tun und

b) daher ein rein "stellenbezogenes Lernen" innerhalb einer vorgegebenen Aufbau- und Ablauforganisation abzulehnen ist, zugunsten von ganzheitlichen Arbeitszusammenhängen, die ein problemlösendes Denken und soziale Bezüge involvieren.

Eine Verbindung von Arbeit und Lernen, die sowohl eine Integration von wissenschaftlichen Wissen und Handlungswissen, als auch eine Integration von planender und ausführender Arbeit gewährleisten kann, ist methodisch insbesondere über Projekte und Fallstudien zu realisieren, wie an Beispielen skizziert wurde.

Wenn auch mit dieser Studie der Lernort "Simulationsbüro" innerhalb eines handlungstheoretischen Begründungsrahmens erstmals eine didaktische Fundierung erhielt, wobei der inhaltlich-methodische Aspekt stärker akzentuiert wurde, bedürfen jedoch insbesondere die institutionellen, organisatorisch-rechtlichen Probleme, die mit diesem Lernort innerhalb einer kaufmännischen Erstausbildung im "dualen System" nach wie vor verbunden sind, eine größere Aufmerksamkeit. Desweiteren wären spezifische Vorschläge für die räumliche und sachliche Ausstattung eines Simulationsbüros zu entwickeln. Modellversuche, in denen der Lernort aufgrund des Lernverlustes von betrieblichen Arbeitsplätzen eine komplementäre Funktion zugewiesen wird, hätten auch eine didaktisch-curriculare Verknüpfung des Simulationsbüros mit anderen Lernorten herauszustellen (s. Vorschlag S. 313 f.) und eine entsprechende curriculare Entwicklungsforschung zu betreiben, wobei auch Berufsschulen in Pilotprojekten eine Verbindung von gewerblich-technischer und kaufmännisch-verwaltender Berufsausbildung erproben sollten. Denn neben der in der berufs- und wirtschaftspädagogischen Diskussion immer wieder postulierten "Pädagogisierung der betrieblichen Ausbildung" müßte aus der Perspektive einer "Didaktik des Handeln" die Kategorie "Arbeit" ins didaktische Zentrum der schulischen Berufsausbildung treten.

Hält die technische Entwicklung zunehmend "die Hände von einer Betätigung fern und inaktiviert das Begreifen der Sachen" (BRESS 1981, 26), müßte aus pädagogischen und didaktischen Erwägungen heraus - insbesondere für die berufliche Ausbildungssphäre - "Arbeit" wieder so gestaltet werden, daß sie ihre "bildenden Werte" zurückgewinnt.

7. LITERATURVERZEICHNIS

ABULCHANOWA-SLAWSKAJA, K.A.: Der methodologische Aspekt des Problems des Subjektiven. In: Schorochowa, E.W. (Hrsg.): Methodologische und theoretische Probleme der Psychologie. 2. Aufl., Berlin (Ost) 1977, S. 246 - 270.

ACHTENHAGEN, F.: Einige Überlegungen zur Entwicklung einer praxisorientierten Fachdidaktik des Wirtschaftslehreunterrichts. In: Die Deutsche Berufs- und Fachschule, 74 Jg., H. 8/1978, S. 563 - 587.

AEBLI, H.: Elemente einer post-piagetschen Konzeption der Entwicklung in den Theorien des semantischen Gedächtnisses. In: Montada, L. (Hrsg.): Brennpunkte der Entwicklungspsychologie. Stuttgart, Berlin, Köln, Mainz 1979, S. 103 - 118.

AEBLI, H.: Zur Darstellung von Handlungen und Begriffserklärungen mit Baumdiagrammen und Netzen. In: Ueckert, H./ Rhenius, D. (Hrsg.): Komplexe menschliche Informationsverarbeitung. Beiträge zur Tagung "Kognitive Psychologie" in Hamburg 1978. Bern, Stuttgart, Wien 1979 (a), S. 311 - 322.

AEBLI, H.: Denken: Das Ordnen des Tuns. Band I: Kognitive Aspekte der Handlungstheorie. Stuttgart 1980.

AEBLI, H.: Denken: Das Ordnen des Tuns. Band II: Denkprozesse. Stuttgart 1981.

AFANASJEW, V.F.: Berufsabsichten und ihr Einfluß auf die Lernmotive der Schüler. In: Lompscher, J. u.a. (Hrsg.): Zur Psychologie der Lerntätigkeit. Berlin (Ost) 1977, S. 236 - 240.

ALEX, L.: Berufsausbildung: Struktur und Entwicklungstendenzen. In: Berufsbildung in Wissenschaft und Praxis, 9. Jg., Sonderheft, Dezember 1980, S. 5 - 10.

ALIOTH, A.: Entwicklung und Einführung alternativer Arbeitsformen. Bern, Stuttgart, Wien 1980.

ALTHOFF, F.: Die Zufälligkeit von Lernprozessen in der Berufsschule. Folge der defizitären Berufsschuldidaktik. In: Zeitschrift für Berufs- und Wirtschaftspädagogik, 77. Band, H. 5/1981, S. 373 - 376.

AMMEN, A.: Arbeit. In: Kaiser, F.J./Kaminski, H. (Hrsg.): Wirtschaft. Handwörterbuch zur Arbeits- und Wirtschaftslehre. Bad Heilbrunn/Obb. 1981, S. 11 f.

APEL, A.: Der Einfluß der technologischen Entwicklung auf

die kaufmännischen Tätigkeiten. Podiumsgespräch im Rahmen der Jahrestagung der Arbeitsgemeinschaft der kaufmännischen Ausbildungsleiter am 29./30. Mai 1980 in Paderborn. In: Wirtschaft und Erziehung, 32. Jg., H. 9/1980, S. 263 f.

ARNDT, H.: Irrwege der Politischen Ökonomie. Die Notwendigkeit einer wirtschaftstheoretischen Revolution. München 1979.

AUSUBEL, D.P.: Psychologie des Unterrichts. Band 1. Weinheim/Basel 1974.

AUTORENGRUPPE "ARBEIT" UND "LEBEN": Förderung von Handlungskompetenz durch gewerkschaftliches Handeln. In: Görs, D. (Hrsg.): Gewerkschaftliche Bildungsarbeit. Kontroversen und Konzepte. München, Wien, Baltimore 1982, S. 115 - 134.

BAARSS, A./HACKER, W./HARTMANN, W./IWANOWA, A./RICHTER, P./ WOLFF, S.: Psychologische Arbeitsanalysen zur Erfassung der Persönlichkeitsförderlichkeit von Arbeitsinhalten. In: Frei, F./Ulich, E. (Hrsg.): Beiträge zur psychologischen Arbeitsanalyse. Bern, Stuttgart, Wien 1981, S. 127 - 164.

BAETHGE, M.: Die Integration von Berufsbildung und Allgemeinbildung als Forschungskonzept für die Berufsbildungsforschung. In: Deutscher Bildungsrat 51. Stuttgart 1975, S. 253 - 302.

BAETHGE, M.: Berufliche Sozialisation und Berufsbildungssystem. Lernen in der Ausbildung. In: Berufsbildung in Wissenschaft und Praxis, 8. Jg., H. 5/1979, S. 1 - 8.

BAETHGE, M.: Die Bedeutung der Rationalisierung für die Berufssituation und die Berufsausbildung von kaufmännisch-verwaltenden Angestellten. In: Boehm, U./Littek, W./Ortmann, F. (Hrsg.): Rationalisierung der Büroarbeit und kaufmännische Berufsausbildung. Frankfurt/New York 1982, S. 145 - 155.

BAHRDT, H.P.: Industriebürokratie. Versuch einer Soziologie des industrialisierten Bürobetriebes und seiner Angestellten. Unveränderter Nachdruck der ersten Auflage mit neuen Vorbemerkungen. Stuttgart 1972.

BAHRO, R.: Die Alternative. Zur Kritik des real existierenden Sozialismus. Frankfurt/M. 1977.

BANDURA, A.: Sozial-kognitive Lerntheorie. 1. Aufl., Stuttgart 1979.

BAITSCH, CH./FREI, F.: Qualifizierung in der Arbeitstätigkeit. Bern, Stuttgart, Wien 1980.

BAUMGARDT, J.: Zum Problem der Verknüpfung von Allgemeinbildung und Berufsbildung. In: Baumgardt, J. u.a.: Wirtschaftslehre an beruflichen Schulen. 1. Aufl., Trier 1977, S. 9 - 33.

BECKER, G.U.: Das Lernen lernen. In: Neue Sammlung. Zeitschrift für Erziehung und Gesellschaft, 20. Jg., H. 4/1980, S. 320 - 327.

BEINKE, L.: Analyse und Konstruktion zur Bestimmung der Inhalte für die Polytechnik/Arbeitslehre. In: Pädagogische Rundschau, 36. Jg., H. 3/1982, S. 233 - 257.

BERNSTEIN, B.: Beiträge zu einer Theorie des pädagogischen Prozesses. Frankfurt/M. 1977. (Original: Class, Codes and Control. 3.Towards a Theory of Educational Transmissions. London 1975.)

BIETAU, A./BREYVOGEL, W./HELSPER, W.: Zur Selbstkrise Jugendlicher in Schule und Subkultur. In: Zeitschrift für Pädagogik, 27. Jg., H. 3/1981, S. 339 - 362.

BLATT, R.: Wandlung des Büroarbeitsplatzes und Folgerungen für die Ausbildung zu kaufmännischen Büroberufen. In: Wirtschaft und Erziehung, 32. Jg., H. 9/1980, S. 246 - 254.

BLUMER, H.: Der methodologische Standort des Symbolischen Interaktionismus. In: Arbeitsgruppe Bielefelder Soziologen (Hrsg.): Alltagswissen, Interaktion und gesellschaftliche Wirklichkeit. Band 1: Symbolischer Interaktionismus und Ethnomethodologie. Reinbek b. Hamburg 1973.

BOEHM, U.: Veränderung der Büroarbeit und kaufmännische Berufsausbildung. In: Boehm/Littek (Hrsg.): Technische Entwicklung, Arbeitsteilung und berufliche Bildung. Frankfurt/M. 1982 (a), S. 63 - 87.

BOEHM, U.: Die Bedeutung von in der Ausbildung erworbenen Qualifikationen aus der Sicht kaufmännischer Angestellter. In: Hochschultage Berufliche Bildung '82: Beiträge der Fachtagung Wirtschaft. Hannover 1982 (b), S. 9 - 19. (Als Typoskript vervielfältigt.)

BOEHM, U.: Qualifikationen kaufmännischer Angestellter und ihre Relevanz für die Wirtschaftsdidaktik. In: Boehm/Littek/Ortmann (Hrsg.): Rationalisierung der Büroarbeit und kaufmännische Berufsausbildung. Frankfurt/M. 1982, S. 159 - 174.

BOEHM, U./LITTEK, W. (Hrsg.): Technische Entwicklung, Arbeitsteilung und berufliche Bildung. Frankfurt/M. 1982.

BOEHM, U./LITTEK, W./ORTMANN, F. (Hrsg.): Rationalisierung der Büroarbeit und kaufmännischen Berufsausbildung. Frankfurt/M. 1982.

BOESCH, E.E.: Zwischen zwei Wirklichkeiten. Prolegomena zu einer ökologischen Psychologie. Bern 1971.

BOESCH, E.E.: Psychopathologie des Alltags. Zur Ökopsychologie des Handelns und seiner Störungen. Bern 1976.

BOESCH, E.E.: Kultur und Biotop. In: Graumann, C.F. (Hrsg.): Ökologische Perspektive in der Psychologie. Bern 1978, S. 11 - 32.

BOESCH, E.E.: Kultur und Handlung. Einführung in die Kulturpsychologie. Bern, Stuttgart, Wien 1980.

BONNE, L.: Lerpsychologie und Didaktik. Zur Integration der kognitiven Lerntheorie in die Didaktik. Weinheim und Basel 1978.

BRANDES, H.: Zur "Oberflächen-" und "Binnenstruktur" der Kontroverse zwischen Kritischer Psychologie und Handlungstheorie. In: Forum Kritische Psychologie, 6. Das Argument: Argument-Sonderband, AS 49. Berlin 1980, S. 7 - 18.

BRANDT, G./KÜNDIG, B./PAPADIMITRIOU, Z./THOMAE, J.: Computer und Arbeitsprozess. Eine arbeitssoziologische Untersuchung der Auswirkung des Computereinsatzes in ausgewählten Betriebsabteilungen der Stahlindustrie und des Bankgewerbes. Forschungsbericht des Instituts für Sozialforschung. Frankfurt/M., New York 1978.

BRESS, L.: Semantische Verschiebungen im Begriff der Arbeit. In: Immler, H. (Hrsg.): Beiträge zur Didaktik der Arbeit. Bad Heilbrunn/Obb. 1981, S. 9 - 26.

BRIEFS, U.: Arbeiten ohne Sinn und Perspektive? Gewerkschaften und "Neue Technologien". Köln 1980.

BROCKHAUS ENZYKLOPÄDIE. Wiesbaden 1969.

BROMME, R./HÖMBERG, E.: Methodische Probleme und Möglichkeiten der Untersuchung sprachlich gefaßter handlungsregulierender Kognitionen. In: Volpert, W. (Hrsg.): Beiträge zur Psychologischen Handlungstheorie. Bern, Stuttgart, Wien 1980, S. 105 - 120.

BRONFENBRENNER, U.: Die Ökologie der menschlichen Entwicklung. Natürliche und geplante Experimente. 1. Aufl., Stuttgart 1981. (Original: The Ecology of Human Development. Experiments by Nature and Design. Cambridge, Massachusetts, London 1979.

BRUGGEMANN, A.: Erfahrungen mit wichtigen Variablen und einigen Effekten beruflicher Sozialisation in einem Projekt zur "Humanisierung des Arbeitslebens". In: Groskurth, P. (Hrsg.): arbeit und persönlichkeit. berufliche sozialisation in der arbeitsteiligen gesellschaft. Reinbek b. Hamburg 1979, S. 146 - 175.

BRUNER, J.S.: Über kognitive Entwicklung. In: Bruner/Olver/Greenfield u.a.: Studien zur kognitiven Entwicklung. 1. Aufl., Stuttgart 1971, S. 21 - 96. (Original: Studies in Cognitive Growth. A Collaboration at the Center for Cognitive Studies. New York, London, Sydney 1966.)

BRUNER, J.S.: Entwurf einer Unterrichtstheorie. Berlin 1974. (Original: Toward a Theory of Instruction. Cambridge, Mass. USA.)

BRUNER, J.S.: Der Prozeß der Erziehung. 4. Aufl., Berlin 1976. (Original: The Process of Education. Cambridge, Mass. USA.)

BUDDENSIEK, W.: Pädagogische Simulationsspiele im sozioökonomischen Unterricht der Sekundarstufe I. Theoretische Grundlegung und Konsequenzen für die unterrichtliche Realisation. Bad Heilbrunn/Obb. 1979.

BUDDENSIEK, W.: Simulationsspiel. In: Kaiser, F.J./Kaminski, H. (Hrsg.): Wirtschaft. Handwörterbuch zur Arbeits- und Wirtschaftslehre. Bad Heilbrunn/Obb. 1981, S. 264 - 266.

BUDDENSIEK, W./KAISER, F.-J./KAMINSKI, H.: Grundprobleme des Modelldenkens im sozio-ökonomischen Lernbereich. In: Stachowiak, H. (Hrsg.): Modelle und Modelldenken im Unterricht. Bad Heilbrunn/Obb. 1980, S. 92 - 122.

BUDILOWA, J.A.: Philosophische Probleme in der sowjetischen Psychologie. Berlin (Ost) 1975.

BUDILOWA, E.A.: Über die Wechselbeziehung von Theorie und Geschichte der Psychologie. In: Schorochowa, E.W. (Hrsg.): Methodische und theoretische Probleme der Psychologie. 2. Aufl., Berlin (Ost) 1977, S. 128 - 158.

BUNGE, M.: Method, model and matter. Boston 1973.

BÜCKER-GÄRTNER, H./KNICKER, TH.: Büroarbeit und Qualifikationsentwicklung. Theoretische Überlegungen und empirische Befunde im Bereich Kredit und Versicherungsunternehmen. In: Boehm, U./Littek, W./Ortmann, F. (Hrsg.): Rationalisierung der Büroarbeit und kaufmännische Berufsausbildung. Frankfurt/New York 1982, S. 83 - 91.

BÜHLER, C./ALLEN, M.: Einführung in die Humanistische Psychologie. Stuttgart 1974.

CORRELL, W.: Lernen und Verhalten. Grundlagen der Optimierung von Lernen und Lehren. Aufl. 76. - 80. Tausend, Frankfurt/M. 1978.

CZYCHOLL, R.: Wirtschaftsdidaktik. Dimensionen ihrer Entwicklung und Begründung. Trier 1974.

DAVITER, J. u.a.: Der Lehrling im Betrieb. Hamburger Lehrlingsstudie der Hochschule für Wirtschaft und Politik. Band 2, München 1973.

DAWYDOW, W.: Arten der Verallgemeinerung im Unterricht. Logisch-psychologische Probleme des Aufbaus von Unterrichtsfächern. Berlin (Ost) 1977.

DAWYDOW, W.: Inhalt und Struktur der Lerntätigkeit. In: Autorenkollektiv unter Leitung von Dawydow/Lompscher/Markowa: Ausbildung der Lerntätigkeit bei Schülern. 1. Aufl., Berlin (Ost) 1982, S. 14 - 27.

DEUTSCHER BILDUNGSRAT: Empfehlungen der Bildungskommission. Zur Neuordnung der Sekundarstufe II. Konzept für eine Verbindung von allgemeinem und beruflichem Lernen. Stuttgart 1974, S. 69 - 75.

DEWEY, J.: Demokratie und Erziehung. Eine Einleitung in die philosophische Pädagogik. 3. Aufl., Braunschweig 1964.

DEWEY, J.: Psychologische Grundfragen der Erziehung. Der Mensch und sein Verhalten. Erfahrung und Erziehung. München 1974.

DIEMER, G.: Das Lehrbüro an wirtschaftsberuflichen Schulen. In: Siekaup, W.: Unterricht in Organisation, Datenverarbeitung, Informatik. 1. Aufl., Stuttgart 1975, S. 57 - 68.

DÖRNER, D.: Kognitive Organisation der menschlichen Informationsverarbeitung. Einführung. In: Ueckert, H./Rhenius, D.: Komplexe menschliche Informationsverarbeitung. Beiträge zur Tagung "Kognitive Psychologie" in Hamburg 1978. Bern, Stuttgart, Wien 1979, S. 108 - 113.

DÖRNER, D.: Problemlösen als Informationsverarbeitung. 2. Aufl., Stuttgart, Berlin, Köln, Mainz 1979 (a).

DRECHSEL, R.: Berufliches Lernen - Ein ungelöstes didaktisches Problem. In: Drechsel, R./Gronwald, D./Voigt, B.

(Hrsg.): Didaktik beruflichen Lernens. Diskussionsbeiträge zu einem ungelösten Problem. Frankfurt/New York 1982, S. 10 - 26.

DREEBEN, R.: Was wir in der Schule lernen. Frankfurt/M. 1980. (Original: On What is Learned in School. Reading, Mass. USA 1968.)

DUNCKEL, H.: Handlungstheoretisches Training sozialer Kompetenzen von gewerkschaftlichen Funktionsträgern. In: Forum Kritische Psychologie, 8. Das Argument: Argument-Sonderband AS 66. Berlin 1981, S. 49 - 71.

ECKENSBERGER, L.H.: Die Grenzen des ökologischen Ansatzes in der Psychologie. In: Graumann, C.F. (Hrsg.): Ökologische Perspektiven in der Psychologie. Bern, Stuttgart, Wien 1978, S. 49 - 76.

ECKENSBERGER, L.H.: Die ökologische Perspektive in der Entwicklungspsychologie: Herausforderung oder Bedrohung? In: Walter, H./Oerter, R. (Hrsg.): Ökologie und Entwicklung. Mensch-Umwelt-Modelle in entwicklungspsychologischer Sicht. Donauwörth 1979, S. 264 - 281.

ECKENSBERGER, L.H./ SILBERWEISEN, R.K.: Einleitung: Handlungstheoretische Perspektiven für die Entwicklungspsychologie sozialer Kognitionen. In: dies. (Hrsg.): Entwicklung sozialer Kognitionen: Modelle, Theorien, Methoden, Anwendung. Stuttgart 1980, S. 11 - 45.

EDELSTEIN, W.: Eine Schulverfassung für den Wandel. Entwicklung einer Gesamtschule 1950 - 1970. In: Schäfer, W./ Edelstein, W./Becker, G.: Probleme der Schule im gesellschaftlichen Wandel. Das Beispiel Odenwaldschule. 2. Aufl., Frankfurt/M. 1972, S. 22 - 94.

EDELSTEIN, W.: Lernen ohne Zwang? Einige Thesen über das Verhältnis von Entwicklungspsychologie und Erziehung. In: Neue Sammlung. Zeitschrift für Erziehung und Gesellschaft, 20. Jg., H. 4/1980, S. 340 - 349.

EICHHORN, W.: Die Begriffe Modell und Theorie in der Wirtschaftswissenschaft. In: Raffée, H./Abel, B. (Hrsg.): Wissenschaftstheoretische Grundfragen der Wirtschaftswissenschaften. München 1979, S. 60 - 104.

ERNST, A.: Das Rollenspiel im Unterricht. Ravensburg 1976.

EVANS, J.: Arbeitnehmer und Arbeitsplatz. In: Friedrichs, G./Schaff, A. (Hrsg.): Auf Gedeih und Verderb. Mikroelektronik und Gesellschaft. Bericht an den Club of Rome. Wien, München, Zürich 1982, S. 169 - 200.

FAULSTICH, P.: Berufsbildung und "Humanisierung der Arbeit". In: Die Deutsche Berufs- und Fachschule, 74. Band, H. 1/1978, S. 3 - 16.

FETZ, R.L.: Erkenntnis und Handlung. Zur Konstruktivismuskritik von A. Suarez. In: Schweizerische Zeitschrift für Psychologie, 39. Band, H. 3/1980, S. 200 - 208.

FEUERSTEIN, TH.: Persönlichkeitsentwicklung, Arbeitsorganisation und berufliche Bildung. In: Die Deutsche Berufs- und Fachschule, 73. Band, H. 4/1977, S. 296 - 309.

FEUERSTEIN, TH.: Qualifikationsforderungen neuer Formen der Arbeit. Strategien betrieblicher Qualifizierung und arbeitsorganisatorische Bedingungen qualifizierter Berufsbildung und Arbeit. In: Zeitschrift für Berufs- und Wirtschaftspädagogik, 76. Band, H. 9/1980, S. 658 - 670.

FILLMORE, C.J.: The case for case. In: Bach, E./Harms, R.T. (Eds.): Universals in linguistic theory. New York. (Deutsch in: Abraham, W. (Hrsg.): Kasustheorie. Schwerpunkte Linguistik und Kommunikationswissenschaft. Band II. 2. Aufl., Frankfurt/M. 1977.)

FINKE, G./FINKE, G./HAUPTMEIER, G.: Zum Zusammenhang von didaktischer Reduktion und lernpsychologischer Komplexion. In: Zeitschrift für Berufs- und Wirtschaftspädagogik, 77. Band, H. 5/1981, S. 323 - 339.

FISCHBACH, D./NOTZ, G.: Ein Versuch, die Psychologische Handlungstheorie auf Lernprozesse in der beruflichen Bildung anzuwenden. In: Volpert, W. (Hrsg.): Beiträge zur Psychologischen Handlungstheorie. Bern, Stuttgart, Wien 198o, S. 210 - 225.

FISCHER, B.: Die Arbeitsprobe als Methode der Lernerfolgskontrolle im Rahmen kaufmännischer Übungsfirmenarbeit. Überlegungen zur Erfolgskontrolle bei kaufmännische Theorie und kaufmännische Praxis verknüpfenden Lernprozessen. In: Zeitschrift für Berufs- und Wirtschaftspädagogik, 78. Band, H. 9/1982, S. 670 - 683.

FIX, W.: Das Projekt Übungsfirma als didaktisches Konzept in der betrieblichen Ausbildung. In: Die Deutsche Berufs- und Fachschule, 75. Band, H. 7/1979, S. 522 - 529.

FIX, W.: Projektorientierte Simulation. Variante einer Übungsfirma. In: arbeiten + lernen, 2. Jg., H. 10 - 10 a/ 1980, S. 90 - 92.

FRANK, J.: Kritische Ökonomie. Einführung in die Grundsätze und Kontroversen wirtschaftswissenschaftlicher Theoriebildung. Reinbek b. Hamburg 1976.

FRANKE, G.: Qualitätsmerkmale der Ausbildung am Arbeitsplatz. In: Berufsbildung in Wissenschaft und Praxis, 11. Jg., H. 4/1982, S. 3 - 9.

FRANZKE, R.: Berufsausbildung und Arbeitsmarkt. Funktionen und Probleme des "dualen Systems". Berlin 1978.

FRANZKE, R.: Zur Frage der Praxisrelevanz der Fachdidaktik. Eine kritische Auseinandersetzung mit ausgewählten Ansätzen zu einer Didaktik des Wirtschaftslehreunterrichts an kaufmännischen Berufsschulen. In: Zeitschrift für Berufs- und Wirtschaftspädagogik, 76. Band, H. 9/1980, S. 643 - 657.

FRANZKE, R.: Gegenstand, Strukturelemente und Kriterien einer allgemeinen Didaktik beruflicher Lernprozesse. In: Die berufsbildende Schule, 33 Jg., H. 2/1981, S. 74 -80.

FREIMANN, J.: Arbeitsorientierte Ökonomie und gesellschaftliche Praxis. Arbeitsorientierung als Paradigma einer anderen Wirtschaftsdidaktik. In: Boehm, U./Littek, W./Ortmann, F. (Hrsg.): Rationalisierung der Büroarbeit und kaufmännische Berufsausbildung. Frankfurt/New York 1982, S. 175 - 197.

FRESE, M./GREIF, S./Semmer, N.: Industrielle Psychopathologie. Bern 1978.

FREY, K.: Die Projektmethode. Weinheim und Basel 1982.

FUCHS, R.:"Es herrscht wieder Ruhe an den Berufsschulen." In: Boehm/Littek/Ortmann (Hrsg.): Rationalisierung der Büroarbeit und kaufmännische Berufsausbildung. Frankfurt/ New York 1982, S. 69 - 79.

FUCKE, E.: Lernziel: Handeln können. Erfahrungen und Überlegungen zu einem erweiterten Bildungskonzept. Frankfurt/M. 1981.

FURTH, H.G.: Intelligenz und Erkennen. Die Grundlagen der genetischen Erkenntnistheorie Piagets. 1. Aufl., Frankfurt/M. 1976. (Original: Piaget and Knowledge. Theoretical Foundations. New Jersey 1969.)

FURTH, H.G.: Piaget für Lehrer. 2. Aufl., Düsseldorf 1976.

GAHLEN, B./HARDES, H.-D./RAHMEYER, F./SCHMID, A.: Volkswirtschaftslehre. Eine problemorientierte Einführung. Tübingen 1978.

GALPERIN, P.J.: Die Entwicklung der Untersuchungen über die Bildung geistiger Operationen. In: Hiebsch, H. (Hrsg.): Ergebnisse der sowjetischen Psychologie. Stuttgart 1969, S. 367 - 405.

GALPERIN, P.J./LEONTJEW, A.N. u.a.: Probleme der Lerntheorie. 4. Aufl., Berlin (Ost) 1974.

GALPERIN, P.J.: Die geistige Handlung als Grundlage für die Bildung von Gedanken und Vorstellungen. In: Galperin/ Leontjew u.a.: Probleme der Lerntheorie. 4. Aufl., Berlin (Ost) 1974, S. 33 - 49.

GALPERIN, P.J.: Zu Grundfragen der Psychologie. Köln 1980.

GARLICHS, A./GRODDECK, N.: Plädoyer für ein erfahrungsoffenes Lernen in der Schule. In: Garlichs, A./Groddeck, N.: Erfahrungsoffener Unterricht. Beispiele zur Überwindung der lebensfremden Lernschule. Freiburg im Breisgau 1978, S. 10 - 21.

GERDSMEIER, G.: Wirtschaftslehreunterricht - Seine Schwierigkeiten und Möglichkeiten am Beispiel der Fallmethode. In: Krol, G.-J. (Hrsg.): Informationsdienst zur wirtschaftlichen Bildung des Instituts für wirtschafts- und sozialwissenschaftliche Bildung e.V., Münster, H. 8/1979, S. 25 - 32.

GERDSMEIER, G.: Anmerkungen zur Theorie-Praxis-Diskussion in der Wirtschaftsdidaktik. In: Zeitschrift für Berufs- und Wirtschaftspädagogik, 77. Band, H. 11/1981, S. 803 - 812.

GEULEN, D.: Überlegungen zum konzeptionellen Rahmen einer Analyse von Sozialisationsprozessen bei Erwachsenen. In: Have-Herz, R. (Hrsg.): Erwachsenensozialisation. Ausgewählte Theorien und empirische Analysen. Weinheim und Basel 1981, S. 57 - 66.

GEUSS, H.: Was hat Lernen mit Gedächtnis zu tun? - Anmerkungen zu einigen Zusammenhängen - In: Zeitschrift für erziehungswisssenschaftliche Forschung, 15. Jg., H. 2/1981, S. 72 - 88.

GIULIANO, V. E.: Büro und Verwaltung. In: Spektrum der Wissenschaft, H. 11/1982, S. 116 - 131.

GOLAS, H.: Didaktisch-historische Analyse des Betriebswirtschaftskundeunterrichts. Wi-So-Dissertation. Berlin 1969.

GOLAS, H.: Das Spannungsfeld einer "Didaktik der Wirtschaftslehre". In: Ders. (Hrsg.): Didaktik der Wirtschaftslehre. Situation, Diskussion, Revision. München 1973, S. 9 - 35.

GRANZOW, H.: Die Bedeutung der Bildung für den technischen

Wandel. In: Biethahn/Staudt (Hrsg.): Automation in Industrie und Verwaltung. Ökonomische Bedingungen und soziale Bewältigung. Berlin 1981, S. 131 - 138.

GRAUMANN, C.F. (Hrsg.): Ökologische Perspektiven in der Psychologie. Bern 1978.

GRAUMANN, C.F.: Verhalten und Handeln. Probleme einer Unterscheidung. In: Schluchter, W. (Hrsg.): Verhalten, Handeln und System. Talcott Parsons Beitrag zur Entwicklung der Sozialwissenschaften. Frankfurt/M. 1979, S. 16 - 31.

GREIF, S.: Altersabbau intellektueller Fähigkeiten und sozialer Kompetenzen - eine Folge reduzierter Arbeitsbedingungen? In: Groskurth, P. (Hrsg.): arbeit und persönlichkeit: berufliche sozialisation in der arbeitsteiligen gesellschaft. Reinbek b. Hamburg 1979, S. 73 - 87.

GREIF, S.: Individuelles und kollektives Handeln für bessere Arbeitsbedingungen. In: Forum Kritische Psychologie, 8. Das Argument: Argument-Sonderband,AS 66, Berlin 1981, S. 8 - 48.

GROEBEN, N./SCHEELE, B.: Argumente für eine Psychologie des reflexiven Subjekts. Paradigmawechsel vom behavioralen zum epistemologischen Menschenbild. Darmstadt 1977.

GROSKURTH, P. (Hrsg.): arbeit und persönlichkeit: berufliche sozialisation in der arbeitsteiligen gesellschaft. Reinbek b. Hamburg 1979.

GRUNDELEMENTE EINER ARBEITSORIENTIERTEN EINZELWIRTSCHAFTSLEHRE. Ein Beitrag zur politischen Ökonomie der Unternehmung. WSI-Studie Nr. 23. Köln 1974.

GRÜNEWALD, U./KOCH, R.: Der technisch-organisatorische Wandel im kaufmännischen und verwaltenden Bereich und seine Auswirkung auf die Berufsausbildung. In: Berufsbildung in Wissenschaft und Praxis, 10. Jg., H. 5/1981, S. 9 - 13.

GRÜNEWALD, U./KOCH, R.: Zum DGB Papier "Zur Neuordnung der Berufsbildung im kaufmännischen und verwaltenden Bereich". In: Berufsbildung in Wissenschaft und Praxis, 10. Jg., H. 5/1981 (a), S. 13- 17.

GYLDENFELDT, H. von: "Erwachsenensozialisation" - Über Schwierigkeiten mit einem neuen Begriff. In: Have-Herz, R. (Hrsg.): Erwachsenensozialisation. Ausgewählte Theorien und empirische Analysen. Weinheim und Basel 1981, S. 11 - 18.

HABERMAS, J.: Thesen zur Theorie der Sozialisation. Stichworte und Literatur zur Vorlesung im Sommer-Semester 1968. Frankfurt 1968.

HABERMAS, J.: Kultur und Kritik. Frankfurt 1973.

HACKER, W.: Allgemeine Arbeits- und Ingenieurpsychologie. Psychische Struktur und Regulation von Arbeitstätigkeiten. 2. Aufl., Berlin (Ost) 1978.

HACKER, W./MATERN, B.: Methoden zum Ermitteln tätigkeitsregulierender kognitiver Prozesse und Repräsentationen bei industriellen Arbeitstätigkeiten. In: Volpert, W. (Hrsg.): Beiträge zur Psychologischen Handlungstheorie. Bern, Stuttgart, Wien 1980, S. 29 - 49.

HAHNE, H.: Vermittlung von fachspezifischem Methodenbewußtsein und zugehörigen Arbeitstechniken in der neugestalteten gymnasialen Oberstufe. In: Wirtschaft und Erziehung, 34. Jg., H. 2/1982, S. 50 - 57.

HALFPAP, K.: Das Berufsvorbereitungsjahr (BVJ) im Spannungsfeld der Schule sowie zwischen Schule, Eltern, Wirtschaft und Schulaufsicht - Der dynamische Handlungsunterricht -. In: Erziehungswissenschaft und Beruf, 27. Jg., H. 2/1979, S. 193 - 201.

HALFPAP, K.: Ein handlungstheoretisches Modell für die Gestaltung des Berufsvorbereitungsjahres, dargestellt am Beispiel des Berufsfeldes Wirtschaft und Verwaltung. Dissertation. Hannover 1980.

HALFPAP, K.: Handlungstheoretischer Ansatz für die (schulische) kaufmännische Berufsausbildung. Didaktische Konsequenzen aus der Unterrichtswirklichkeit für die künftige Beschäftigungsstruktur. In: Boehm/Littek/Ortmann (Hrsg.): Rationalisierung der Büroarbeit und kaufmännische Berufsausbildung. Frankfurt 1982, S. 55 - 64.

HAUG, F./NEMITZ, R./WALDHUBEL, TH.: Kritik der Handlungsstrukturtheorie. In: Forum Kritische Psychologie, 6. Das Argument: Argument-Sonderband, AS 49, Berlin 1980, S. 18 - 86.

HAUPTMEIER, G.: Die didaktische Reduktion als methodische Möglichkeit im Wirtschaftskundeunterricht. In: Die Deutsche Berufs- und Fachschule, 64. Jg., 1968, S. 925 ff.

HAUPTMEIER, G./KELL, A./LIPSMEIER, A.: Zur Auswahlproblematik von Lerninhalten und zur didaktischen Reduktion wissenschaftlicher Aussagen. In: Die Deutsche Berufs- und Fachschule, 71. Band, H. 12/1975, S. 899 ff.

HAUPTMEIER, G.: Verfahrensweisen der didaktischen Reduktion. Möglichkeiten einer unterrichtspraktischen Umsetzung. In: Zeitschrift für Berufs- und Wirtschaftspädagogik, 76. Band, H. 11/1980, S. 820 - 834.

HEINEN, E.: Grundfragen der entscheidungsorientierten Betriebswirtschaftslehre. München 1976.

HEISIG, U./LITTEK, W.: Entwicklungstendenzen kaufmännischer Sachbearbeitertätigkeiten in der Industrie. In: Boehm, U./ Littek, W./Ortmann, F. (Hrsg.): Rationalisierung der Büroarbeit und kaufmännische Berufsausbildung. Frankfurt/New York 1982, S. 99 - 117.

HENECKA, H.P./WÖHLER, K.: Schulsoziologie. Eine Einführung in Funktionen, Strukturen und Prozesse schulischer Erziehung. Stuttgart, Berlin, Köln, Mainz 1978.

HENNIG, W.: Zur Entwicklung und verhaltensdeterminierenden Wirkung von Lernmotiven bei Schülern. In: Lompscher, J. u.a. (Hrsg.): Zur Psychologie der Lerntätigkeit. Berlin (Ost) 1977, S. 202 - 213.

HIEBSCH, H. (Hrsg.): Ergebnisse der sowjetischen Psychologie. Stuttgart 1969.

HINTE, W.: Non-direktive Pädagogik. Eine Einführung in Grundlagen und Praxis des selbstbestimmten Lernens. Opladen 1980.

HOBBENSIEFKEN, G.: Berufsforschung. Einführung in traditionelle und moderne Theorien. Opladen 1980.

HOBBENSIEFKEN, G./KLEMENT, W./SESINK, W.: Probleme des wissenschaftsorientierten Unterrichts. In: Zeitschrift für Pädagogik, 24 Jg., H. 4/1978, S. 563 - 569.

HOCHSTRASSER, F.: Der alltägliche Widerspruch. Handlungstheorie und gesellschaftliche Wirklichkeit. Weinheim und Basel 1981.

HOLZKAMP-OSTERKAMP, U.: Motivationsforschung 2. Frankfurt/M. 1976.

HOPF, B.: Bürosimulation im Rahmen der kaufmännischen Grundbildung. Berlin 1973. (Schriften zur Berufsbildungsforschung, Band 9)

HOPF, B.: Methodische Konzeptionen der Simulation im Bereich der kaufmännischen Berufsbildung. In: Bonz, B. (Hrsg.): Beiträge zur Methodik in der beruflichen Bildung. Stuttgart 1976, S. 122 - 145.

HOPF, B.: Funktionen des Lernortes "Simulationsbüro" im Rahmen der kaufmännischen Berufsbildung. In: Münch, J. (Hrsg.): Lernen - aber wo? Der Lernort als pädagogisches und lernorganisatorisches Problem. Trier 1977, S. 160 - 170.

HÖHN, K.-R.: Schule und Alltag. Bestimmungsstücke zum Verhältnis von organisierter Unterweisung und praxisgebundenem Lernen, exemplifiziert am Natur-Wissen. Weinheim und Basel 1980.

HUBER, G.L./MANDL, H.: Lehrer-Schüler-Interaktion unter dem Aspekt handlungsleitender Kognitionen. In: Achtenhagen, F. (Hrsg.): Neue Verfahren zur Unterrichtsanalyse. Düsseldorf 1982, S. 185 - 205.

JACOBI, U./LULLIES, V./WELTZ, F. (Sozialwissenschaftliche Projektgruppe München): Textverarbeitung im Büro. Alternativen der Arbeitsgestaltung. Schriftenreihe: Humanisierung des Arbeitslebens. Band 4. Hrsg. v. Bundesminister für Forschung und Technologie. Bonn 1980.

JAEGGI, U./WIEDEMANN, H.: Der Angestellte im automatisierten Büro. Betriebssoziologische Untersuchung über die Auswirkungen elektronischer Datenverarbeitung auf die Angestellten und ihre Funktionen. 2. Aufl., Stuttgart, Berlin, Köln, Mainz 1966.

JANICH, P.: Umweltdeterminiertheit oder Konstruktion der Wirklichkeit? In: Walter, H./Oerter, R. (Hrsg.): Ökologie und Entwicklung. Mensch-Umwelt-Modelle in entwicklungspsychologischer Sicht. Donauwörth 1979, S. 92 - 101.

JOERGER, K.: Lernprozesse bei Schülern. Stuttgart 1975.

JUDIN, E.G.: Die Tätigkeit als erklärendes Prinzip und als Gegenstand wissenschaftlicher Untersuchung. In: Sowjetwissenschaft. Gesellschaftswissenschaftliche Beiträge, H. 3/1977, S. 293 - 306.

KAISER, A./KAISER, F.-J. (Hrsg.): Projektstudium und Projektarbeit in der Schule. Bad Heilbrunn/Obb. 1977.

KAISER, F.-J.: Entscheidungstraining. Die Methoden der Entscheidungsfindung. 2. Aufl., Bad Heilbrunn/Obb. 1976.

KAISER, H.-J.: Erkenntnistheoretische Grundlagen pädagogischer Methodenbegriffe. In: Menck, P./Thoma, G. (Hrsg.): Unterrichtsmethode. Intuition, Reflexion, Organisation. München 1972, S. 129 - 144.

KAMINSKI, G.: Bewegungshandlungen als Bewältigung von Mehrfachaufgaben. In: Sportwissenschaft, 3. Jg., 1973, S. 233 - 250.

KAMINSKI, H.: Grundlegende Elemente einer Didaktik der Wirtschaftserziehung. Wissenschaftstheoretische Voraussetzungen. Probleme der Curriculumentwicklung. Strategien zur unterrichtlichen Realisation. Bad Heilbrunn/Obb. 1977.

KÖRTNER, G.: Berufliche Sozialisation und gesellschaftlich-politische Handlungskompetenz. In: Zeitschrift für Pädagogik, 24. Jg., Nr. 1/1978, S. 1 - 20.

KEIL, W.: Psychologie des Unterrichts. München 1977.

KELL, A.: Kriterien zur Analyse des dualen Ausbildungssystems. In: Deutsche Berufs- und Fachschule, H. 3/1971, S. 170 - 180.

KELL, A.: Planung und Koordination des Curriculum im Verbund von mehreren Lernorten. In: Münch, J. (Hrsg.): Lernen - aber wo? Der Lernort als pädagogisches und lernorganisatorisches Problem. Trier 1977, S. 61 - 75.

KELL, A./LIPSMEIER, A.: Berufsbildung in der Bundesrepublik Deutschland. Analyse und Kritik. Schriften zur Berufsbildungsforschung. Band 38. Berlin 1976.

KELL, A./KUTSCHA, G.: Kritische Theorie der ökonomischen Bildung und das Problem der didaktischen Reduktion. In: Zeitschrift für Pädagogik, 1977, S. 345 ff.

KERN, H./BRUMLOP, E. u.a.: Neue Formen betrieblicher Arbeitsgestaltung. Darstellung relevanter Veränderungsprojekte in Großbritannien, Italien, Norwegen, Schweden. Hrsg. v. Bundesminister für Arbeit und Sozialordnung. Bonn 1976.

KLAFKI, W.: Hermeneutische Verfahren in der Erziehungswissenschaft. In: Klafki u.a.: Funk-Kolleg Erziehungswissenschaft. Band 3. Frankfurt/M. 1971, S. 126 - 153.

KLAFKI, W.: Erziehungswissenschaft als kritisch-konstruktive Theorie: Hermeneutik - Empirie - Ideologiekritik. In: Zeitschrift für Pädagogik. Jubiläumsband: Pädagogische Impulse 1955 - 1980. Weinheim und Basel 1981, S. 81 - 115.

KLIPPERT, H.: Didaktik des Lernbereichs Wirtschaft. Fachwissenschaftliche und didaktische Grundlegung eines problemorientierten Wirtschaftslehreunterrichts. Weinheim und Basel 1981.

KLIX, F. (Hrsg.): Psychologische Beiträge zur Analyse kognitiver Prozesse. Berlin (Ost) 1976.

KLUWE, R.: Wissen und Denken. Modelle, empirische Befunde und Perspektiven für den Unterricht. Stuttgart, Berlin, Köln, Mainz 1979.

KLUWE, R./SPADA, H.: Wissen und seine Veränderung: einige psychologische Beschreibungsansätze. In: Foppa, K./Groner, R. (Hrsg.): Kognitive Strukturen und ihre Entwicklung. Bern 1981, S. 284 - 327.

KOB, J.: Soziologische Theorie der Erziehung. Stuttgart 1976.

KOCH, R.: Der Wandel der Büroarbeit und kaufmännische Berufsausbildung. Ein Bericht über die Fachtagung Wirtschaft der Hochschultage Berufliche Bildung 1980 in Bremen. In: Berufsbildung in Wissenschaft und Praxis, 10. Jg., H. 2/ 1981, S. 1- 5.

KOCH, R.: Aktuelle Veränderungstendenzen kaufmännischer Sachbearbeitertätigkeiten durch die Anwendung der EDV in der Industrieverwaltung. In: Boehm, U./Littek, W./Ortmann, F. (Hrsg.): Rationalisierung der Büroarbeit und kaufmännische Berufsausbildung. Frankfurt/New York 1982, S. 118 - 134.

KOECK, R.: Das Problem der "ethnomethodologischen Indifferenz". Plädoyer für eine kritische Ethnomethodologie. In: Soziale Welt, 27. Jg., H. 3/1976, S. 261 - 277.

KOHLBERG, L.E.: Stage and Sequence: The Cognitive-developmental Approach to Socialization. In: Joslin, D.A. (Hrsg.): Handbook of Socialization. Theory and Research. Chicago (USA) 1969, S. 347 - 480.

KOHLBERG, L.E.: Continuities in Childhood and Adult Moral Development. In: Baltes, P.B./Schaie, K.W. (Hrsg.): Lifespan Developmental Psychology. Personality and Socialization. New York/London 1973, S. 179 - 204.

KOHN, M.L.: Persönlichkeit, Beruf und soziale Schichtung. Hrsg. v. K. Lüscher. Stuttgart 1981.

KOSSAKOWSKI, A.: Über persönlichkeitstheoretische Grundlagen der Pädagogischen Psychologie. In: Kossakowski, A./ Lompscher, J. (Hrsg.): Ideologisch-theoretische und methodologische Probleme der Pädagogischen Psychologie. Berlin (Ost) 1975.

KOSSAKOWSKI, A./ETTRICH, K.U.: Psychologische Untersuchung zur Entwicklung der eigenständigen Handlungsregulation. Berlin (Ost) 1973.

KOSSAKOWSKI, A./LOMPSCHER, J. (Hrsg.): Ideologisch-theoretische und methodologische Probleme der Pädagogischen Psychologie. Berlin (Ost) 1975.

KOSSAKOWSKI, A. u.a. (Autorenkollektiv): Entwicklung der Handlungsregulation in der kollektiven Tätigkeit. Berlin (Ost) 1978.

KOSSAKOWSKI, A./LOMPSCHER, J.: Teilfunktionen und Komponenten der psychischen Regulation der Tätigkeit. In: Autorenkollektiv: Psychologische Grundlagen der Persönlichkeitsentwicklung im pädagogischen Prozeß. 2. Aufl., Berlin (Ost) 1980, S. 107 - 148.

KOUBEK, N.: Brauchen wir eine neue Betriebswirtschaftslehre? Kritik aus gewerkschaftlicher Sicht und Elemente einer Alternative. In: Koubek, N./Küller, H.-D./Scheibe-Lange, I.: Betriebswirtschaftliche Probleme der Mitbestimmung. Frankfurt/M. 1974, S. 185 - 203.

KRUMM, V.: Wirtschaftslehreunterricht. Analyse von Lehrplänen und Lehrinhalten an Kaufmännischen Berufs- und Berufsfachschulen in der Bundesrepublik Deutschland. Stuttgart 1973.

KUBLI, F.: Kognitionspsychologie, Piaget und die Existenz von Universalien des Denkens. In: Neue Sammlung. Zeitschrift für Erziehung und Gesellschaft, 20. Jg., H. 4/1980, S. 357 ff.

KUHN, TH.S.: Die Struktur wissenschaftlicher Revolutionen. 2. Aufl., Frankfurt/M. 1976. (Original: The Structure of Scientific Revolutions, USA 1962.)

KUTSCHA, G.: Qualifikationsbedarf und Bildungsanforderungen im "kaufmännischen" Arbeitsprozeß - Ein Strukturgittermodell zur didaktischen Vermittlung ökonomischer Fachkompetenzen in der integrierten Sekundarstufe II. In: Ders. (Hrsg.): Ökonomie an Gymnasien. Ziele, Konflikte, Konstruktionen. München 1975, S. 197 - 231.

KUTSCHA, G.: Das politisch-ökonomische Curriculum. Wirtschaftsdidaktische Studien zur Reform der Sekundarstufe II. Kronberg 1976.

KUTSCHA, G.: Das Theorie-Praxis-Problem in der Berufsausbildung und Aspekte zu seiner Differenzierung: In: Die berufsbildende Schule, 32. Jg., H. 9/1980, S. 491 - 500.

KUTT, K./SELKA, R.: Übungsfirmen in der kaufmännischen Aus- und Weiterbildung. In: Berufsbildung in Wissenschaft und Praxis, 10. Jg., H. 5/1981, S. 27 - 31.

KUTT, K./SELKA, R.: Veränderte Arbeitsstrukturen und curriculare Konsequenzen in der kaufmännischen Ausbildung (Thesen). In: Hochschultage Berufliche Bildung 1982. Beiträge der Fachtagung Wirtschaft, September 1982, S. 91 - 99. (Als Typoskript vervielfältigt.)

KÜHNLEIN, G./MÜLLER, U./PAUL-KOHLHOFF, A.: Betriebliche Lernorte aus der Sicht von Auszubildenden. In: Berufsbildung in Wissenschaft und Praxis, 11. Jg., H. 4/1982, S. 10 - 13.

LACHENMANN, G.: Ein handlungstheoretischer Ansatz für den Unterricht in Warenkunde. In: Wirtschaft und Erziehung, H. 10/1981, S. 311 - 316.

LANG, H.: Einleitung zu: Johach, H./Lang, H./Nündel, E. (Hrsg.): Handlungstheorie. Probleme, Fragen und Konsequenzen unter pädagogischem Aspekt. Königstein/Ts. 1978, S. 1 - 15.

LAUCKEN, U.: Naive Verhaltenstheorie. 1. Aufl., Stuttgart 1974.

LECKEBUSCH, N.: Das Büro der 80er Jahre. SPIEGEL-Verlagsreihe Märkte im Wandel. Band 10. Hamburg 1981.

LEHMANN, J.: Grundlagen und Anwendungen des pädagogischen Simulationsspiels. Weinheim und Basel 1975.

LEHMANN, J. (Hrsg.): Simulations- und Planspiele in der Schule. Bad Heilbrunn/Obb. 1977.

LEISER, E.: Methodische Grundlagen der Kritischen Psychologie I. Widerspiegelungscharakter von Logik und Mathematik. 1. Aufl., Frankfurt/M., New York 1978.

LEMPERT, W.: Berufliche Bildung als Beitrag zur gesellschaftlichen Demokratisierung. Vorstudie für eine politisch reflektierte Berufspädagogik. Frankfurt/M. 1974.

LEMPERT, W.: Industriearbeit als Lernprozeß? In: Soziale Welt, 28. Jg., H. 3/1977.

LEMPERT, W.: Technische und soziale Handlungsfähigkeit und Handlungsbereitschaft. In: Zeitschrift für Pädagogik, 24. Jg., H. 3/1978, S. 447 - 465.

LEMPERT, W.: Arbeitsteilung, Bildungsprozesse, Sozialisation. Bildungspolitische Implikationen einer schrittweisen Aufhebung der Arbeitsteilung. In: Die Deutsche Berufs- und Fachschule, 75. Band, H. 3/1979, S. 178 - 192.

LEMPERT, W.: Zur theoretischen und empirischen Analyse der Beziehungen zwischen Arbeit und Lernen. In: Groskurth, P. (Hrsg.): Arbeit und Persönlichkeit. Berufliche Sozialisation in der arbeitsteiligen Gesellschaft. Reinbek b. Hamburg 1979 (a), S. 87 - 111.

LEMPERT, W.: Die kognitivistische Konzeption der moralischen Entwicklung. Ein Ansatz zur Analyse der Sozialisation durch Arbeit? In: Zeitschrift für Berufs- und Wirtschaftspädagogik. Beiheft 1: Ansätze berufs- und wirtschaftspädagogischer Theoriebildung. Wiesbaden 1980, S. 87 - 98.

LEMPERT, W.: Berufliche Bildung und gesellschaftliche Arbeit. Zur Neuorientierung der Berufspädagogik. In: Hoppe, M./Krüger, H./Rauner, F. (Hrsg.): Berufsbildung. Zum Verhältnis von Beruf und Bildung: Beiträge aus Wissenschaft, Politik und Praxis. Frankfurt/M. 1982, S. 29 - 47.

LEMPERT, W./FRANZKE, R.: Die Berufserziehung. München 1976.

LENK, H. (Hrsg.): Handlungstheorien - interdisziplinär.
Band I: Handlungslogik, formale und sprachwissenschaftliche Handlungstheorien. München 1980.
Band II: Handlungserklärungen und philosophische Handlungsinterpretationen. München 1978, 1979.
Band III: Verhaltenswissenschaftliche und psychologische Handlungstheorien. München 1981.
Band IV: Sozialwissenschaftliche Handlungstheorien und spezielle systemwissenschaftliche Ansätze. München 1977.

LENNARTZ, D./SCHWIEDRZIK, B.: "Arbeit bildet" - aber wie? In: Berufsbildung in Wissenschaft und Praxis, 11. Jg., H. 4/1982, S. 1 - 3.

LEONHARD, H.-W.: Behaviorismus und Pädagogik. Kritik behavioristischer Psychologie und ihrer Anwendung in der Pädagogik. Bad Heilbrunn/Obb. 1978.

LEONTJEW, A.A.: "Einheiten" und Niveaus der Tätigkeit. In: Sowjetwissenschaft. Gesellschaftswissenschaftliche Beiträge, 1. Halbjahr 1979, S. 405 - 416.

LEONTJEW, A.N.: Das Problem der Tätigkeit in der Psychologie. In: Sowjetwissenschaft. Gesellschaftswissenschaftliche Beiträge, H. 4/1973, S. 415 - 435.

LEONTJEW, A.N.: Das Lernen als Problem der Psychologie. In: Galperin/Leontjew u.a.: Probleme der Lerntheorie. 4. Aufl., Berlin 1974, S. 11 - 31.

LEONTJEW, A.N.: Tätigkeit, Bewußtsein, Persönlichkeit. Hrsg. v. Thomas Kussmann. Stuttgart 1977.

LEONTJEW, A.N.: Probleme der Entwicklung des Psychischen. 3. Aufl., Königstein/Ts. 1980.

LIPSMEIER, A.: Didaktik der Berufsausbildung. Analyse und Kritik didaktischer Strukturen der schulischen und betrieblichen Berufsausbildung. München 1978.

LITTEK, W.: Kaufmännische Berufsausbildung und Berufsausübung. In: Hoppe, M./Krüger, H./Rauner, R. (Hrsg.): Berufsbildung. Zum Verhältnis von Beruf und Bildung: Beiträge aus Wissenschaft, Politik und Praxis. Frankfurt/New York 1982, S. 176 - 179.

LITTEK, W./HEISIG, U.: Kaufmännische Berufstätigkeit und Bürorationalisierung. Empirische Forschungsergebnisse am Beispiel Industrieverwaltung. In: Zeitschrift für Berufs- und Wirtschaftspädagogik, 77. Band, H. 7/1981, S. 483 - 494.

LOMPSCHER, J.: Vorwort zu: Lompscher, J. (Hrsg.): Probleme der Ausbildung geistiger Handlungen. Neuere Untersuchungen zur Anwendung der Lerntheorie Galperins. Berlin (Ost) 1972, S. 5 - 14.

LOMPSCHER, J. (Hrsg.): Probleme der Ausbildung geistiger Handlungen. Neuere Untersuchungen zur Anwendung der Lerntheorie Galperins. Berlin (Ost) 1972.

LOMPSCHER u.a. (Hrsg.): Zur Psychologie der Lerntätigkeit. Berlin (Ost) 1977.

LOMPSCHER, J.: Psychische Regulation und persönlichkeitsbildende Potenzen der Lerntätigkeit. In: Lompscher, J. u.a. (Hrsg.): Zur Psychologie der Lerntätigkeit. Berlin (Ost) 1977, S. 18 - 36.

LOMPSCHER, J.: Theoretisch-methodologische Probleme der psychologischen Tätigkeitsanalyse. In: Probleme und Ergebnisse der Psychologie, H. 68/1979, S. 7 - 19.

LOMPSCHER, J. unter Mitarbeit von KOSSAKOWSKI, A.: Persönlichkeitsentwicklung in unterschiedlichen Tätigkeitsarten. In: Autorenkollektiv: Psychologische Grundlagen der Persönlichkeitsentwicklung im pädagogischen Prozeß. 2. Aufl., Berlin (Ost) 1980, S. 67 - 106.

LOMPSCHER, J.: Wesen und psychische Struktur der Lerntätigkeit. In: Pädagogik, 36. Jg., H. 5/1981, S. 440 - 446.

LOMPSCHER, J.: Analyse und Gestaltung von Lernanforderungen. In: Autorenkollektiv unter Leitung von Dawydow/Lompscher/Markowa: Ausbildung der Lerntätigkeit bei Schülern. 1. Aufl., Berlin (Ost) 1982, S. 36 - 50.

LOOFT, W.R.: Socialization and personality throughout the life-span: An examination of contemporary psychological approaches. In: Baltes, P.B./Schaie, K.W. (Eds.): Life-span developmental psychology: Personality and socialization. New York 1973. (Deutsche Übersetzung in: Entwicklungspsychologie der Lebensspanne. Hrsg. v. Baltes P.B. unter Mitarbeit von Eckensberger, L.H.,Stuttgart 1979, S. 333 - 359.)

LUNGERSHAUSEN, H.: Der Einbezug der Fachpraxis in den Unterricht des schulischen Berufsgrundbildungsjahres "Wirtschaft und Verwaltung". In: Zeitschrift für Berufs- und Wirtschaftspädagogik, 76. Band, H. 4/1980, S. 270 - 277.

MACKE, G./STRAKA, G.A.: Zum funktionalen Zusammenhang zwischen Lernzielen, Lernprozessen und Lernorganisationsentscheidungen im Rahmen lernzielorientierten Unterrichts. In: Tümmers, J. (Hrsg.): Problemlösendes Denken in der Berufserziehung. Fachdidaktische Grundlagen und praktische Unterrichtsbeispiele. Köln und Wien 1980, S. 67 - 93.

MARKOWA, A.K.: Über die Struktur der Lerntätigkeit und Bedingungen für ihre Ausbildung. In: Lompscher, J. u.a. (Hrsg.): Zur Psychologie der Lerntätigkeit. Berlin (Ost) 1977, S. 44 - 59.

MARKOWA, A.K.: Ausbildung der Lerntätigkeit und Persönlichkeitsentwicklung. In: Autorenkollektiv unter Leitung von Dawydow/Lompscher/Markowa: Ausbildung der Lerntätigkeit bei Schülern. 1. Aufl., Berlin (Ost) 1982, S. 28 - 35.

MEAD, G.H.: Geist, Identität und Gesellschaft aus der Sicht des Sozialbehaviorismus. 3. Aufl., Frankfurt/M. 1978. (Original: Mind, Self and Society. From the standpoint of a social behaviorist. Chicago 1934.)

MENZE, C.: Wissenschaft und Schule - Zur Wissenschaftsorientierung als Problem der Schule. In: Wissenschaftliche Pädagogik, 56. Jg., H. 2/1980, S. 177 - 188.

MERTENS, D.: Schlüsselqualifikationen. In: Mitteilungen der Arbeitsmarkt- und Berufsforschung, H. 1/1974.

MILLER/GALANTER/PRIBRAM: Strategien des Handelns. Pläne und Strukturen des Verhaltens. 1. Aufl., Stuttgart 1973. (Original: Plans and the Structure of Behavior. New York 1960.)

MONTADA, L.: Die Lernpsychologie Jean Piagets. 1. Aufl., Stuttgart 1970.

MONTADA, L. (Hrsg.): Brennpunkte der Entwicklungspsychologie. Stuttgart, Berlin, Köln, Mainz 1979.

MOSER, H.: Handlungsorientierte Curriculumforschung. Weinhein - Basel 1974.

MÜLLER, J.: Computergesteuerte Maschinen. Die Ökonomie automatisierter Produktionsprozesse und deren Auswirkungen auf die Arbeitsanforderungen. Frankfurt/M., New York 1981.

MÜLLER, J.: Abstrakte Arbeit und frustrierte Marktteilnahme - Zwei Thesen zur kaufmännischen Berufsausbildung. In: Boehm/Littek/Ortmann (Hrsg.): Rationalisierung der Büroarbeit und kaufmännische Berufsausbildung. Frankfurt/M. 1982, S. 198 - 209.

MÜNCH, J. (Hrsg.): Lernen - aber wo? Der Lernort als pädagogisches und lernorganisatorisches Problem. Trier 1977.

MÜNCH, J./KATH, F.M.: Zur Phänomenologie und Theorie des Arbeitsplatzes als Lernort. In: Münch, J. (Hrsg.): Lernen - aber wo? Der Lernort als pädagogisches und lernorganisatorisches Problem. Trier 1977, S. 76 - 110.

MÜNCH, J./MÜLLER, H.-J./OESTERLE, H./SCHOLZ, F.: Organisationsformen betrieblichen Lernens und ihr Einfluß auf Ausbildungsergebnisse. Berlin 1981.

NEGT, O.: Die Alternativpädagogik ist ohne Alternative. In: Beck, J./Boehncke, H. (Hrsg.): Jahrbuch für Lehrer 7. Selbstkritik der pädagogischen Linken: Einsichten und Aussichten. Reinbek b. Hamburg 1982, S. 114 - 144.

NEISSER, U.: Cognition and reality. San Francisco 1976.

NEULOH, O.: Die weiße Automation. Die Zukunft der Angestelltenschaft. Köln 1966.

OECHSLER, A./WAGNER, B.: Der konflikttheoretische Ansatz in der Betriebswirtschaftslehre. Zur theoretischen und praktischen Relevanz von Konflikten im Rahmen einer problemorientierten Betriebswirtschaftslehre. In: Ulrich, H. (Hrsg.): Zum Praxisbezug der Betriebswirtschaftslehre in wissenschaftstheoretischer Sicht. Bern, Stuttgart 1976, S. 93 - 105.

OERTER, R.: Moderne Entwicklungspsychologie. 16. Aufl., Donauwörth 1976.

OERTER, R./DREHER, E./DREHER, M.: Kognitive Sozialisation und subjektive Struktur. München 1977.

OERTER, R.: Interaktion als Individuum-Umwelt-Bezug. Forschungsstelle für Pädagogische Psychologie und Entwicklungspsychologie. Universität Augsburg 1979.

OERTER, R.: Ein ökologisches Modell kognitiver Sozialisation. In: Walter, H./Oerter, R. (Hrsg.): Ökologie und Entwicklung. Donauwörth 1979 (a), S. 57 - 70.

OFFE, C.: Leistungsprinzip und industrielle Arbeit. Mechanismen der Statusverteilung in Arbeitsorganisationen der industriellen Leistungsgesellschaft. Frankfurt/M. 1970.

OFFE, H./STADLER, M.: Widersprüche der Handlungstheorie. Erwiderung auf Haug, Nemitz, Waldhubel. In: Forum Kritische Psychologie, 8. Das Argument: Argument-Sonderband, AS 66. Berlin 1981, S. 72 - 88.

ORTMANN, F.: Berufliche Ausbildung für kaufmännische Berufe - woran orientieren? In: Drechsel, R./Gronwald, D./ Voigt, B. (Hrsg.): Didaktik beruflichen Lernens. Diskussionsbeiträge zu einem ungelösten Problem. Frankfurt/New York 1982, S. 105 - 121.

ORTMANN, F.: Abstraktes Lernen als Vorbereitung für abstrakte Arbeit - Über die Sozialisationswirkungen von Lehrinhalten (Vorläufige Fassung). In: Hochschultage Berufliche Bildung '82. Beiträge der Fachtagung Wirtschaft. Hannover 1982 (a), S. 36 - 64. (Als Typoskript vervielfältigt.)

PIAGET, J.: Biologie et connaissance - Essai sur les relations entre les régulations organiques et les processes cognitifs. Paris 1967.

PIAGET, J.: Psychologie der Intelligenz. München 1976. (Original: La Psychologie de l'Intelligence. Paris 1947.)

PIAGET, J.: Theorien und Methoden der modernen Erziehung. Frankfurt/M. 1974.

PIRKER, TH.: Büro und Maschine. Zur Geschichte und Soziologie der Mechanisierung der Büroarbeit, der Mechanisierung des Büros und der Büroautomation. Tübingen 1962.

PIRKER, TH.: Bürotechnik. Zur Soziologie der maschinellen Informationsverarbeitung. Stuttgart 1963.

PORTELE, G.: Zur Theorie des Simulationsspiels. In: Lehmann, J. (Hrsg.): Simulations- und Planspiele in der Schule. Bad Heilbrunn/Obb. 1977, S. 9 - 18.

PREYER, K.: Berufs- und Betriebspädagogik. Einführung und Grundlegung. München 1978.

PROJEKT "KAUFMÄNNISCHE LEHRLINGE" IM MEHRINGHOF: Lernen durch Arbeit. Zur Programmatik einer projektorientierten kaufmännischen Lehrlingsausbildung. In: Boehm, U./Littek, W./Ortmann, F. (Hrsg.): Rationalisierung der Büroarbeit und kaufmännische Berufsausbildung. Frankfurt/New York 1982, S. 210 - 226.

RAFFEE, H.: Grundprobleme der Betriebswirtschaftslehre. Göttingen 1974.

RAMSEGER, J.: Gegenschulen. Radikale Reformschulen in der Praxis. Bad Heilbrunn/Obb. 1975.

REESE, H.W./OVERTON, W.F.: Models of development and theories of development. In: Goulet, L.R./Baltes, P.B. (Eds.): Lifespan developmental psychology: Research and theory. New York 1970. (Deutsche Übersetzung in: Entwicklungspsychologie der Lebensspanne. Hrsg. v. Baltes, P.B. unter Mitarbeit von Eckensberger, L.H., Stuttgart 1979, S. 55 - 86.)

REESE, H.W./OVERTON, W.F.: On paradigm shifts. In: American Psychologist, 27. Jg., 1972, S. 1197 - 1199.

REETZ, L./WITT, R.: Berufsausbildung in der Kritik. Curriculumanalyse Wirtschaftslehre. Hamburg 1974.

REICHWALD, R. (Hrsg.): Neue Systeme der Bürotechnik. Beiträge zur Bürogestaltung aus Anwendersicht. Berlin 1982.

REICHWALD, R.: Neue Systeme der Bürotechnik und Bürogestaltung - Problemzusammenhänge. In: Ders. (Hrsg.): Neue Systeme der Bürotechnik. Beiträge zur Büroarbeitsgestaltung aus Anwendersicht. Berlin 1982, S. 11 - 48.

REICHWEIN, A.: Schaffendes Schulvolk. 2. Aufl., Braunschweig 1951.

ROGERS, C.R.: Lernen in Freiheit. Zur Bildungsreform in Schule und Universität. 3. Aufl., München 1979.

RUBINSTEIN, S.L.: Grundlagen der allgemeinen Psychologie. 8. Aufl., Berlin (Ost) 1973.

RUBINSTEIN, S.L.: Das Denken und die Wege seiner Erforschung. 6. Aufl., Berlin (Ost) 1977.

RUBINSTEIN, S.L.: Sein und Bewußtsein. Die Stellung des Psychischen im allgemeinen Zusammenhang der Erscheinungen in der materiellen Welt. 8. Aufl., Berlin (Ost) 1977 (a).

RUBINSTEIN, S.L.: Probleme der Allgemeinen Psychologie. Berlin (Ost) 1979.

RUDLOFF, CH.: Zur schulischen Berufsausbildung aus der Perspektive einer Schülerin. In: Boehm, U./Littek, W./ Ortmann, F. (Hrsg.): Rationalisierung der Büroarbeit und kaufmännischen Berufsausbildung. Frankfurt/New York 1982, S. 65 - 68.

RUMPF, H.: Unterricht und Identität. Perspektiven für ein humanes Lernen. München 1976.

RÜPPELL, H.: Lehre kognitiver Prozesse durch Simulation. In: Ueckert, H./Rhenius, D. (Hrsg.): Komplexe menschliche Informationsverarbeitung. Beiträge zur Tagung "Kognitive Psychologie" in Hamburg 1978. Bern, Stuttgart, Wien 1979, S. 479 - 488.

SAGATOWSKI, W.N.: Tätigkeit als philosophische Kategorie. In: Sowjetwissenschaft. Gesellschaftswissenschaftliche Beiträge, 1. Halbjahr 1979, S. 80 - 88.

SCHIEFELE, H./KRAPP, A.: Studienhefte zur Erziehungswissenschaft. Heft III: Entwicklung und Erziehung. 1. Aufl., München 1974.

SCHIEFELE, H./HAUSSER, K./SCHNEIDER, G.: "Interesse" als Ziel und Weg der Erziehung. Überlegungen zu einem vernachlässigten pädagogischen Konzept. In: Zeitschrift für Pädagogik, 25. Jg., 1979, S. 1 - 20.

SCHIEFER, CH.: Zur Lernmotivation bei Jugendlichen. In: Lompscher, J. u.a. (Hrsg.): Zur Psychologie der Lerntätigkeit. Berlin (Ost) 1977, S. 230 - 235.

SCHMIEL, M.: Der Arbeitsplatz als Lernort. In: Die Deutsche Berufs- und Fachschule, 72. Band, H. 4/1976, S. 251 - 259.

SCHMITZ, U.: Interiorisation und Widerspruch. Zur Diskussion der Galperinschen Lerntheorie. In: Haug, W.F. (Hrsg.): Kritische Psychologie. Argument-Sonderband 1977 (AS 15), S. 65 - 71.

SCHNEIDER, D.: Geschichte betriebswirtschaftlicher Theorie. Allgemeine Betriebswirtschaftslehre für das Hauptstudium. München 1981.

SCHNEIDER, E.: Einführung in die Wirtschaftstheorie. IV. Teil. Ausgewählte Kapitel der Wirtschaftstheorie. Band 1. 2. Aufl., Tübingen 1965.

SCHNEIDER, G./HAUSSER, K./SCHIEFELE, H.: Bestimmungsstücke und Probleme einer pädagogischen Theorie des Interesses. In: Zeitschrift für Pädagogik, 25. Jg., 1979, S. 43 - 60.

SCHNOTZ, W.: Lerndiagnose als Handlungsanalyse. Ein theoretischer und empirischer Beitrag zum Problem der Bestimmung individueller Lernzustände. Weinheim und Basel 1979.

SCHOROCHOWA, E.W. (Hrsg.): Methodische und theoretische Probleme der Psychologie. 2. Aufl., Berlin (Ost) 1977.

SCHOROCHOWA, E.W.: Das Prinzip des Determinismus in der Psychologie. In: Schorochowa, E.W. (Hrsg.): Methodologische und theoretische Probleme der Psychologie. 2. Aufl., Berlin (Ost) 1977, S. 13 - 52.

SCHRAMM, A.: Zur Frage der Herkunft von Wort und Begriff "Arbeitslehre". In: Pädagogische Rundschau, H. 4/1970, S. 320 - 332.

SCHULZE, TH.: Schule im Widerspruch. Erfahrungen, Theorien, Perspektiven. München 1980.

SCHURIG, V.: Zur Evolution kognitiver Strukturen. In: Ueckert, H./Rhenius, D. (Hrsg.): Komplexe menschliche Informationsverarbeitung. Beiträge zur Tagung "Kognitive Psychologie" in Hamburg 1978. Bern, Stuttgart, Wien 1979, S. 98 - 106.

SEEGER, F./BROMME, R.: Zur Untersuchung der Lehrertätigkeit im Rahmen der kognitiven Psychologie. In: Ueckert, H./ Rhenius, D. (Hrsg.): Komplexe menschliche Informationsverarbeitung. Beiträge zur Tagung "Kognitive Psychologie" in Hamburg 1978. Bern, Stuttgart, Wien 1979, S. 459 - 468.

SEMMER, N./PFÄFFLIN, M.: Interaktionstraining. Ein handlungstheoretischer Ansatz zum Training sozialer Fertigkeiten. 2. Aufl., Weinheim und Basel 1979.

SEILER, TH.B.: Die Bereichsspezifiät formaler Denkstrukturen - Konsequenzen für den pädagogischen Prozeß. In: Frey, K./Lang, M. (Hrsg.): Kognitionspsychologie und naturwissenschaftlicher Unterricht. Bern, Stuttgart, Wien 1973, S. 249 - 285.

SELZ, O.: Über die Gesetze des geordneten Denkverlaufs. Stuttgart 1913.

SHAFTEL, F.R./SHAFTEL, G./WEINMANN, W.: Rollenspiel als soziales Entscheidungstraining. 4. Aufl., München 1978.

SIEKAUP, W.: Entwicklungsetappen zum Bürowirtschaftlichen Zentrum. In: Siekaup, W.: Unterricht in Organisation, Datenverarbeitung, Informatik. Stuttgart 1975, S. 69 - 78.

SIEKAUP, W.: Zur Entwicklung der Büroberufe. Ergebnisse eines Arbeitsgesprächs mit Experten der Bundesanstalt für Arbeit Nürnberg. In: Wirtschaft und Erziehung, 31. Jg., 1979, S. 187 f.

SILBEREISEN, R.K./SCHUHLER, P./CLAAR, A.: Forschungsmethoden zur Erfassung deskriptiver Sozialer Kognitionen. In:

Eckensberger, L.H./Silbereisen, R.K. (Hrsg.): Entwicklung Sozialer Kognitionen: Modelle, Theorien, Methoden, Anwendung. Stuttgart 1980, S. 301 - 334.

SIMON, D.: Lernen im Arbeitsprozeß. Der Beitrag von Hackers Arbeitspsychologie und Piagets Entwicklungstheorie. Frankfurt/New York 1980.

SIMON, D.: Hackers Arbeitspsychologie - ein theoretisches Konzept für humane Arbeitsgestaltung? In: Zeitschrift für Berufs- und Wirtschaftspädagogik, 77. Band, H. 7/1981, S. 504 - 519.

SIMON, W.: Handlungserfahrung als spezifischer Weg zu Abstraktion und rationaler Einsicht im Unterricht der Polytechnik/Arbeitslehre. In: Didaktik der Berufs- und Arbeitswelt. Gießener Blätter zur Polytechnik und Arbeitslehre, 1. Jg., H. 1/1982, S. 31 - 42.

SKELL, W.: Erfahrungen mit Selbstinstruktionstraining beim Erwerb kognitiver Regulationsgrundlagen. In: Volpert, W. (Hrsg.): Beiträge zur Psychologischen Handlungstheorie. Bern, Stuttgart, Wien 1980, S. 50 - 70.

SKINNER, B.F.: Die Wissenschaft vom Lernen und die Kunst des Lehrers. In: Weinert, F.E. (Hrsg.): Pädagogische Psychologie. 7. Aufl., Köln 1972, S. 247 - 258.

STACHOWIAK, H.: Einleitung: Der Weg zum Systematischen Neopragmatismus und das Konzept der Allgemeinen Modelltheorie. In: Ders. (Hrsg.): Modelle und Modelldenken im Unterricht. Bad Heilbrunn/Obb. 1980, S. 9 - 49.

STADLER, M.: Einführung (Zu: Anwendungsfragen der kognitiven Psychologie). In: Ueckert, H./Rhenius, D. (Hrsg.): Komplexe menschliche Informationsverarbeitung. Beiträge zur Tagung "Kognitive Psychologie" in Hamburg 1978. Bern, Stuttgart, Wien 1979, S. 436 - 440.

STADLER, M./OFFE, H.: Probleme der Entstehung der Arbeitsmotivation. In: Offe, H./Stadler, M. (Hrsg.): Arbeitsmotivation. Entwicklung der Motivation zu produktiver Tätigkeit. Darmstadt 1980, S. 1 - 71.

STADLER, M./SEEGER, F.: Psychologische Handlungstheorie auf der Grundlage des materialistischen Tätigkeitsbegriffs. In: Lenk, H. (Hrsg.): Handlungstheorien interdisziplinär III. Verhaltenswissenschaftliche und psychologische Handlungstheorie. Erster Halbband. München 1981, S. 191 - 233.

STADLER, M./SEEGER, F./RAEITHEL, A.: Psychologie der Wahrnehmung. 2. Aufl., München 1977.

STAEHLE, W.H.: Der situative Ansatz in der Betriebswirtschaftslehre. In: Ulrich, H. (Hrsg.): Zum Praxisbezug in der Betriebswirtschaftslehre. Bern, Stuttgart 1976, S. 33 ff.

STEINKAMP, G.: Zum Sozialisationspotential beruflicher Arbeit. In: Nave-Herz, R. (Hrsg.): Erwachsenensozialisation. Ausgewählte Theorien und empirische Analysen. Weinheim und Basel 1981, S. 69 - 83.

STERN, K.: Die Untersuchung lernrelevanter Merkmale von Arbeitstätigkeiten. Ein Beitrag zur Analyse beruflicher Sozialisationsprozesse. In: Zeitschrift für Berufs- und Wirtschaftspädagogik. Beiheft 1: Ansätze berufs- und wirtschaftspädagogischer Theoriebildung, 1980, S. 66 - 75.

STOLZ, W.: Herkunft und Bedeutung des Begriffs "königlicher Kaufmann". In: Wirtschaft und Erziehung, H. 9/1980, S. 240 - 245.

STRATMANN, K.: Erziehungswissenschaftliche Überlegungen zum Problem beruflicher Vollzeitschulen. In: Münch, J. (Hrsg.): Lernen - aber wo? Der Lernort als pädagogisches und lernorganisatorisches Problem. Trier 1977, S. 111 - 131.

SUAREZ, A.: Konstruktionismus als Ich-Metaphysik. In: Schweizerische Zeitschrift für Psychologie, Band 39, H. 3/ 1980, S. 209 - 220.

SUAREZ, A.: Connaissance et action: L'enjeu d'une position épistemologique contemporaine. In: Schweizerische Zeitschrift für Psychologie, 39. Band, H. 3/1980 (a), S. 177-199.

SUIN DE BOUTEMARD, B.: Schule, Projektunterricht und soziale Handlungsperformanz. München 1975.

SZYPERSKI, N./GROCHLA, E./HÖRING, K./SCHMITZ, P.: Bürosysteme in der Entwicklung. Studien zur Typologie und Gestaltung von Büroarbeitsplätzen. Braunschweig/Wiesbaden 1982.

TAYLOR, J.L./WALFORD, R.: Simulationsspiele im Unterricht. Eine Einführung in die didaktischen Möglichkeiten von Simulations-, Plan- und Rollenspielen mit sechs praktischen Beispielen. Ravensburg 1974.

TERHART, E.: Interpretative Unterrichtsforschung. Kritische Rekonstruktion und Analyse konkurrierender Forschungsprogramme der Unterrichtswissenschaft. Stuttgart 1978.

THIEMANN, F.: Entdogmatisierung von Schulwissen - Notizen zu einem Dilemma. In: Bildung und Erziehung, 30. Jg., H. 6/1977, S. 466 - 475.

THIEMANN, F.: Unterricht. Eine kritisch-interpretative Analyse des Lehrer-Schüler-Verhältnisses. In: Gerdsmeier/Thränharelt (Hrsg.): Schule. Eine berufsvorbereitende Einführung in das Lehrerstudium. Weinheim und Basel 1979, S. 228 - 238.

THOMAS, A.: Handlung und Bewegung als Gegenstand psychologischer Forschung. In: Thomas, A. (Hrsg.): Psychologie der Handlung und Bewegung. Meisenheim/Glan 1976, S. 1 - 10.

THOMAS, A. (Hrsg.): Psychologie der Handlung und Bewegung. Meisenheim/Glan 1976.

TIPPELT, R.: Qualifikation und berufliche Sozialisation erwerbstätiger Jugendlicher. Theorien, Ergebnisse und Probleme der beruflichen Bildungs- und Qualifikationsforschung. Frankfurt/M. 1981.

TOMASZEWSKI, T.: Tätigkeit und Bewußtsein. Beiträge zur Einführung in die polnische Tätigkeitspsychologie. Weinheim und Basel 1978.

TOMASZEWSKI, T.: Struktur, Funktion und Steuerungsmechanismen menschlicher Tätigkeit. In: Tomaszewski, T. (Hrsg.): Zur Psychologie der Tätigkeit. Positionen und Ergebnisse polnischer Psychologen. Berlin (Ost) 1981, S. 11 - 33.

TÖBBE, F.: Zur Chance des BVJ. In: Die berufsbildende Schule, H. 6/1980, S. 364 - 366.

TÜMMERS, J.: Fachdidaktische Konzeption problemorientierten Unterrichts im beruflichen Schulwesen. In: Tümmers, J. (Hrsg.): Problemlösendes Denken in der Berufserziehung. Fachdidaktische Grundlagen und praktische Unterrichtsbeispiele. Köln, Wien 1980, S. 3 - 65.

TÜMMERS, J. (Hrsg.): Problemlösendes Denken in der Berufserziehung. Fachdidaktische Grundlagen und praktische Unterrichtsbeispiele. Köln, Wien 1980.

UECKERT, H./RHENIUS, D. (Hrsg.): Komplexe menschliche Informationsverarbeitung. Beiträge zur Tagung "Kognitive Psychologie" in Hamburg 1978. Bern, Stuttgart, Wien 1979.

ULMANN, G.: Auswirkungen von Spiel und Lernen auf die Entwicklung der Motivation zur gesellschaftlichen Arbeit. In: Offe, H./Stadler, M. (Hrsg.): Arbeitsmotivation. Entwicklung der Motivation zu produktiver Tätigkeit. Darmstadt 1980, S. 155 - 176.

ULRICH, P./HILL, W.: Wissenschaftstheoretische Aspekte ausgewählter betriebswirtschaftlicher Konzeptionen. In: Raffée, H./Abel, B. (Hrsg.): Wissenschaftstheoretische Grundfragen der Wirtschaftswissenschaften. München 1979, S. 161 - 190.

ULLRICH, O. unter Mitarbeit von CLAESSENS, D.: Soziale Rolle in der Industriegesellschaft. München 1978.

ÜBUNGSFIRMA in der Bundesrepublik Deutschland: In: Berufsbildung. Hrsg. v. Europäischen Zentrum für die Förderung der Berufsbildung, Nr. 4/1978, S. 34 - 36.

VOIGT, W.: Einführung in die Berufs- und Wirtschaftspädagogik. 2. Aufl., München 1977.

VOLPERT, W.: Sensumotorisches Lernen. Zur Theorie des Trainings in Industrie und Sport. 2. Aufl., Frankfurt/M. 1973.

VOLPERT, W.: Handlungsstrukturanalyse als Beitrag zur Qualifikationsforschung. Köln 1974.

VOLPERT, W.: Die Lohnarbeitswissenschaft und die Psychologie der Arbeitstätigkeit. In: Groskurth, P./Volpert, W.: Lohnarbeitspsychologie. Berufliche Sozialisation: Emanzipation zur Anpassung. Frankfurt/M. 1975.

VOLPERT, W.: Der Zusammenhang zwischen Arbeit und Persönlichkeit aus handlungstheoretischer Sicht. In: Groskurth, P. (Hrsg.): arbeit und persönlichkeit. berufliche sozialisation in der arbeitsteiligen gesellschaft. Reinbek b. Hamburg 1979, S. 21 - 46.

VOLPERT, W.: Psychologische Handlungstheorie - Anmerkungen zu Stand und Perspektive. In: Ders. (Hrsg.): Beiträge zur Psychologischen Handlungstheorie. Bern 1980, S. 13 - 27.

VOLPERT, W./LUDBORZS, B./MUSTER, M.: Lernrelevante Aspekte in der Aufgabenstruktur von Arbeitstätigkeiten - Probleme und Möglichkeiten der Analyse. In: Frei, F./Ulich, E. (Hrsg.): Beiträge zur psychologischen Arbeitsanalyse. Bern, Stuttgart, Wien 1981, S. 195 - 222.

VOSS, R.: Schulverdrossenheit - Signal für den notwendigen Paradigmawechsel. In: Dietrich, I. u.a.: Schulverdrossenheit. Königstein/Ts. 1978, S. 97 - 112.

WAGNER, A.C. u.a.: Unterrichtspsychogramme. Was in den Köpfen von Lehrern und Schülern vorgeht. Reinbek b. Hamburg 1981.

WAHL, D.: Psychologisches Alltagswissen im Unterricht. In: Fietkau, H.-J./Görlitz, D. (Hrsg.): Umwelt und Alltag in der Psychologie. Weinheim und Basel 1981, S. 67 - 90.

WALTER, H./OERTER, R. (Hrsg.): Ökologie und Entwicklung. Mensch-Umwelt-Modelle in entwicklungspsychologischer Sicht. Donauwörth 1979.

WALTERMANN, A.: Aspekte des Unterrichtsfaches Betriebswirtschaftslehre. In: Wirtschaft und Erziehung, 32. Jg., H. 2/ 1980, S. 41 - 46.

WASCHER, U.: Die Übungsfirma im Rahmen eines Medienverbundes in Hochschule und Schule. In: Didaktik der Berufs- und Arbeitswelt, 1. Jg., H. 1/1982, S. 2 - 29.

WEBER, W.: Betriebswirtschaftslehre. In: Kaiser, F.-J./ Kaminski, H. (Hrsg.): Wirtschaft. Handwörterbuch zur Arbeits- und Wirtschaftslehre. Bad Heilbrunn/Obb. 1981, S. 92 - 95.

WEINBERG, P.: Handlungstheorie und Sportwissenschaft. Köln 1978.

WEINGART, P.: Wissensproduktion und soziale Struktur. Frankfurt/M. 1976.

WEINERT, F.E.: Der Beitrag der Psychologie zur Theorie und Praxis des Lehrens. In: Weinert/Graumann/Hechhausen u.a. (Hrsg.): Funk-Kolleg: Pädagogische Psychologie. Band 2. 158.- 172. Tausend, Frankfurt 1980, S. 739 - 762.

WELTZ, F.: Technologische Entwicklung und Gestaltung der Textverarbeitung in der Verwaltung von morgen. In: Reichwald, R. (Hrsg.): Neue Systeme der Bürotechnik. Beiträge zur Büroarbeitsgestaltung aus Anwendersicht. Berlin 1982, S. 93 - 107.

WERBIK, H.: Handlungstheorien. Stuttgart, Berlin, Köln, Mainz 1978.

WETTLER, M.: Über die Brauchbarkeit von Modellen des semantischen Gedächtnisses. In: Foppa, K./Groner, R. (Hrsg.): Kognitive Strukturen und ihre Entwicklung. Bern 1981, S. 328 - 343.

WETZEL, F.G.: Kognitive Psychologie. Eine Einführung in die Psychologie der kognitiven Strukturen Jean Piagets. Weinheim, Basel 1980.

WHITBOURNE, S.K./WEINSTOCK, C.S.: Die mittlere Lebensspanne. Entwicklungspsychologie des Erwachsenenalters. München, Wien, Baltimore 1982. (Original: Adult Development. The Differentiation of Experience. New York u.a. 1979.)

WIEHN, E.R.: Soziale Rolle. In: Hierdeis, H. (Hrsg.): Taschenbuch der Pädagogik. Teil 2. 1. Aufl., Baltmannsweiler 1978, S. 716 - 726.

WIEMANN, G.: Didaktische Vorstudie für ein projektorientiertes Handlungsmodell beruflicher Grundbildung (im Berufsfeld Metall). 2. Aufl., Berlin 1976.

WILHELMER, W.: Lernen als Handlung. Psychologie des Lernens zum Nutzen gewerkschaftlicher Bildungsarbeit. Köln 1979.

WIMMER, H./PERNER, J.: Kognitionspsychologie. Eine Einführung. Stuttgart, Berlin, Köln, Mainz 1979.

WINKEL, R.: Der gestörte Unterricht. Diagnostische und therapeutische Möglichkeiten. 2. Aufl., Bochum 1980.

WOHLWILL, J.: Versuch einer Neuformulierung der Rolle der Erfahrung in der kognitiven Entwicklung. In: Montada, L.: Die Lernpsychologie Jean Piagets. Stuttgart 1970, S. 237 - 246.

WSI-STUDIE Nr. 23: Grundelemente einer Arbeitsorientierten Einzelwirtschaftslehre. Ein Beitrag zur politischen Ökonomie der Unternehmung. Köln 1974.

WYGOTSKI, L.S.: Denken und Sprechen. Frankfurt/M. 1979.

ZACHARIAS, W.: Das Kultbuch: Die Schülerschule von Barbiana, oder: Der Umgang mit entfernter pädagogischer Wirklichkeit. In: Beck, J./Boehncke, H. (Hrsg.): Jahrbuch für Lehrer 7. Selbstkritik der pädagogischen Linken: Einsichten und Aussichten. Reinbek b. Hamburg 1982, S. 193 - 200.

ZIMMERMANN, P.M.: Die kaufmännische Übungsfirma - ein Lehr-/Lernmodell an Handelsschulen. In: Wirtschaft und Erziehung, 31. Jg., 1979, S. 243 - 249.

ZIMMERMANN, P.M.: Gedanken zum Einbezug kaufmännischer Fachpraxis in den Unterricht des vollzeitschulischen Berufsgrundschuljahres im Berufsfeld Wirtschaft und Verwaltung. In: Wirtschaft und Erziehung, 34. Jg., H. 1/1982, S. 9 - 13.

ZIMMERMANN, P.M./HEMMERLING, H.: Die kaufmännische Übungsfirma. Ein Lernort für Studenten an Fachhochschulen für Wirtschaft. In: Die Deutsche Berufs- und Fachschule, 75. Band, H. 7/1979, S. 510 - 522.

ZUR NEUORDNUNG DER BERUFSBILDUNG IM KAUFMÄNNISCHEN UND IM VERWALTENDEN BEREICH. Ein Diskussions- und Arbeitspapier des DGB. In: Gewerkschaftliche Bildungspolitik, H. 8/1980, S. 247 - 260.

8. Verzeichnis der Abbildungen

9. ABKÜRZUNGSVERZEICHNIS

a.a.O.	=	am angegebenen Ort
Abb.	=	Abbildung
BMBW	=	Bundesministerium für Bildung und Wissenschaft
bzw.	=	beziehungsweise
DGB	=	Deutscher Gewerkschaftsbund
ggf.	=	gegebenenfalls
Hervorh. d.d. Verf.	=	Hervorhebung(en) durch den Verfasser
i.d.R.	=	in der Regel
insbes.	=	insbesondere
Kap.	=	Kapitel
s.	=	siehe
s.S.	=	siehe Seite
u.a.	=	und andere
u.a.	=	unter anderem
u.E.	=	unseres Erachtens
usw.	=	und so weiter
u.U.	=	unter Umständen
z.B.	=	zum Beispiel
zit.	=	zitiert